株主総会
実務必携

柳田幸三［監修］
西岡祐介・高谷裕介［編著］
祝田法律事務所［著］

一般社団法人 金融財政事情研究会

はしがき

　株主総会については、近年、上場会社において株主の出席数が増加する傾向や、平成26年2月に公表されたスチュワードシップコードにより機関投資家の議決権行使のスタンスが厳格化する傾向がみられるなど株主側の変化に加え、平成27年5月施行の改正会社法や、平成27年6月に適用が開始されたコーポレート・ガバナンスコードにより、関連する法令やソフトロー（行動指針等）も複雑化している。そのため、株主に開かれた適法な株主総会対応を行う重要性は増す一方である。

　本書は、このようにますます重要性を増す株主総会対応に関する論点や、実務上のベストプラクティスについて、過去の裁判例や実務の到達点をふまえ、QA（一問一答）方式で解説したものである。QAの作成にあたっては、株主総会に関する論点をできるだけ網羅的に拾い上げるとともに、当事務所に蓄積したノウハウに基づく具体的な対応方法の説明に重点を置き、根拠となる裁判例や文献も丁寧に記載することを心がけた。また、株主総会に関する問題は、終局的には裁判において決着するものであることから、裁判実務に関する論点についても詳細な記載を心がけた。本書が、株主総会に携わる皆様の実務対応の一助になれば幸いである。

　最後に、本書の刊行にあたり多大なるご尽力をいただいた一般社団法人金融財政事情研究会の田島正一郎氏に深甚の謝意を表する次第である。

平成29年2月

祝田法律事務所
　　　　弁護士　柳田　幸三
　　　　　同　　西岡　祐介
　　　　　同　　高谷　裕介

祝田法律事務所
会社法・金融商品取引法分野を専門とし、常に依頼者の最善の利益を追求する「Client First」を基本理念に2011年7月に設立（旧名：二重橋法律事務所）。
〒100-0005　東京都千代田区丸の内三丁目4番1号新国際ビル9階
代表電話：03-5218-2084　URL：http://www.iwaidalaw.com

【監修者略歴】

柳田　幸三　Kozo Yanagida
1970年東京大学法学部卒業、1972年判事補任官、元東京高裁部総括判事、元法務省民事局第四課（現商事課）長、元法務大臣官房審議官、1996年の民事訴訟法の全面改正に主任参事官として関与、現在、弁護士（第一東京弁護士会）、祝田法律事務所オブカウンセル、国土交通省中央建設工事紛争審査会特別委員。
主な編著書：「実務相談株式会社法1巻～5巻」（共編）（商事法務研究会）、「実務解説株式会社法（上）（中）（下）」（共同監修）（商事法務研究会）、「新民事訴訟法の理論と実務（上）（下）」（共編著）（ぎょうせい）、ジュリスト増刊「研究会新民事訴訟法―立法・解釈・運用」（共著）、「注解民事執行法(1)(2)(4)」（共著）、別冊ジュリスト「供託先例・判例百選（第2版）」（共編著）

【編著者略歴】

西岡　祐介　Yusuke Nishioka
2000年東京大学法学部卒業、2004年弁護士登録（第二東京弁護士会）、2011年祝田法律事務所に設立メンバーとして参画。現在、祝田法律事務所パートナー弁護士。
コーポレート・M&Aを中心に取り扱い、株主名簿閲覧申立てやプロキシーファイトを含む多くの経営支配権争いが顕在化した株主総会に携わる。新株発行差止めの裁判や上場、非上場の株価決定裁判など非公開化やM&Aに関連する裁判等も数多く担当し、第三者委員会の委員長等も歴任する。（担当：Q13～35、99、100）

高谷　裕介　Yusuke Takaya
2004年名古屋大学法学部卒業、2007年弁護士登録（第一東京弁護士会）、2015年祝田法律事務所パートナー就任、2016年株式会社ユニマット　リタイアメント・コミュニティ（JASDAQ）社外取締役就任。会社法・金融商品取引法・商取引分野を中心とした訴訟、経営支配権争いなど多数の紛争案件や、M&A案件を中心に、上場企業から中小企業まで幅広い顧客の企業法務に携わっている。（担当：Q9～11、144～146、166～175）

【執筆者略歴】

木川　和広　Kazuhilo Kikawa
1998年京都大学学部卒業、2000年検事任官、東京地検医事係検事、法務省入国管理局付検事等を経て、2012年弁護士登録（第一東京弁護士会）。民商事紛争、刑事弁護、企業の危機管理の分野を中心に、国内外の案件を取り扱っている。（担当：Q233～235）

熊谷　真喜　Maki Kumagai
1997年東京大学法学部卒業、2000年弁護士登録（第二東京弁護士会）、2011年祝田法律事務所パートナー就任。いちごグループホールディングス株式会社、明治機械株式会社、ジャパンベストレスキューシステム株式会社といった上場企業の社外取締役を歴任。M&A、会社法・金融商品取引法・商取引分野を中心とした訴訟、企業内不正の調査を中心に、幅広く企業法務を取り扱っている。（担当：Q83～98）

水川　聡　Satoshi Mizukawa
2003年大阪大学法学部卒業、2004年弁護士登録（第一東京弁護士会）、祝田法律事務所パートナー。コーポレートガバナンス、内部統制・コンプライアンス、M&A、危機管理・不祥事対応その他会社法・金融商品取引法に関する分野、役員責任追及訴訟や経営支配権争いを含む企業にかかわる紛争案件を中心に取り扱う。（担当：Q151～153）

伊藤　菜々子　Nanako Ito
2003年慶應義塾大学法学部法律学科卒業、2006年東京大学法科大学院卒業、2007年弁護士登録（第一東京弁護士会）、2013～2015年金融庁証券取引等監視委員会証券検査課（任期付公務員）勤務。取扱分野は、会社訴訟・非訟、紛争解決、M&A、MBO、株主総会指導、コーポレートガバナンスなどの企業法務。（担当：Q101～111）

清野　訟一　Shoichi Seino
2005年京都大学法学部卒業、2007年京都大学法科大学院修了、2008年弁護士登録（第二東京弁護士会）・牛島総合法律事務所入所、2011年祝田法律事務所参画、2015年大手証券会社投資銀行部門・M&Aアドバイザリー部門出向、2016年祝田法律事務所復帰、2017年祝田法律事務所パートナー就任。コーポレート・ガバナンス、M&A、会社関係訴訟・非訟を中心に、企業法務全般を手掛けている。（担当：Q200～222）

村松　頼信　Yorinobu Muramatsu
2007年京都大学法学部卒業、2009年京都大学法科大学院修了、2010年弁護士登録（第二東京弁護士会）・潮見坂綜合法律事務所入所、2013年祝田法律事務所参画。会社法・金融商品取引法・労働法その他の企業法務全般、商事訴訟・製造物責任訴訟を含む各種企業訴訟・非訟事件等を中心とする紛争処理、M&A、コンプライアンスを中心に、企業法務全般を手掛けている。（担当：Q112～124）

江口　真理恵　Marie Eguchi
2008年東京大学法学部卒業、2010年東京大学法科大学院修了、2011年弁護士登録（第一東京弁護士会）、2014年祝田法律事務所に参画。コーポレート・ガバナンスやM&Aをはじめ、会社法・金融商品取引法・商取引分野を中心に、上場企業から中小企業まで幅広い顧客の企業法務に携わっている。（担当：Q51〜82）

榎木　智浩　Tomohiro Enoki
2010年早稲田大学法学部卒業、2011年弁護士登録、2011年弁護士法人北浜法律事務所東京事務所入所、2015年祝田法律事務所入所。M&A、コーポレートガバナンス、エクイティファイナンス、不動産、株主総会指導・委任状勧誘戦（プロキシーファイト）等の会社法案件、商事事件を含む訴訟・非訟・保全事件、不正調査、一般法律相談などを取り扱っている。（担当：Q125〜152）

大下　良仁　Yoshihiro Oshita
2008年九州大学法学部卒業、2010年九州大学法科大学院修了、2012年大分地方裁判所判事補任官、2015年「判事補及び検事の弁護士職務経験に関する法律」に基づき弁護士登録（第二東京弁護士会）、祝田法律事務所に参画。一般企業法務、コーポレート・ガバナンス、危機管理・不祥事対応、M&A、訴訟等、幅広い分野で顧客の企業法務に携わっている。（担当：Q1〜8、12）

小林　隆彦　Takahiko Kobayashi
2008年慶応義塾大学法学部卒業、2010年慶應義塾大学法科大学院修了、2011年弁護士登録（第二東京弁護士会）。会社法・金融商品取引法関連訴訟・非訟等やM&A・株主総会指導に多く携わる。（担当：Q176〜199）

森　駿介　Shunsuke Mori
2008年一橋大学法学部卒業、2010年一橋大学法科大学院修了、2011年弁護士登録（第二東京弁護士会）、2012年西村あさひ法律事務所入所、2013年祝田法律事務所入所、2016年岩田合同法律事務所入所。主に、M&A・MBO・株主総会指導・委任状勧誘戦（プロキシーファイト）等の会社法案件、商事事件を含む訴訟・非訟・保全事件、独禁法違反事件を含む不正調査・危機管理案件を扱っている。（担当：Q223〜232）

村松　亮　Ryo Muramatsu
2009年東京大学法学部卒業、2012年早稲田大学法科大学院修了、2013年弁護士登録（第二東京弁護士会）。アンダーソン・毛利・友常法律事務所アソシエイト。専門分野はM&A、コーポレート・ガバナンス、商事関係訴訟等。（担当：Q154〜165）

赤木　貴哉　Takaya Akagi
2011年早稲田大学法学部卒業（早期卒業）、2013年慶應義塾大学法科大学院修了、2014年弁護士登録（第一東京弁護士会）、2015年祝田法律事務所に参画。会社法・労働法分野を中心とした訴訟・紛争案件や、M&A案件を中心に、上場企業から中小企業まで幅広い顧客の企業法務に携わっている。（担当：Q36〜50）

凡　例

1　法令の表記（略称を用いた主な法令等）
〈法令等〉
会社：会社法
会社計算：会社計算規則
会社則：会社法施行規則
会社非訟規：会社非訟事件等手続規則
会社整備法：会社法の施行に伴う関係法律の整備等に関する法律
会社令：会社法施行令
金商：金融商品取引法
金商令：金融商品取引法施行令
委任状勧誘府令：上場株式の議決の代理勧誘に関する内閣府令
振替法：社債、株式等の振替に関する法律
上場規程：東証の有価証券上場規程
上場施行規則：東証の有価証券上場規程施行規則

2　主な判例集、法律雑誌の略記方法
《判例集》
民録：大審院民事判決録
民集：大審院民事判決集・最高裁判所民事判例集
高民集：高等裁判所民事判例集
高刑集：高等裁判所刑事判例集
下民集：下級裁判所民事判例集
裁判集民事：最高裁判所裁判集民事
新聞：法律新聞
判決全集：大審院判決全集
《法律雑誌》
商事：旬刊商事法務
資料版商事：資料版商事法務
別冊商事：別冊商事法務
金法：金融法務事情
判時：判例時報
判タ：判例タイムズ
金商：金融商事判例
手研：手形研究
銀法：銀行法務21
法時：法律時報

評論：法律評論
民商：民商法雑誌
法協：法学協会雑誌

3　判決（決定）の表記
言渡裁判所　言渡年月日　掲載誌・号・頁
（例）　最判　平3.3.22　民集45巻3号322頁

4　通達の表記
（例）　最高裁平2.7.17民2第265号民事局長及び総務局長通達
　　　　法務省平2.11.8民3第5000号民事局長通達
　　　　法務省昭30.4.8民事甲第683号民事局長通達

主な参考文献の略称表記

『コンメ7』	岩原紳作『会社法コンメンタール7機関［１］』（商事法務）
『新注会(5)』	上柳克郎ほか『新版注釈会社法(5)』（有斐閣）
『株主総会白書2016年版』	商事法務研究会編『株主総会白書2016年版』（商事法務研究会）
相澤『論点解説』	相澤哲ほか『論点解説　新・会社法　千問の道標』（商事法務）
稲葉『実務相談1～5』	稲葉威雄ほか『実務相談　株式会社法1～5』（商事法務研究会）
稲葉『実務相談補遺』	稲葉威雄『実務相談　株式会社法　補遺』（商事法務）
今井『議決権代理』	今井宏『議決権代理行使の勧誘』（商事法務研究会）
江頭『株式会社法』	江頭憲治郎『株式会社法【第6版】』（有斐閣）
江頭『論点1～6』	江頭憲治郎ほか『論点体系　会社法1～6』（第一法規）
大阪地裁『会社非訟』	大阪地方裁判所商事研究会著、松田亨ほか編『実務ガイド　新・会社非訟』（金融財政事情研究会）
大隅『株主総会』	大隅健一郎『株主総会』（商事法務研究会）
大隅＝今井『会社法論中』	大隅健一郎＝今井宏『会社法論　中巻』（有斐閣）
垣内『会社訴訟』	垣内正『会社訴訟の基礎』（商事法務）
久保利『株主総会』	久保利英明ほか『新しい株主総会のすべて【改訂第2版】』（商事法務）
商事『大震災後の株主総会』	商事法務『大震災後の株主総会直前対策』（商事法務）
武井『質疑応答』	武井一浩ほか『会社法・金商法　実務質疑応答』（商事法務）
東京地裁『類型別訴訟Ⅰ～Ⅱ』	東京地方裁判所商事法務研究会『類型別会社訴訟Ⅰ～Ⅱ【第3版】』（判例タイムズ社）
東京地裁『類型別非訟』	東京地方裁判所商事研究会『類型別非訟』（判例タイムズ社）
東弁『ガイドライン』	東京弁護士会会社法部『新・株主総会ガイドライン【第2版】』（商事法務）
長島大野常松ほか『不祥事対応』	長島大野常松法律事務所『会計不祥事対応の実務』（商事法務）
中村『想定質問』	中村直人ほか『最新株主総会想定質問と回答』（商事法務）
中村『大震災と株主総会』	中村直人ほか『大震災と株主総会の実務』（商事法務）
中村『ハンドブック』	中村直人『株主総会ハンドブック【第4版】』（商事法務）
西岡『商事関係訴訟』	西岡清一郎ほか『商事関係訴訟【改訂版】』（青林書院）
西村あさひ『不祥事対応』	西村あさひ法律事務所『企業不祥事対応』（経団連出版）
西村ときわ『実務相談』	西村ときわ法律事務所『新会社法実務相談』（商事法務）

福岡『実務相談』	福岡真之介ほか『株主総会の実務相談』(商事法務)
松山『Q&A震災』	松山遥ほか『Q&A震災と株主総会対策』(商事法務)
松山『敵対的株主提案』	三浦遥『敵対的株主提案とプロキシーファイト【第2版】』(商事法務)
三浦『委任状勧誘』	三浦亮太『株主提案と委任状勧誘【第2版】』(商事法務)
桃尾松尾難波『Q&A』	桃尾・松尾・難波法律事務所『Q&A株主総会の実務』(商事法務)
森・濱田松本『株主総会』	森・濱田松本法律事務所『株主総会の準備と議事運営【第4版】』(中央経済社)
森・濱田松本『不祥事対応』	森・濱田松本法律事務所『企業危機・不祥事対応の法務』(商事法務)
門口『実務大系11』	門口正人『新裁判実務大系11　会社訴訟、商事処分、商事非訟』(青林書院)
山口『会社訴訟非訟』	山口和男『会社訴訟非訟の実務【改訂版】』(新日本法規)
山田『総会対策』	山田和彦『株主提案権の行使と総会対策』(商事法務)

目 次

第1章 株主総会総論

Q1 株主総会の意義 …………………………………………………… 2
Q2 株主総会の法定決議事項 ………………………………………… 3
Q3 株主総会の権限 …………………………………………………… 5
Q4 条件付決議 ………………………………………………………… 8
Q5 勧告的決議 ………………………………………………………… 10
Q6 議決権の性質 ……………………………………………………… 12
Q7 議決権の数 ………………………………………………………… 13
Q8 議決権の行使方法 ………………………………………………… 17
Q9 実質株主の調査 …………………………………………………… 18

第2章 コーポレートガバナンス・コードとスチュワードシップ・コード

Q10 コーポレートガバナンス・コードと株主総会 ……………… 22
Q11 スチュワードシップ・コードと株主総会 …………………… 28

第3章 株主総会の招集

Q12 定時株主総会の意義 ……………………………………………… 36
Q13 定時株主総会のスケジュールの概要 ………………………… 38
Q14 臨時株主総会を開催するための所要期間 …………………… 39
Q15 基準日制度、基準日公告の方法 ……………………………… 39
Q16 基準日後株主への議決権付与 ………………………………… 40
Q17 計算書類の確定手続 ……………………………………………… 41
Q18 事業報告の確定手続 ……………………………………………… 42
Q19 連結計算書類の確定手続 ………………………………………… 42
Q20 計算書類等の提供の際の取締役会決議の要否 ……………… 43
Q21 合意による監査期間の短縮 ……………………………………… 44
Q22 株主総会の招集事項 ……………………………………………… 44
Q23 議決権行使・電子投票による議決権行使の期限 …………… 46

Q24	株主総会の招集権者	46
Q25	株主総会の開催場所	47
Q26	「著しく離れた場所」の解釈	48
Q27	複数の場所での同時開催	49
Q28	開催場所の変更	49
Q29	「著しく離れた日」の解釈	50
Q30	開催日・開催時間に関する制約	50
Q31	開催日、開催時刻の変更	51
Q32	3月決算会社における7月総会の可否	52
Q33	剰余金配当のスケジュール	53
Q34	代理人による議決権行使に関する制限	54
Q35	法人株主による議決権行使	55
Q36	議題の決め方	56
Q37	招集通知発送時点で役員選任議案が確定していない場合の対応	59
Q38	議題・議案を株主に知らせないまま、株主総会を開催することの可否	61
Q39	事業報告の記載事項	63
Q40	後発事象が発生した場合の対応	65
Q41	会計監査人と監査役（会）の監査報告の記載事項	67
Q42	監査役会の監査報告について監査役会の意見がまとまらない場合の対応	69
Q43	会計監査人の無限定適正意見	71
Q44	株主総会参考書類の一般的記載事項	74
Q45	株主総会参考書類の個別議案の記載事項①	75
Q46	株主総会参考書類の個別議案の記載事項②	77
Q47	株主総会参考書類の個別議案の記載事項③	77
Q48	株主総会参考書類の個別議案の記載事項④	78
Q49	株主総会参考書類の個別議案の記載事項⑤	78
Q50	監査報告に虚偽の記載または記録があった場合の監査役の責任	79
Q51	招集通知の発送時期	79
Q52	招集期間の短縮	82
Q53	延期通知による招集通知期間の補完の可否	83
Q54	招集通知の名宛人	83
Q55	招集通知の宛先	86

Q56	招集通知の不着	87
Q57	招集通知の方法	89
Q58	招集手続の省略	90
Q59	招集通知の英訳	92
Q60	電磁的方法による招集通知の発信	93
Q61	招集通知の発送前開示	95
Q62	招集通知の修正方法（ウェブ修正）	96
Q63	ウェブ修正の掲載方法・掲載期間	98
Q64	招集通知発送後の重要な事象	99
Q65	ウェブ修正による議案撤回の可否	99
Q66	ウェブ修正による議案修正・追加の可否	99
Q67	ウェブ修正の対象	101

第4章　書面および電磁的方法による議決権行使

Q68	書面投票制度の概要	104
Q69	議決権行使書面の記載事項	105
Q70	議決権行使書面と委任状の違い	108
Q71	賛否の記載がない議決権行使書面の取扱い	109
Q72	私製の議決権行使書面の取扱い	110
Q73	議決権行使書面の再交付請求	110
Q74	議決権行使書面の提出期限	111
Q75	期限を徒過した議決権行使書面の取扱い	112
Q76	書面投票の撤回の可否	113
Q77	議決権の不統一行使の可否・手続	113
Q78	議決権の不統一行使の効果	115
Q79	議決権の不統一行使の拒否	115
Q80	電子投票制度の概要	116
Q81	議決権の重複行使	119
Q82	議決権電子行使プラットフォーム	120
Q83	議決権の代理行使	121

第5章　委任状勧誘

- Q84　委任状勧誘の意義・目的および方法……………………………126
- Q85　委任状合戦が行われた場合の総会前日までの準備……………128
- Q86　委任状合戦が行われた場合の株主総会の運営…………………130
- Q87　委任状勧誘規制の適用除外…………………………………………132
- Q88　委任状用紙の記載事項………………………………………………134
- Q89　上場外国会社の株式への委任状勧誘府令の適用………………138
- Q90　金融庁長官への写しの提出…………………………………………139
- Q91　委任状用紙等の写しの提出先………………………………………140
- Q92　発行会社が株主総会参考書類等を交付している場合の委任状勧誘……141
- Q93　一部の議案のみの委任状勧誘………………………………………143
- Q94　委任状勧誘規制が適用される「勧誘」の意義……………………144
- Q95　違法な委任状勧誘が行われた場合の効果…………………………146
- Q96　違法な委任状勧誘への対応策………………………………………148
- Q97　包括委任状……………………………………………………………151
- Q98　一部の株主への委任状勧誘…………………………………………152
- Q99　議決権行使の促進策…………………………………………………153
- Q100　議決権行使促進のための金品の提供……………………………155

第6章　株主提案

- Q101　株主提案権の種類……………………………………………………158
- Q102　株主提案権の行使の方法…………………………………………160
- Q103　株式継続保有要件…………………………………………………161
- Q104　行使期限要件………………………………………………………162
- Q105　実質的に同一の議案………………………………………………164
- Q106　個別株主通知の要否………………………………………………165
- Q107　株主提案を取り上げなかった場合………………………………166
- Q108　株主総会参考書類への記載………………………………………167
- Q109　株主提案の撤回……………………………………………………169
- Q110　招集の撤回・延期…………………………………………………170
- Q111　議案の修正・撤回…………………………………………………171

第7章 株主総会の事前準備

- Q112 株主総会の事前準備の全体像 …………………………………… 174
- Q113 シナリオの作成 …………………………………………………… 176
- Q114 シナリオの内容 …………………………………………………… 178
- Q115 想定問答集の準備 ………………………………………………… 188
- Q116 リハーサル ………………………………………………………… 191
- Q117 議決権行使書面等の処理 ……………………………………… 194
- Q118 議決権行使の勧誘 ……………………………………………… 198
- Q119 電磁的方法による議決権行使 ………………………………… 200
- Q120 議決権行使に関する契約 ……………………………………… 202
- Q121 総会検査役の選任 ……………………………………………… 204
- Q122 総会検査役の活動 ……………………………………………… 207
- Q123 株主の各種書類の閲覧・謄写請求権 ………………………… 211
- Q124 株主からの閲覧・謄写請求への対応 ………………………… 214
- Q125 株主総会当日の運営の全体像 ………………………………… 216
- Q126 会場の設営 ……………………………………………………… 219
- Q127 株主席の前列に従業員株主を配置することの可否 ………… 223

第8章 株主総会の受付対応

- Q128 受付の意義および準備 ………………………………………… 228
- Q129 資格審査 ………………………………………………………… 228
- Q130 議決権行使書または電磁的方法による議決権行使をした株主の来場 … 230
- Q131 委任状を提出した株主の来場 ………………………………… 231
- Q132 代理人が入場した後の別の代理人の来場 …………………… 232
- Q133 議決権行使書または電磁的方法による議決権を行使した株主の代理人の来場 …………………………………………………………………… 233
- Q134 法人株主の代表者または代表権のない役職員の来場 ……… 234
- Q135 株主でない弁護士、親族、法人の役職員、未成年者の法定代理人、外国居住株主の代理人としての来場 ……………………………… 235
- Q136 実質株主の来場 ………………………………………………… 238
- Q137 議長による非株主たる補助者の傍聴の許可および株主総会の公開の可否 ………………………………………………………………… 238

| Q138 | 途中入場の可否 | 239 |

第9章　株主総会の議事運営

Q139	出席者	242
Q140	議長の要否、資格および選任	244
Q141	議長の職務権限	246
Q142	議事運営	248
Q143	株主の質問および説明義務	249
Q144	動議対応①　動議の種類と一般的な対応	256
Q145	動議対応②　実質的動議	258
Q146	動議対応③　形式的動議	266
Q147	採決	267
Q148	賛否の集計	269
Q149	延会・継続会	271
Q150	お土産	273
Q151	災害による定時株主総会の開催日に関する留意点	274
Q152	株主総会当日に発生した緊急事態の対応	277
Q153	会計不祥事発覚発生時の定時株主総会	282

第10章　株主総会後の対応

Q154	株主総会議事録の作成	292
Q155	取締役会の開催	297
Q156	臨時報告書による議決権行使結果の開示	298
Q157	決議通知の送付	302
Q158	株主総会議事録の備置き	304
Q159	委任状、議決権行使書の備置き	308
Q160	株主懇談会	309
Q161	監査役会の開催	310
Q162	有価証券報告書、確認書、内部統制報告書の提出	311
Q163	コーポレート・ガバナンス報告書の提出	312
Q164	決算公告	313
Q165	登記申請	314

第11章　少数株主による株主総会の招集手続

Q166　少数株主による株主総会の招集手続① ·················· 318
Q167　少数株主による株主総会の招集手続② ·················· 319
Q168　少数株主による株主総会招集請求における招集請求の手続 ········ 321
Q169　少数株主からの株主総会の招集請求 ···················· 325
Q170　少数株主による株主総会招集許可申立事件の手続 ············ 327
Q171　少数株主による株主総会の開催手続 ···················· 331

第12章　種類株主総会

Q172　種類株主総会 ·· 338
Q173　種類株主総会の決議要件 ······································ 341
Q174　種類株主総会の決議に瑕疵がある場合の行為の効力 ········ 344
Q175　種類株主総会の具体的な手続 ································ 345

第13章　株主総会をめぐる裁判手続

Q176　株主総会をめぐる裁判手続の全体像 ···················· 350
Q177　株主総会決議の効力を争う訴訟の管轄 ·················· 351
Q178　株主総会決議の効力を争う訴訟の原告適格 ·············· 354
Q179　株主総会決議の効力を争う訴訟の原告適格の有無①　従業員・一般債権者 ·· 355
Q180　株主総会決議の効力を争う訴訟の原告適格の有無②　株主総会決議時点で株主たる地位を有しない者 ································ 357
Q181　株主総会決議の効力を争う訴訟の原告適格の有無③　議決権を有しない株主 ·· 357
Q182　株主総会決議の効力を争う訴訟の原告適格の有無④　自らに対する招集手続に違法がない株主 ···································· 358
Q183　株主総会決議の効力を争う訴訟の原告適格の有無⑤　株式を（準）共有する株主 ·· 359
Q184　株主総会決議の効力を争う訴訟の原告適格の有無⑥　訴訟継続中に原告である株主が死亡した場合 ························ 364
Q185　株主総会決議の効力を争う訴訟の原告適格の有無⑦　株式譲渡をめ

ぐる問題 …………………………………………………………… 364
Q186 株主総会決議の効力を争う訴訟の原告適格の有無⑧　訴訟の係属中の組織再編行為により株主である原告が株主でなくなった場合 ……… 369
Q187 株主総会決議の効力を争う訴訟の原告適格の有無⑨　見せ金による出資の履行によって株主とされている者 ………………………… 371
Q188 株主総会決議の効力を争う訴訟の原告適格の有無⑩　株主の破産管財人 ………………………………………………………………… 372
Q189 株主総会決議の効力を争う訴訟の被告適格 …………………………… 372
Q190 株主総会決議の効力を争う訴訟における訴えの利益 ………………… 377
Q191 株主総会決議の効力を争う訴訟における訴えの利益の有無①　否決決議 …………………………………………………………………… 378
Q192 株主総会決議の効力を争う訴訟における訴えの利益の有無②　法的効力のない決議 ……………………………………………………… 379
Q193 株主総会決議の効力を争う訴訟における訴えの利益の有無③　訴訟係属中に同一内容の株主総会決議がなされた場合 ……………… 381
Q194 株主総会決議の効力を争う訴訟における訴えの利益の有無④　選任された役員が任期満了により退任した場合 ……………………… 383
Q195 株主総会決議の効力を争う訴訟における訴えの利益の有無⑤　組織に関する行為の無効確認の訴え ………………………………… 385
Q196 訴権の濫用 …………………………………………………………… 388
Q197 担保提供命令 ………………………………………………………… 391
Q198 株主総会決議の効力を争う訴訟の判決の効力 ……………………… 395
Q199 株主総会決議の効力を争う訴訟の手続 ……………………………… 396
Q200 株主総会決議取消しの訴えの出訴期間 ……………………………… 400
Q201 取締役会決議に基づかずに招集された株主総会または無権限者により招集された株主総会の決議の効力 ……………………………… 401
Q202 株主に対する招集通知を欠いた場合 ………………………………… 404
Q203 口頭による招集通知および法定期間が守られなかった招集通知 …… 405
Q204 議決権のない株主等への招集通知 …………………………………… 406
Q205 招集通知等の記載事項の不備 ………………………………………… 408
Q206 監査手続等の不備 …………………………………………………… 411
Q207 議題提案権、議案提案権または議案の通知請求権の行使無視 ……… 412
Q208 その他の招集手続に関する決議取消事由 …………………………… 413
Q209 議決権行使に関する代理人資格および代表権の瑕疵 ………………… 415

Q210	議決権行使の代理人資格の株主への限定	417
Q211	議決権行使の制限または権限なき者への議決権行使の容認等	422
Q212	議長不信任動議や修正動議の無視	424
Q213	説明義務違反	426
Q214	定足数不足・決議要件未充足	428
Q215	採決方法の瑕疵	429
Q216	議長の選任手続	430
Q217	従業員株主の協力	432
Q218	計算書類等の備置きの欠如	433
Q219	その他の決議方法に関する決議取消事由	434
Q220	決議内容の定款違反	437
Q221	特別利害関係人による議決権行使	438
Q222	裁量棄却	440
Q223	株主総会決議の無効事由	441
Q224	株主総会決議の不存在事由	445
Q225	招集通知の欠缺	448
Q226	株主総会開催禁止の仮処分	451
Q227	株主総会決議禁止の仮処分	454
Q228	株主総会開催および決議禁止の仮処分の被保全権利・保全の必要性・当事者	455
Q229	議決権行使禁止・許容の仮処分	459
Q230	議決権行使禁止・許容の仮処分の被保全権利・保全の必要性・当事者	463
Q231	株主総会決議効力停止の仮処分	466
Q232	株主総会をめぐるその他の仮処分	467

第14章 株主総会と犯罪

Q233	株主総会の開催前の段階における犯罪	472
Q234	株主総会当日の犯罪	473
Q235	その他の犯罪	474

事項索引 477

第 1 章

株主総会総論

1 株主総会の意義

株主総会の意義について説明してください。

ポイント

株主総会は、企業の所有者である株主の総意により会社の基本的意思を決定するための最高の意思決定機関であり、すべての会社に必ず置かれる機関です。

解説

1 株主総会の意義

株主総会とは、企業の所有者である全株主で構成される最高の意思決定機関であり、株主の総意により会社の意思を決定する必要的機関です。具体的には、次の2～6のような特徴があります（大隅『株主総会』7～11頁参照）。

2 会社内部の意思決定機関

株主総会は会社内部において会社の意思を決定する機関であり、対外的な行為をすることはできません。すなわち、株主総会の決定は、直接外部に対してはなんらの効力をもたず、決議の執行につき対外的な行為が必要になる場合には、それは代表取締役の任務に属します。また、取締役や監査役の選任決議についても、会社内部の意思決定にすぎないため、被選任者が決議に当然に拘束されるものではなく、会社と被選任者との間で任用契約を締結する必要があります。

3 株主全員で構成される機関

株主総会は、株主の総意により、会社の意思を決定する機関です。したがって、株主総会は株主全員で構成されるのが建前ですが、議決権を有しない株主（【7】参照）または会社が自己株式（会社308条2項、325条）を保有している場合の会社は、株主総会の構成員とはなりませんので、これを除く株主によって構成されます。

4 必要的機関

株主総会は、すべての株式会社において必要な機関です（会社295条1項参照）。

5 合議体の機関

株主総会は合議体の機関ですので、機関として活動するためには、会議（総会）を開いてそこで決議をする必要があります。総会を開催するためには、招集権を有する者が、法定の手続に従って、構成員である株主の全員に対して招集の通知や公告をすることを要します。招集手続の違法は、株主総会決議の取消事由となります（会社831条1項1号）。また、一部の株主が勝手に会合して決議をした場合（東京地判昭30.7.8下民集6巻7号1353頁）や招集通知のもれが著しい場合（最判

昭33.10.3民集12巻14号3053頁）には、その決議は不存在となります。

6　最高機関

非取締役会設置会社の株主総会では、定款の定めの有無にかかわらず、あらゆる事項を株主総会において決定することができます（会社295条1項。株主総会の万能機関性）。これに対し、取締役会設置会社の株主総会の権限は、法令、定款で定められた事項に限定されます（同条2項）。したがって、取締役会設置会社においては、株主総会は万能の機関ではありませんが、株主総会は、会社の組織および事業の基礎に関する事項の決定権限や、役員の選解任権についての決定権限（会社329条、339条）を有し、取締役は株主総会決議を遵守する義務があります（会社355条）ので、株主総会は株式会社における最高機関であるといえます。

（大下良仁）

2　株主総会の法定決議事項

株主総会の法定決議事項にはどのようなものがありますか。また、その定足数要件および決議要件を説明してください。

ポイント

株主総会の法定決議事項には、会社法の定める決議事項のほか、会社法以外の法令が定める決議事項があります。また、決議事項は、定足数要件、決議要件、定款によって変更できる内容が異なります。

解説

1　会社法の定める決議事項

会社法の定める決議事項については、別表を参照してください。

2　会社法以外の法令が定める決議事項

会社法以外の法令が定める決議事項としては、解散後の株式会社による会社更生手続の申立て（会社更生法19条）、保険会社の合併等（保険業法165条の3、165条の10）などがあります。なお、金融商品取引法に定める公開買付けの規制において、種類株主総会の決議による同意があれば公開買付手続が不要である旨の規定があります（発行者以外の者による株券等の公開買付けの開示に関する内閣府令2条の5第2項1号イ、この決議の根拠規定については金融庁「提出されたコメントの概要とコメントに対する金融庁の考え方」No.13（平成18年12月13日〔http://www.fsa.go.jp/news/18/syouken/20061213-1/01.pdf〕を参照のこと）。

（大下良仁）

[会社法の定める決議事項]

	定足数要件／決議要件 （定款での変更）	法定決議事項
普通決議 （309Ⅰ）	議決権を行使することができる株主の過半数（定款で排除・引下げ可能） 出席株主の過半数	(1) 会計監査人の選任（329）、解任（339）、不再任（388Ⅱ） (2) 役員の報酬等（361、379、387） (3) 剰余金の配当（454、金銭分配請求権を与えない現物配当を除く） (4) 自己株式の取得（156,特定の株主（160Ⅰ）からの取得を除く） (5) 定時株主総会における欠損の額を超えない資本金の額の減少（447）の決議 (6) 準備金の額の減少（448） (7) 剰余金の額の減少（450、451） (8) 剰余金についてのその他の処分（452） (9) 競業取引等の承認（356Ⅰ）
特則普通決議 （341）	議決権を行使することができる株主の過半数（定款で3分の1まで引下げ可能） 出席株主の過半数（定款で引上げ可能）	(1) 取締役・会計参与・監査役の選任（329） (2) 取締役（累積投票により選任された者を除く）・会計参与の解任（339）
特別決議 （309Ⅱ）	議決権を行使することができる株主の過半数（定款で3分の1まで引下げ可能） 出席株主の3分の2（定款で引上げ可能）	(1) 譲渡等承認請求に係る譲渡制限株式の買取り（140Ⅱ） 指定買取人の指定（140Ⅴ） (2) 特定の株主からの株主との合意による自己株式取得（156Ⅰ、160Ⅰ） (3) 全部取得条項付種類株式の取得（171Ⅰ） 相続人等に対する売渡しの請求（175） (4) 株式の併合（180Ⅱ） (5) 募集株式の募集事項の決定（199Ⅱ） 募集事項の決定の取締役会への委任（200Ⅰ） 譲渡制限会社において取締役・取締役会への委任がない場合における株主に株式の割当てを受ける権利を与える決定（202Ⅲ④） 譲渡制限株式の割当て（204Ⅱ） (6) 募集新株予約権の募集事項の決定（238Ⅱ） 募集事項の決定の取締役会への委任（239Ⅰ） 譲渡制限会社において取締役・取締役会への委任がない場合における株主に新株予約権の割当てを受ける権利を与える決定（241Ⅲ④） 非取締役設置会社における譲渡制限株式を目的とする新株予約権・譲渡制限新株予約権の割当て（243Ⅱ） (7) 監査役・累積投票（342）で選任された取締役の解任（339Ⅰ） (8) 役員等の損害賠償責任等の一部免除（425Ⅰ） (9) 資本金の額の減少（定時総会で欠損の額を超えないものを除く）（447Ⅰ） ⑽ 金銭分配請求権を与えない現物配当の決定（454Ⅳ） ⑾ 定款の変更（第六章）、事業の全部・重要な一部の譲渡、事業の全部の譲受け・賃貸・事後設立（第七章）、解散（第八章） ⑿ 組織変更、合併、会社分割、株式交換、株式移転（第五編）

特殊決議 （309Ⅲ）	議決権を行使することができる株主の半数（定款で引上げ可能）	(1)	その発行する全部の株式の内容として譲渡による当該株式の取得について当該株式会社の承認を要する旨の定款の定めを設ける定款の変更
	出席株主の3分の2（定款で引上げ可能）	(2)	消滅会社・株式交換をする会社が公開会社で対価が譲渡制限株式等である場合における当該会社の吸収合併契約・株式交換契約の承認（783Ⅰ）
		(3)	消滅会社・株式移転をする会社が公開会社で対価が譲渡制限株式等である場合における当該会社の新設合併・株式移転の承認（804Ⅰ）
特別特殊決議 （309Ⅳ）	総株主の半数以上（定款で引上げ可能）	譲渡制限会社における株主ごとに異なる取扱いを行う旨の定款の定め（109Ⅱ）についての定款の変更（当該定款の定めを廃止するものを除く）	
	総株主の4分の3（定款で引上げ可能）		
株主全員の同意		(1)	発起人、役員等、業務執行者等の責任の免除（55、120Ⅴ、424、462Ⅲ但、464Ⅱ、465Ⅱ）
		(2)	種類株式発行会社以外の会社が発行する全部の株式について取得条項（107Ⅰ③）を設定する定款の変更（110）
		(3)	株式の発行後に定款を変更して当該株式について特定の株主から取得する場合に他の株主が特定の株主に自己をも加えたものを株主総会の議案とすることの請求等に関する規定（160ⅡⅢ）を適用しない旨の定款の定めの設定・変更（164Ⅱ）
		(4)	株主総会の招集手続（300Ⅰ）・決議（319Ⅰ）・株主総会への報告（320Ⅰ）の省略（議決権を有する株主の全員の同意）
		(5)	組織変更（776Ⅰ）
		(6)	種類株式を発行していない会社の合併、株式交換の対価の全部または一部が持分等である場合（783Ⅱ、804Ⅱ）

3 株主総会の権限

株主総会の権限について説明してください。また、取締役会の決議事項を株主総会の決議事項とすることはできますか。逆に、株主総会の決議事項について他の機関に決定を委ねることはできますか。

ポイント

非取締役会設置会社では、あらゆる事項を株主総会において決定することができますが、取締役会設置会社では、会社法または定款で定めた事項に限定されます。定款で株主総会の決議事項とすることができる範囲については、一般には、特に制限はないと考えられています。株主総会の決議事項について他の機関に決定を委ねることはできません。

解 説

1 株主総会の権限

(1) 非取締役会設置会社の株主総会の権限

非取締役会設置会社の株主総会では、決議事項についていっさい制限が設けられていないため（会社295条1

項）、定款の定めの有無にかかわらず、取締役が決定権を有する事項についても、株主総会において決定することができます。公開会社（会社2条5項）でない会社では、取締役会を置かないことができますが（会社327条1項1号）、株式に譲渡制限が付されているということは、株式の流動性が低いということであり、所有と経営が明確に分離されていない類型であると分類することができ、会社法は、そのなかでも取締役会を設置していない会社について、株主が自ら業務執行の決定をすることができる株主総会万能主義をとっています（中村『ハンドブック』5頁）。

(2) **取締役会設置会社の株主総会の権限**

他方、取締役会設置会社の株主総会の権限は、会社法または定款で定めた事項に限定されます（会社295条2項）。取締役会設置会社の場合、業務の決定権は取締役会に帰属するため、その分、株主総会の権限は縮小されるのが原則になるからです。もっとも、定款で定めることにより、株主総会の権限を拡大することができます。その理由は、株主総会の権限が縮小されるのは、株主は経営の意思も能力もないから業務執行に介入しないというのが株主の通常の意思であるという考え方に基づくものにすぎず、株主が欲するのであれば、権限の拡大を認めても問題ないからであるとされています（『新釈会(5)』25頁）。

取締役会設置会社の株主総会において、会社法または定款で定めた事項以外の事項、すなわち定款で株主総会の権限としていない事項については、当然、株主総会において決議をすることはできず、そのような決議は無効となります（江頭『株式会社法』314頁）。

(3) **会議の運営に関する事項についての株主総会の権限**

会議の運営に関する事項（たとえば、議長の選任等）は、会議の目的ではなく、会議の開催に伴う必然的な決議事項ですので、取締役会設置の有無にかかわらず、当然、株主総会において決議することができます。

2 取締役会設置会社における株主総会の権限の拡大

定款で株主総会の決議事項とすることができる範囲については、会社法29条の許容する範囲で株主総会の権限とすることが可能なのであって、取締役会設置会社においては、同法はもっぱら専門的経営者たる取締役にその判断を委ねていると理解できること、裁量事項を定款で制約すると定款遵守義務により最適な判断が妨げられる可能性があること（会社355条）から、取締役の裁量的判断事項になじむ事項を株主総会の決議事項とすることは同法355条に抵触する可能性があるとする見解もあります（『コンメ7』41頁）。

しかしながら、取締役会等が決定権

限を有することとされている事項については、どのような事項であれ、定款の定めにより株主総会の決議事項とすることができるというのが会社法の立案担当者の見解であり（相澤『論点解説』265頁）、伝統的にも、性質上、株主総会の決議事項としてなじまないものを除き（執行行為や監査行為のほか、株主総会の招集の決定（会社296条）、または会社と株主の間の紛争につき株主総会が仲裁人になること等があげられます）、いかなる意思決定事項でも定款によって株主総会の権限とすることができると考えられています。

なお、旧商法の解釈では、特に、代表取締役の選定解職権を株主総会の権限とすることができるかどうか議論がありましたが、会社法では、「株主総会に関する一切の事項」（会社295条1項）が株主総会の決議事項とされており、登記実務上も、株主総会の決議事項とすることが認められています（中村『ハンドブック』7頁）。

また、明文の規定がない限り、定款で取締役会等の法律上の権限を奪うことはできないため、定款で株主総会の決議事項を拡大した場合、株主総会と取締役会等の決議事項の範囲が重なる場合があります（相澤『論点解説』262頁以下）。

ただし、取締役会等が決議事項を有することとされている事項について、定款の定めにより株主総会の決議事項と定めたとしても、善意の第三者にはこれを対抗できないとされています（江頭『株式会社法』315頁）。

3　株主総会の権限の委譲等

(1)　定款による権限移譲

取締役の報酬等の決定等、会社法の規定により株主総会の決議とされている事項について、これを取締役、執行役、取締役会その他の株主総会以外の決議事項とする旨の定款の定めは効力を有しませんので（会社295条3項）、定款によって株主総会の権限を委譲することはできません。

もっとも、実務的には、取締役の選任および解任を中心として、一定の株主総会決議事項を多数決による株主総会決議という方法以外で決定したいという場合があります。たとえば、2名の株主で共同事業を行う場合、各株主に一定数の取締役の選任権を有するようにしたいというニーズが考えられます。そこで、このような場合には、取締役の選任といった株主総会の決議事項について、あらかじめ議決権拘束契約（または議決権信託）によって各株主の議決権行使の内容について合意を行い、実質的に各株主が取締役を選任できるようにするといった方法がとられることがあります（『コンメ7』43頁）。

(2)　株主総会決議の効力発生について条件等を付することの可否

株主総会の決議について、その効力の発生の条件として他の者の関与を定

めることは可能であると考えられています。すなわち、会社法の立案担当者は、同法295条3項は、株主総会以外の機関に対し、株主総会の決議事項について決定権限を与える旨の定款の効力を否定するにとどまるため、株主総会が決議をしたうえで、その決議の効力の発生を他の機関や第三者の承認等に係らしめることまでを否定するものではないとしています（相澤『論点解説』266頁）。

また、株主総会の決議の効力発生に条件や期限を付することも同項による制限を受ける問題ではなく、当該条件や期限が法令・定款や株式会社の本質に反しない限り、認められます（『コンメ7』45頁）。　　　（大下良仁）

4　条件付決議

株主総会の決議の効力発生に条件や期限を付することはできますか。また、第三者の承諾を条件とすることはできますか。

ポイント

株主総会の決議の効力発生に条件や期限を付することも、当該条件や期限が法令・定款や株式会社の本質に反しない限り、認められます。また、株主総会の決議について、その効力の発生の条件として第三者の承諾を条件とすることも可能であると考えられています。

解説

1　株主総会の決議の効力発生に条件や期限を付することの可否

最判昭37．3．8民集16巻3号473頁は「株主総会の決議の効力の発生を条件または期限にかからしめることは、法律の規定、趣旨または条理に反しない限り、原則として許される」と判示しており、学説においても、株主総会の決議の効力発生に条件や期限を付することも、当該条件や期限が法令・定款や株式会社の本質に反しない限り、認められるとするのが通説です（『コンメ7』45頁、西原寛一「株主総会の運営」『株式会社法講座第3巻』（有斐閣、1956）867頁）。

2　株式発行を停止条件とする、発行可能株式総数を増加する定款変更決議

株式会社においては、資金調達のために発行可能株式総数を超える数の株式の発行を行わなければならず、株式の発行手続と並行して既存の発行可能株式総数を拡大することが求められることがあり、この場合には、株式発行を停止条件として、停止条件成就時の発行済株式総数の4倍まで発行可能株式総数を増加させることになります。この点、上記昭和37年最高裁判決は、株式が発行されることを条件として、

それを加えた発行済株式総数の4倍まで発行可能株式総数を増加する旨の定款の変更決議は、募集株式の発行の効力発生の日も確定している等の事情のもとでは有効であるとしました。そして、会社法113条3項は、平成17年改正前商法347条に規定されていた、会社が発行する株式の総数を増加させる場合には発行済株式総数4倍を超えることはできないとの制限について、定款変更の効力発生時の発行済株式総数を基準とすることを明確化しました。

3 その他の条件付決議

会社法上の条件付決議として、補欠役員の予備的選任制度があり、取締役または監査役が欠けた場合または会社法もしくは定款で定めたそれらの員数を欠くこととなる場合に備えて、補欠の役員を選任することができます（会社329条3項）。

また、判例は、会社財産の譲渡契約の締結を条件とし、また同契約締結日を期限とする株式会社の解散決議も有効であるとしています（大判大2.6.2民録19輯530頁、松田次郎＝鈴木忠一著『条解株式会社法(下)』（弘文堂、1952）634頁）。

これらのほか、会社法施行以前の議論となりますが、平成18年5月に予定されている会社法施行にあわせて、たとえば、12月決算の会社が平成18年3月に開催する定時株主総会において、会社法の施行を停止条件とした株主総会決議を行うという対応が可能であるとする見解もあります（相澤哲編「新・会社法の解説」別冊商事295号355頁〔松本真〕）。

決議に付される条件や期限について、許容される具体的な範囲について明確な基準はありませんが、法令・定款や株式会社の本質に即して判断することになります。

4 株主総会決議の効力の発生の条件として第三者の承諾を条件とすることの可否

株主総会の決議について、その効力の発生の条件として第三者の承諾を条件とすることも可能であると考えられます。

かつては、これを否定する見解もありましたが（東京高決昭24.10.31高民集2巻2号245頁など）、このような場合であっても、株主総会決議が必要であることに変わりはなく、その限りにおいては株主総会の権限を損なわないと考えられます（『コンメ7』44頁）。そして、株主総会決議の効力発生に関して、会社が原始的定款もしくは総株主の同意によって自主的に第三者の同意を求めることは否定されないとする見解も有力です（鈴木竹雄＝竹内昭夫『会社法〔第3版〕』（有斐閣、1994）227頁など）。

そして、会社法の立案担当者は、同法295条3項は、株主総会以外の機関に対し、株主総会の決議事項について

決定権限を与える旨の定款の効力を否定するにとどまるため、株主総会が決議したうえで、その決議の効力の発生を他の機関や第三者の承認等かからしめることまでを否定するものではないとしています（相澤『論点解説』266頁）。

（大下良仁）

5　勧告的決議

法令、定款上、株主総会の権限として留保されていない事項について、株主の意思を確認するなどの目的で株主総会決議を求めることがありますか。この場合の株主総会決議には、法的にどのような意味がありますか。また、取締役会設置会社において、法令や定款上、株主総会の権限とされていない事項について、株主提案により議案が提出され、決議を求められた場合、会社としてどのように対応すればよいですか。

ポイント

実務上、法令や定款で株主総会の権限とされていない事項について、株主の意思を確認するためにあえて株主総会決議を経ることがあり、このような株主総会決議を「勧告的決議」といいます。その法的効果についてはさまざまな見解がありますが、多数の株主の合理的意思に沿ったものであることを示す事情として位置づけることが可能です。法令や定款上、株主総会の権限とされていない事項について、株主提案により議案が提出されて決議を求められた場合の対応としては、株主総会決議事項ではないとして議事で取り上げないという対応、勧告的決議として採決を行う対応、または定款変更を行ったうえで株主総会決議をするという対応が考えられます。

解　説

1　勧告的決議

【3】で説明したとおり、取締役会設置会社における株主総会の決議事項は、会社法または定款で定めた事項に限定されますが（会社295条2項）、実務においては、重要事項について株主の意思を確認するために株主総会決議を経ることがあります。これを「勧告的決議」といいます。

たとえば、実務上、定款において特に決議を必要とする規定を設けずに買収防衛策の導入または継続の承認を決議する場合や、会社分割等の組織再編において簡易組織再編の要件を満たすものの、その重要性にかんがみて株主総会の承認決議を経る場合があります。また、事業譲渡をする場合に「事業の重要な一部の譲渡」（会社467条1項2号）に該当するか否かや、第三者割当増資をする場合にその払込金額が「特に有利な金額」（会社119条3項）に該当するか否かについて明確でない場

合に、後日その該当性が問題になることを未然に防止するという観点から、念のために株主総会決議を経るという場合もあります。もっとも、このような対応は、仮に、法的に株主総会決議が必要となる場合に該当した場合には、実際の決議も法的に意味を有することになりますので、厳密には勧告的決議とは異なると整理することができます（福岡『実務相談』319頁）。

勧告的決議に対しては、会社法は勧告的決議を行うことやその決議を求める提案というようなあいまいな運用は想定していないため、かえって株主総会の運営に混乱を招く可能性もあることから、法令、定款上、株主総会の権限とされていない事項を株主総会で意思決定したい場合には、まず定款変更議案を提出し、当該定款変更決議を有効に成立させたうえで、当該事項を株主総会で決議するべきであるとする見解もあります（江頭『論点 2』404頁）。

しかしながら、勧告的決議は会社法295条 2 項に反するものではなく、勧告的決議によって株主の多数意思を確認する実務上の必要性も認められること、当該決議を行うこと自体が禁じられるべき理由もないことから、勧告的決議を行うことは会社法上禁止されていないと考えられます（福岡『実務相談』320頁）。

2 勧告的決議の意義

勧告的決議は法律上の株主総会決議には該当しないため、法的効果は特に生じません（江頭『コンメ 6』112頁）。そこで、勧告的決議をすることの意義が問題となりますが、この点について確立した判例はなく、以下のようにさまざまな見解が主張されています。

まず、勧告的決議は、取締役の善管注意義務（会社330条、民法644条）に関して、株主総会において勧告的決議を経たからといってこの義務が緩和されるとまでいえるか疑問であるとする見解があります。特に、基準日以降に株主の大幅な変動が生じている場合には、約 3 カ月前の株主に対するアンケート結果にどれほどの意味があるのか疑問があるとする見解もあります（森本滋ほか「会社法への実務対応に伴う問題点の検討―全面適用下の株主総会で提起された問題を中心に」商事1807号27頁〔相澤哲〕）。また、そのような変動がなかったとしても、勧告的決議をしたところ、圧倒的多数の賛成を得られず、むしろ、ぎりぎりで可決となったような場合には、取締役の善管注意義務との関係でマイナスになるのではないかという見解もあります（森本ほか「会社法への実務対応に伴う問題点の検討―全面適用下の株主総会で提起された問題を中心に」27頁〔森本滋〕）。

これに対し、勧告的決議であっても取締役の忠実義務にある程度の影響を及ぼす効果が認められるとする見解もあります（家田崇ほか『M&A攻防の最前線―敵対的買収防衛指針』（金融財政

事情研究会、2005）113頁）。

　また、不合理な決議事項であれば、多数の株主が賛成をするということはないと推認されることから、株主総会において多数の株主が賛成をしているという事情は、程度の問題があるとしても、当該意思決定が不合理ではないとする有利な事情の１つとなることを否定することはむずかしいとする見解もあります（福岡『実務相談』321～322頁）。また、この見解は、株主の納得感を得るという観点からも、意思決定の過程に関与させることに一定の意義を見出すことができ、勧告的決議を行うことについて、具体的な法的効果を期待することはできないが、多数の株主の合理的意思に沿ったものであることを示す事情として位置づけられるため、個別具体的な事案によってその内容は異なるものの、事実上の効果を完全に否定することはできないとも説明しています。

3　株主総会の権限として留保されていない事項の議案提出への対応

　取締役会設置会社において、法令や定款上、株主総会の権限とされていない事項について、株主提案により議案が提出され、決議が求められた場合、どのように対応すればよいでしょうか。たとえば、取締役会や代表取締役の裁量に属する事項（経営判断事項）に関する株主提案がなされた場合において、これにどのように対応するかが問題となります。

　このような株主提案に対しては、①そもそも、株主総会決議事項ではないとして、議事で取り上げないという対応が考えられます。

　また、②勧告的決議を求める旨の提案であるとして扱い、勧告的決議として採決を行い、株主総会の議事のなかで処理するという対応が考えられます。

　これに対し、②については、勧告的決議やその決議を求める提案に関する手続はなんら法定されていないため、かえって株主総会の運営に混乱を招く可能性も否定できないため、③まず定款変更議案を提出し、当該定款変更決議が有効に成立した場合には、当該事項を株主総会で決議するという対応も考えられます（江頭『論点２』404頁）。

　法令や定款上、株主総会の権限とされていない事項が議案として提出された場合には、その具体的状況をふまえて、勧告的決議として採決を行うことの必要性や株主総会の運営に混乱を招くリスク等を勘案して、①、②、③のいずれを選択するか検討することになると思われます。

〔大下良仁〕

6　議決権の性質

　議決権の性質について説明してください。

ポイント

　議決権は、株主の共益権の中心となる権利であり、集団的処理になじむようにその内容は画一的に法定され、株主のみがこれを保有し、株主が議決権のみを第三者に移転・譲渡することは認められません。

解説

　株式には、株主が会社に対して有するさまざまな権利が包含されていますが、包含される権利はその内容によって、自益権と共益権に二分されます。自益権は会社から直接的に経済的利益を受ける権利です。他方、株主は、会社に対する出資者として経営参与の権能をもっていますが、共益権は、株主が、この権能に基づき、会社経営に参画し、経営者の行為を監督是正するための権利です。

　株主の経営参与は株主総会を通じて行われることから、議決権（会社308条1項、325条）がその中心となります。株主総会に関連する共益権としてほかには、説明請求権（会社314条、325条、491条）、提案権（会社305条、325条、491条）、累積投票請求権（会社342条）および総会招集権（会社297条、325条、491条）等があげられます。

　これらの権利は法令および定款によってその内容が決定されます。議決権は権利者が株主総会において同時に行使するものですから、集団的処理になじむようにその内容は画一的に法定され、特に法律の認めた場合を除き、定款または株主総会の決議をもって奪うことのできない権利です。

　議決権は株主の権利の内容をなす権利ですので、株主（株式の取得者であっても株主名簿の書換えを受けていなければ、会社に対して株主であることを主張して議決権を行使することはできません）のみがこれを保有し、株主が議決権のみを第三者に移転することは認められません。信託譲渡のように、譲渡人と譲受人との間で特約がある場合でも議決権を行使するのは譲受人となります。また、株式が質入れされた場合であっても、議決権を行使することができるのは株主であり、質権者ではありません。しかし、近年では、カストディアン（証券保管銀行）名義での株式所有が増加し、会社が株主と認めるものと実質的に議決権を行使する権限を有する者との乖離が著しくなっています。この実態における乖離をいかに克服するかが株主総会の運営の大きな課題となっています（中村『ハンドブック』413頁）。

（大下良仁）

7　議決権の数

　各株主の議決権の数はどのように与えられますか。議決権のない株式にはどのようなものがありますか。ま

第1章　株主総会総論　13

た、複数議決権株式を発行することはできますか。

ポイント

株主は、原則として、その有する株式一株につき、一議決権を有しますが、議決権のない場合として、無議決権株式と株主の属性により議決権が認められない場合があります。後者の例としては、自己株式、相互保有株式および単元株未満株式等があります。複数議決権株式を発行することはできませんが、株式の種類ごとに異なる単元株式数を設定することにより、実質的に複数議決権を認めるのと同様の効果を生じさせることは可能です。

解説

1 一株一議決権の原則

株主総会および種類株主総会において、株主は、原則として、その有する株式一株につき、一議決権を有します（株式総会につき会社308条1項、種類株主総会につき会社325条）。これを「一株一議決権の原則」といいますが、その例外として、無議決権株式（会社108条1項3号）と株主の属性により議決権が認められない場合があります。

2 無議決権株式

会社は、株主総会において議決権を行使することができる事項につき異なる2以上の種類の株式を発行すること

ができます（会社108条1項3号）。たとえば、①ある種類の株式は総会決議事項のすべてにつき議決権を有するが（議決権普通株式）、②他の種類の株式はいっさいの事項につき議決権がないとか、③一定の事項についてのみ議決権を有するものとすることができます。②、③を議決権制限株式といい（会社115条）、特に②を完全無議決権株式といいます。

もっとも、完全無議決権株式でも、定款変更によってその株主に損害を及ぼすおそれがある場合の種類株主総会においては議決権を行使することができます（会社322条1項1号・3項ただし書）。また、持分会社に組織変更する場合（会社776条1項）、組織再編による持分会社の持分が対価として交付される場合（会社783条4項）には総株主の同意を要します。組織再編によって譲渡制限付株式が対価として交付される場合には種類株主総会において議決権を行使することができます（同条3項）。

3 株主の属性により議決権が認められない株式

次の株式を保有する株主は、その属性により議決権の行使が認められません。

① 自己株式（会社308条2項、325条）
② 相互保有株式（会社308条1項カッコ書、325条、会社則67条、95条5号）
③ 単元株未満株式（会社189条1項）

④ 会社法140条3項、160条4項、175条2項の場合における特別利害関係を有する株主
⑤ 株券喪失登録者が名義株主でない場合における登録株式の株主（会社230条3項）

(1) **自己株式**（会社308条2項、325条）

株式自体に議決権は存在しますが、会社が株式を保有する間は、会社支配の公正維持の観点から、会社に議決権は認められません。議決権行使を認めないのは会社支配の公正維持のためですので、共益権はいっさい認められず、自益権も認められません。なお、会社が自己の計算で他人の名義をもって取得した株式についても、自己株式に準じて議決権は認められないと考えられます（大隅＝今井『会社法論中』48頁）。

(2) **相互保有株式**（会社308条1項カッコ書、325条、会社則67条、95条5号）

ある会社（A社）がB（国内外の会社、組合等）の議決権の総数の4分の1以上を保有している場合、Bが有するA社株式にはいっさいの議決権が認められません。A社とその子会社（孫会社を含みます）が合計で、または子会社のみが合計で、Bの議決権の総数の4分の1以上を保有している場合も同様に、Bが有するA社株式にはいっさいの議決権が認められません。A社における会社支配の公正を維持するためです（株式相互保有の規制）。

(3) **単元株未満株式**（会社189条1項）

単元株制度は、株主管理のコスト削減の観点から、定款により、一定の数の株式を「1単元」の株式と定め、1単元の株式につき1個の議決権を認め、単元未満の株式には議決権を認めないという制度です。種類株式発行会社では、定款で株式の種類ごとに単元株式数を定めることができますので（会社188条3項）、1単元に当たる株式数が異なる種類株式を発行することが可能です。

単元数は自由に設定することができます。たとえば、発行済株式総数を上回る単元株式数を定めることも、会社法上直ちに禁止されるものではありません。もっとも、このような定めを置いた場合、議決権を行使する株主がいなくなるため、通常、そのような事態を招来することについて株主総会決議が成立する可能性は乏しいといえますし、仮に、そのような定めがなされた場合には、定時株主総会までに議決権を有する株主が存在するように、株式発行等の措置が必要となります（相澤『論点解説』116頁）。

4 議決権なき株式の定足数等への算入および総会に関係する共益権の有無

無議決権株式、自己株式、相互保有株式および単元株未満株式の数は、決議の成立の判断の際に、定足数・必要賛成数に算入されません（会社309条1

項等）。また、その株主は、株主総会の収集通知を受けませんので（会社299条1項、298条2項、325条）、出席権・質問権等を含めいっさいの総会参与権はないと考えられます（江頭『論点2』462頁）。これに対し、出席権・質問権等の有無は定款自治の問題であるとする見解もあります（江頭『株式会社法』332頁）。

また、自己株式、相互保有株式および単元株未満株式の数は、親子会社関係（会社2条3号・4号、会社則3条）、少数株主権（会社297条1項・3項、303条2項・4項等）の存否、または簡易合併等の可否（会社179条等）の判断等の際に分子・分母へは算入されません。

無議決権株式の株式数は、当然、その株式が議決権を行使できない事項に関係する少数株主権等の判断の際に分子・分母のいずれにも算入されません。

なお、無議決権株式および相互保有株式を保有する株主は、議決権があることを前提とする権利以外の単独株主権である共益権（会社828条1項等）は認められます。単元株未満株式を保有する株主については、定款の定めによります（会社189条2項）。

5　複数議決権株式

株式1株につき複数議決権を認めることは、1株1議決権の原則に反します。もっとも、定款で株式の種類ごとに異なる単元株式数を設定する（会社188条）ことにより、実質的に複数議決権を認めるのと同様の効果を生じさせることは可能です。また、非公開会社の場合には、定款で、特定の株主について、複数議決権を認める旨の定めを設けることが可能です（会社109条2項）。

なお、少数株主権の行使に必要な議決権の算定方法は、当該株主が保有する株式が複数議決権株式にかかわらず、当該株主に与えられている議決権の個数によって算定されます（相澤『論点解説』116頁）。

6　1株1議決権の原則に反する株式の上場

1株1議決権の原則に反する株式は、上場会社等で用いられると経営陣に対する規律が弱まるかたちでコーポレートガバナンスにゆがみを生じさせる可能性があります。

そこで、東京証券取引所の上場審査基準は、1つの会社が議決権制限株式のみを上場することまたは普通株式と議決権制限株式とを同時に上場することは認めるが、議決権の少ない株式（1議決権を行使することができる株式の数に係る権利の価額等が他方の株式より高くされた株式）と多い株式とを同時に上場することを認めず（有価証券上場規程205条(9)の2）、また、きわめて小さい出資割合で会社を支配する状況が生じた場合に議決権に関する種類

株式のスキームを解消できる見込みがあること等、一定の要件を満たすこと（上場審査等に関するガイドラインⅡ-6⑷）を要求しています（宇都宮純子「議決権種類株式の上場に関する制度要綱について」商事1834号15頁）。

（大下良仁）

8　議決権の行使方法

議決権の行使方法にはどのようなものがありますか。

ポイント

議決権の行使方法には、株主が株主総会に出席して行使する方法、代理人に行使させる方法、書面によって行使する方法および電磁的方法によって行使する方法があります。このうち、株主が出席して行使する場合や、賛否を明示した委任状を会社に渡さずに代理人に行使させる場合には、議決権をどのように行使し、その賛否の意思表示をどのように行うかが問題となり、特に、議案の賛否が容易に判断できない事案においては、議決権の数を正確に計算できるように配慮する必要があります。

解説

議決権の行使方法には、株主総会に出席してこれを行使する方法のほか、代理人によって行使する方法（会社310条）、書面によって行使する方法（会社311条）および電磁的方法によって行使する方法（会社312条）があります。

株主が賛否を明確にした委任状を会社に渡したうえで代理人に議決権を行使させる場合や、書面や電磁的方法によって、議決権行使書面を通じて議決権を行使する場合、議決権行使の有無や内容について問題が生じることは少ないと思われます。これに対して、株主、あるいは代理人本人が総会に出席して議決権を行使する場合には、議決権をどのように行使し、その賛否の意思表示をどのように行うかが問題となります。

この問題は、会社が、株主総会の採決をどのように行うかという問題と関連します（株主総会の採決については、【147】を参照）。

会社側が受領した委任状や議決権行使書面に係る議決権数だけで決議の成立が明らかであれば、出席株主の議決権行使数を厳密に計算する必要はありません。このような場合には、株主が挙手、起立または拍手をして賛否の数を確定および明示せずに議案が可決されることが実務上の大勢です。

他方、議案の賛否が容易に判断できない事案においては、議決権の数を正確に計算する必要があります。賛成票と反対票が拮抗して決議の成立が争われている場合において、賛成票・反対票を正確に計算することができていな

第1章　株主総会総論　17

いにもかかわらず、決議の成立が宣言された場合、決議の方法について著しく不公正（会社831条1項1号参照）であると評価されるものと考えられますので（江頭『論点2』467頁）、このような場合には、各出席株主の賛否が確認できる方法で議決権を行使させるべきであり、場合によっては、事後の紛争に備えるために総会検査役（会社306条）を選任するなどの配慮が必要となります。
　　　　　　　　　　　　　（大下良仁）

9 実質株主の調査

上場会社における実質株主とは、どのような株主ですか。

ポイント

実質株主とは、株主名簿に登録された信託銀行などの名義株主に係る株式について、実質的に保有している株主のことをいいます。議決権行使の指図を行うのは実質株主であることが一般的であるため、株式保有割合の高い実質株主が存在する上場会社においては、議決権行使の促進やSR活動を効率的に行うために、実質株主を調査する必要があります。

解説

実質株主とは、株主名簿に登録された信託銀行などの名義株主に係る株式について、実質的に保有している株主のことをいいます。

生命保険会社や損害保険会社を除く国内の機関投資家の多くは、資産管理専業の信託銀行（日本マスタートラスト信託銀行や日本トラスティ・サービス信託銀行など）名義で上場株式を保有しており、海外の機関投資家も、その多くはカストディアン（証券保管銀行）名義で上場株式を保有していることが一般的です。これは、株主名簿上の株主となることによる取引コストや管理コストを抑制したり、アセットマネージャーである機関投資家において自らが株式の取引主体となることで資金を預かる顧客との間で生じる利益相反を回避したり、株主として名前を表に出さず匿名性を維持したりすることを目的とするものです。

この場合、株主総会の議決権は、基準日時点での株主名義人である、信託銀行やカストディアンに付与されますが、実際の議決権行使は、通常、それら名義株主の背後にいる実質株主の指示に基づき行われます。

そのため、機関投資家が実質株主として多く存在している上場会社等において、株主総会の会社提案に対する賛成の議決権行使を促したり、SR活動（Shareholder Relations：株主向け広報）を行ったりするには、名義株主である信託銀行やカストディアンではなく、その背後にいる実質株主を調査したうえで（いわゆる株主判明調査）、当該実質株主に対して働きかけを行う必要が

あります。株主判明調査については、これを専門とする調査会社が存在し、開示資料やヒアリングを通じて実質株主を調査しています。　　（高谷裕介）

第 2 章

コーポレートガバナンス・コードとスチュワードシップ・コード

10 コーポレートガバナンス・コードと株主総会

コーポレートガバナンス・コードが適用される上場会社では、株主総会対応について、どのような点に注意する必要があるでしょうか。

ポイント

コーポレートガバナンス・コードには、株主総会に関して直接規定した原則と、株主総会に直接言及はしていないものの、株主総会の議案や取締役の説明内容に関連するなど、株主総会に影響を与える原則があります。上場会社においては、コーポレート・ガバナンス報告書に記載したコーポレートガバナンス・コードに関する考え方に沿った株主総会対応を準備する必要があります。

解 説

1 コーポレートガバナンス・コード

(1) コーポレートガバナンス・コードの制定の経緯と趣旨

コーポレートガバナンス・コードとは、実効的なコーポレート・ガバナンス（企業統治）の実現に資する主要な原則を示す規範をいい、厳格な法規範ではなく、いわゆるソフトローに属する規範であるとされています。

わが国においてコーポレートガバナンス・コードが制定された経緯は、次のとおりです。平成26年６月、閣議決定された「『日本再興戦略』改訂2014」において、「東京証券取引所と金融庁を共同事務局とする有識者会議において、秋頃までを目途に基本的な考え方を取りまとめ、東京証券取引所が、来年の株主総会シーズンに間に合うよう新たに『コーポレートガバナンス・コード』を策定することを支援する」との施策が盛り込まれました。これを受けて、同年８月、金融庁および東京証券取引所（以下「東証」といいます）を共同事務局とする有識者会議が設置され、パブリックコメントの手続を経て、平成27年３月５日に、「コーポレートガバナンス・コード原案～会社の持続的な成長と中長期的な企業価値の向上のために～」が策定・公表されました。同原案は、その後、東証の有価証券上場規程の別添として制定され、これに関連して上場規程の整備がなされました（上場規程の別添として制定されたコーポレートガバナンス・コードを以下「CGコード」といいます）。東証一部上場会社については、「コードを実施しない場合の理由の説明」と、「コードを実施するために行う開示」について、コーポレート・ガバナンス報告書に欄を新設して記載することとされています（上場規程436条の３）。なお、マザーズ・ジャスダック上場会社については、基本原則部分を実施しない場合にのみ、その理由を

説明することとされています。

CGコードでは、特定のガバナンス体制を細則的に義務づけることはせず、大まかな原則のみ定め（プリンシプルベース・アプローチ（原則主義））、しかも、各社が当該原則を実施することが適当ではないと考える場合には、実施しない理由を十分に説明することにより、当該原則を実施しないことも許容しています（コンプライ・オア・エクスプレイン）。これらの手法が採用された趣旨は、会社の持続的成長と中長期的な企業価値の向上という観点から、どのようなガバナンス体制が最適であるかは各会社の置かれた状況によって区区でありうるため、法令等の規律によって特定のガバナンス体制を一律に強制することは、たとえば、各社がその形式的な遵守のための対応にのみ注力するなど、かえって実質をないがしろにする対応を招くおそれがあるためであるとされています（油布志行ほか「『コーポレートガバナンス・コード原案』の解説Ⅰ」商事2062号49頁）。

(2) **株主総会とコーポレートガバナンス・コード**

CGコードには、株主総会に関して直接規定した原則と、株主総会に直接言及はしていないものの、株主総会の議案や取締役の説明内容に関連するなど、株主総会に影響を与える原則があります。上場会社においては、コーポレートガバナンス報告書に記載したCGコードに関する考え方に沿った株主総会対応を準備する必要があります。

以下では、株主総会について直接規定したCGコードと、それ以外の株主総会に影響を与えるCGコードとに分けて、その概要を説明します。

2 株主総会について直接規定したコーポレートガバナンス・コード

CGコードの基本原則1は、「上場会社は、株主の権利が実質的に確保されるよう適切な対応を行うとともに、株主がその権利を適切に行使することができる環境の整備を行うべきである。また、上場会社は、株主の実質的な平等性を確保すべきである。少数株主や外国人株主については、株主の権利の実質的な確保、権利行使に係る環境や実質的な平等性の確保に課題や懸念が生じやすい面があることから、十分に配慮を行うべきである」と規定しています。この基本原則に基づき、さらに以下のような原則および補充原則が定められています。

(1) **原則1－1「株主の権利の確保」**

原則1－1「株主の権利の確保」は、「上場会社は、株主総会における議決権をはじめとする株主の権利が実質的に確保されるよう、適切な対応を行うべきである」と定めており、株主総会における株主の権利の確保を規定しています。

そして、原則1－1の補充原則として、以下のような原則が定められてい

ます。

a 補充原則1-1①「取締役会は、株主総会において可決には至ったものの相当数の反対票が投じられた会社提案議案があったと認めるときは、反対の理由や反対票が多くなった原因の分析を行い、株主との対話その他の対応の要否について検討を行うべきである」

この補充原則は、株主総会において可決に至ったものの、相当数の反対票が投じられた会社提案議案について、単に議案が承認されたか否決されたかという点にとどまることなく、取締役会に相当数の反対票が投じられた原因分析とその結果をふまえた対応の要否についての検討をさせることで、株主による議決権行使結果を、その後の会社経営へより緻密に反映させることをねらったものといえます。たとえば、社外取締役の選任議案に相当数の反対票が投じられ、その原因が当該社外取締役候補者の独立性に疑義がある点にあったと分析できる場合に、次回改選期には、より独立性の高い社外取締役候補者を擁立することを取締役会が検討するといったことが考えられます。

なお、「相当数」の判断については、各取締役会の合理的な判断に委ねられているとされ、「原因の分析」の結果をふまえて取締役会は「株主との対話その他の対応の要否について検討」を行うべきものとされていますが、対応を要しないと判断することも

認められています（油布ほか「『コーポレートガバナンス・コード原案』の解説Ⅰ」52頁）。

b 補充原則1-1②「上場会社は、総会決議事項の一部を取締役会に委任するよう株主総会に提案するに当たっては、自らの取締役会においてコーポレートガバナンスに関する役割・責務を十分に果たし得るような体制が整っているか否かを考慮すべきである。他方で、上場会社において、そうした体制がしっかりと整っていると判断する場合には、上記の提案を行うことが、経営判断の機動性・専門性の確保の観点から望ましい場合があることを考慮に入れるべきである」

この補充原則については、一般に、わが国上場会社においては、他国に比較して幅広い事項を株主総会の決議事項としているとされているところ、取締役会においてコーポーレート・ガバナンスに関する役割・責務を十分に果たしうる体制が整っているようであれば、会社法上許容される範囲内で、一部の株主総会決議事項を取締役会に委任することも一案であるとの考えを示すものとされています。もっとも、そのような委任を勧めるものではないとされています（油布ほか「『コーポレートガバナンス・コード原案』の解説Ⅰ」53頁）。具体的には、役員報酬の具体的配分や剰余金の配当に係る決定等を取締役会に委任する場面などが想定さ

れます。

 c 補充原則1-1③「上場会社は、株主の権利の重要性を踏まえ、その権利行使を事実上妨げることのないよう配慮すべきである。とりわけ、少数株主にも認められている上場会社及びその役員に対する特別な権利（違法行為の差止めや代表訴訟提起に係る権利等）については、その権利行使の確保に課題や懸念が生じやすい面があることから、十分に配慮を行うべきである」

 この補充原則について、株主総会との関係で具体的に問題になる場面としては、委任状勧誘等の場面において、株主が株主名簿の閲覧等を求めた際に、上場会社が不当に対応を遅延し、閲覧等をさせないまま株主総会の開催日が到来してしまったケースなどが想定されます（油布ほか『コーポレートガバナンス・コード原案』の解説Ⅰ」53頁）。そのほか、株主総会関連では、少数株主が裁判所から株主総会の招集許可決定を得て、株主総会を自ら招集する場合（会社297条4項）において、上場会社が少数株主の求めに応じて、基準日設定公告や、総株主通知の前提となる振替機関への基準日設定の通知（振替法151条7項）を行うべき場面などでも、株主の権利行使の確保への十分な配慮が問題となりうると解されます。

(2) 原則1-2「株主総会における権利行使」

 原則1-2「株主総会における権利行使」は、「上場会社は、株主総会が株主との建設的な対話の場であることを認識し、株主の視点に立って、株主総会における権利行使に係る適切な環境整備を行うべきである」と定めています。

 そして、原則1-2の補充原則として、以下のような原則が定められています。

 a 補充原則1-2①「上場会社は、株主総会において株主が適切な判断を行うことに資すると考えられる情報については、必要に応じ適確に提供すべきである」

 この補充原則は、上場会社の合理的な判断において、株主総会における株主の適切な判断に資すると考える情報があれば、必要に応じてこれを公表その他なんらかの方法で提供すべきとしています（油布ほか『コーポレートガバナンス・コード原案』の解説Ⅰ」53頁）。招集通知の法定記載事項や、上場規程上の適時開示事項でなくても、株主総会における株主の適切な判断に資すると考えられる会社情報があれば、招集通知での補足や、適時開示により株主へ情報提供をするといったことが考えられます。

 なお、この補充原則とも関連しますが、一部の上場会社ではコードをふまえて招集通知に、資本政策に関する記

載（原則1－3）、中期経営計画およびその進捗状況に関する具体的記載（原則3－1(i)、5－2）、独立社外取締役の独立性判断基準（原則4－9）、経営理念に関する記載（原則3－1）、役員報酬に関する方針の記載（原則3－1(iii)）、役員候補者ごとの推薦理由の記載（原則3－1(v)）などを記載するようになっています（菊地伸「本年定時株主総会に向けての留意点」商事2091号9頁）。

　b　補充原則1－2②「上場会社は、株主が総会議案の十分な検討期間を確保することができるよう、招集通知に記載する情報の正確性を担保しつつその早期発送に努めるべきであり、また、招集通知に記載する情報は、株主総会の招集に係る取締役会決議から招集通知を発送するまでの間に、TDnetや自社のウェブサイトにより電子的に公表すべきである」

　この補充原則は、複数の上場会社に投資をしていることが一般的である機関投資家、特に海外の機関投資家にとっては、わが国における株主総会の開催時期の6月下旬への集中の問題もあって、複数の上場会社の招集通知を同時期に大量に検討しなければならず、議案の検討期間がきわめて限定されているという問題に対応すべく設けられたものと説明されています（油布ほか『『コーポレートガバナンス・コード原案』の解説Ⅰ」54頁）。そのうえで、①招集通知の早期発送と、②招集通知の発送までの期間におけるウェブ公表を求めています。②については、たとえば、印刷する招集通知の内容が確定する招集通知の原稿校了直後にウェブ公表を行えば、招集通知の印刷・発送を待って、株主が招集通知を確認する場合に比べて、10日以上早く招集通知の内容を確認することが可能になります。

　c　補充原則1－2③「上場会社は、株主との建設的な対話の充実や、そのための正確な情報提供等の観点を考慮し、株主総会開催日をはじめとする株主総会関連の日程の適切な設定を行うべきである」

　この補充原則については、CGコードの「背景説明」において、金融庁と東証を共同事務局とする有識者会議において、①基準日から株主総会開催日までの期間は、ガバナンスの実効性を確保する観点から、できるだけ短いことが望ましいこと（英国では、2日間以内）、②招集通知から株主総会開催日までの期間は、熟慮のため、できるだけ長いことが望ましいこと（英国では、約4週間以上）、③他方、決算期末から、会計監査証明までの期間は、不正リスクに対応した実効性ある会計監査確保の観点から、一定の期間を確保する必要があることをふまえ、以上に対応するため、必要があれば、株主総会開催日を7月（3月期決算の会社の場合）にすることも検討されることが考えられるが、業績評価に基づく株主総会の意思決定との観点から、決算期

末から株主総会開催日までの期間が長くなり過ぎることは避ける必要がある、との説明がなされています。また、以上の方向で考える場合、監査済財務情報の提供時期や株主総会の開催時期が後倒しになることが考えられることから、決算短信によるタイムリーな情報提供がいっそう重要となるといった説明もされています。

  d 補充原則1-2④「上場会社は、自社の株主における機関投資家や海外投資家の比率等も踏まえ、議決権の電子行使を可能とするための環境作り（議決権電子行使プラットフォームの利用等）や招集通知の英訳を進めるべきである」

この補充原則においては、議決権行使プラットフォームや、招集通知の英訳などの手法を採用するかについて、「自社の株主における機関投資家や海外投資家の比率」に加えて、上場会社の英訳に割けるリソースや、議決権電子行使プラットフォーム採用のコストなどを考慮することもできると考えられます（油布ほか「『コーポレートガバナンス・コード原案』の解説Ⅰ」54頁、中村直人ほか『コーポレートガバナンス・コードの読み方・考え方』（商事法務、2015）46頁）。また、「議決権の電子行使を可能とするための環境作り」としては、議決権電子行使プラットフォームの利用のほか、電子投票制度の利用が考えられます（油布ほか『コーポレートガバナンス・コード原案』の解説Ⅰ」54頁）。

  e 補充原則1-2⑤「信託銀行等の名義で株式を保有する機関投資家等が、株主総会において、信託銀行等に代わって自ら議決権の行使等を行うことをあらかじめ希望する場合に対応するため、上場会社は、信託銀行等と協議しつつ検討を行うべきである」

この補充原則は、「信託銀行等の名義で株式を保有する機関投資家等」すなわち、いわゆる実質株主（株主名簿上の名義人ではない実質的な株式保有者）について、株主総会への出席・議決権行使の問題を扱ったものです。もっとも、実質株主の株主総会への出席や議決権行使を許可することを求めるものではなく、あくまで希望があった場合に備えて、対応を検討することを求めるものです（油布ほか「『コーポレートガバナンス・コード原案』の解説Ⅰ」54頁）。

この補充原則とも関連して、全国株懇連合会は、平成27年11月13日に「グローバルな機関投資家等の株主総会への出席に関するガイドライン」を公表し（商事2088号32頁以下）、グローバル機関投資家等が株主総会に出席する方法として、①株主総会の基準日時点で実質株主である機関投資家が1単元以上の株式の所有者となり、名簿上の株主である信託銀行等の代理人として株主総会に出席する方法、②会社側の合理的裁量に服したうえで、株主総会の

当日に総会を傍聴する方法、③実質株主である機関投資家による議決権の代理行使を認めても株主総会が攪乱され会社の利益が害されるおそれがないこと等の特段の事情を証明し、信託銀行等の代理人として実質株主が総会に出席する方法、④発行会社において、実質株主が信託銀行等の代理人として議決権行使をすることを認める定款規定を設ける方法の4つを提案しています。

3 株主総会に間接的に関連する主なコーポレートガバナンス・コード

上場会社において、株主総会の議案決定や、株主総会での株主への対応や説明などにおいて、自社がコーポレート・ガバナンス報告書で記載したCGコードの内容をふまえたものとする必要があることは当然です。CGコードが上場会社のガバナンス全般に及ぶものである以上、取締役の株主からの質問への回答内容などについて、CGコードの影響は広く及ぶ可能性があることに注意を要します。

特に、①CGコードが原則2名以上の独立社外取締役の選任を求めていること（原則4-8）等との関係で取締役選任議案、②CGコードが取締役会の責務として経営者への健全なインセンティブとなる報酬制度の設計、特に中長期業績連動報酬や自社株報酬の適切な配分を掲げていること（原則4-2、補充原則4-2①）との関係で役員報酬議案、③CGコードが資本政策の基本的な方針について説明を行うべきとしていること（原則1-3）との関係で、剰余金の処分案については、それぞれCGコードと整合的な会社提案議案となるように注意する必要があります。

（高谷裕介）

11 スチュワードシップ・コードと株主総会

機関投資家とは、どのような投資家であり、上場会社の株主総会にどのような影響を与えていますか。また、日本版スチュワードシップ・コードは、上場会社の株主総会にどのような影響を与えますか。

ポイント

機関投資家とは、保険会社、信託銀行、投資信託・投資顧問会社、年金基金など、他人から資産を預かり、その運用・管理を委ねられている個人以外の投資家の総称です。

日本版スチュワードシップ・コードとは、機関投資家が、いわゆるスチュワードシップ責任を果たすにあたり有用と考えられる諸原則を定めたものであり、その受入れは任意ですが、一定規模の資産を運用・保有する国内の機関投資家の大半が受入れを表明しています。同コード導入に伴い、上場会社の株主総会においては、機関投資家の

議決権行使結果の公表、議決権行使のスタンスの厳格化、総会に先立っての上場会社との対話の活発化といった影響が生じていると考えられます。

解説

1 機関投資家とは

　機関投資家とは、保険会社、信託銀行、投資信託・投資顧問会社、年金基金など、他人から資産を預かり、その運用・管理を委ねられている個人以外の投資家の総称です。機関投資家のなかには、中長期保有を原則とする保険会社や年金基金などがいる一方、短期売買を繰り返すヘッジ・ファンドのような投資家もいて、その投資方針はさまざまです。

　機関投資家は、たとえば保険会社の平成26年度の株式運用額合計が約22兆6,979億円であったり、年金基金であるGPIF（年金積立金管理運用独立行政法人）の平成28年6月末現在での運用額約130兆円のうち21.06％が国内株式で運用されるなど、機関投資家の投資活動は、その投資額の大きさから、株式市場へきわめて大きな影響を与えます。

　機関投資家は、資産運用の手段として上場株式の保有を行います。そのため、事業提携や取引関係維持といった事業目的で投資をする事業会社や商業銀行、会社支配を目的として投資をする投資家などとは異なり、一般にその投資目的は投資利益を獲得する純投資であり、会社を支配する目的はその補完的・予備的なものにとどまります。そのため、機関投資家は、個人投資家をはじめとする一般投資家とも利益の共通性が認められる関係にあります。

　したがって、機関投資家は、受託者としての義務・責任が明確にされ、委託者・受益者の利益を最優先すべき法規制や行政監督などの体制が整備されれば、株主共同の利益のために、投資対象会社の経営に対する適切なチェックやコントロール機能を果たすことを期待することができる投資家であるといえます（水口宏「経営コントロールに関わる株式市場と機関投資家の役割」ジュリスト1050号101頁）。

2 スチュワードシップ・コード策定の経緯

　スチュワードシップ・コードは、上記1のような機関投資家の投資対象会社の経営に対する適切なチェック機能やコントロール機能を、法令ではなく、任意に採否可能な一定の原則のもとで適切に機能させることを通じて、投資対象企業の企業価値の向上や持続的成長の実現を図る仕組みであるといえます。

　スチュワードシップ・コードは、もともと英国において、リーマン・ショックを契機として、機関投資家が本当に受託者責任を果たしていたのかという問題意識から、機関投資家が投

資先企業との関係で果たすべき役割を7つの原則にまとめたものです。なお、「スチュワード」とは、中世の英国で荘園領主に雇われてその地所を管理していた財産管理人をスチュワード（Steward）と呼んでいたことに由来し、転じて、現代において個人等から預かった資産を適正に管理運用する責務を負う機関投資家を示す概念です（笠原基和「「責任ある機関投資家の諸原則《日本版スチュワードシップ・コード》の概要」」商事2029号59頁）。

日本では、平成25年6月、アベノミクスの「第三の矢」としての成長戦略を定める「日本再興戦略」において、「機関投資家が、対話を通じて企業の中長期的な成長を促すなど、受託者責任を果たすための原則（日本版スチュワードシップ・コード）」、すなわち「企業の持続的な成長を促す観点から、幅広い機関投資家が企業との建設的な対話を行い、適切に受託者責任を果たすための原則」について検討を進め、年内に取りまとめることが閣議決定されました。そして、これをふまえた検討の場として、金融庁に「日本版スチュワードシップ・コードに関する有識者検討会」が設置され、パブリックコメントを経て、平成26年2月26日、「日本版スチュワードシップ・コード」（以下「SSコード」といいます）が策定・公表されました。

3 スチュワードシップ・コードの特徴

SSコードにおいて、「スチュワードシップ責任」とは、機関投資家が、投資先の日本企業やその事業環境等に関する深い理解に基づく建設的な「目的を持った対話」（エンゲージメント）などを通じて、当該企業の企業価値の向上や持続的成長を促すことにより、顧客・受益者の中長期的な投資リターンの拡大を図る責任を意味する、とされています。そして、SSコードは、機関投資家が、顧客・受益者と投資先企業の双方を視野に入れ、責任ある機関投資家として、スチュワードシップ責任を果たすにあたり、有用と考えられる諸原則を定めるものです（SSコードの前文第4項）。

SSコードは、基本的に日本の上場株式に投資する機関投資家と、機関投資家から業務の委託を受ける議決権行使助言会社等を対象にしています（SSコードの前文第8項）。

そして、SSコードは、機関投資家がとるべき行動について、法令のように詳細に規定する「ルールベース・アプローチ」（細則主義）ではなく、機関投資家が規模や運用方針など、各々の置かれた状況に応じて、スチュワードシップ責任を実質において適切に果たすことができるよう、抽象的な原則のみを提示する、「プリンシプルベース・アプローチ」（原則主義）を採用

しています（SSコードの前文第9項・10項）。

SSコードは、法令とは異なり、法的拘束力を有する規範ではなく、SSコードの趣旨に賛同しこれを受け入れる用意がある機関投資家に対して、その旨を表明（公表）することを期待するものとされています（SSコードの前文第11項）。

SSコードは、CGコードと同じく、「コンプライ・オア・エクスプレイン」（原則を実施するか、実施しない場合には、その理由を説明するか）の手法を採用しています。すなわち、SSコードの原則のなかに、自らの個別事情に照らして実施することが適切でないと考える原則があれば、それを「実施しない理由」を十分に説明することにより、一部の原則を実施しないことも想定しています。

営業的なレピュテーションの観点などから、事実上、国内の一定規模の資産を運用・保有する機関投資家に対するSSコード受入れの圧力は強いものといえ、現在、その大半が受入れの表明をしています。具体的には、平成28年12月27日現在、信託銀行等7、投信・投資顧問会社等152、生命保険会社18、損害保険会社4、年金基金等26、その他（議決権行使助言会社ほか）7の合計214の機関投資家がSSコードの受入れを表明しています。SSコードの受入れを表明した機関投資家のリスト（「受入れ表明」を行ったウェブサイトのURLおよび「コードの各原則に基づく公表項目」の公表を行ったウェブサイトのURLを含みます）は、金融庁のホームページで公表されています。

4 スチュワードシップ・コードの内容

SSコードは、受入れを表明した機関投資家に対し、以下の7つの原則について「コンプライ・オア・エクスプレイン」（原則を実施するか、実施しない場合には、その理由を説明するか）を求めています。各原則については、その内容をより詳細に説明した複数の指針も提示されています。

1．機関投資家は、スチュワードシップ責任を果たすための明確な方針を策定し、これを公表すべきである。
2．機関投資家は、スチュワードシップ責任を果たすうえで管理すべき利益相反について、明確な方針を策定し、これを公表すべきである。
3．機関投資家は、投資先企業の持続的成長に向けてスチュワードシップ責任を適切に果たすため、当該企業の状況を的確に把握すべきである。
4．機関投資家は、投資先企業との建設的な「目的を持った対話」を通じて、投資先企業と認識の共有を図るとともに、問題の改善に努めるべきである。
5．機関投資家は、議決権の行使と行使結果の公表について明確な方針をもつとともに、議決権行使の方針に

ついては、単に形式的な判断基準にとどまるのではなく、投資先企業の持続的成長に資するものとなるよう工夫すべきである。

6．機関投資家は、議決権の行使も含め、スチュワードシップ責任をどのように果たしているのかについて、原則として、顧客・受益者に対して定期的に報告を行うべきである。

7．機関投資家は、投資先企業の持続的成長に資するよう、投資先企業やその事業環境等に関する深い理解に基づき、当該企業との対話やスチュワードシップ活動に伴う判断を適切に行うための実力を備えるべきである。

5　スチュワードシップ・コードが株主総会へ与える影響

(1) 機関投資家による議決権行使への影響

機関投資家は、SSコードにおいて、資産の運用等を受託し自ら企業への投資を担う「資産運用者としての機関投資家」（投資運用会社など）と、当該資産の出し手を含む「資産保有者としての機関投資家」（年金基金や保険会社など）に大別されていますが、このうち「資産運用者としての機関投資家」に分類される信託銀行および投信・投資顧問会社は、SSコードが導入される以前から、業界ごとの自主ルールにのっとり、平成22年以降、議決権行使の集計結果（議案別の賛否の集計結果）を毎年開示しており、議決権行使方針もウェブサイト等を通じて公表していたため、SSコード導入によっても、議決権行使方針やその開示に大きな変更はありませんでした（依馬直義「機関投資家による議決権行使の状況―日本版スチュワードシップ・コードを踏まえて―」商事2053号46頁）。

他方、「資産保有者としての機関投資家」に分類される生命保険会社や損害保険会社は、これまで議決権行使結果等を公表していなかったところ、SSコードの受入れにより、第5原則に基づき、議決権行使結果等を開示することとなりました。ただし、その大半は、賛同または不賛同とした事例の開示にとどまっており、SSコードの第5原則の指針3で推奨している議案別の賛否の集計結果まで開示しているのは、ごく少数にとどまっています。

この点、金融庁と東京証券取引所が共同事務局を務める「スチュワードシップ・コード及びコーポレートガバナンス・コードのフォローアップ会議」において、平成28年11月30日に『スチュワードシップ・コード及びコーポレートガバナンス・コードのフォローアップ会議』意見書(3)」がまとめられ、そのなかで機関投資家の議決権行使結果について個別企業の議案ごとに公表すべきことを原則とする旨の考えが示され、これに基づくSSコードの見直しがなされる予定です。個別企業ごとの議決権行使結果の公表が必要に

なると、一部の機関投資家においては利益相反の疑義を避けるための工夫が必要となります。この点、利益相反とは、たとえば機関投資家が自社やそのグループ企業を投資先とする場合、保険会社が投資先企業と取引を行っている場合、機関投資家が資産運用を受託する複数の顧客の利害や意向が対立する場合などがあり、SSコードの原則4では、利益相反について明確な方針の策定と公表が求められています。

この点、機関投資家、特に海外の機関投資家は、ISS（Institutional Shareholder Services Inc.）やグラスルイス（Glass, Lewis & Co., LLC）といった議決権行使助言会社が毎年公表している議決権行使助言方針（ポリシー）を参照して議決権行使を行うことが多いのですが、上記利益相反の疑義を避けるため、第三者性のある議決権行使助言会社の利用が増えるのではないかとの見解もあります（鈴木裕「2017年株主総会向け議決権行使方針動向」大和総研レポート（2016））。なお、SSコード原則5の指針5では、「機関投資家は、議決権行使助言会社のサービスを利用する場合であっても、議決権行使助言会社の助言に機械的に依拠するのではなく、投資先企業の状況や当該企業との対話の内容等を踏まえ、自らの責任と判断の下で議決権を行使すべきである。仮に、議決権行使助言会社のサービスを利用している場合には、議決権行使結果の公表に合わせ、その旨及び当該サービスをどのように活用したのかについても公表すべきである」とされています。

また、SSコードの第5原則の指針1において、「機関投資家は、すべての保有株式について議決権を行使するよう努めるべき」とされていることを受け、信託銀行名義の株主（国内の機関投資家による純投資分）の議決権行使率はほぼ100％に達しています（依馬直義「機関投資家による議決権行使の状況―2016年の株主総会を振り返って―」商事2116号33頁）。

また、機関投資家の議決権行使については、平成26年総会において、SSコードの受入れを表明した機関投資家において、外形的な基準に加え、上場会社の実態面も含めて個別に精査したうえで判断するケースが増え、議決権行使スタンスがより厳しくなる傾向がみられ（前掲・依馬「機関投資家による議決権行使の状況―日本版スチュワードシップ・コードを踏まえて―」47頁）、さらにその後も、国内機関投資家は、海外機関投資家に比べて議決権行使基準のレベルが不十分との指摘もあり、基準の厳格化をいっそう強化する動きも一部にみられるところです（前掲・依馬「機関投資家による議決権行使の状況―2016年の株主総会を振り返って―」41頁）。

(2) 機関投資家と投資対象企業に対する対話活動への影響

そして、SSコードの受入れを表明

した機関投資家においては、第4原則に基づき、投資対象企業との対話の実施回数を増加させたり、第7原則に基づき、スチュワードシップ活動を行う組織・人員の増強などを行う動きがみられ、SSコード導入に伴い、株主総会に先立っての機関投資家の投資対象企業に対する対話活動が活発化しているといえます。

(3) **上場会社における注意点**

　上場会社としては、実質株主を含めた自社の株主構成を十分に把握し（実質株主の調査については【9】参照）、機関投資家の割合によっては、そのホームページで公表されている議決権行使基準の分析や、機関投資家との対話を通じて、株主総会上程議案の否決リスクを軽減していくことが求められているといえます。特に、機関投資家による反対比率が高い、①取締役選任議案（特に業績悪化時や配当性向が低いケース、社外取締役を複数名選任していないケース、社外取締役に独立性が認められないケース）、②監査役選任議案（特に社外監査役に独立性が認められないケース）、③退職慰労金支給議案、④新株予約権の発行議案、⑤買収防衛策の導入・継続議案などを上程する場合（前掲・依馬「機関投資家による議決権行使の状況―2016年の株主総会を振り返って―」34頁以下）には、議決権行使基準の分析や票読みを注意深く行う必要があるといえます。　　**（高谷裕介）**

第 3 章

株主総会の招集

12　定時株主総会の意義

定時株主総会の意義について説明してください。また、過年度決算訂正を行った場合、訂正後の計算書類の承認または報告を定時株主総会ではなく、臨時株主総会において行うことは可能ですか。

ポイント

定時株主総会とは、計算書類の承認または報告を行う株主総会であり、多くの上場会社では、毎年6月または毎事業年度終了後3カ月以内に招集しています。また、過年度決算訂正後の計算書類の承認・報告を定時株主総会ではなく、臨時株主総会において行うことは可能です。

解説

1　定時株主総会の意義

定時株主総会とは、計算書類の承認または報告（会社438条2項、439条）を行う株主総会のことです（相澤『論点解説』432頁）。

定時株主総会は、毎事業年度の終了後一定の時期に招集する必要があります（会社296条1項）。これは、事業年度末後一定の時期までに、当該事業年度に係る計算書類について株主総会の承認・報告を行い、会社の損益状況を確定して、これに基づいて剰余金の配当を決定する必要があるからです。

毎事業年度の終了後「一定の時期」とは、一定の時点としての特定の日を意味するわけではなく、ある程度の幅をもった一定の期間を意味すると解されています（相澤『論点解説』469頁）。この一定の時期の具体的範囲については特に法定されていませんが、株主名簿の基準日と権利行使との間が3カ月以内という制限があるところ（会社124条2項）、現在多くの上場会社では、3月31日を決算期とし、定款において、定時株主総会の議決権の基準日を毎年3月31日とし、定時株主総会は毎年6月または毎事業年度終了後3カ月以内に招集すると定めています（『コンメ7』47頁、全国株懇連合会編『全株懇モデル〔新訂3版〕』37頁（商事、2011）参照）。定款で定める一定期間においてどの時点を株主総会の日時とするかは、定時株主総会の日時を決定する取締役または取締役会の裁量により決定されることになります（会社298条1項1号・4項）。

定時株主総会を所定の時期に招集することは、定時株主総会の招集を決定し、招集する取締役の義務であり、定時株主総会を招集しないことは取締役の善管注意義務違反（会社330条、民法644条）を構成すると解されます（『コンメ7』48頁）。また、会社法298条1項に違反して定時株主総会を招集しなかったときは、取締役は過料に処されます（会社976条18号）。

もっとも、上記定款の規定は、天災等のようなきわめて特殊な事情により規定された時期に定時株主総会を開催できない状況が生じた場合にまで形式的・画一的に適用するという趣旨ではないと考えるのが合理的な意思解釈です。すなわち、そのような場合には、会社法296条1項に従って事業年度の終了後の一定の時期に定時株主総会を開催すれば足り、開催時期が定款所定の時期よりも後になったとしても、定款に違反することにはならないと解されており、このような場合に取締役が損害賠償責任を負い、または過料に処させることはありません（河合芳光「定時株主総会の開催時期に関する法務省令のお知らせについて」商事1928号4頁、中村『ハンドブック』22頁）。

定時株主総会の重要な目的事項は、計算書類の承認、計算書類の内容の報告、事業報告の内容の報告、連結計算書類の内容および監査の結果の報告ならびに余剰金の配当の決定等ですが（会社438条、439条、444条7項、454条）、その他の事項を株主総会の目的としてよいことには異論はありません。

2 定時株主総会と臨時株主総会の区別

会社法298条1項に違反して定時株主総会を招集しないことは、取締役の善管注意義務違反を構成し、また、過料の制裁の対象となりますが、その関係で定時株主総会と臨時株主総会の区別が問題となります。

この区別については、招集時期によるとする招集時期説と、招集の時期にかかわらず、計算書類の確定・承認等が議題となっているかによるとする議題内容説があります。会社法制定前は、臨時株主総会において計算書類の承認・剰余金の配当の決定をすることはできませんでしたが（平成17年改正前商法283条1項参照）、会社法では、臨時株主総会において臨時計算書類の承認・剰余金の配当の決定をすることができますので（会社441条4項、454条1項）、計算書類の確定・承認等を議題とする株主総会かで区別する議題内容説は現在ではその根拠を欠いており、招集時期説が妥当であり、ただし、計算書類の承認・報告は必ず定時株主総会の目的となるため、それを目的としない株主総会は定時株主総会とはいえないことになります（『コンメ7』49頁）。

3 過年度訂正後の計算書類の承認・報告との関係

過年度の計算書類に重要な誤謬がある場合、問題期および後続期の計算書類は確定しているとはいえず、過年度の計算書類を遡及修正方式により確定させるためには、会社法438条2項、439条の規定どおり、「定時株主総会」の承認・報告が必要となります。

この「定時株主総会」が文字どおり、毎事業年度の終了後一定の時期に

招集されるいわゆる定時株主総会（会社296条1項）でなければならないとすると、たとえば3月決算会社で6月の定時株主総会で計算書類が承認・報告されたが、その後に誤謬が発覚した場合、訂正後の計算書類の承認・報告について、翌年6月の定時株主総会まで待たなければならないことになり、迅速な決算訂正処理が困難となります。

そもそも、計算書類について定時株主総会の承認・報告が求められているのは、上記1のとおり、事業年度末後一定の時期までに、当該事業年度に係る計算書類について株主総会の承認・報告を行うべきという平時における決算手続が念頭に置かれているためにすぎず、過年度決算の訂正についてまでそのように解すべき合理的な必要性は見当たりません。そこで、決算訂正との関係では、訂正後計算書類の承認または報告をする株主総会を、それがいわゆる定時株主総会であるか臨時株主総会であるかを問わず、会社法438条2項または439条の「定時株主総会」として扱えばよいものと考えられています（大隅＝今井『会社法論中』27頁、弥永真生編『過年度決算訂正の法務〔第2版〕』（中央経済社、2011）68頁）。

よって、年度決算訂正後の計算書類の承認・報告を定時株主総会ではなく、臨時株主総会において行うことは適法です。　　　　　　　　（大下良仁）

13　定時株主総会のスケジュールの概要

上場会社で定時株主総会を開催する場合のスケジュールの概要を説明してください。

ポイント

事業年度末後、計算書類、事業報告、連結計算書類を作成し、会計監査人（事業報告）および監査役会の監査を受け、決算取締役会においてこれらを承認します。その後、株主総会の招集事項を決議する取締役会を開催した後、招集通知を発送し、事業年度末の基準日から3カ月以内に定時株主総会を開催します。

解説

ほとんどの会社では、事業年度の末日が定時株主総会の基準日とされています。

そして、定時株主総会は、基準日から3カ月以内に開催する必要がありますので（会社124条2項）、3月決算の会社では、6月末日までに定時株主総会を開催する必要があります。

定時株主総会においては、計算書類、事業報告、連結計算書類の内容報告または承認を得ることのほか、役員選任議案をはじめとした各種の議案の承認を得ることが目的事項となります。

そこで、定時株主総会に向けて、こ

れらの準備を行うことになります。

具体的には、事業年度の末日以降、4月中旬頃までに担当取締役が、計算書類、事業報告、連結計算書類を作成し、監査役会設置会社の場合、5月中旬頃までに、会計監査人（事業報告を除く）および監査役会の監査を受けます。そして、5月中旬から下旬頃に決算取締役会を行い、取締役会で計算書類、事業報告、連結計算書類を承認します（【17】～【19】参照）。

また、これと並行して、取締役会において、株主総会議案について審議検討し、5月下旬頃までに株主総会議案を決定したうえ、株主総会の招集事項を決議します（【22】）。

そして、招集通知の印刷を完了して、封入作業等を行い、6月上旬に招集通知を発送して（【51】）、6月下旬に定時株主総会を開催することになります。
（西岡祐介）

14 臨時株主総会を開催するための所要期間

上場会社で臨時株主総会を開催するためには、開催までに何日程度の期間が必要ですか。

ポイント

上場会社で臨時株主総会を開催するためには、最短で50日弱程度の期間が必要です。

解説

上場会社の場合、株主の変動があるため、臨時株主総会を開催するには、議決権を行使できる株主を確定するために基準日の設定が必要になります。そして、基準日の2週間前までに公告を行う必要があり（会社124条3項）、定款で定める公告方法に応じて、公告を行う予定日の1週間程度前には、官報、日刊新聞紙への公告または電子公告調査機関への調査の委託の申込みが必要となります。

基準日公告が行われると、基準日の翌営業日から起算して3営業日目の日に総株主通知が行われ、これに基づき株主名簿が作成されます。招集通知発送用の送付先ラベルなどを作成するまでの期間としては、通常、基準日から1～2週間程度は必要です。

これらの期間と並行して、取締役会決議により議案その他の招集事項を決定し、招集通知の校了、印刷を行うとすれば、招集通知は、株主総会の開催日の2週間前に発することになりますので（会社299条1項）、最短で、公告の申込みから株主総会の開催日まで50日弱程度は必要になります。

（西岡祐介）

15 基準日制度、基準日公告の方法

株主総会における基準日制度と基準

第3章　株主総会の招集

日公告の仕方について説明してください。

ポイント

株主総会の基準日は、株主総会で議決権を行使できる株主を定めるための制度です。定時株主総会の基準日は、定款で定められていることが一般的ですが、定められていない場合や臨時株主総会を開催する場合は、基準日にしようとする日の2週間前までに、定款で定められた方法により公告することによって基準日を設定します。

解説

株主総会において議決権を行使できる株主は、権利行使時点である株主総会当日の株主となるのが原則ですが、基準日設定をすることにより、株主総会に先立った一定の日に株主名簿に記載または記録された株主に議決権を与えることができます（会社124条）。

基準日設定の方法は、あらかじめ定款に定める方法と基準日公告を行う方法があります。

定款で定める場合は、「当会社の定時株主総会の議決権の基準日は毎年○月○日とする」などと定款に記載されることが一般的です。

基準日公告により基準日を定める場合は、基準日の2週間前までに定款に定められた公告方法によって公告を行います（同条3項）。

また、基準日は、権利を行使すべき日の前3カ月以内に設定することが必要とされています（同条2項）。現状においては、3月決算会社では、定時株主総会の基準日が事業年度末日である3月31日と定款上、定められていることが一般的であるため、このことが基準日から3カ月以内である6月下旬に定時株主総会が集中する原因になっています。

（西岡祐介）

16 基準日後株主への議決権付与

基準日後に第三者割当増資を行い、引受株主に議決権を付与することはできますか。また、この場合の留意点を説明してください。

ポイント

基準日後に第三者割当増資を行い、引受株主に議決権を付与することはできますが、不公正発行として差し止められる可能性が通常の場合よりも高くなることに留意が必要です。

解説

株式会社は、基準日後に株式を取得した株主に対しても取締役会決議により議決権を付与することができます（会社124条4項）。基準日後株主に対して議決権を付与する場合、基準日株主の権利を害することはできませんが（同項ただし書）、基準日後に第三者割当増資をする場合は、当該株式に関す

る基準日株主は存在しないため、基準日株主の権利を害するということはなく、議決権を付与することが可能です。

　もっとも、会社の支配権について争いがある局面において、基準日後に第三者割当増資を行い、議決権を付与する場合には注意が必要です。このような事例について、裁判例（さいたま地決平19.6.22金商1270号55頁［日本精密事件］）は、「特段の資金調達の必要性が認められない限り、現在の経営陣が自らの支配権を確保することを主要な目的として発行するものというべきである」と述べており、不公正発行として株式の発行自体が差し止められる可能性が通常の場合よりも高いといえます。

（西岡祐介）

17　計算書類の確定手続

監査役会設置会社かつ会計監査人設置会社における計算書類の確定手続を説明してください。

ポイント

　業務執行取締役が計算書類を作成後、会計監査人および監査役会の監査を受け、会計監査人の無限定適正意見および監査役会の相当意見を得た場合は、その後の取締役会の承認により計算書類が確定します。無限定適正意見および相当意見を得られなかった場合は、定時株主総会の承認を経ることで計算書類を確定させる必要があります。

解説

　監査役会設置会社かつ会計監査人設置会社における計算書類の確定手続の流れは、以下のとおりです。
① 　業務執行取締役が計算書類を作成
② 　会計監査人および特定監査役に対して計算書類を送付
③ 　監査報告の内容の通知
　ア　会計監査人の監査報告の内容の通知
　イ　監査役会の監査報告の内容の通知
④ 　取締役会において監査ずみの計算書類を承認
⑤ 　株主総会での承認または報告

　このうち、②の計算書類の送付に際して、取締役会の承認を経ることは法律上、必要ありません。
　また、③の会計監査人および監査役会の監査結果の通知については、以下のとおり期限が定められています。
［会計監査人の会計監査報告］（会社計算130条1項1号）
　以下のいずれか遅い日
　・計算書類の受領日から4週間を経過した日
　・付属明細書の受領日から1週間を経過した日
　・特定取締役・特定監査役・会計監査人の合意により別途定める日

[監査役会の監査結果報告]（会社計算132条1項1号）

以下のいずれか遅い日
- 会計監査人による会計監査報告の受領日から1週間を経過した日
- 特定取締役・特定監査役の合意により別途定める日

　また、⑤に関して、会計監査人の会計監査報告が無限定適正意見であり、監査役会監査報告が相当意見であれば、計算書類は取締役会の承認で確定し、定時株主総会では報告事項となります（会社439条）。他方で、無限定適正意見および相当意見を得られなかった場合は、定時株主総会の承認を受けることにより計算書類を確定させる必要があります（会社438条2項）。

(西岡祐介)

18　事業報告の確定手続

監査役会設置会社における事業報告の確定手続を説明してください。

ポイント

　業務執行取締役が事業報告を作成後、監査役会の監査を受け、その後の取締役会の承認により事業報告が確定します。定時株主総会では事業報告の内容が報告事項になります。

解説

　監査役会設置会社における事業報告の確定手続の流れは、以下のとおりです。
① 業務執行取締役が事業報告を作成
② 特定監査役に対して事業報告を送付
③ 監査役会の監査報告の内容の通知
④ 取締役会において監査ずみの事業報告を承認
⑤ 株主総会での報告

　このうち③の監査役会の監査報告の内容の通知については、その期限が以下のいずれか遅い日までと定められています（会社則132条）。
- 事業報告の受領日から4週間を経過した日
- 事業報告の付属明細書の受領日から1週間を経過した日
- 特定取締役・特定監査役の合意により別途定める日

　また、④、⑤について、事業報告は、監査済事業報告を取締役会で承認することで確定し、定時株主総会では事業報告の内容が報告事項になります（会社438条）。

(西岡祐介)

19　連結計算書類の確定手続

監査役会設置会社かつ会計監査人設置会社における連結計算書類の確定手続を説明してください。

ポイント

　業務執行取締役が連結計算書類を作

成後、会計監査人および監査役会の監査を受け、その後の取締役会の承認により連結計算書類が確定します。定時株主総会では、連結計算書類の内容ならびに会計監査人および監査役会の監査結果が報告事項です。

解説

監査役会設置会社かつ会計監査人設置会社における連結計算書類の確定手続の流れは、以下のとおりです。
① 業務執行取締役が連結計算書類を作成
② 会計監査人および特定監査役に対して計算書類を送付
③ 監査報告の内容の通知
　ア　会計監査人の監査報告の内容の通知
　イ　監査役会の監査報告の内容の通知
④ 取締役会において監査ずみの計算書類を承認
⑤ 株主総会で報告

連結計算書類の確定手続は、基本的には計算書類の確定手続と同じですが、会計監査人の監査報告と監査役会の監査報告の内容の通知の期限をいずれも特定取締役、特定監査役および会計監査人の合意によって短縮することが可能（会社計算130条1項3号、132条1項2号）な点が計算書類の場合と異なります。

また、監査報告の内容にかかわらず、連結計算書類は、④の取締役会決議により確定しますので、定時株主総会において、連結計算書類の内容ならびに会計監査人および監査役会の監査結果を報告する必要があります（会社444条7項）。

なお、連結計算書類については、付属明細書の作成義務はありません。

（西岡祐介）

20　計算書類等の提供の際の取締役会決議の要否

業務執行取締役が作成した計算書類、事業報告、連結計算書類を会計監査人および監査役会に提供する際に、取締役会の承認は必要ですか。

ポイント

業務執行取締役が作成した計算書類、事業報告、連結計算書類を会計監査人および監査役会に提供する際に、取締役会が事前に承認しておく必要はありません。

解説

業務執行取締役が作成した計算書類、事業報告、連結計算書類を会計監査人および監査役会に提供する際に、取締役会が事前にその内容を承認することは法律上、求められていません。

もっとも、事前に常務会や経営会議などで承認したり、取締役会で報告することはさしつかえありません。

（西岡祐介）

21 合意による監査期間の短縮

会計監査人や監査役会による監査期間を合意によって短縮することは可能ですか。

ポイント

計算書類および事業報告は、合意によって会計監査人や監査役会による監査期間を短縮することはできませんが、連結計算書類については短縮する旨の合意をすることができます。

解説

計算書類および事業報告は、合意によって会計監査人や監査役会による監査期間を短縮することはできませんが（会社計算130条1項1号、132条1項1号、会社則132条）、連結計算書類については短縮する旨の合意をすることができます（会社計算130条1項3号、132条1項2号）。

もっとも、計算書類および事業報告についても、会計監査人や監査役会が任意に早期に監査手続を終了し、日程を前倒しにすることはさしつかえなく、実務上、会計監査人や監査役会の事前の内諾を得たうえで、短縮を前提としたスケジュールが組まれている例も多くみられます。　　　（西岡祐介）

22 株主総会の招集事項

株主総会を招集するために取締役会で決議して、招集通知に記載しなければならない事項について説明してください。

ポイント

株主総会を招集するために取締役会で決議して、招集通知に記載しなければならない事項は、会社法298条1項および会社法施行規則63条に定められています。なお、これらの事項のうち議決権行使書面または株主総会参考書類に記載する場合は招集通知に記載しないことができます（会社則66条）。

解説

株主総会を招集するために取締役会で決議する事項は以下のとおりです。なお、これらの事項のうち議決権行使書面または株主総会参考書類に記載する場合は招集通知に記載しないことができます（会社則66条）。

書面投票が義務づけられている会社においても、下記③の書面投票を認める旨の決議が必要な点には注意が必要です。

① 株主総会の日時および場所（会社298条1項）
② 目的事項がある場合は当該事項
③ 書面による議決権行使が可能な場合はその旨

④　電磁的方法による議決権行使が可能な場合はその旨
⑤　法務省令（会社則63条）で定める以下の事項
　ア　下記の場合に定時株主総会の日時を決定した理由
　　(i)　前事業年度の定時株主総会の応当日と著しく離れた日である場合
　　(ii)　公開会社で集中日に開催する場合（特に理由がある場合に限る）
　イ　開催場所が過去の開催場所と著しく離れた場所である場合の理由（定款で定められた場所である場合、出席しない株主全員の同意がある場合を除く）
　ウ　書面投票または電子投票を定めた場合における以下の事項（(ii)～(iv)、(vi)については定款に定めがある場合またはこれらの事項の決定を取締役に委任する旨決定した場合を除く）
　　(i)　株主総会参考書類に記載すべき事項（組織再編等における事前備置資料を除く）
　　(ii)　書面投票の期限として特定の時を定める場合の当該時
　　(iii)　電子投票の期限として特定の時を定める場合の当該時
　　(iv)　賛否の記載のない議決権行使書の取扱いを定める場合の当該取扱いの内容
　　(v)　ウェブ開示をすることにより、株主に対して提供する株主総会参考書類に記載しないこととする事項
　　(vi)　書面投票同士または電子投票同士での議決権の重複行使の取扱いを定める場合の当該事項
　エ　書面投票および電子投票の双方を認める場合における以下の事項（定款に定めがある場合を除く）
　　(i)　招集通知を電磁的方法によることを承諾した株主に対しては請求があったときに議決権行使書を交付することとする場合はその旨
　　(ii)　書面投票および電子投票の両方での議決権の重複行使の取扱いを定める場合の当該事項
　オ　代理人による議決権行使について、代理権（代理人の資格を含む）を証明する方法、代理人の数その他代理人による議決権行使に関する事項を定めるときはその事項（定款に定めがある場合を除く）
　カ　議決権の不統一行使に関する通知の方法を定める場合は、その事項（定款に定めがある場合を除く）
　キ　書面投票および電子投票のいずれも認めない場合は、一定の事項（会社則63条7号イ～ワ）に関する議案の内容（議案が確定していない場合はその旨）　　　　　**（西岡祐介）**

23 議決権行使書・電子投票による議決権行使の期限

議決権行使書または電子投票による議決権行使の行使期限を定める際には、どのような点に留意したらよいですか。

ポイント

取締役会決議により、議決権行使書または電子投票による議決権行使の行使期限を定めることができますが、その期限は、「通知を発した日から２週間を経過した日以後」とされていることから、招集通知を発送した日から取締役会決議により定めた行使期限（「特定の時」）が属する日まで中14日間必要となることに留意が必要です。

解説

議決権行使書または電子投票による議決権行使を認める場合は、何も定めなければ、その行使期限は、「株主総会の日時の直前の営業時間の終了時」（会社311条１項、312条１項、会社則69条、70条）とされており、前日の営業時間の終了時となります。

しかし、取締役会決議により、これと異なる行使期限（「特定の時」）を定めることができます。もっとも、その期限は、「通知を発した日から２週間を経過した日以後」（会社則63条３号ロ・ハ）とされていることから、招集通知を発送した日から「特定の時」が属する日まで中14日間必要となります。

したがって、たとえば、行使期限を株主総会の前日午後３時などと営業時間終了時である午後５時よりも繰り上げるだけでなく、株主の便宜のため、午後７時などと繰り下げるような場合でも、招集通知を発送した日から株主総会の日までに中15日間必要となることに留意が必要です。 （西岡祐介）

24 株主総会の招集権者

①定款上、株主総会の招集権者が社長とされているにもかかわらず、社長に事故があったとき、②株主総会の招集を決定する取締役会の後、招集通知の発送までに代表取締役に交代があった場合、だれが株主総会の招集権者となればよいですか。

ポイント

① 定款上、株主総会の招集権者が社長とされているにもかかわらず、社長に事故があったときの招集権者は、他の代表取締役とすることが可能であり、社長の意思が確認できる場合は、社長の承諾を得て、社長名義で招集することも可能です。
② 株主総会の招集を決定する取締役会の後、招集通知の発送までに代表取締役に交代があった場合の招集権

者は、新代表取締役となります。

解説

1 設問①

社長が総会を招集する旨の定款の規定は、通常の状態を前提としたものと考えられるため、社長が重体でその意思を確かめられないようなときは、他の代表取締役の名義で招集してもさしつかえなく（大隅＝今井『会社法論中』14頁）、また、社長の意思が確認できる場合は、社長の承諾を得て、社長名義で招集することも可能です（稲葉『実務相談2』479頁〔鈴木恒雄〕）。

なお、定款において「社長に事故があるとき」といった文言が用いられていることが多々ありますが、会社法にこのような文言は使用されていないため、どのような場合に「事故があるとき」といえるかが実務上、問題となりえます。

「○○に事故があるとき」という表現は、会社法には見られませんが、同法以外の法令においては、多数の用例がありますので、その解釈が参考になります。たとえば、地方自治法106条1項の「議長に事故があるとき」とは、「議長の職務を執ることができない一切の場合であると広く解されており、病気や入院等の場合のほか、食事や手洗い等も含まれる」（村上順ほか編『新基本法コンメンタール 地方自治法』（日本評論社、2011）134頁〔駒林良則〕）

とされています。そこで、定款の解釈においても、地方自治法の解釈と同様に解釈することになるものと考えます。

2 設問②

株主総会の招集事項を決定するのは、取締役会ですが（会社298条4項）、取締役会決議に基づき株主総会の招集通知を発するのは、代表取締役です。したがって、招集通知の発送までに代表取締役に交代があった場合の招集権者は、新代表取締役となります（稲葉『実務相談2』481頁）。

（西岡祐介）

25 株主総会の開催場所

株主総会の開催場所はどこに決めてもよいですか。外国でもよいですか。

ポイント

株主総会の開催場所については、定款に定めがある場合を除き、自由に決定することができますが、株主が出席しにくい招集地をことさらに選択したような場合や開催場所として一体性が保たれていないような場合には、総会決議の取消事由となりえます。株主総会の開催場所を外国とすることも可能ですが、決議取消しの事由となる可能性が相当程度あります。

解説

　平成17年改正前商法においては、株主総会は、定款に別段の定めがある場合を除き、本店の所在地またはそれに隣接する地に招集する必要があるとされていましたが、会社法では、このような定めはなくなりました。したがって、定款に定めがある場合を除き、株主総会の開催場所は自由に決定することができます。

　もっとも、定款で定められた場所である場合、出席しない株主全員の同意がある場合を除き、株主総会の開催場所が過去の開催場所と著しく離れた場所である場合は、その理由を招集通知に記載する必要があります（会社299条4項、会社則63条2号）。

　また、株主が出席しにくい招集地をことさらに選択したような場合や開催場所として一体性が保たれていないような場合には、総会決議の取消事由となりえます（相澤哲＝細川充「新会社法の解説(7)」商事1743号22頁）。

　株主総会の開催場所を外国とすることも禁止されておらず、外国で開催することは可能ですが（東弁『ガイドライン』1頁）、通常、日本の株主にとっては、外国での株主総会は出席しにくい招集地ということができるため、仮に、多くの株主が外国株主であったとしても、全株主が同意していない場合は、総会決議の取消事由となる可能性が相当程度あるといえます（福岡『実務相談』49頁）。

（西岡祐介）

26 「著しく離れた場所」の解釈

昨年の開催場所からどの程度離れると、「著しく離れた場所」としてその場所を開催場所とした理由を招集通知に記載する必要がありますか。

ポイント

過去に株主総会が開催された場所からの移動に相当な時間を要し、株主が株主総会の開始時間に出席することが困難となるような場所で開催する場合には、「著しく離れた場所」に該当します。

解説

　招集する株主総会の開催場所が過去の開催場所と著しく離れた場所である場合に、その場所を決定した理由を招集通知に記載しなければならないこととされているのは（会社298条1項5号、会社則63条2号）、株主の株主総会への出席を困難にする目的で開催場所を変更したかどうかを判断できるようにするためであるとされています。

　そして、その趣旨から、「著しく離れた場所」とは、「過去に株主総会が開催された場所からの移動に相当な時間を要し、株主が株主総会の開始時間に出席することが困難となるような場所をいう」とされており、たとえば、

大阪市内で株主総会を開催してきた大阪市を本店所在地とする会社が、今回は東京都で開催するような場合がこれに当たるものとされています（相澤『論点解説』471頁）。　　（西岡祐介）

て、すべての会場で議長の発言者指名や各会場での株主の発言や挙手などが認識できるような設備が必要になります（東弁『ガイドライン』2頁、福岡『実務相談』48頁）。　　（西岡祐介）

27　複数の場所での同時開催

株主総会を複数の場所で同時に開催することはできますか。

ポイント

会議体としての一体性が確保されるのであれば、株主総会を複数の場所で同時に開催することも可能です。

解説

株主総会は複数の場所で同時に開催することも可能です。

ただし、株主総会は1つの会議体であるため、会議体としての一体性が確保される必要があり（大阪高判平10.11.10資料版商事177号255頁）、「複数の会場について、出席者の状況の把握、質問・発言しようとする者の確認、現に発言している者が当該株主であることの確認等が確保されていることが必要であり、具体的には、こうした状況が確認できるよう、情報伝達の双方向性と即時性の確保が必要となる」とされています（相澤哲＝細川充「新会社法の解説(7)」商事1743号2頁）。

そこで、テレビモニター等を配置し

28　開催場所の変更

招集通知発送後に株主総会の開催場所を変更することはできますか。

ポイント

やむをえない事情がない限り、招集通知発送後に株主総会の開催場所を変更することはできません。

解説

原則として、招集通知発送後に株主総会の開催場所を変更することはできません。

ただし、災害等で建物が使用不可となった場合、大規模なデモ等による総会場またはその近辺の危険およびこれによる会場への入場困難、使用差止め等の法律的な理由による会場の使用不可など、やむをえない事情による場合は、変更する余地があると考えられます（広島高裁松江支判昭36.3.20下民集12巻3号569頁）。このような場合であっても、事前の書面通知は行うことが望ましく、それが間に合わない場合でも、会場周辺への立て看板等の掲示を通じて、株主に対して周知する必要

第3章　株主総会の招集　49

があると考えられます（東弁『ガイドライン』5頁、福岡『実務相談』219頁）。

（西岡祐介）

29 「著しく離れた日」の解釈

昨年の開催日からどの程度離れると、「著しく離れた日」としてその日を開催日とした理由を招集通知に記載する必要がありますか。

ポイント

個別事情によりますが、決算期を変更していないにもかかわらず、前事業年度より1カ月以上遅れて定時株主総会を開催するような場合には「著しく離れた日」と評価されることになります。

解説

どの程度であれば、「前事業年度に係る定時株主総会の日に応答する日と著しく離れた日」（会社則63条1号イ）となるかについては、当該会社の規模や過去の定時株主総会の開催状況等の個別の事情によるとされており、一般的には、決算期を変更していないにもかかわらず、前事業年度より1カ月以上遅れて定時株主総会を開催するような場合には「著しく離れた日」と評価されるとされています（相澤『論点解説』470頁）。

（西岡祐介）

30 開催日・開催時刻に関する制約

開催日・開催時刻を以下のように設定することは可能ですか。
① 開催日を日曜、祝日とすること
② 開催時間を夜にすること

ポイント

① 株主総会の開催日を日曜、祝日とすることも可能です。
② 株主総会の開催時刻を夜とすることも可能ですが、株主の権利行使の妨げとなりうる時刻は避ける必要があります。

解説

1　設問①

かつては、株主総会を日曜、祝日などの休日とすることは違法ないし不適当とする見解もありましたが、株主総会の開催日に法的な規制はなく、可能です（高見忠義「株主総会の開催日を日曜日にすることの可否」商事985号42頁、森・濱田『株主総会』10頁）。なお、『株主総会白書2016年版』（26～27頁）によれば、日曜祝日に開催した会社は、10社ありました。

2　設問②

株主総会の開催時刻についても法的な規制はなく、夜とすることも可能です（福岡『実務相談』53頁）。もっと

も、早朝や遅い時間の場合、株主の権利行使の妨げとなりうるため、避けることが望ましいと思われます。

(西岡祐介)

31 開催日・開催時刻の変更

以下のとおり開催日・開催時刻を変更することは可能ですか。
① 招集通知を発送した後に開催日を延期すること
② 株主総会の当日に開催時刻を変更すること

ポイント

① 招集通知の発送後、開催日を延期することは可能ですが、法令、定款で定められた招集通知の発送期限までに再度、招集通知を発送する必要があります。
② 開催時刻を早めることは原則としてできません。開催時刻を遅らせることは、事故等の影響を受けた場合などでは、1時間程度であれば、可能です。

解説

1 設問①

株主総会の日時の変更は、法的には、変更前の株主総会の招集の撤回と変更後の株主総会の招集と考えられますので、延期をすること自体は可能です。

もっとも、再度の株主総会の招集となることから、変更後の会日の2週間前(公開会社でない場合は、原則として1週間前。会社299条1項)までに招集通知を発送する必要があり、緊急性がある場合であっても、この期間を確保していない場合は違法であり、決議取消しの対象となります(東弁『ガイドライン』3頁)。

2 設問②

株主総会の開催時間を早めることは、株主の権利行使を妨げるおそれがあることから、株主全員の出席があり、だれからも異議がなかった場合を除き、許されません。

他方、事故等の影響を受けて、若干、開催時間を遅らせることは、株主の権利行使を妨げるものではないので、可能と考えられます。もっとも、繰下げが許容されるのは1時間程度までであり(福岡『実務相談』220頁)、2時間以上遅延するような場合には、出席株主によって延期の決議がなされるべきとされています(東弁『ガイドライン』5頁)。

下級審の裁判例では、定刻後3時間10分遅延して開催された株主総会について、株主が開会時に臨席することを困難にするものとして決議取消事由に該当するとしたものがあります(水戸地下妻支判昭35.9.30下民集11巻9号2043頁・判時238号29頁)。

(西岡祐介)

32　3月決算会社における7月総会の可否

当社は、3月決算の会社ですが、定時株主総会を7月に開催することはできますか。

ポイント

3月決算の会社でも、定時株主総会を7月に開催することは可能です。

解説

定時株主総会の招集については、会社法上、「定時株主総会は、毎事業年度の終了後一定の時期に招集しなければならない」（会社296条1項）と規定されているのみであり、具体的な期限の定めはありません。

もっとも、基準日は、権利を行使すべき日の前3カ月以内に設定することが必要とされています（会社124条2項）。そして、通常、3月決算の会社では、「当会社の定時株主総会の議決権の基準日は、毎年3月31日とする」などと定款に定められていることが通例です。

そこで、このような会社では、基準日から3カ月以内となるよう6月末日までに定時株主総会を開催する必要があります。

もっとも、基準日を事業年度末ではなく、4月末日や5月末日とすることについて、会社法上の制約はありません（稲葉『実務相談4』422頁〔味村治〕、河合芳光「定時株主総会の開催時期に関する法務省のお知らせについて」商事1928号4頁）。

したがって、定款に定められた基準日を変更すれば、3月決算の会社が定時株主総会を7月に開催することも可能です。

なお、現在、多くの3月決算の会社が6月総会としている理由の1つに、法人税申告期限の問題があります。法人税法は、内国法人に対して決算期から3カ月以内に「確定した決算」に基づく申告を義務づけているため（法人税法74条1項、75条の2）、6月中に定時株主総会を開催する必要があるというものです。しかしながら、上場会社の場合、会計監査人による無限定適正意見を得る等の要件を満たせば、取締役会決議により計算書類は確定しますし（会社439条）、無限定適正意見を得られない等により要件を満たせない場合についても、上場会社の場合にはCGコードの要請による「やむを得ない事情があると認められる場合」（法人税法75条の2第1項）に該当するとして確定申告期限の延長を認める方向で、経済産業省と国税当局との間で調整中とのことです（「持続的成長に向けた企業と投資家の対話促進研究会」報告書76頁）。したがって、少なくとも、上場会社の場合は、法人税の申告は、7月に定時株主総会を開催することの支障とはならないものと思われます。

（西岡祐介）

33 剰余金配当のスケジュール

配当基準日を3月末日と定めている会社において、剰余金配当の支払が6月末日までに間に合わなくても問題ないですか。

ポイント

配当基準日を3月末日と定めている会社においては、剰余金配当の支払を6月末日までに行うことが望ましいことはもちろんですが、剰余金配当に関する株主提案があった場合等、間に合わない場合には、効力発生日を配当基準日から3カ月以内の日として決議を行い、合理的な期間内に速やかに剰余金の配当の支払を行えば足りるものと考えます。

解説

株主総会で剰余金の配当を決議する場合、「配当がその効力を生ずる日」（会社454条1項3号。以下「効力発生日」といいます）を決議する必要があり、金融機関の配当金支払事務の関係で効力発生日は株主総会の翌営業日とされることが一般的です。

そして、定時株主総会のスケジュールを定めるに際しては、会社法124条2項が基準日を定めることができる権利について「基準日から三箇月以内に行使するものに限る」と定めており、また、多くの会社において、定款上、配当基準日を事業年度末日と定めていることから、効力発生日が事業年度末日から3カ月以内となるよう配慮がなされています。そのため、たとえば、剰余金の配当を予定している3月決算の会社の定時株主総会は6月の最終営業日とならないことが通常です。

もっとも、たとえば、剰余金の配当に対して株主提案がなされ、その株主提案議案が可決されたような場合には、支払事務が間に合わず、配当基準日から3カ月以内の剰余金の配当が行えないことも考えられます。

このような場合の適法性に関しては、①配当基準日から3カ月以内の剰余金配当の支払が必要であるとする見解（江頭『株式会社法』681頁注1）、②配当基準日から3カ月以内に剰余金の配当に関する決議がなされれば足り、効力発生日は3カ月以内である必要はないとする見解（山下『コンメ3』283頁〔前田雅弘〕）、③配当基準日から3カ月以内の日を効力発生日とする旨の決議がなされる必要があるが、効力発生日における剰余金の支払ができなくても合理的な期間内の支払があればよいとする見解（辰巳郁「剰余金配当に関する株主提案への実務対応と会社法上の論点」商事2087号26頁）があります。

この点、下級審裁判例においては、②の見解がとられているようです（大阪地判平23.1.28金法1923号108頁、東京地判平26.4.17金商1444号44頁）。

もっとも、東日本大震災に際して法

務省が公表した「定時株主総会の開催時期について」（平成23年3月25日）は、「基準日から3か月以内の日を効力発生日とする剰余金の配当に係る決議（会社法第454条第1項等）をする必要があ」るとしており、①または③の見解をとっているようです。

また、日本経済団体連合会、全国株懇連合会および證券保管振替機構が平成28年2月8日に公表した「株主から剰余金の配当に関する提案が行われた場合の標準モデル」では、③の見解を前提に、「配当金支払開始日が配当基準日から起算して3か月を超える場合」は「配当議案において、「配当の効力発生日」として株主総会の日を設定し、それとは別に、「配当金支払開始日」を決議事項として定める。なお、配当金支払開始日は、株主総会後3週間以内の日を設定する」とされています。

以上のことからすれば、配当基準日を3月末日と定めている会社においては、①の見解を念頭に、剰余金配当の支払を6月末日までに行うことが望ましいことはもちろんですが、これが避けられない場合には、②および③の見解を念頭に、効力発生日を配当基準日から3カ月以内の日として決議を行い、合理的な期間内に速やかに剰余金の配当の支払を行えば足りるものと考えます。

（西岡祐介）

34 代理人による議決権行使に関する制限

代理人による議決権行使に関する事項に関し、
① 代理人資格を株主に限ることはできますか。
② 代理人の人数を制限することはできますか。

ポイント

① 代理人資格を株主に限定することは可能です。
② 代理人の人数を制限することは可能です。

解説

1 代理人による議決権行使に関する事項の具体的内容

取締役会で株主総会の招集事項を決議するに際して、代理人による議決権行使に関する事項を決定することができます（【22】参照）。

具体的には、①代理人の資格、②代理権を証明する方法、③代理人の数その他の事項を決定することができ、定款に定めがある場合には、それに従うことになります（会社則63条5号）。

2 設問①

株主総会における代理人資格を株主に限定することは可能です（最二判昭43.11.1民集22巻12号2402頁・判タ229

号154頁)。

　なお、弁護士による代理行使については、株主総会の攪乱のおそれがなく代理行使を認めるべきとする裁判例(神戸地尼崎支判平12.3.28判タ1028号288頁)がありますが、その後、代理人資格を株主に限る旨の定款の合理性を認め、弁護士による代理行使を認めないことを適法とした裁判例(東京高判平22.11.24資料版商事322号180頁〔大盛工業事件〕)も出されています。

　『株主総会白書2016年版』(92頁)によれば、定款上、代理人資格を株主に限定しており、例外を認めないとする会社が56.0％、実質株主は認めることがあるとする会社が23.3％、弁護士は認めることがあるとする会社が5.4％、同居の親族は認めることがあるとする会社が9.1％とされています。

　また、名義株主の背後にいる実質株主の入場を認めるかについては、CGコードにおいて、「信託銀行等の名義で株式を保有する機関投資家等が、株主総会において、信託銀行等に代わって自ら議決権の行使等を行うことをあらかじめ希望する場合に対応するため、上場会社は、信託銀行等と協議しつつ検討を行うべきである」(CGコード補充原則1-2⑤)とされていますが、会社の裁量により株主総会の傍聴を認めるとする会社が64.1％、特段の事情があれば代理人としての出席を認めるとする会社が13.0％、名義株主からの委任状を確認したうえで認めると

する会社が13.4％、ケース・バイ・ケースとする会社が27.1％でした(『株主総会白書2016年版』93頁)。

3　設問②

　会社法上、「株式会社は、株主総会に出席することができる代理人の数を制限することができる」(会社310条5項)と明記されており、会社が出席代理人の人数を制限することは可能です。多くの会社で「株主は、当会社の議決権を有する他の株主1名を代理人としてその議決権を行使することができる」旨の定款が定められています(全株懇定款モデル17条1項参照)。

(西岡祐介)

35　法人株主による議決権行使

法人株主による議決権行使に関し、
① 代理人に従業員がなることはできますか。
② 法人株主の代理人の代理権を証明する方法としてはどのようなものが考えられますか。

ポイント

① **法人株主の代理人に従業員がなることは可能です。**
② **代理人の身分証明書と議決権行使書のほか、職務代行通知書を求めることが考えられます。**

第3章　株主総会の招集

解 説

1 設問①

法人株主の代理人に従業員がなることは可能です（最二判昭51.12.24民集30巻11号1076頁・判タ345号195頁）。

『株主総会白書2016年版』（91頁）によれば、議決権行使書（委任状）を提出させ出席を認めている会社が74.4％、職務代行通知書を提出させ出席を認めている会社が26.4％でした。

2 設問②

一般に、代理権を証明する方法としては、本人の署名または記名押印された委任状と議決権行使書と運転免許証、健康保険証などの本人の身分証明書などが考えられます。法人の従業員の場合は、委任状にかえて、職務代行通知書を求めることが考えられます。

（西岡祐介）

36 議題の決め方

議題の決め方についての留意点を説明してください。

ポイント

会社が実行を予定している行為が、会社法上、株主総会決議を要するかについて確認したうえで、株主総会において決議する必要のある議題（議案）を付議するかどうかを決定します。

上場会社が付議することの多い議案としては、①剰余金の処分議案、②定款変更議案、③取締役選任議案、④監査役選任議案、⑤役員報酬額改定議案、⑥ストック・オプション議案等をあげることができます。

解 説

1 議題の決定・記載の要否

取締役会設置会社の株主総会は、原則として取締役会が決定した「株主総会の目的である事項」（会社298条1項2号）以外の事項について決議することができず（会社309条5項本文）、また、招集通知は書面または電磁的方法により発する必要があるため（会社299条2項2号・3項）、「株主総会の目的である事項」を必ず招集通知に記載または記録する必要があります（同条4項）。この「株主総会の目的である事項」とは議題を意味し、たとえば、「第〇号議案　退任取締役及び退任監査役に対する退職慰労金贈呈の件」などと記載すれば足ります（『コンメ7』85頁参照）。

他方、取締役会を設置しない会社の株主総会は、取締役が決定した「株主総会の目的である事項」（会社298条1項2号）以外の事項についても決議することができ（会社309条5項本文）、目的事項を定めないで招集することもありうるため、株主総会の目的事項

（議題）は、会社法上、必ず決定しなければならない事項にはなっていません（『コンメ7』73頁）。

2　議題の決め方

会社が実行を予定している行為が、会社法上、株主総会決議を要するかについて確認したうえで、株主総会において決議する必要のある議題（議案）を付議することとなります。

以下は、上場会社が付議することの多い議案の一例です。

(1) 剰余金の処分議案

剰余金の配当（会社453条）は原則として株主総会の決議を経る必要があるため（会社454条1項）、剰余金の配当を予定している会社は、剰余金の処分議案を議題として付議する必要があります。

もっとも、会計監査人設置会社のうち、取締役（監査等委員会設置会社については、監査等委員である取締役以外の取締役）の任期が1年以内であり、監査役会設置会社、監査等委員会設置会社または指名委員会等設置会社であるものについては、定款の定めにより、剰余金の配当（金銭に限る）を取締役会の決議により行うことができます（会社459条1項4号）。ただし、最終事業年度に係る計算書類が適正であるとして法務省令に定める場合に限られます（同条2項、会社則116条12号、会社計算155条）。

(2) 定款変更議案

定款には、実質的意義の定款と形式的意義の定款という2つの意味があり、実質的意義の定款の変更（会社の組織・運営・管理を定めた基本的原則それ自体の変更（現行規定の変更・削除、新規定の追加））については、株主総会の特別決議によって変更することが必要です（会社466条、309条2項11号。落合『コンメ12』6頁）。なお、形式的意義の定款とは、実質的意義の定款の内容を紙または電子媒体に記録したものをいいます。

この点、縦書きを横書きに改める、新しい用紙に書き換える、電磁的記録の保存形式を変更する等、形式的意義の定款の変更にとどまり、実質的意義の定款に変更がない場合には、株主総会決議を経る必要はありませんが、定款の文言の解釈に影響を与える可能性のある変更、たとえば、規定の順序の変更、条項の整理・統合、句読点の変化、字句の変更等については、実質的意義の定款の変更に当たり、株主総会の特別決議によって変更することが必要です（落合『コンメ12』7頁）。

そのため、実質的意義の定款の変更を行うことを予定している会社は、定款変更議案を議題として付議する必要があります。

(3) 取締役選任議案

取締役は株主総会の決議によって選任され（会社329条1項）、その任期は原則として2年ですが（会社332条1項

本文)、定款または株主総会の決議により短縮することも可能です（同項ただし書）。なお、指名委員会等設置会社の場合、取締役の任期は1年であり（会社332条1項6号）、監査等委員会設置会社の場合、監査等委員ではない取締役の任期は原則として1年、監査等委員である取締役の任期は原則として2年であり（同条1項・3項・4項）、監査等委員である取締役の任期は2年より短くすることはできません（同条4項）。

そのため、任期満了となる取締役がいる等、取締役の再任、新任が必要となる会社は、取締役選任議案を議題として付議する必要があります。

(4) 監査役選任議案

監査役は株主総会の決議によって選任され（会社329条1項）、その任期は原則として4年ですが（会社336条1項）、取締役の場合と異なり、定款の定めをもってしても任期を短縮することはできません。

そのため、任期満了となる監査役がいる等、監査役の再任、新任が必要となる会社は、監査役選任議案を議題として付議する必要があります。

(5) 役員報酬額改定議案

取締役の報酬、賞与その他の職務執行の対価として株式会社から受ける財産上の利益（報酬等）は、定款に定めがないときは株主総会の決議によって定める必要があります（会社361条1項柱書）。具体的には、取締役の報酬等が、①確定額報酬であるときはその「額」を定め（同項1号）、②不確定額報酬であるときはその「具体的な算定方法」を定め（同項2号）、非金銭報酬であるときはその「具体的な内容」を定める（同項3号）必要があります。

また、監査役の報酬等については、定款または株主総会でその「額」を定める必要があります（会社387条1項）。

(6) ストック・オプション議案

取締役等の役職員に対し、インセンティブ報酬の趣旨で、会社から新株予約権を付与される場合がありますが、このような新株予約権をストック・オプションといいます。たとえば、取締役に対し、「報酬等のうち額が確定しているもの」で、かつ、「金銭でない」報酬等（会社361条1項1号・3号）として新株予約権を付与する場合、定款の定めがない限り、株主総会決議を経る必要があります（同項柱書）。

また、役員退職慰労金制度の廃止に伴い、その代替手段として株式報酬型ストック・オプション（いわゆる1円ストック・オプション（権利行使価額を1円とするストック・オプション））を付議する場合もあり、役員報酬等として支給する（または新株予約権の払込債務を役員報酬等と相殺する）場合には、株主総会決議を経る必要があります（中村『ハンドブック』44頁参照）。

(赤木貴哉)

37 招集通知発送時点で役員選任議案が確定していない場合の対応

招集通知発送時点で役員選任議案について、取締役・監査役候補者の就任承諾や監査役の選任について監査役（会）の同意を得ていない場合、どのように対応すればよいですか。また、株主総会当日においても、就任承諾や監査役（会）の同意を得ていない場合は、どのように対応すればよいでしょうか。

ポイント

株主総会参考書類を株主に交付する場合において、招集通知発送時点で役員選任議案について取締役・監査役候補者の就任承諾を得ていないときは、その旨を株主総会参考書類に記載することが必要です。また、監査役の選任について監査役（会）の同意（会社343条1項・3項）を得ていないときは、その旨を招集通知に記載することが必要です。

株主総会参考書類を株主に交付しない場合において、招集通知発送時点で取締役・監査役候補者の就任承諾や、監査役の選任について監査役（会）の同意を得ていないときも、その旨を招集通知に記載することが必要です。

株主総会当日においても、就任承諾や監査役（会）の同意を得ていない場合の対応としては、株主から株主総会の議場において修正動議を提出してもらい、当該修正動議について決議する方法や、裁判所に一時役員の職務を行うべき者の選任を申し立てて、その者を選任してもらう方法（会社346条2項）が考えられます。

解説

1 招集通知発送時点における対応

(1) 株主総会参考書類を株主に交付する場合

株主総会参考書類は、議決権の行使について参考となるべき事項を記載した書面であり、書面投票制度採用会社や電子投票制度採用会社においては、招集通知の発送に際して、会社法施行規則が定める事項を記載した株主総会参考書類を株主に交付する必要があります（会社298条1項3号・4号、301条1項、302条1項）。

株主総会参考書類の交付義務がある会社の招集通知には、会議の目的たる事項である議題を記載すれば足り、議案まで記載する必要はありません（会社299条4項、298条1項2号）が、議案が明らかにされなければ、書面または電磁的方法により、議決権を行使することが不可能であるため、株主総会参考書類には「議案」（会社則73条1項1号）の記載が必要とされています（弥永真生『コンメンタール会社法施行規則・電子公告規制〔第2版〕』（商事法務、2015）366頁）。

そして、株主総会参考書類の交付義務がある会社が取締役の選任に関する議案を提出する場合には、株主総会参考書類に法定の事項を記載する必要があります（会社則74条）。そして、取締役候補者の就任の承諾を得ていないときは、その旨を株主総会参考書類に記載する必要があります（同条１項２号）。

同様に、監査役の選任に関する議案を提出する場合には、株主総会参考書類に法定の事項を記載する必要があります（会社則76条）。そして、監査役候補者の就任の承諾を得ていないときは、その旨を株主総会参考書類に記載する必要があります（同条１項３号）。

このように、株主総会参考書類の交付義務がある会社が招集通知発送時点で取締役・監査役候補者の就任承諾を得ていない場合には、その旨を株主総会参考書類に記載することが必要です。

また、下記(2)に記載のとおり、監査役の選任について監査役（会）の同意（会社343条１項・３項）を得ていない場合は、その旨を招集通知に記載する必要があります（会社298条１項５号、会社則63条７号柱書カッコ書）。

なお、取締役が監査役（会）の同意を得ることなく監査役選任に関する議案を株主総会に提出した場合、監査役は当該議案が法令に違反するものとして、当該議案に係る調査の結果を株主総会に報告しなければならず（会社384条）、監査役（会）の同意を得ない

まま監査役選任決議がなされたときは決議取消事由になると解されています（東京地判平24．9．11金商1404号52頁、『コンメ７』565頁、江頭『株式会社法』519頁）。

(2) **株主総会参考書類を株主に交付しない場合**

株主総会参考書類を株主に交付しない場合には、招集通知に議案が記載・記録されなければ、株主としては、十分な準備ができない可能性がありますので（弥永『コンメンタール会社法施行規則・電子公告規制〔第２版〕』332頁）、一定の重要事項については招集通知に「議案の概要」を記載することが求められています（会社298条１項５号、会社則63条７号柱書）。

そして、当該議案が確定していない場合には、その旨を招集通知に記載する必要があります（会社298条１項５号、会社則63条７号柱書カッコ書）。

したがって、株主総会参考書類の交付義務がない場合も、招集通知発送時点で取締役・監査役候補者の就任承諾や監査役（会）の同意を得ていない場合には、その旨を招集通知に記載することが必要となります。

２ 株主総会当日においても、就任承諾や監査役（会）の同意が得られない場合の対応

株主総会当日においても、就任承諾や監査役（会）の同意を得ていない場合の対応としては、株主から株主総会

の議場において修正動議を提出してもらい、当該修正動議について決議する方法や、裁判所に一時役員の職務を行うべき者の選任を申し立てて、その者を選任してもらう方法（会社346条2項）が考えられます（福岡『実務相談』34～36頁参照）。

（赤木貴哉）

38 議題・議案を株主に知らせないまま、株主総会を開催することの可否

議題・議案を株主に知らせないまま、株主総会を開催することはできますか。

ポイント

まず、書面投票制度採用会社または電子投票制度採用会社は、株主に「議題」や「議案」を知らせないまま、株主総会を開催することはできません。

次に、取締役会設置会社も、株主に「議題」を知らせないまま、株主総会を開催することはできません。もっとも、取締役会設置会社が書面投票制度または電子投票制度を採用していない場合、株主総会の目的事項が一定の重要事項であるときは、当該事項に係る「議案の概要」を招集通知に記載または記録する必要がありますが、「議案が確定していない場合」には、その旨を記載すれば足りるため、議案が確定していない場合、議案を知らせないこ

とも可能となります。

他方、取締役会設置会社以外の会社であって、かつ、書面投票制度や電子投票制度を採用していない場合には、株主に「議題」や「議案」を知らせないまま、株主総会を開催することができます。

解説

1 書面投票制度採用会社（会社298条1項3号）または電子投票制度採用会社（同項4号）の場合

書面投票制度採用会社（会社298条1項3号）または電子投票制度採用会社（同項4号）の場合、招集通知を書面で行う必要があります（会社299条2項1号）。そして、当該招集通知には、「株主総会の目的である事項」（会社298条1項2号）、すなわち「議題」を記載または記録する必要があります（会社299条4項）。

そのため、書面投票制度採用会社または電子投票制度採用会社は、株主に「議題」を知らせないまま、株主総会を開催することはできません。

また、書面投票制度採用会社または電子投票制度採用会社は、招集通知の発送に際して、会社法施行規則が定める事項を記載した株主総会参考書類を株主に交付する必要があり（会社298条1項3号・4号、301条1項、302条1項）、株主総会参考書類には「議案」を記載する必要があります（会社則73

第3章　株主総会の招集　61

条1項1号）。

そのため、書面投票制度採用会社または電子投票制度採用会社は、株主に「議案」を知らせないまま、株主総会を開催することはできません。

2 取締役会設置会社が書面投票制度または電子投票制度を採用していない場合

取締役会設置会社は、招集通知を書面で行う必要があります（会社299条2項2号）。そして、当該招集通知には、「株主総会の目的である事項」（会社298条1項2号）、すなわち「議題」を記載または記録する必要があります（会社299条4項）。

そのため、取締役会設置会社においては、株主に「議題」を知らせないまま、株主総会を開催することはできません。

もっとも、取締役会設置会社が書面投票制度または電子投票制度を採用していない場合、株主総会の目的事項が一定の重要事項であるときは、当該事項に係る「議案の概要」を招集通知に記載または記録する必要がありますが（会社299条4項、298条1項5号、会社則63条7号）、「議案の概要」を招集通知に記載または記録する必要がある場合であっても、「議案が確定していない場合」には、その旨を記載することで足りるとされています（会社則63条7号柱書カッコ書）。なお、「議案の概要」とは、議案の内容上の要点または議案の基本的内容を指します（『コンメ7』87頁）。

3 取締役会を設置していない会社が書面投票制度または電子投票制度を採用していない場合

取締役会を設置していない会社が書面投票制度または電子投票制度を採用していない場合には、通知の方法について特に定めはないため、招集通知は書面に限られず、口頭または電話等の方法によることも可能であるとされており（『コンメ7』84頁）、また、重要事項を決議するときであっても、招集通知に「議案の概要」を記載する必要はありません（会社299条2項・4項、298条1項5号、会社則63条7号参照）。仮に、重要事項を決議する場合であっても、通知は書面による必要はありません（『コンメ7』84頁）。

招集通知の目的からすれば、日時・場所を株主に通知することは必要ですが、株主総会の目的事項（議題）や議案については通知することなく株主総会を招集することも可能です。取締役会を設置しない株式会社の株主総会の権限には特に制限がなく、また、あらかじめ通知していた事項以外の事項を株主総会の場で決議することも妨げられていないこと（会社309条5項参照）からすれば、事前に株主総会の目的である事項を通知することを義務づける意味が乏しいためです（相澤哲＝細川充「新会社法の解説(7)株主総会等」商事

1743号21頁）。

そのため、取締役会を設置していない会社が書面投票制度または電子投票制度を採用していない場合には、株主に「議題」や「議案」を知らせないまま、株主総会を開催することができます。

（赤木貴哉）

39 事業報告の記載事項

事業報告の記載について、留意すべき点について説明してください。

ポイント

事業報告は、ある事業年度に係る株式会社の状況に関する重要な事項を内容としていますが、その内容は、会社法施行規則118条以下において定められており、会社区分ごとに異なる規律が設けられていますので、これらの規定に即して記載を検討する必要があります。

解説

1 事業報告の内容および性質

事業報告は、ある事業年度に係る株式会社の状況に関する重要な事項を内容としており（相澤哲＝郡谷大輔「事業報告」別冊商事300号43頁）、当該事業報告が対象とする事業年度における事業の経過および成果を株主に対して報告するという性質を有しています（小松岳志＝澁谷亮「事業報告の内容に関する規律の全体像」商事1863号10頁参照）。

事業報告の内容は、会社法施行規則118条以下において定められており、会社区分ごとに異なる規律が設けられています。

まず、会社法施行規則118条は、すべての株式会社に共通する事項を定め（ただし、会社則118条5号に定める記載は、個別注記表において関連当事者との間の取引の注記を要する場合の規定であるため、会計監査人設置会社または公開会社にのみ要求されます）、同規則119条～124条は公開会社である株式会社が、同規則125条は会計参与設置会社である株式会社が、同規則126条は会計監査人設置会社である株式会社が、それぞれ、同規則118条に定める事項に追加して事業報告の内容としなければならない事項を定めています。

2 会社区分の判定の基準時

上記のとおり、事業報告の内容については、会社区分ごとに異なる規律が設けられています。そのため、たとえば、事業年度の途中において会社区分が変更されたような場合に会社区分をどのように判定すべきかが問題となりますが、事業年度の末日における会社区分を基準として、事業報告の内容を定めることとなります。なぜなら、事業報告は、事業年度の末日後に作成され、当該事業年度に係る定時株主総会に提出されるものであるため、事業報

告における開示対象期間のうち、作成時点に最も近い時点で判定すべきであるからです（相澤＝郡谷「事業報告」別冊商事300号44頁）。

3 事業報告の記載事項の基準時

事業報告の記載事項には、「当該事業年度の末日」「当該事業年度における」または「現に」といったように、会社法施行規則上、記載事項ごとの性質に応じて、明文によって特定の時点における事象のみを事業報告に記載すれば足りるとされているものがある一方で、記載の基準時が定められていない事項もあります。

(1) **事業報告の記載の基準時が定められている事項**

まず、「当該事業年度の末日」と定められているものについては、文字どおり当該事業年度末日の時点での状況を記載し、「当該事業年度における」と定められているものについては、当該事業年度末日の時点での状況だけでなく、原則として事業年度中の変動を記載することになります（石井裕介ほか編『新しい事業報告・計算書類〔全訂版〕』（商事法務、2016）14頁参照）。

また、「現に」と定められているものについては、事業報告作成時点の状況を記載することになりますが、「事業報告作成時点」とは、監査役の監査を受けるために監査役に提供する事業報告を作成するにあたり、内容の変更・追加が事務作業上合理的に可能な最終時点であると考えられています（小松＝澁谷「事業報告の内容に関する規律の全体像」商事1863号11・24頁参照）。

以上のように、事業報告の記載の基準時が定められている事項については、原則として、当該基準時の状況を記載することになりますが、事業年度末日後に生じた事実であっても、財産・損益に影響を与えない重要な事象であれば、事業報告の「重要な事項」（会社則118条1号、120条1項9号等）に記載する必要があります（石井ほか編『新しい事業報告・計算書類〔全訂版〕』14頁参照）。

なお、事業報告の内容の一部には、たとえば、「対処すべき課題」（会社則120条1項8号）等、当該事業年度の事業の経過および成果をふまえて、今後の運営方針や課題について、株主に対して報告させるという趣旨に基づくものも含まれており、こうした事項については、事業報告作成時点における事象を記載すれば足りると考えられています（小松＝澁谷「事業報告の内容に関する規律の全体像」商事1863号11頁参照）。

(2) **事業報告の記載の基準時が定められていない事項**

事業報告が「各事業年度に係る」ものであること（会社435条2項）や、事業報告作成時点における事項の開示が求められているものについては「現に」（会社則126条5号）と定められて

いることからすれば、事業報告の記載の基準時が定められていない事項については、当該事業報告が対象とする事業年度の初日から末日までに発生または変動した事象を記載することになると考えられます（小松＝澁谷「事業報告の内容に関する規律の全体像」商事1863号10頁、野村修也ほか「会社法下の株主総会における実務上の諸問題」商事1807号62～63頁参照）。

そのため、いわゆる内部統制システムに関する取締役会の決議の内容の概要および当該体制の運用状況の概要（会社則118条2号）を事業年度末日後に改定した場合、当該事業年度末日における事実を記載することを原則としつつ、事業年度末日後に行った改定が重要である場合には、「当該株式会社の状況に関する重要な事項」（会社則118条1号）として記載することになると考えられます（野村ほか「会社法下の株主総会における実務上の諸問題」商事1807号63頁参照）。　　　　（赤木貴哉）

40　後発事象が発生した場合の対応

後発事象（事業年度末日後に発生した事象）が発生した場合、どのように対応すればよいですか。

ポイント

後発事象が、会計監査人の監査報告書作成日までに生じた場合、会計監査人の監査報告書作成日後に生じた場合、招集通知の発送後に生じた場合のいずれであるかによって、とるべき対応は変わるものと考えられます。

解　説

1　後発事象

(1)　注記表への記載

現行の会社計算規則上、「重要な後発事象」は計算書類の注記事項として注記表に記載するものとされ（会社計算98条1項17号）、「重要な後発事象」とは、事業年度末日後に発生した事象であって、翌事業年度以降の財産または損益に重要な影響を及ぼすものをいいます（会社計算114条）。これは、後発事象を会計事象に限定する趣旨です（中島茂ほか『別冊商事法務No.409後発事象プラクティス』1頁（商事法務、2016）参照）。

計算書類は、事業年度末日の時点までの事実に基づいて作成されますが、事業年度末日後の会社の状況について情報を得られないと株主等の利害関係人は会社の状況を正確に判断することができないことから、事業年度末日後に生じた当該株式会社の翌事業年度以降の財産または損益に重要な影響を及ぼす事象が発生した場合には、これを注記表に記載すべきとされています（弥永真生『コンメンタール会社計算規則・商法施行規則〔第2版〕』（商事法務、2009）609頁）。

第3章　株主総会の招集　65

(2) 事業報告への記載

　上記(1)のとおり、後発事象のうち会計にかかわるものについては、計算書類の注記事項として注記表に記載することが求められています。もっとも、後発事象のうち会計に直接かかわらないもの、すなわち、事業年度末日後に生じた財産・損益に影響を与えない重要な事象が生じた場合には、事業報告の「株式会社の現況に関する重要な事項」（会社則120条1項9号）として記載する必要があります（相澤哲＝郡谷大輔「事業報告(上)」商事1762号6頁）。

2　会計監査人の監査報告書作成日までに生じた後発事象についての対応

　上記のとおり、事業年度末日後に新たに発生した事象については、注記表に記載する（会社計算98条1項17号、114条）ことになりますが（福岡『実務相談』37頁参照）、「会計監査人の判断に関して説明を付す必要がある事項又は計算関係書類の内容のうち強調する必要がある事項」である場合には、「追記情報」として会計監査人の監査報告書にも記載する必要があります（会社計算126条1項4号・2項4号）。

3　会計監査人の監査報告書作成日後、監査役（会）の監査報告書作成前に生じた後発事象についての対応

　会計監査人の監査報告書作成日後に生じた後発事象については、計算書類等（注記表）の修正を行い、会計監査人が再度、修正後の計算書類等（注記表）の監査を行うことは必ずしも現実的ではなく、あるいは、合理的ではないと考えられます（弥永『コンメンタール会社計算規則・商法施行規則〔第2版〕』684頁参照）。

　そのため、この場合には、監査役（会）の監査報告の内容とすべき事項に「重要な後発事象（会計監査報告の内容となっているものを除く）」（会社計算127条3号、128条2項2号）が含まれているとして、監査役（会）の監査報告書に当該後発事象の内容を記載する必要があると考えられます（弥永『コンメンタール会社計算規則・商法施行規則〔第2版〕』684頁参照）。

4　招集通知の発送後に生じた後発事象についての対応

　招集通知の発送後に生じた後発事象については、株主総会当日に資料を配布することや、取締役が口頭で報告する対応（元木伸『改正商法逐条解説〔改訂増補版〕』（商事法務研究会、1983）428頁参照）が考えられますが、速やかに株主に情報を提供するという観点から、株主総会における説明に先立ち、株主総会参考書類のウェブ修正により周知することも可能であると考えられます（中島ほか『別冊商事法務No.409後発事象プラクティス』2頁、武井『質疑応答』89頁、福岡『実務相談』

38頁参照）。　　　　　　（赤木貴哉）

41 会計監査人と監査役（会）の監査報告の記載事項

会計監査人と監査役（会）の監査報告に記載する一般的内容について説明してください。

ポイント

会計監査人設置会社における会計監査人の監査報告の記載事項については会社計算規則126条が、監査役（会）の監査報告の記載事項については同規則127条、128条2項、会社法施行規則129条1項および130条2項がそれぞれ定めるとおりです。

また、会計監査人を設置しない会社における監査役（会）の監査報告の記載事項については会社計算規則122条、123条2項、会社法施行規則129条1項および130条2項がそれぞれ定めるとおりです。

解　説

1　会計監査人設置会社における監査報告

(1)　**会計監査人の監査報告の記載事項**

　会計監査人は、計算書類およびその附属明細書、臨時計算書類ならびに連結計算書類を監査し、これらに関する会計監査報告を作成する必要があります（会社396条1項）。その記載事項は以下のとおりです（会社計算126条）。

① 　会計監査人の監査の方法およびその内容
② 　計算関係書類が当該株式会社の財産および損益の状況をすべての重要な点において適正に表示しているかどうかについての意見があるときは、その意見（当該意見が、「無限定適正意見」「除外事項を付した限定付適正意見」「不適正意見」である場合には、それぞれの法定記載事項を記載する）
③ 　②の意見がないときは、その旨およびその理由
④ 　追記情報（「継続企業の前提に関する注記に係る事項」「会計方針の変更」「重要な偶発事象」「重要な後発事象」その他の事項のうち、会計監査人の判断に関して説明を付す必要がある事項または計算関係書類の内容のうち強調する必要がある事項）
⑤ 　会計監査報告を作成した日

(2)　**監査役（会）の監査報告の記載事項**

監査役は監査報告を作成しなければならず、監査役が複数存在する場合には、各監査役が監査報告を作成しなければなりません（会社381条1項後段）。また、監査役会は、各監査役が作成した監査報告に基づき、監査役会の監査報告を作成しなければなりません（会社390条2項1号）。

会計監査人設置会社における監査役

の監査報告の記載事項は以下のとおりです。

a　計算書類およびその附属明細書、連結計算書類に関する監査報告の記載事項（会社計算127条）

① 監査役の監査の方法およびその内容
② 会計監査人の監査の方法または結果を相当でないと認めたときは、その旨およびその理由
③ 重要な後発事象（会計監査報告の内容となっているものを除く）
④ 会計監査人の職務の遂行が適正に実施されることを確保するための体制に関する事項
⑤ 監査のため必要な調査ができなかったときは、その旨およびその理由
⑥ 監査報告を作成した日

監査役会の監査報告の場合は、①が「監査役及び監査役会の監査の方法及びその内容」となり、⑥が「監査役会監査報告を作成した日」となります（会社計算128条2項1号・3号）。

b　事業報告およびその附属明細書に関する監査報告の記載事項（会社則129条1項）

① 監査役の監査（計算関係書類に係るものを除く）の方法およびその内容
② 事業報告およびその附属明細書が法令または定款に従い当該株式会社の状況を正しく示しているかどうかについての意見
③ 当該株式会社の取締役（当該事業年度中に当該株式会社が指名委員会等設置会社であった場合にあっては、執行役を含む）の職務の遂行に関し、不正の行為または法令もしくは定款に違反する重大な事実があったときは、その事実
④ 監査のため必要な調査ができなかったときは、その旨およびその理由
⑤ 内部統制システムの整備についての決議の内容の概要および当該体制の運用状況の概要（監査の範囲に属さないものを除く）がある場合において、当該事項の内容が相当でないと認めるときは、その旨およびその理由
⑥ 株式会社の支配に関する基本方針が事業報告の内容となっているときまたは親会社等との取引に関する事項が事業報告の附属明細書の内容となっているときは、当該事項についての意見
⑦ 監査報告を作成した日

監査役会の監査報告の場合は、①が「監査役及び監査役会の監査の方法及びその内容」となり、⑥が「監査役会監査報告を作成した日」となります（会社計算130条2項1号・3号）。

2　会計監査人を設置しない会社における監査報告

会計監査人を設置しない会社における監査役（会）の監査報告のうち、事

業報告に関する記載事項については、会計監査人設置会社の場合と変わりはありません（会社則129条1項、130条2項）ので、上記（1(2)b）と同様です。

他方、計算書類に関する記載事項については以下のとおりです（会社計算122条）。

① 監査役の監査の方法およびその内容
② 計算関係書類が当該株式会社の財産および損益の状況をすべての重要な点において適正に表示しているかどうかについての意見
③ 監査のため必要な調査ができなかったときは、その旨およびその理由
④ 追記情報（「会計方針の変更」「重要な偶発事象」「重要な後発事象」その他の事項のうち、監査役の判断に関して説明を付す必要がある事項または計算関係書類の内容のうち強調する必要がある事項）
⑤ 監査報告を作成した日

監査役会の監査報告の場合は、①が「監査役及び監査役会の監査の方法及びその内容」となり、⑥が「監査役会監査報告を作成した日」となります（会社計算123条2項1号・3号）。

3 監査報告のひな型

会計監査人の監査報告のひな型は日本公認会計士協会が、また、監査役（会）の監査報告のひな型は公益社団法人日本監査役協会と一般社団法人日本経済団体連合会が公表していますので、ご参照ください。　　（赤木貴哉）

42 監査役会の監査報告について監査役会の意見がまとまらない場合の対応

監査役会の監査報告について監査役会の意見がまとまらない場合、どのように対応すればよいですか。

ポイント

監査役会が監査報告を作成する際に、各監査役の意見がまとまらず、意見を統一することができない場合には、過半数の意見を監査役会の監査意見として記載するべきであると考えられます。

もっとも、監査役は、独任制であるため、監査役会の監査報告の内容が監査役の監査報告の内容と異なる場合には、各監査役の監査報告の内容を監査役会の監査報告に付記することができます（会社則130条2項後段、会社計算123条2項後段、128条2項後段）。

解説

1 監査報告の作成

監査役は監査報告を作成しなければならず、監査役が複数存在する場合には、各監査役が監査報告を作成しなければなりません（会社381条1項後段）。

第3章　株主総会の招集　69

そのうえで、監査役会は、各監査役が作成した監査報告に基づき、監査役会の監査報告を作成します（会社390条2項1号、会社則130条1項、会社計算123条1項、128条1項）。これは、監査役が独任制であるのに対して、監査役会の主たる機能は、監査役相互間で適切に情報を交換し、個々の監査役の監査結果を総合して適切な意見を形成することにあり（監査に関連する情報交換・意見調整の場）、監査役会の監査報告は、各監査役の監査結果または監査意見を集約したものであるからです（上柳克郎ほか編『新版注釈会社法第2補巻（平成5年改正）』（有斐閣、1996）90頁〔森本滋〕）。

2 監査役会の監査報告の内容と、各監査役の監査報告の内容の同一性

監査役会は、各監査役の作成した監査報告に基づき、監査役会の監査報告を作成しなければならないとされていますが（会社則130条1項、会社計算123条1項、128条1項）、監査役会の監査報告の内容は、各監査役の監査報告の内容と同一である必要はありません。

また、監査役会における情報交換や討議の結果、各監査役の監査報告における多数意見以外の意見が、監査役会の監査報告において表明される意見となることもありえます。このような場合、監査役会設置会社の各監査役の監査報告には監査報告の作成日の記載を要しないとされていることからすれば（会社則129条1項柱書カッコ書、会社計算127条柱書カッコ書）、各監査役の監査報告は作成の時点で確定するわけではありませんので、各監査役の監査報告における意見自体を変更することが適切であると考えられます（弥永真生『コンメンタール会社法施行規則・電子公告規制〔第2版〕』（商事法務、2015）659頁）。

3 監査役会の監査報告について監査役会の意見がまとまらない場合の対応

監査役会が監査報告を作成する際に、各監査役の意見がまとまらず、意見を統一することができない場合には、監査役会の決議は原則として監査役の過半数により行われること（会社393条1項参照）からすれば、過半数の意見を監査役会の監査意見として記載するべきであると考えられます（福岡『実務相談』60頁参照）。

もっとも、監査役は独任制であるため、監査役会の監査報告の内容が各監査役の監査報告の内容と異なる場合には、各監査役の監査報告の内容を監査役会の監査報告に付記することができます（会社則130条2項後段、会社計算123条2項後段、128条2項後段）。

監査役の意見の付記については、特に定めがないためその形式は自由ですが、日付および署名欄の前に、「監査役○○の意見は次のとおりです」等と

して、当該監査役の意見を記載する方法が一般的です（森・濱田松本法律事務所編『新・会社法実務問題シリーズ・6監査役・監査委員会・監査等委員会』（中央経済社、2016）152頁参照）。

（赤木貴哉）

43 会計監査人の無限定適正意見

会計監査人から無限定適正意見以外の意見が表明された場合、どのような対応が必要となりますか。

ポイント

会計監査人から無限定適正意見を得られなかった場合であっても、定時株主総会の承認を受ける（会社438条2項）ことにより計算書類を確定させることは可能ですが、これを不要とするためには、会計監査人の指摘に沿って修正した計算書類についてあらためて会計監査人から無限定適正意見を得る必要があります。

特に、上場会社においては、無限定適正意見を得られない場合には、適時開示を行う必要があり（上場規程402条2号ⅴ）、また、会社法上の計算書類について、会計監査人による不適正の監査意見（総合意見）が付された場合または意見差控えとなった場合には、「当該上場会社の運営、業務若しくは財産又は当該上場株券等に関する重要な事実であって投資者の投資判断に著しい影響を及ぼすもの」（上場規程402条2号ｘ）として開示することが必要となります。

解説

1 会社法上の対応

(1) 会計監査人から無限定適正意見を得ることの意味

a 会計監査人の監査意見の種類

会計監査報告における監査意見としては、①「無限定適正意見」、②「除外事項を付した限定付適正意見」、③「不適正意見」に加えて、④「意見がないとき」（以下「意見差控え」といいます）があります（会社計算126条1項2号イ〜ハ・3号）。また、⑤会計監査人が監査報告の法定期限までに監査報告を作成しない場合（以下「意見不表明」といいます）も想定されます。

b 定時株主総会における計算書類の承認

計算書類は、原則として定時株主総会の承認を受ける必要があります（会社438条2項）。もっとも、取締役会を設置している会計監査人設置会社においては、㈠会計監査報告の内容に無限定適正意見が含まれていること、㈡㈠の会計監査報告に係る監査役（会）の監査報告の内容として会計監査人の監査の方法または結果を相当でないと認める意見がないこと、㈢監査役（会）の監査報告に付記された内容が㈡の意見でないこと、㈣監査期限の満了によ

第3章 株主総会の招集 71

り監査を受けたものとみなされたものでないこと、の要件をすべて満たしている場合には、取締役会が当該計算書類を承認することにより当該計算書類を確定させることができ、この場合、取締役が当該計算書類の内容を定時株主総会に報告することで定時株主総会の承認は不要となります（会社439条、438条2項、436条3項、会社計算135条）。

このように、会計監査人から無限定適正意見を得られなかった場合であっても、定時株主総会の承認を受けることにより計算書類を確定させることは可能です。

もっとも、これを不要とするためには、会計監査人の指摘に沿って修正した計算書類についてあらためて会計監査人から無限定適正意見を得る必要があります。

(2) ②「除外事項を付した限定付適正意見」、③「不適正意見」、④「意見差控え」の場合の対応

会計監査人が計算書類の監査を行い、②「除外事項を付した限定付適正意見」、③「不適正意見」、④「意見差控え」の意見を表明した場合において、会計監査人から指摘された不適正な事項を修正せず、会計監査人から無限定適正意見を得られなかったときは、定時株主総会の承認を受ける必要があります（会社438条2項）。この場合、計算書類について取締役会の意見があるときは、取締役会の意見の概要を株主総会参考書類に記載する必要が

あります（会社則85条2号）。

ただし、会計監査人から無限定適正意見を得られなかった理由が、会計処理が違法であるなど、計算書類の内容が法令に違反する点にある場合には、株主総会において当該計算書類を原案どおり無修正で承認したとしても、その承認によって、違法な会計処理が適法になるものではなく、違法の程度が重大である場合には、株主総会決議が無効とされる可能性があります（稲葉『実務相談4』940頁参照）。

(3) ⑤「意見不表明」の場合の対応

会計監査人は、計算書類の全部を受領した日から4週間を経過した日等、一定の日までに、特定監査役および特定取締役に対し会計監査報告の内容を通知する必要がありますが（会社計算130条1項）、当該通知をしなかった場合、当該通知をすべき日に、会計監査人の監査を受けたものとみなされます（同条3項）。この場合、監査役は会計監査報告がないことを前提として監査を行い（会社計算127条2号カッコ書参照）、株主に対しては、会社計算規則130条3項の規定により監査を受けたものとみなされた旨の記載または記録をした書面または電磁的記録を提供することになりますが（会社計算133条1項3号ニ）、計算書類については原則どおり株主総会の承認を受ける必要があります（福岡『実務相談』57頁参照）。

ただし、意見不表明の理由が、会計処理が違法であるなど、計算書類の内

容が法令に違反する点にある場合には、上記と同様、株主総会において当該計算書類を原案どおり無修正で承認したとしても、その承認によって、違法な会計処理が適法になるものではなく、違法の程度が重大である場合には、株主総会決議が無効とされる可能性があると解されます。

(4) 会計監査人から無限定適正意見を得られないまま、計算書類を定時株主総会の承認により確定させた場合

会計監査人から無限定適正意見を得られないまま、計算書類を定時株主総会の承認により確定させた場合、計算書類の公告において、①会社計算規則130条3項の規定により監査を受けたものとみなされた旨、②当該公告に係る計算書類についての会計監査報告に不適正意見がある旨、または③当該公告に係る計算書類についての会計監査報告が同規則126条1項3号に掲げる事項（「意見差控え」）を内容としているものである旨等を、それぞれの場合に応じて付記する必要があります（会社計算148条）。

2 上場会社の場合の対応

上場会社は、会社法に基づく計算書類等のほかに、金商法に基づく財務諸表等を作成する必要があり、財務諸表等については公認会計士または監査法人による監査証明（金商法193条の2第1項・2項）を受ける必要があります。

この点、金商法に基づく財務諸表等の監査報告書において、不適正意見、意見差控え、継続企業の前提に関する事項を除外事項とした限定付適正意見を表明された上場会社は、適時開示を行う必要がありますので（上場規程402条2号ｖ）、これを不要とするためには、公認会計士または監査法人から指摘を受けた部分を修正することによって、無限定適正意見を受ける必要があります。

また、上場会社において、会社法上の計算書類について、会計監査人による不適正の監査意見（総合意見）が付された場合または意見差控えとなった場合には、「当該上場会社の運営、業務若しくは財産又は上場株券等に関する重要な事実であって、投資者の投資判断に著しい影響を及ぼすもの」（上場規程402条2号ｘ）として開示することが必要となります（東京証券取引所上場部編『会社情報適時開示ガイドブック（2015年6月版）』（東京証券取引所、2015）392頁）。

なお、上場会社において、財務諸表等に係る監査報告書に「不適正意見」または「意見の表明をしない」旨が記載された場合であって、直ちに上場を廃止しなければ市場の秩序を維持することが困難であることが明らかであると東京証券取引所が認めるとき（上場規程601条1項11号）は上場廃止となりますので注意が必要です（武井『質疑応答』135〜136頁参照）。

（赤木貴哉）

44 株主総会参考書類の一般的記載事項

株主総会参考書類の一般的記載事項について説明してください。

ポイント

「一般的記載事項」とは、各個別議案の内容にかかわらず、共通して記載が必要となる事項をいいますが、「株主総会参考書類」の一般的記載事項については会社法施行規則73条が規定しており、「議決権の代理行使の勧誘に関する参考書類」の一般的記載事項については委任状勧誘府令1条が規定しています。後者の場合には、勧誘者について記載する必要がありますが、その他の一般的記載事項は基本的に同一であるといえます。

解説

1 「株主総会参考書類」と「議決権の代理行使の勧誘に関する参考書類」

株主総会参考書類は、議決権の行使について参考となるべき事項を記載した書面であり、書面投票制度採用会社や電子投票制度採用会社においては、招集通知の発送に際して、会社法施行規則が定める事項を記載した株主総会参考書類（以下「株主総会参考書類」といいます）を株主に交付する必要があります（会社298条1項3号・4号、301条1項、302条1項）。

また、上場会社が議決権の代理行使の勧誘を行う場合、被勧誘者に対し、「上場株式の議決権の代理行使の勧誘に関する内閣府令」が定める事項を記載した参考書類（以下「参考書類」といいます）を交付する必要があります（金商令36条の2第1項）。

2 一般的記載事項

各個別議案の内容にかかわらず、共通して記載が必要となる事項は「一般的記載事項」といわれています。「株主総会参考書類」および「議決権の代理行使の勧誘に関する参考書類」の一般的記載事項は以下のとおりです。

(1) 「株主総会参考書類」の一般的記載事項（会社則73条1項・2項）
① 議案
② 提案の理由（議案が取締役の提出に係るものに限り、株主総会において一定の事項を説明しなければならない議案の場合における当該説明すべき内容を含む）
③ 議案につき会社法384条または389条3項の規定により株主総会に報告をすべき調査の結果があるときは、その結果の概要
④ 株主の議決権の行使について参考となると認める事項

なお、電磁的方法による通知を承諾した株主に対しては、株主総会参考書類の交付にかえて、株主総会参考書類に記載すべき事項を電磁的方法により

提供することができますが、株主の請求があったときは、株主総会参考書類を当該株主に交付する必要があります（会社301条2項、302条2項）。

また、同一の株主総会において株主に対して提供する株主総会参考書類に記載すべき事項のうち、他の書面に記載している事項または電磁的方法により提供する事項がある場合には、その旨を明らかにすることにより、これらの事項は、株主に対して提供する株主総会参考書類に記載することを要しません（会社則73条3項）。

さらに、同一の株主総会において株主に対して提供する招集通知または事業報告の内容とすべき事項のうち、株主総会参考書類に記載している事項がある場合には、当該事項は、招集通知または事業報告の内容とすることを要しません（会社則73条4項）。

(2) 「議決権の代理行使の勧誘に関する参考書類」の一般的記載事項

　a　勧誘者が当該株式の発行会社またはその役員である場合（委任状勧誘府令1条1項1号）

① 勧誘者が当該株式の発行会社またはその役員である旨
② 議案
③ 提案の理由（議案が取締役の提出に係るものに限り、株主総会において一定の事項を説明しなければならない議案の場合における当該説明すべき内容を含む）
④ 議案につき会社法384条または389条3項の規定により株主総会に報告すべき調査の結果があるときは、その結果の概要

　b　勧誘者が当該株式の発行会社またはその役員以外の者である場合（委任状勧誘府令1条1項2号）

① 議案
② 勧誘者の氏名または名称および住所

なお、勧誘者は、参考書類の交付にかえて、被勧誘者の承諾を得て、参考書類に記載すべき事項を電磁的方法により提供することができます（金商令36条の2第2項）。

また、参考書類についても、他の書類へ記載している場合や公告を行っている場合等において、その旨を明らかにすることにより、参考書類への記載を省略することを認める定めがあります（委任状勧誘府令1条2項～4項）。

(赤木貴哉)

45　株主総会参考書類の個別議案の記載事項①

取締役複数名を選任する議案について、「取締役○名選任の件」とせずに、「取締役選任の件」と表示することは可能ですか。

ポイント

累積投票を定款により排除（会社342条1項）している会社の場合、取締役を複数名選任する議案について、

「取締役○名選任の件」とせずに、単に、「取締役選任の件」と記載したとしても、株主の利益が害されることはないため、適法と考えられますが、累積投票を排除していない会社の場合は、単に、「取締役選任の件」と記載することはできません。

解 説

1 累積投票を定款で排除していない場合

取締役会設置会社の株主総会は、原則として取締役会が決定した「株主総会の目的である事項」（会社298条1項2号）以外の事項について決議することができず（会社309条5項本文）、また、招集通知は書面または電磁的方法により発する必要があるため（会社299条2項2号・3項）、「株主総会の目的である事項」を必ず招集通知に記載または記録する必要があります（同条4項）。そして、「株主総会の目的である事項」の記載の程度については、株主が議題内容を知り、その輪郭を明らかにしうる程度の記載であることを要すると解されています（田中誠二『三全訂会社法詳論(上)』（勁草書房、1993）493頁、大隅『株主総会』65頁）。

この点、取締役の選任について、累積投票（会社342条）の制度（2人以上の取締役の選任が株主総会の議題となっている場合に、株主から累積投票によるべきことの請求があったとき、株式1株につき、当該株主総会において選任する取締役の数と同数の議決権を有することとなる制度）が定款により排除（同条1項）されていない会社においては、株主総会参考書類に単に、「取締役選任の件」と記載されているだけでは、株主としては累積投票を請求できるかどうかを把握することができません。そのため、取締役を2名以上選任する場合には、必ず「取締役○名選任の件」と具体的にその員数も記載する必要があると解されています（稲葉『実務相談2』535頁）。この場合に、株主総会参考書類に選任すべき取締役の員数を記載しないことは、招集手続に瑕疵があるとして（田中『三全訂会社法詳論(上)』493頁）、株主総会決議の取消事由（会社831条1項1号）になると解されています（稲葉『実務相談2』535頁）。

2 累積投票を定款で排除している場合

累積投票を定款により排除（会社342条1項）している場合には、株主総会参考書類に単に、「取締役選任の件」と記載したとしても、株主の利益が害されることはないため、適法と考えられますが、実際上の妥当性からいえば、「株主総会の目的である事項」についてはなるべく具体的に記載するのが望ましいため、「取締役○名選任の件」と記載することが望ましいといえます（稲葉『実務相談2』536頁）。

(赤木貴哉)

46 株主総会参考書類の個別議案の記載事項②

株主総会の議案が1つのみである場合、単に「議案」と記載すべきですか、それとも、「第1号議案」と記載すべきですか。

ポイント

株主総会の議案が1つのみである場合、「議案」と記載しても、また、「第1号議案」と記載しても、いずれでも問題ありませんが、株主がほかにも議案があるのではないかとの疑念を抱くおそれがあることを考慮すれば、単に、「議案」と記載することが妥当であると考えられます。

解説

【45】において述べたとおり、「株主総会の目的である事項」の記載の程度については、株主が議題内容を知り、その輪郭を明らかにしうる程度の記載であることを要すると解されていることからすれば（田中誠二『三全訂会社法詳論(上)』（勁草書房、1993）493頁、大隅『株主総会』65頁）、株主総会の議案が1つのみである場合に、「議案」と記載しても、また、「第1号議案」と記載しても、いずれでも問題はないといえます。

もっとも、株主がほかにも「第2号議案」以下の議案があるのではないかとの疑念を抱くおそれがないとはいえ

ないことを考慮すれば、単に、「議案」と記載することが妥当であると考えられます（稲葉『実務相談2』538～539頁）。

（赤木貴哉）

47 株主総会参考書類の個別議案の記載事項③

取締役と監査役の選任の件を同一議案として記載することは可能ですか。

ポイント

「取締役及び監査役選任の件」として、取締役と監査役の選任の件を同一議案として記載することは可能であると考えられます。

解説

【45】において述べたとおり、「株主総会の目的である事項」の記載の程度については、株主が議題内容を知り、その輪郭を明らかにしうる程度の記載であることを要すると解されていることからすれば（田中誠二『三全訂会社法詳論(上)』（勁草書房、1993）493頁、大隅『株主総会』65頁）、取締役の選任と監査役の選任を必ず別々の議案として記載しなければならないものではなく、株主としては、当該株主総会において取締役と監査役の選任が議題となることがわかる以上、「取締役及び監査役選任の件」として、取締役と監査役の選任の件を同一議案として記載す

ることは可能であると考えられます（稲葉『実務相談２』540～541頁）。

　ただし、取締役の選任について、累積投票（会社342条）の制度が定款により排除（会社342条１項）されていない会社において、取締役を２名以上選任する場合には、必ず「取締役〇名選任の件」と具体的にその員数も記載する必要があると解されている（稲葉『実務相談２』535頁）ことは【45】において述べたとおりです。
（赤木貴哉）

48　株主総会参考書類の個別議案の記載事項④

取締役の定員を増加させるための定款変更議案と、当該議案が可決されたことを前提とする取締役選任議案を同一の株主総会において付議することは可能ですか。

ポイント

　取締役の定員を増加させるための定款変更議案を先行議案とし、当該議案が可決されたことを条件とする取締役選任議案を同一の株主総会に提出することは可能であると考えられます。

解説

　先行議案の可決を条件として後続議案を付議することは可能であると解されているため、取締役の定員を増加させるための定款変更議案を先行議案とし、当該議案が可決されたことを条件

とする取締役選任議案を同一の株主総会に提出することは可能であると考えられます（稲葉『実務相談２』542～543頁参照）。

　なお、仮に、取締役選任議案を先行議案とした場合であっても、定款変更の効力発生を停止条件として取締役選任の決議をしたときには問題ないと考えられます（稲葉『実務相談２』543頁参照）。
（赤木貴哉）

49　株主総会参考書類の個別議案の記載事項⑤

株主総会終結の時をもって任期満了により退任する監査役を取締役に選任するためには、事前に監査役を辞任する必要がありますか。

ポイント

　株主総会終結の時をもって任期満了により退任する監査役を取締役に選任することは、被選者は監査役を退任すると同時に取締役に就任するといえますので、事前に監査役を辞任する必要はないと考えられます。

解説

　監査役は、株式会社の取締役を兼ねることはできませんが（会社335条２項）、当該株主総会終結の時をもって任期満了により退任する監査役を取締役に選任することは、被選者は監査役を退任すると同時に取締役に就任する

といえますので、事前に監査役を辞任する必要はないと考えられます（稲葉『実務相談2』544〜545頁）。

なお、後任の監査役選任議案ではなく取締役選任議案を先行議案とした場合、被選者は取締役に選任された時点ではいまだ監査役としての資格を有しているため、会社法335条2項に違反するのではないかという疑義が生じますが、同一の株主総会において後任監査役の選任議案が付議されている以上、先行の取締役選任決議の趣旨は、監査役退任を停止条件として取締役に選任したものと解されますので、上記いずれの議案を先に審議しても問題ないと考えられます（稲葉『実務相談2』545頁）。

（赤木貴哉）

50 監査報告に虚偽の記載または記録があった場合の監査役の責任

監査役（会）の監査報告に虚偽の記載または記録があった場合、監査役はどのような責任を負いますか。

ポイント

監査役（会）の監査報告に記載し、または記録すべき重要な事項について虚偽の記載または記録があった場合、監査役は、当該監査報告を作成したことについて注意を怠らなかったことを証明しない限り、第三者に対する損害賠償責任を負います（会社429条2項3号・1項）。

解説

監査役（会）の監査報告に記載し、または記録すべき重要な事項について虚偽の記載または記録があった場合、各監査役は、当該監査報告を作成したことについて注意を怠らなかったことを証明しない限り、第三者に対する損害賠償責任を負います（会社429条2項3号・1項）。そして、注意を怠らなかったか否かについては、監査役各人の立場や能力に応じて判断されます（岩原『コンメ9』413頁）。

なお、各監査役は、監査役会の決議に反対し、議事録に異議をとどめたとしても（会社393条4項）、監査役会の監査報告に監査役の意見を付記（会社則130条2項後段、会社計算128条2項後段）しなかった場合は、異議をとどめただけでは上記責任を免れることはできないと考えられています（上柳克郎ほか編『新版注釈会社法第2補巻（平成5年改正）』（有斐閣、1996）110頁〔龍田節〕、中村直人編『監査役・監査役会ハンドブック』（商事法務、2015）370頁参照）。

（赤木貴哉）

51 招集通知の発送時期

招集通知の発送時期に関する留意点を説明してください。

ポイント

　会社法上、株主総会招集通知の発信期限は、公開会社の場合および非公開会社で書面投票制度または電子投票制度を採用している場合は株主総会の日の15日前まで、それ以外の会社は8日前（取締役会非設置会社では、これを下回る期間を定款で定めることも可能）までです。もっとも、書面投票制度または電子投票制度を採用している場合で、議決権行使期限として「特定の時」を株主総会の日の前日のいずれかの時点と定めたときは、株主総会の日の16日前が発信期限となるので留意が必要です。

　さらに、招集通知の発送時期を検討するにあたっては、金融商品取引所の規則やCGコードにおいて、招集通知の早期発送が要請されているほか、実務上、機関投資家や外国人株主からも早期発送の要請があることに留意する必要があります。

解　説

1　招集通知が発信可能となる時期

　株主総会の招集通知をいつから発信できるかについては、法令上、特に定めがないため、監査役等から監査報告の内容の通知がなされた後であれば、招集通知を発信することが可能です。もっとも、取締役会設置会社においては、株主が議題提案権・議案要領通知請求権を行使する場合（会社303条2項後段、305条1項本文）、株主が請求した議案・議題の要領を招集通知に記載または記録しなければならず（会社299条1項・4項、298条1項2号、305条1項本文）、その行使期限は、定款に8週間を下回る期間を定めない限り、株主総会の日の8週間前までとされていますので、株主による議題提案権・議案要領通知請求権の行使の可能性がなくなる株主総会の日の8週間前または定款で定めた期間を経過した日以降に招集通知を発信できるようになります（『コンメ7』82頁）。

2　招集通知の発信期限

　株主総会の招集通知の発信期限については、会社法上、公開会社の場合は株主総会の日の2週間前まで、非公開会社の場合、書面投票制度または電子投票制度を採用しているときは株主総会の日の2週間前まで、これらの制度を採用していないときは1週間前（取締役会非設置会社では、これを下回る期間を定款で定めることも可能）までと定められています（会社299条1項）。

　ここにいう「2週間前まで」とは、招集通知を発した日と株主総会の日とを除いて、その間に14日間以上存在しなければならないという意味であり（大判昭10.7.15民集14巻1401号、『新注会(5)』47～48頁、大隅＝今井『会社法論中』29頁、大隅『株主総会』53頁、『コンメ7』82頁、江頭『株式会社法』324

頁)、株主総会の日の15日前が発信期限となります（たとえば株主総会が6月29日に開催される場合、6月14日までに招集通知を発送しなくてはなりません)。この期間を定款で短縮することはできませんが、伸長することは許されると解されています（大隅＝今井『会社法論中』29頁、『コンメ7』82頁、大隅『株主総会』54頁)。なお、非公開会社について認められる「1週間前まで」も同様に、招集通知を発した日と株主総会の日との間にまる7日間存することが必要です（酒巻俊雄＝龍田節『逐条解説会社法第4巻機関・1』（中央経済社、2008）74頁)。

なお、書面投票制度または電子投票制度を採用している場合、原則的な議決権行使期限である株主総会の日時の直前の営業時間の終了時（会社計算69条、70条）とは別に、取締役または取締役会が「特定の時」を議決権行使期限として定めるときは、その「特定の時」は、株主総会の日時以前の時であって、招集通知を発した日から2週間を経過した日以後の時に限られているため（会社則63条1項3号ロ・ハ)、「特定の時」を株主総会の日の前日のいずれかの時点と定めた場合、招集通知を発した日と株主総会の日との間には少なくとも15日間の日数が必要であり、株主総会の日の16日前が発信期限となります（たとえば株主総会が6月29日に開催される場合、6月28日午後5時を議決権行使期限として定めるときは、

6月13日までに招集通知を発送しなくてはなりません)。

いったん法定の期限内に発送された招集通知は、万が一延着や不着があっても、株主名簿に記載もしくは記録されている株主の住所等に宛てて発する限り、通常到達すべきであった時に株主に到達したものとみなされますので（会社126条1項・2項)、有効なものとして取り扱われます（詳細は【56】参照)。

3　早期発送の要請

(1)　コーポレートガバナンス・コードの要請

上場会社の場合、金融商品取引所の規則において招集通知の早期発送が努力義務とされ、招集通知の発送日までにその内容を記録した電磁的記録を金融商品取引所に提出することが求められているとともに（上場規程446条、上場施行規則437条)、CGコードにおいても、株主が総会議案の十分な検討期間を確保することができるよう、招集通知に記載する情報の正確性を担保しつつその早期発送に努めるべきことが求められています（CGコード補充原則1－2②前段)。

なお、CGコード補充原則1－2①前段にいう「早期発送」の意義は各社の合理的解釈に委ねられていますが、実務上、同原則をコンプライと整理するためには、法定期限よりも3営業日以上前に招集通知を発送することが目安

になると考えられます（澤口実ほか『コーポレートガバナンス・コードの実務〔第2版〕』（商事法務、2016）77頁、東京証券取引所「コーポレート・ガバナンスに関する報告書記載要領（2015年10月改訂版）」Ⅲ1参照）。

(2) 実務上の要請

さらに、実務上、機関投資家や外国人株主からの早期発送の要請にも留意する必要があります。具体的には、議決権行使助言機関および機関投資家の議決権行使基準等において招集通知の発送時期に言及されていたり、また、外国人株主については実質株主の指図が常任代理人を経て実際の議決権行使に反映されるまでの時間が法定期限では厳しいという事情があることから、こうした事情もふまえたうえで、招集通知の発送時期を検討する必要があると指摘されています（福岡『実務相談』16頁）。

なお、株主総会の日の3週間前までに招集通知を発送する会社は増加傾向にあり（森・濱田松本『株主総会』29頁）、平成27年6月に株主総会を行った上場会社においては2割を超えています（木村敢二「招集通知発送日早期化状況調査—平成27年6月株主総会1,880社—」資料版商事384号98頁）。

（江口真理恵）

52　招集期間の短縮

法令または定款で定められた招集通知期間を短縮することはできますか。

ポイント

特定の株主総会の招集通知期間を短縮することについて株主全員の同意があるときは、招集通知期間を短縮することができます。

解説

株主総会の招集通知は、法令または定款で定められた期限までに発信することを要し、これに違反した場合は株主総会決議の取消事由となりますが、特定の株主総会の招集通知期間を短縮することについて株主全員の同意があるときは、招集通知期間を短縮することができると解されています（稲葉『実務相談2』531頁、大隅『株主総会』54頁）。

商業登記との関係においては、招集期間が法令または定款で定められた期間に足りないことが登記申請上明らかになれば、その株主総会での決議に基づく登記申請は、登記すべき事項につき取消しの原因があるものとして却下されますが（商業登記法24条10号）、当該株主総会の招集通知期間を短縮することについて株主全員の同意があることを証する書面（株主総会招集通知期

間短縮同意書）を添付すれば、そのような短い招集期間のもとに開催された株主総会での決議に基づく登記申請も許容されます（稲葉『実務相談２』531～532頁）。株主総会招集通知期間短縮同意書には、具体的に短縮される期間とそのように短縮されることにつき同意する旨を記載のうえ、株主全員が署名または記名押印を行います（稲葉『実務相談２』532頁）。　（江口真理恵）

53　延期通知による招集通知期間の補完の可否

招集通知の発信後に法定の招集通知期間に不足していたことが判明した場合、株主総会の延期を通知することによって、招集手続の瑕疵を治癒することはできますか。

ポイント

会社がいったん招集通知を発信したものの、予定されている株主総会の会日では法定の招集通知期間に不足していた場合、株主に対して株主総会の延期を通知したとしても、原則として招集手続が違法であることに変わりはありません。例外として、延期通知が当初の招集通知の撤回と新たな招集通知を兼ねたものとみられるときは、延期通知の発信日と延期された会日との間に法定の招集通知期間が確保されていれば、新たに適法な株主総会の招集があったと解する余地があります。

解　説

会社がいったん招集通知を発信したものの、予定されている株主総会の会日では法定の招集通知期間に不足していた場合（公開会社において招集通知の発信日と会日との間に13日しかなかった等）、法定の招集通知期間を確保するために会日を数日延期する取締役会決議を行い、株主に対しあらためてその旨の通知を行ったとしても、総株主がこれを異議なく了承したというような事実があれば別として、それだけでは招集手続の瑕疵は治癒されないと解されます（大隅『株主総会』53頁）。したがって、この場合に、当初の招集通知の発信日と延期された株主総会の会日との間に２週間が確保されていたとしても、原則としては、招集手続が違法であることに変わりはありません。

例外として、延期通知が当初の招集通知の撤回と新たな招集通知を兼ねたものとみられるときは、延期通知の発信日と延期された会日との間に法定の招集期間が確保されていれば、新たに適法な株主総会の招集があったと解する余地があります（大隅『株主総会』54頁）。

　　　　　　　　　　（江口真理恵）

54　招集通知の名宛人

株主総会の招集通知はだれに対して送るのですか。①譲渡された株式の

第３章　株主総会の招集　83

名義書換えが未了である場合、②株式が共有されている場合、③株主が破産した場合の名宛人についても説明してください。

ポイント

株主総会の招集通知の名宛人となる株主は、当該株主総会において議決権を行使することができる、原則として（基準日を定めた場合は基準日現在の）株主名簿に記載・記録された株主です。例外的に、基準日後に株式を取得した者の全部または一部について当該株主総会における議決権を行使できる者と定められた場合には、これらの者に対しても招集通知を発する必要があります。

① 譲渡された株式の名義書換えが未了である場合には、会社がその事実を知っていたとしても、原則として株主名簿上の株主に対して招集通知を発すれば足りますが、会社が名義書換請求を不当に拒絶または遅滞している等の一定の場合には、真の株主に対する招集通知が必要となります。

② 株式が複数人の共有に属する場合、共有者は、会社が株主に対してする通知または催告を受領する者1人を定めて、会社に通知したときは、会社はその者を株主とみなして招集通知を発することとなりますが、このような通知がないときは、会社は、共有者のうちの任意の1人に対して招集通知を発すれば足ります。

③ 株主が破産した場合、破産管財人ではなく破産株主に対して招集通知を行います。

解説

1 招集通知の対象となる株主の範囲

株主総会の招集通知の名宛人となる株主は、当該株主総会において議決権を行使することができる、株主名簿に記載・記録されている株主であり（会社298条2項カッコ書、123条1項・5項。『コンメ7』79頁、酒巻俊雄＝龍田節『逐条解説会社法第4巻機関・1』（中央経済社、2008）69頁、大隅『株主総会』55頁、『新注会(5)』41頁）、株式が振替制度の対象となっている会社では、一定の日に名義書換えがなされたものとみなされる株主（社債、株式等の振替に関する法律152条1項）に招集通知を発することになります（『コンメ7』80頁）。

議決権を行使できない株主としては、たとえば、議決権制限株式（会社115条）、単元未満株式（会社188条1項、308条1項ただし書）、相互保有株式（会社308条1項カッコ書、会社則67条）に係る株主や自己株式を有する場合の会社自身（会社308条2項）があげられ（福岡『実務相談』26頁、大隅『株主総会』55頁、酒巻＝龍田『逐条解説会

社法第4巻機関・1』70頁)、これらの者に対して招集通知を発する必要はありません。

また、定款の定め等により会社が株主総会の議決権の基準日を定めた場合、原則として、基準日において議決権を行使できる者を確定することとなるため(稲葉『実務相談2』566頁参照)、基準日現在の株主名簿に記載・記録されている株主に対して招集通知を発することになりますが(会社124条1項)、例外的に、基準日後に株式を取得した者の全部または一部が当該株主総会における議決権を行使できる者と定められた場合には(同条4項)、これらの者に対しても招集通知を発する必要があります(『コンメ7』79頁、福岡『実務相談』32頁、酒巻=龍田『逐条解説会社法第4巻機関・1』69～70頁)。この場合、法定の招集通知期間を確保できないとしても、できるだけ速やかに招集通知を発すれば足ります(『新注会(5)』42頁、大隅『株主総会』61頁)。

他方で、基準日設定を行わない場合、招集通知を受ける株主と株主総会の議決に加わる株主とが一致せず、異なる場合が生じうること自体はさしつかえなく(東京地判昭28.3.9下民集4巻3号368頁)、いったん招集通知を発した後に名義書換えをした株主に対しても、名義書換えに際して招集通知を行えば足ります(『新注会(5)』41頁、大隅『株主総会』61頁)。ただ、基準日設定を行わず、かつ、株主総会の日よりあまりにも早い時期に招集通知を行った結果このような事態が生じた場合には、招集手続が著しく不公正とされるおそれがあります(『新注会(5)』42頁)。

なお、招集通知の対象となる株主であっても、会社が株主名簿記載の住所に宛てて招集通知を発送したにもかかわらず、5年間続けて株主に到達しない場合、会社は、当該株主に対する招集通知の発送を省略することができます(会社196条1項。詳細は【56】参照)。

2 株式の名義書換えが未了の場合

株式の譲渡は、名義書換えをしなければ会社に対抗することができないため(会社130条1項・2項)、会社は、株主名簿上の株主が死亡し相続が生じている場合(大判昭8.9.20民集12巻2178頁)や株式の譲渡により株主名簿上の株主がすでに株主ではなくなっている場合に、その事実を知っていたとしても、原則として株主名簿上の株主に対して招集通知を発すれば足り、株主名簿に記載がない者に対して招集通知を発する必要はありません(『コンメ7』80頁、酒巻=龍田『逐条解説会社法第4巻機関・1』69頁、江頭『株式会社法』210頁、大隅『株主総会』58頁)。

株主名簿に記載されていない第三者が真の株主であると会社が知っていた場合の取扱いに関して、会社は当該第三者を株主として扱うべきであり、株主名簿に記載されていないことをもっ

て当該第三者に対して招集通知を行わなかったことを免責されるものではないとした裁判例や見解もありますが（東京地判昭32.5.27下民集8巻5号1002頁、東京地裁『類型別訴訟Ⅰ』396頁）、そもそも名義書換えをしない株主を株主名簿上の株主と同等に取り扱う必要はなく、会社が株主名簿上の株主が真の株主でないことを単に知っていただけで、株主名簿上の株主に招集通知を発した会社の免責を否定するのは相当ではないと解されます（『新注会(5)』42頁、大隅『株主総会』58頁）。なお、会社の免責が否定されるケースとして、会社が名義書換請求を不当に拒絶または遅滞している場合（大隅『株主総会』59～60頁、『新注会(5)』43頁）、会社が不当に株主名簿から株主名を抹消した場合（『新注会(5)』43頁）、株主名簿の名義書換請求時にその請求者が無権利者であることを立証できるにもかかわらず、故意または重大な過失によりそれを怠った場合（江頭『株式会社法』210頁・207頁注5）があげられています。

また、会社が自己の危険において、株主名簿の名義書換えをしていない株式の譲受人を株主と認めて招集通知を発し、議決権を行使させることは可能とされていますが（最判昭30.10.20民集9巻11号1657頁、『コンメ7』80頁、江頭『株式会社法』211～212頁、東京地裁『類型別訴訟Ⅰ』396頁）、会社はこうした実質株主に招集通知を発しても当然には免責されないことに留意が必要です（『コンメ7』80頁、『新注会(5)』43頁）。

3　株式が共有されている場合

株式が複数人の共有に属する場合、共有者は、会社が株主に対してする通知または催告を受領する者1人を定め、会社に対し、その者の氏名または名称を通知しなければならず、この通知があった場合、会社はその者を株主とみなして招集通知を発することになります（会社126条3項・5項）。この通知がない場合、会社は、共有者のうちの任意の1人に対して招集通知を発すれば足ります（同条4項・5項）。

4　株主が破産した場合

株主が破産した場合、破産管財人が当該株主にかわってその財産管理権を有することになりますが、破産によって直ちに株主としての資格が失われるものではないため、招集通知は破産管財人ではなく、破産株主に対してなすべきとされています（大阪地判昭32.12.6商事114号11頁、『新注会(5)』44頁、大隅『株主総会』55～56頁）。

（江口真理恵）

55　招集通知の宛先

株主名簿上の住所が実際の住所と異なっている場合に、招集通知はどこ

に宛てて発送すべきですか。

> **ポイント**

　株主総会の招集通知は、株主名簿に記載もしくは記録されている株主の住所または株主が通知した場所もしくは連絡先に宛てて発送すれば足り、会社が株主の住所移転の有無や真実の住所等を確認する必要はありません。会社は、偶然知った株主の新住所に宛てて招集通知を発送することも可能ですが、この場合になんらかの事情で株主に到達しなかったときは、会社法126条2項の適用がなく、招集手続の法令違反に該当するため、実務上は、株主からの住所変更届等がない限り、株主名簿の記載または株主の通知に従った宛先に招集通知を発送すべきであると考えられます。

> **解説**

　株主総会の招集通知は、株主名簿に記載もしくは記録されている株主の住所または株主が通知した場所もしくは連絡先に宛てて発すれば足り（会社126条1項）、その招集通知は、通常到達すべきであった時に株主に到達したものとみなされます（同条2項）。すなわち、会社は、株主の住所移転の有無や真実の住所等を確認する必要はなく（稲葉『実務相談2』572頁）、市町村合併その他の原因で住所の名称等に変更があったとしても、会社が進んでこれを調査して招集通知の宛先を変更す

る必要はありません（大隅『株主総会』62頁）。なお、株主が届け出た場所に宛てて招集通知を発する場合において、株主が届け出た通知先が郵便局の私書箱であったときは、当該私書箱宛てに招集通知を発することもさしつかえないとされています（大隅『株主総会』62～63頁）。

　会社は、偶然知った株主の新住所に宛てて招集通知を発送することも可能ですが、この場合になんらかの事情で株主に到達しなかったときは、会社法126条2項の適用がなく、当該株主に対する招集通知もれがあったとして招集手続の法令違反（会社299条1項違反）に該当します（稲葉『実務相談2』570頁、大隅『株主総会』63頁）。そこで、実務上は、株主からの住所変更届等がない限りは、株主名簿の記載または株主の通知に従った宛先に招集通知を発送すべきであると考えられます（福岡『実務相談』22頁）。　　（江口真理恵）

56　招集通知の不着

招集通知が株主に到達せず、会社に返送された場合の取扱いはどうなりますか。また、会社が株主の新住所を知っている場合、5年続けて不到達の場合の取扱いはどうなりますか。

ポイント

株主総会の招集通知は、株主名簿の記載または株主の通知に従って招集通知を発送している限り、実際には株主に到着しなかったとしても、有効なものとして取り扱われます。これは、会社が株主の新住所を知っており、返送されることがわかっていながら発送した場合であっても同様です。

また、会社は、株主名簿記載の住所に宛てて招集通知を発送したにもかかわらず、5年間続けて株主に到達しない場合、当該株主に対する招集通知の発送を省略することができます。

解説

1 招集通知の発信主義

株主総会の招集通知は、株主名簿に記載もしくは記録されている株主の住所または株主が通知した場所もしくは連絡先に宛てて発すれば足り（会社法126条1項）、その招集通知は、通常到達すべきであった時に株主に到達したものとみなされます（同条2項）。また、電磁的方法による招集通知の発信を行う場合も、会社が株主の届け出たメールアドレス宛てに発信している限り、会社法126条1項の適用があります（稲葉『実務相談補遺』112頁）。

したがって、株主名簿の記載または株主の通知に従って招集通知を発送している限り、郵便事情その他の事由で延着したり、受取人不明その他の理由で不着となって会社に返送されたりしても、原則としてその招集通知は有効です（大判大8.11.18民録25輯2165頁、大隅『株主総会』63頁、大隅＝今井『会社法論中』29頁）。このことは、なんらかの事情で会社がたまたま株主の新住所を知っており、返送されることがわかっていながら株主名簿記載の住所宛てに発送した場合であっても同様です。なお、会社または株主名簿管理人の過失により株主名簿上の株主の住所を誤記した場合（大判昭12.3.12法学6巻918頁）や会社が招集通知の宛先として記載した住所に郵便業務に支障をきたすような誤記や地番の省略、判読しがたい文字による記載等がある場合にそれが原因となって招集通知の延着または不着が生じたときは、会社法126条1項に基づいた通知とはいえず、会社は免責されません（『コンメ3』297頁、大隅『株主総会』63頁、大隅＝今井・『会社法論中』29頁、『新注会(5)』49頁、稲葉『実務相談2』572頁）。また、株主名簿の氏名・住所が漢字で表記されている場合にカタカナ表示の宛先に送付したときは、その宛先は、株主名簿の記載との同一性を直ちに失うわけではありませんが、カタカナ表示に由来して誤配等の事故が生じた場合は、会社は免責されないと考えられています（稲葉『実務相談2』573頁）。

これに対して、会社が偶然知った株主の新住所に宛てて招集通知を発送し

た場合、なんらかの事情で株主に到達しなかったときは、会社法126条2項の適用はなく、当該株主に対する招集通知もれがあったとして招集手続の法令違反（会社299条1項違反）に該当します（稲葉『実務相談2』570頁、大隅『株主総会』63頁）。

2　招集通知の発信の意義

招集通知について会社法126条1項に基づき到達が擬制されるためには、招集通知を「発す」ることを要しますが、これは必要な手続をすべて終えることを意味し、特に書面による招集通知に関しては、招集通知を郵便ポストもしくは郵便局に提出するかまたは送付を依頼した運送業者に交付することが必要であるとされています（酒巻俊雄＝龍田節『逐条解説会社法第4巻機関・1』（中央経済社、2008）75頁、中村『ハンドブック』269頁）。したがって、郵便局による消印の日付が必ずしも招集通知の発信の日付とは限らず、また、取締役が書面に通知内容を記載し、これを郵送するために使用人に手渡したとしても、その時点では招集通知を発したとはいえません（『新注会(5)』49頁）。

また、電子メールによる招集通知の発信を行う場合には、招集通知の内容を記録した情報がインターネット上に送信されていることを要し、会社のシステムトラブル等によりインターネット上に送信されていない場合は、会社法126条1項の適用はありません（稲葉『実務相談補遺』112頁）。

3　招集通知発送の省略

会社は、株主名簿記載の住所に宛てて招集通知を発送したにもかかわらず、5年間続けて株主に到達しない場合、当該株主に対する招集通知の発送を省略することができます（会社196条1項）。

ただし、後日、株主との間で招集通知の発送の有無をめぐって紛争が生じる可能性もあることから、会社としては、株主名簿記載の住所に宛てて5年間続けて発送した事実を証明できるよう、郵便局の別納郵便料金の領収書や返送された招集通知を保管しておく等の措置をとっておくことが望ましいと考えられます（福岡『実務相談』23頁、稲葉『実務相談2』619頁）。

（江口真理恵）

57　招集通知の方法

招集通知は書面で送る必要がありますか。

ポイント

招集通知は、①取締役会設置会社、および、②招集決定に際して書面投票または電子投票を行うことができる旨を定めた会社の場合は、招集通知は書面により行わなければなりませんが、

その他の会社については、任意の方法で招集通知を行うことができます。

解説

招集通知は、①取締役会設置会社、および、②招集決定に際して書面投票または電子投票を行うことができる旨を定めた会社の場合は、招集通知は書面により行わなければなりません（会社299条2項）。その他の会社については、特に通知の方式は定められていないため、会社が任意の方法で招集通知を行うことができ、口頭や電話等の方法によって通知することも可能です（『コンメ7』84頁）。ただし、会社法上、書面により招集通知を行う必要のない場合であっても、所在不明等により電話等で連絡がつかない株主がいるときには、後日、株主との間で紛争が生じる可能性もありうることから、株主名簿記載の住所宛てに書面で招集通知を発送しておくことが望ましいと考えられます（福岡『実務相談』23頁）。

なお、書面により招集通知を行わなくてはならない会社であっても、株主の承諾を得て、電磁的方法により招集通知を行うことができます（会社299条3項）。電磁的方法による招集通知の発信について、詳細は【60】を参照してください。　　　　　　（江口真理惠）

58　招集手続の省略

株主総会の招集手続を省略できるのはどのような場合ですか。

ポイント

株主総会の招集手続は、①株主全員の同意がある場合、②書面決議が行われる場合、③全員出席株主総会の場合に省略することができます。①の場合、招集者による招集の決定を省略することはできませんが、②、③の場合は、当該決定も省略することができます。

解説

1　招集手続を省略できる場合

株主総会の招集手続は、①株主全員の同意がある場合（会社300条）、②書面決議が行われる場合（会社319条1項）、③全員出席株主総会の場合に省略することができます。

2　株主全員の同意がある場合

書面投票制度または電子投票制度が採用されていない場合で、かつ、株主全員の同意があるときは、招集の手続を経ることなく株主総会を開催することができます（会社300条）。この株主全員の同意は、議決権を行使できる株主全員の同意があればよく（『コンメ7』90頁）、代理人が同意した場合で

も有効です（東京地判昭40．4．1判時410号55頁、上柳『新注会(14)』303頁）。また、口頭の同意でもさしつかえなく（江頭『論点2』430頁）、明示の同意のみならず、黙示の同意でもかまいませんが（東京高判昭48.10.25判時723号90頁）、事前の同意で、かつ、特定の株主総会についての同意でなければならず、事後の同意や包括的な同意は許されません（『コンメ7』90頁、酒巻俊雄＝龍田節『逐条解説会社法第4巻機関・1』（中央経済社、2008）78頁、江頭『論点2』430頁）。ただし、あらかじめ株主総会開催の定例日と開催場所を定め、定例日における株主総会について招集通知を省略することを全株主が同意することは、事前のあらかじめ定まった総会についての同意である以上、許されるとされています（『コンメ7』90頁、『新注会(14)』302頁）。なお、会社法300条に基づき省略可能な手続は、株主総会の招集通知（会社299条）および計算書類、事業報告等の提供（会社437条）に限られ、株主全員の同意がある場合であっても、招集権者による招集の決定（会社298条）は省略することができません（『コンメ7』89頁、江頭『論点2』430頁、中村『ハンドブック』126頁）。

3 書面決議が行われる場合

取締役または株主が株主総会の目的である事項について提案をした場合において、当該事項について議決権を行使できる株主の全員が、当該提案について書面または電磁的記録により同意の意思表示をしたときは、当該提案を可決する旨の株主総会の決議があったものとみなされ（会社319条1項。いわゆる書面決議）、この場合には、株主総会の招集決定を含む招集手続も、株主総会を実際に開催することも、不要となります。定時株主総会の目的である事項についても、書面決議を採用することは可能です（会社319条5項参照）。

4 全員出席株主総会の場合

判例上、招集権者による招集の決定がない場合でも、株主全員が株主総会の開催に同意し、出席した場合（いわゆる全員出席総会）には、株主総会の決議は有効に成立するとされ（最判昭46．6.24民集25巻3号596頁・判タ265号141頁、最判昭60.12.20民集39巻8号1869頁・判タ583号68頁）、株主総会の招集決定を含む招集手続が不要とされています。この場合には、株主全員による事前の同意も不要です（酒巻＝龍田『逐条解説会社法第4巻機関・1』78頁、『新注会(14)』300頁）。

この点、委任状により代理人が出席した場合にも全員出席総会の成立が認められるかが問題となりますが、これについては、株主本人が会議の目的事項を了知したうえで委任状を作成し、これに基づいて選任された代理人を出席させ、その目的事項の範囲内で決議が成立した場合に限り、株主総会決議

は有効と解されています（前掲最判昭60.12.20、大隅＝今井『会社法論中』13頁注2、中村『ハンドブック』127頁）。

もっとも、招集決定において会議の目的事項を定める必要のない取締役会非設置会社では、そのような限定なしに、一般的に代理人による出席でもよいと解されます（中村『ハンドブック』127頁）。

（江口真理恵）

59 招集通知の英訳

株主から招集通知の英訳の要望があった場合、これに応える必要はありますか。

ポイント

招集通知の英訳の要望に応ずる法律上の義務はありませんが、上場会社においては、自社の株主における機関投資家や海外投資家の比率等もふまえ、招集通知の英訳を進めるべきであるとされています。

解説

会社法に基づく株主総会の招集通知は日本語で作成されるものであり、外国人株主から招集通知の英訳の要望があっても、これに応ずる法律上の義務はありません（稲葉『実務相談2』575頁）。

しかし、上場会社においては、自社の株主における機関投資家や海外投資家の比率等もふまえ、招集通知の英訳を進めるべきとされており（CGコード補充原則1－2④）、金融商品取引所の規則においても、「招集通知等を要約したものの英訳を作成し、投資者が提供を受けることができる状態に置くこと」に努めることが要請されており（上場規程446条、上場施行規則437条4号）、『株主総会白書2016年版』（66頁）によれば、招集通知の全部または一部を英訳している会社は全体の33.3％にのぼり、前年調査比で13.3ポイント増加しています。さらに、株主総会プロセスの電子化促進等に関する研究会がとりまとめた報告書においても、今後期待される取組みとして、「コーポレートガバナンス・コードを踏まえ、英文の招集通知について、可能な限り日本語版と同様のタイミングでウェブ開示がなされること。また、当該英文招集通知についても、自社のウェブサイトに掲載する時期と同じタイミングでTDnetに提出がなされること」があげられています（株主総会プロセスの電子化促進等に関する研究会「報告書～対話先進国の実現に向けて～（平成28年4月21日）」1－4⑤、18頁）。

もっとも、招集通知の英訳版に誤訳があった場合、その内容によっては決議瑕疵の問題とされるおそれも否定できないため、招集通知の英訳版を作成するに際しては、そのなかに、正式書類は日本語で作成された招集通知であること等を明示する注意書き（ディス

クレーマー）を記載しておくことが望ましいと考えられます（福岡『実務相談』26頁）。　　　　　　　（江口真理恵）

60　電磁的方法による招集通知の発信

電磁的方法による招集通知の発信について説明してください。

ポイント

会社は、株主の承諾を得て、書面にかえて、電子メールによる送信等の電磁的方法により招集通知を発することができます。株主からの承諾を得る際は、あらかじめ当該株主に対し、その用いる電磁的方法の種類および内容を示し、書面または電磁的方法による承諾を得なければならず、電子メールによる送信を採用する場合、招集通知の送付先となるメールアドレスを届け出てもらう必要があります。

解説

1　電磁的方法による招集通知の発信

会社は、株主の承諾を得て、書面にかえて電磁的方法により招集通知を発することができ、この場合、電磁的方法により通知を発することで、書面による通知を発したものとみなされます（会社299条3項）。電磁的方法とは、電子メールによる送信、ウェブサイトからのダウンロード、記憶媒体の交付等を意味します（会社2条34号、会社則222条、『コンメ7』83頁）。

会社が電磁的方法による招集通知の発信を採用する場合、株主総会の招集に関する基本的事項として、取締役会の決議により決定することが考えられますが、この取締役会決議は、対象となる株主総会を特定していない限り、株主総会のつど、行う必要はありません（中村『ハンドブック』270頁）。

2　株主の承諾

株主からの承諾を得る際は、あらかじめ当該株主に対し、その用いる電磁的方法の種類および内容を示し、書面または電磁的方法による承諾を得なければなりません（会社令2条1項2号）。会社が株主に対してあらかじめ示す電磁的方法の種類とは、上述の電磁的方法のうち会社が使用するものを指し（会社則230条1号）、実務上は、効率性、現実の利用可能性の観点から、電子メールによる送信が用いられることが通常です。また、電磁的方法の内容とは、ファイルへの記録の方式を指し（同条2号）、具体的には、利用できるパソコンの環境（OS、ブラウザの種類）、ファイルの種類（PDF、テキスト、Word等）およびそれらのバージョン等がこれに当たるとされています（中村『ハンドブック』270頁）。

電子メールによる送信を採用する場合、株主から承諾を得る際に、招集通

知の送付先となるメールアドレスを届け出てもらう必要があります（会社126条1項カッコ書参照）。電磁的方法による招集通知の発信について書面により株主の承諾を取得する場合、メールアドレスも書面により届出を受けることが考えられますが、会社の誤登録を回避するため、承諾とは別に、株主にホームページ上でメールアドレスを登録してもらう方法も考えられます（中村『ハンドブック』270頁）。

なお、株主総会のたびに株主の承諾を得るのは煩雑であるため、株主の承諾は、実務的には、株主からの承諾撤回の意思表示がない限り継続して電磁的方法により通知を発することにつき承諾を得ておくことになります（中西敏和「株主総会のIT化と実務の対応」商事1625号29頁、『コンメ7』83頁、中村『ハンドブック』271頁）。この承諾撤回の意思表示は、少なくとも招集通知の発信前に行われる必要があり、すでに電磁的方法により招集通知を発信した後に承諾撤回の意思表示があった場合には、あらためて書面による招集通知を送付する必要はありません（中村『ハンドブック』271頁）。

3　電磁的方法による招集通知の発信方法

電磁的方法による招集通知の発信の承諾に際して株主が届け出たメールアドレスは、株主が会社に通知した連絡先に当たると解されるため（会社126条1項・5項）、会社が当該メールアドレス宛てに招集通知を送信すれば通常到達すべきであった時に到達したものとみなされ（同条2項・5項）、電子メールの場合、通常、その日のうちに株主に到達していると考えられます（中村『ハンドブック』272頁、稲葉『実務相談補遺』111～112頁）。

したがって、株主が届け出たメールアドレス宛てに招集通知を発信している限り、会社は法的には免責されますが、株主から招集通知が届かないなどの連絡があったような場合には、実務上は、株主との後日のトラブルを未然に防ぐために、あらためて電磁的方法による招集通知を発信するか、書面による招集通知に切り替えて再送するなどの対応をすることが望ましいと思われます（中村『ハンドブック』272頁、稲葉『実務相談補遺』112頁）。

なお、電磁的方法による招集通知の発信に際して電子署名を利用する意義は少ないという指摘があります（中村『ハンドブック』272頁）。

4　電磁的方法による招集通知の内容

電磁的方法により招集通知を発信する場合、書面と電子メールの同一性は、外観または様式の差異が問題となることはなく、内容が同一であれば足りると考えられ、ウェブサイトに招集通知、添付書類や参考書類のファイルを株主総会までの期間中掲載しておい

て、その旨および当該アドレス等の情報を記録した電子メールを送信する方法も適法です（稲葉『実務相談補遺』110頁、原田晃治『Q&A株式制度の改善・会社運営の電子化』（商事法務、2002）111〜112頁、中村『ハンドブック』272頁）。

5 株主総会参考書類等の取扱い

(1) 株主総会参考書類

会社が書面投票制度または電子投票制度を採用している場合、会社は、招集通知を電磁的方法により受信することを承諾した株主に対して、株主総会参考書類の交付にかえてこれに記載すべき事項を電磁的方法により提供することができますが、株主の請求があったときは、株主総会参考書類を交付しなければなりません（会社301条2項、302条2項）。

(2) 議決権行使書面

会社が書面投票制度を採用している場合、会社は、招集通知を電磁的方法により受信することを承諾した株主に対して、議決権行使書面の交付にかえてこれに記載すべき事項を電磁的方法により提供することができますが、株主の請求があったときは、議決権行使書面を交付しなければなりません（会社301条2項）。なお、取締役会の決議により、招集通知を電磁的方法により受信することを承諾した株主の請求があった時に初めて議決権行使書面を交付（当該交付にかえて行う電磁的方法による提供を含みます）することとすることも認められます（会社則63条4号イ）。

これに対して、会社が電子投票制度を採用している場合、会社は、招集通知を電磁的方法により受信することを承諾した株主に対して、議決権行使書面に記載すべき事項を電磁的方法により提供しなければなりません（会社302条3項）。

(3) 計算書類、事業報告等

招集通知を電磁的方法により株主に提供する場合、計算書類および事業報告（監査役設置会社では監査報告、会計監査人設置会社では会計監査報告を含みます）も電磁的方法により提供する必要があります（会社437条、会社則133条2項2号、会社計算133条2項2号）。連結計算書類を提供しなければならない会社にあっては、連結計算書類についても同様です（会社444条6項、会社計算134条1項2号）。　　　　（江口真理恵）

61 招集通知の発送前開示

招集通知の発送前開示について説明してください。

ポイント

上場会社では、CGコードにおいて、招集通知の早期発送のみならず、招集通知に記載する情報は、株主総会の招集に係る取締役会決議から招集通

第3章　株主総会の招集　95

知を発送するまでの間に、TDnetや自社のウェブサイトにより電子的に公表することが要請されています。

解説

招集通知を発送する前にウェブサイト等で公表することは法令上の義務ではありません。しかし、上場会社では、CGコードにおいて、招集通知の早期発送のみならず、招集通知に記載する情報は、株主総会の招集に係る取締役会決議から招集通知を発送するまでの間に、TDnetや自社のウェブサイトにより電子的に公表することが要請されており（補充原則1-2②後段）、この補充原則に適合することを明確にする観点からは、招集通知の発送の前日までに電子的公表を行うことが望ましいと考えられています（澤口実ほか『コーポレートガバナンス・コードの実務〔第2版〕』（商事法務、2016）77頁。また、株主総会プロセスの電子化促進等に関する研究会がとりまとめた報告書においても、今後期待される取組みとして、早期ウェブ開示実施企業の拡大があげられています（株主総会プロセスの電子化促進等に関する研究会「報告書～対話先進国の実現に向けて～（平成28年4月21日）」1-4①、18頁）。

実務上も、書面の招集通知を発送するまでには招集通知の印刷や封入といった事務工程が必要になることから、招集通知の早期発送には物理的限界があるところ、電子的な公表なら招集通知が校了した時点でウェブサイトに掲載することが可能であるため、招集通知の発送前開示は、機関投資家の早期議案開示の要請に応える有効な選択肢として定着してきており、83.9%の会社が実施しています（『株主総会白書2016年版』63頁）。

なお、上場会社の場合、招集通知の発送日までに招集通知と添付書類を取引所に提出する義務があり（上場施行規則420条）、取引所によってこれらの書類はウェブ上に開示されます。

（江口真理恵）

62 招集通知の修正方法（ウェブ修正）

招集通知に誤記があった場合の修正方法について説明してください。

ポイント

招集通知が発送される前の時点で招集通知の誤記が発覚した場合、訂正文の同封や貼り紙で訂正する等の対応が可能です。

招集通知発送後に誤記が発覚した場合、招集通知に記載した周知方法に従って修正後の事項を周知することとなり、実務上は、ウェブ修正が多く用いられています。

解説

1 招集通知発送前に誤記が発覚した場合

招集通知が発送される前の時点で招集通知の誤記が発覚した場合、日程的に可能であれば、招集通知を再作成するのが望ましいとされていますが、再作成が間に合わない場合には、訂正文の同封や貼り紙で訂正する等の対応も可能です（中村『ハンドブック』277頁）。

2 招集通知発送後に誤記が発覚した場合

会社は、株主総会参考書類、事業報告、計算書類および連結計算書類の記載事項について、株主総会の招集通知を発送した日から株主総会の前日までの間に修正をすべき事情が生じた場合における修正後の事項を株主に周知させる方法を、招集通知とあわせて通知することができ（会社則65条3項、133条6項、会社計算133条7項、134条7項）、招集通知発送後に誤記が発覚した場合、招集通知に記載した周知方法に従って修正後の事項を周知することとなります。実務上は、周知方法としてインターネット上の自社ウェブサイトに掲載する方法を採用する例が多いことから、ウェブ修正と呼ばれています（福岡『実務相談』461頁）。ウェブ修正を行う場合の掲載方法や掲載期間については、【63】をご参照ください。

また、法文上、ウェブ修正は「株主総会の招集通知を発送した日から株主総会の前日までの間に修正をすべき事情が生じた場合」を想定したものですが、実務上は、招集通知の発送前であっても封入後等に誤記が発覚した場合も、ウェブ修正が利用されているようです（『株主総会白書2016年版』55頁）。

なお、軽微な誤記であればあえて特段の対応をしないことも考えられますが、ウェブ修正という簡便な方法が認められている以上、軽微な誤記であっても発見した以上は修正を行うことが望ましいと考えられます（中村『ハンドブック』277頁、福岡『実務相談』462頁）。

3 ウェブ修正の限界

ウェブ修正は必ずしも招集通知添付書類の記載ミスを完全に治癒させるものではなく、ウェブ修正が認められるのは、原則として誤植、その他の比較的重要でない事項の修正に限られ（福岡『実務相談』462頁）、議案に関する重要なミスが発送後に発見された場合は、議案の取下げを検討しなくてはならない事態も考えられますので留意が必要です（『株主総会白書2016年版』55頁）。ウェブ修正による修正の可否について、詳細は【65】～【67】をご参照ください。

（江口真理恵）

63 ウェブ修正の掲載方法・掲載期間

ウェブ修正を行う場合における修正事項の掲載方法や掲載期間について説明してください。

ポイント

ウェブ修正を行う場合には、修正事項を掲載するウェブサイトとして招集通知に記載したURLから容易にアクセス可能なページに、修正事項（正誤表）を掲載します。その掲載期間については、招集通知に掲載期限の記載等がない場合、株主総会終了後直ちに削除することも違法とはいえませんが、重要な修正が行われた場合には、株主総会終了後もある程度の期間、掲載を継続することが望ましいと思われます。

解説

1 修正事項の掲載方法

ウェブ修正を行う場合には、修正事項を掲載するウェブサイトとして招集通知に記載したURLに、修正事項（正誤表）を掲載する方法によります（中村『ハンドブック』279頁）。

この点、あらかじめ修正用のURLを用意する必要はなく、招集通知に記載したURLのページ（自社ウェブサイトのトップページ等）内にリンクを張るなどして、簡単に掲載場所にたどりつけるような措置がとられていれば違法とはならないと解されますが、必要以上に迂遠・複雑なリンクの張り方をしたり、リンクを目立たない表示にするなど、株主が事実上たどりつけない措置は不適切であると指摘されています（武井『質疑応答』94頁、福岡『実務相談』461頁）。

なお、ウェブ修正を行ったとしても株主総会当日の出席株主の全員が修正箇所を認識しているとは想定しがたいことから、実務上は、ウェブ修正に加えて、株主総会当日に正誤表の配布や口頭での訂正を行うという対応も多く行われています（中村『ハンドブック』277頁、福岡『実務相談』461頁）。

2 修正事項の掲載期間

ウェブ修正を行う場合に、修正事項を株主総会終了後いつまでウェブサイト上に掲載しておくべきかについては、会社法上、特に定めはありません。

招集通知に掲載期限の記載等がない場合、株主総会終了後直ちに削除することも違法とはいえないものの、重要な修正が行われた場合には、株主に無用の誤解を生じさせないよう、株主総会終了後もある程度の期間（たとえば、決議通知書が送付されるまでの間）掲載を継続することや、修正の記載自体は削除するものの、内容を正しく修正した招集通知全体を掲載しておく方法も考えられます。また、株主による

株主総会の手続的適法性の確認を容易にするという観点から、株主総会決議取消しの訴えの提訴期間が経過するまでの間、修正事項の掲載を継続することが望ましいと思われます（武井『質疑応答』94～95頁、福岡『実務相談』掲463頁）。　　　　　（江口真理恵）

64 招集通知発送後の重要な事象

招集通知発送後に重要な事象が生じた場合、招集通知の修正は必要ですか。

ポイント

招集通知発送後に重要な事象が生じた場合、招集通知等の修正は不要ですが、株主総会における説明に先立って当該事象の内容を株主へ周知することが望ましいといえ、事前のウェブ修正による周知も可能と解されます。

解説

招集通知発送後に生じた事象は、そもそも招集通知や計算書類等に記載できない事項であるため、臨時報告書の提出や適時開示等を別途検討する必要はあるものの、招集通知の修正は不要であり、株主総会当日に説明することで足りると解されます。しかし、株主総会当日に先立って当該事象の内容を株主へ周知することは望ましいといえ、速やかに株主に情報を提供すると

いうウェブ修正の趣旨から、当該事象の発生後速やかにウェブ修正を利用して周知することも可能とされています（福岡『実務相談』37～38頁・462頁、武井『質疑応答』89頁）。　（江口真理恵）

65 ウェブ修正による議案撤回の可否

招集通知発送後、ウェブ修正により議案を撤回することはできますか。

ポイント

招集通知発送後の議案撤回が可能という見解を前提とすれば、ウェブ修正によっても議案の撤回を行うことは可能と考えられます。

解説

議案は株主総会参考書類の記載事項であるため（会社則73条1項1号）、議案に関し修正すべき事項が生じた場合にはウェブ修正の対象となりえます。

そもそも招集通知後の議案撤回の可否については争いがありますが、これを可能と解した場合、ウェブ修正により議案の撤回を行うことは可能と考えられます（武井『質疑応答』89頁、福岡『実務相談』41頁）。　　（江口真理恵）

66 ウェブ修正による議案修正・追加の可否

ウェブ修正により議案の修正・追加

を行うことはできますか。

たとえば、監査役会設置会社において、唯一の常勤監査役の任期が次回定時株主総会の終結時に満了することに気づかないまま、非常勤の監査役候補者のみを議案に記載した招集通知を発送してしまい、株主総会の会日まで2週間を切っている場合、ウェブ修正によって非常勤の監査役候補者を常勤の監査役候補者に変更することは可能ですか。

ポイント

議案の修正・追加は、発送ずみの招集通知の記載から一般的に予見しうる範囲内であれば招集通知の修正により行うことができますが、これを超えるものは原則としてできないと解されます。一般に役員選任議案の候補者を変更することは修正の限界を超えると考えられていますが、法令・定款違反が生じるおそれのある状況であるなど、修正の必要性・合理性が認められる場合には、ウェブ修正による候補者の変更も可能であると解する余地があります。そのように解する場合、設問の事案においては、このまま常勤監査役が任期満了により退任すれば、常勤監査役を欠く違法な状態（会社399条3項参照）となってしまうため、修正の必要性・合理性が認められるとして、ウェブ修正により非常勤の監査役候補者を常勤の監査役候補者に変更することが可能と思われます。

解説

招集通知の修正による議案の追加・修正については、株主総会における修正動議の可否に関する議論が参考になるとされ、修正動議については発送ずみの招集通知の記載から一般的に予見しうる範囲を超えることはできないと解されていることから（大隅＝今井『会社法論中』111頁）、一般的に議案を追加するような修正動議を会社側からすることはできず、これをウェブ修正で行うことも困難と考えられています（福岡『実務相談』41頁、武井『質疑応答』90頁）。

しかし、たとえば、定款の条ずれが生じる定款変更議案が上程されているにもかかわらず、旧条項を引用している他の定款規定に関する改正が盛り込まれていなかった場合のように、すでに上程されている議案と一体として議案とせざるをえない議案等、発送ずみの招集通知の記載から一般に予見しうる範囲内の議案の追加であれば、ウェブ修正によって行うことが可能であると解されています（武井『質疑応答』86頁）。

これに対して、役員選任議案の候補者を変更することは、新候補者に関する情報が株主に提供されておらず、発送ずみの招集通知の記載から予見しうる範囲内のものということはできないと考えられるため、原則としてウェブ修正によって行うことはできないと解

されます（武井『質疑応答』90頁。修正動議による役員候補者の変更を不可とする見解として、稲葉『実務相談2』590頁）。しかし、会社側からの修正動議に関して、一定の場合には例外的に役員候補者の変更を認める見解もあります。具体的には、株主総会参考書類に記載された取締役候補者の1人が招集通知の発送後に死亡し、あるいは候補者が辞退したような場合には、特に非常の措置として、例外的に株主総会の場で別の候補者を補充提案することができるとの見解や（大隅＝今井『会社法論中』157頁注9）、特に法または定款で定める役員の員数を欠く場合においては新たな候補者の選任議案の提出に相当な理由があり、さらにいえば、決議取消事由がある決議も3カ月の提訴期間の経過によって争えなくなり（会社831条1項参照）、裁量棄却によって救済される余地もあるので（同条2項参照）、法定の期間（会社299条1項）を確保できなくても、新しい候補者についての参考書類や議決権行使書面の追加送付をしたうえ、新しい候補者についての決議を強行するのも1つの方法であり、むしろそのほうが仮役員の選任よりも実質的に妥当だという考え方も十分成り立ちうるとする見解（稲葉『実務相談2』592頁編注）があります。このような見解をふまえると、例外的に、法令・定款違反が生じるおそれのある状況であるなど、修正する必要性・合理性が認められる場合には、

ウェブ修正による候補者の変更も可能であると解する余地があります（武井『質疑応答』91頁）。

そのように解する場合、監査役会設置会社において、唯一の常勤監査役の任期が次回定時株主総会の終結時に満了することに気づかないまま、非常勤の監査役候補者のみを議案に記載した招集通知を発送してしまい、株主総会の会日まで2週間を切っているという事案では、このまま常勤監査役が任期満了により退任すれば、常勤監査役を欠き会社399条3項に違反する状態となってしまうため、修正の必要性・合理性が認められるとして、ウェブ修正により非常勤の監査役候補者を常勤の監査役候補者に変更することが可能と思われます。しかし、監査役候補者の変更ではなく、新たな監査役候補者の追加を修正動議やウェブ修正によって行うことは、発送ずみの招集通知の記載から一般に予見しうる範囲を超えるために許されず（大隅＝今井『会社法論中』111頁参照）、これを強行すると、その株主総会決議が取り消されるおそれがあります（会社831条1項1号）。

(江口真理恵)

67　ウェブ修正の対象

ウェブ開示により開示した情報や狭義の招集通知記載事項のウェブ修正は可能ですか。

ポイント

ウェブ開示により開示した情報については、ウェブ修正が可能です。また、狭義の招集通知記載事項についても、修正が許容される場合には、ウェブ修正と同様の方法により周知することが可能であると解されます。

解説

ウェブ修正の対象は、法文上、株主総会参考書類、事業報告、計算書類および連結計算書類の記載事項とされており（会社則65条3項、133条6項、会社計算133条7項、134条7項）、株主に直接送付したこれらの書類に記載した事項を修正する場合のほか、ウェブ開示により開示した情報に修正すべき事情が生じた場合にもウェブ修正が可能です（武井『質疑応答』92頁、福岡『実務相談』463頁）。

また、狭義の招集通知記載事項は、法文上、ウェブ修正の対象ではありませんが、誤記や印刷ミス等修正が許容される場合にはウェブ修正と同様の方法により周知することが可能であると解されます（武井『質疑応答』93頁）。

（江口真理恵）

第 4 章

書面および電磁的方法による議決権行使

68 書面投票制度の概要

書面投票制度について説明してください。

ポイント

書面投票制度は、株主総会に出席しない株主が書面によって議決権を行使することを認める制度であり、株主総会において議決権を行使できる株主が1,000人以上の会社は、原則として書面投票制度を採用することが義務づけられています。

書面投票制度を採用した場合、会社は、招集通知に際して、株主総会参考書類および議決権行使書面を株主に交付する必要があります。

解説

1 書面投票制度の採用

書面投票制度は、株主総会に出席しない株主が書面によって議決権を行使することを認める制度であり、株主総会の招集者は、株主総会の招集事項の決定に際し、書面投票制度の採用を定めることができます（会社298条1項3号）。書面投票制度を採用する旨の取締役会の決議は株主総会のつど行うのが原則ですが、以後の株主総会において書面投票制度を採用する旨の包括的な決議をすることも可能と解されます（中村『ハンドブック』301頁）。また、定款によりすべての株主総会において書面投票制度を採用する旨を定めることも可能です（相澤『論点解説』478頁）。

なお、株主総会において議決権を行使できる株主が1,000人以上の会社は、原則として書面投票制度を採用することが義務づけられますが（会社298条2項）、当該会社が上場会社であって、議決権を行使できる株主全員に対して金融商品取引法の規定に基づき招集通知に際して委任状用紙を交付し、議決権の行使を第三者に代理させることを勧誘している場合には、書面投票制度を採用することを要しません（同項ただし書、会社則64条）。

2 招集手続等

電子投票制度を採用した場合、その旨を招集通知に記載または記録しなければなりません（会社299条4項、298条1項3号）。

また、会社は、招集通知に際して、株主総会参考書類および議決権行使書面を株主に交付する必要があります（会社301条1項）。電磁的方法による招集通知の発信を承諾した株主に対しては、株主総会参考書類および議決権行使書面の交付にかえてこれらの書類に記載すべき事項を電磁的方法により提供することができますが（同条2項本文）、株主の請求があったときは、これらの書類を当該株主に交付しなければなりません（同項ただし書）。

3 議決権の行使

書面による議決権の行使は、議決権行使書面に必要な事項を記載し、議決権行使期限までにその議決権行使書面を会社に提出して行い（会社311条1項）、これにより行使された議決権の数は、出席株主の議決権数に算入されます（同条2項）。

議決権行使期限は、原則として株主総会の日時の直前の営業時間の終了時ですが（会社311条1項、会社則69条）、会社は、特定の時（株主総会の日時以前の時であって、招集通知を発した日から2週間を経過した日以後の時）を議決権行使期限として定めることもできます（会社則63条3号ロ）。　　（江口真理恵）

69 議決権行使書面の記載事項

議決権行使書面の記載事項を説明してください。

ポイント

議決権行使書面には、法定記載事項として、①各議案についての賛否を記載する欄、②賛否欄に記載がない議決権行使書面が会社に提出された場合の取扱いについて定めた場合の当該取扱い、③重複して議決権が行使された場合の取扱いについて定めた場合の当該取扱い、④議決権行使期限、⑤議決権を行使すべき株主の氏名等および行使可能な議決権数を記載しなくてはなりません。また、任意的な記載事項として、所有株式数や（電子投票制度を採用する場合の）インターネット上の議決権行使サイトにアクセスするためのIDおよびパスワードを記載することも一般的です。

解説

1 法定記載事項

議決権行使書面の法定記載事項は会社法施行規則66条1項各号に定められており、具体的には以下のとおりです。法定記載事項の記載を欠く議決権行使書面は無効であり、そのような議決権行使書面に基づく議決権の行使は有効とは認められません（大隅＝今井『会社法論中』72頁、福岡『実務相談』90頁）。

なお、後記(2)～(4)の事項は議決権行使書面に記載すべき事項ですが、狭義の招集通知に当該各事項を記載することで議決権行使書面の記載は省略可能ですが（会社則66条4項）、株主総会参考書類等の狭義の招集通知以外の書面に記載したとしても議決権行使書面への記載を省略することができないことに留意が必要です（福岡『実務相談』91頁）。他方、狭義の招集通知に記載すべき事項は、議決権行使書面に記載することで狭義の招集通知の記載を省略できます（会社則66条3項）。

そこで、実務上は、賛否欄に記載が

ない場合の取扱いは議決権行使書面のみに記載するのが一般的であり、また、重複して議決権が行使された場合の取扱いおよび議決権行使期限は、株主に十分に周知する観点から狭義の招集通知のみに記載することが考えられます（中村『ハンドブック』305頁）。

(1) 各議案についての賛否を記載する欄（会社則66条1項1号）

議決権行使書面には賛否欄のほか棄権欄を設けることも可能ですが（会社則66条1項1号カッコ書）、棄権欄は設けなくてもかまいません（大阪地判平13.2.28金商1114号21頁）。なお、棄権欄を設けて株主がそれに棄権の旨を表示した場合でも、その株主については書面による議決権の行使がなかったことになるわけではなく、ただその表示をした議案については賛否の意思の表明を留保したものとして取り扱われるにすぎず、当該株主の議決権の数は出席した株主の議決権の数に算入され、実質的には決議に対し反対の投票をしたのと同じこととなるため（大隅＝今井『会社法論中』72頁）、実務上は、棄権欄を設ける実益に乏しいことから、棄権欄は設けない例が一般的です（福岡『実務相談』91頁、中村『ハンドブック』302頁）。

さらに、複数の役員等の選任もしくは解任に関する議案または複数の会計監査人の不再任に関する議案については、候補者、役員等または会計監査人ごとに賛否が記載できるものでなくてはなりません（会社則66条1項1号イ～ハ）。その記載方法としては、必ずしも候補者等ごとに賛否等の欄を設ける必要はなく、特に異なる表示をなすべき候補者があるときはその旨を表示できるような欄を別に設けておけば、会社または株主の提案する候補者の全部につき一括して賛否を記載する欄を設けてもさしつかえなく（大隅＝今井『会社法論中』72頁）、実務上は、各候補者等に番号を振り、当該番号を記入することによって候補者等ごとに賛否の意思表示ができるようにしています（中村『ハンドブック』302頁）。

また、株主提案権が行使された場合には、株主提案に係る議案についても賛否欄を設ける必要があり、実務上は、会社提案議案と株主提案議案とを区別できる形で記載するのが一般的です（福岡『実務相談』92頁）。

(2) 賛否欄に記載がない場合の取扱い（会社則66条1項2号）

会社は、取締役会の決議によって、賛否欄に記載がない議決権行使書面が会社に提出された場合に各議案についての賛成、反対または棄権のいずれかの意思表示があったものとする取扱いを定めることができ（会社298条1項5号、会社則63条1項3号ニ）、当該取扱いを定めた場合は、議決権行使書面にその内容を記載しなければなりません（会社則66条1項2号）。

(3) 重複して議決権が行使された場合の取扱い（会社則66条1項3号）

会社は、取締役会の決議によって、ある株主が同一の議案につき重複して書面による議決権行使または電磁的方法による議決権行使を行った場合で、その内容が異なるものであるときの当該株主の議決権行使の取扱いに関する事項を定めることができ（会社298条1項5号、会社則63条3号ヘ・4号ロ）、当該取扱いを定めた場合は、議決権行使書面にその内容を記載しなければなりません（会社則66条1項3号）。

もっとも、書面投票制度のみが採用されている場合、実務上、株主に交付する議決権行使書面は原則として1通であることから、書面による議決権行使が重複して行われることは想定しがたく、その場合の取扱いが定められることはほとんどないとされています（中村『ハンドブック』303頁）。

(4) 議決権行使期限（会社則66条1項4号）

書面による議決権行使の期限は、原則として株主総会の日時の直前の営業時間の終了時です（会社則69条）、会社は取締役会決議によって特定の時を議決権行使期限として定めることもできることから（会社則63条3号ロ）、議決権行使書面の記載事項とされています（会社則66条1項4号）。

(5) 議決権を行使すべき株主の氏名等および行使可能な議決権数（会社則66条1項5号）

議決権行使書面には、議決権を行使すべき株主の氏名または名称および行使することができる議決権数を記載しなくてはならず、議案ごとに行使することができる議決権数が異なる場合には議案ごとの議決権数を、一部の議案につき議決権を行使することができない場合には議決権行使することができる議案または議決権を行使することができない議案を、それぞれ記載する必要があります（会社則66条1項5号）。

なお、株主が議決権行使書面に自署または押印することは法定の要件ではなく、実務上、株主の氏名または名称が印刷され、押印欄は設けられないのが通例ですが（江頭『株式会社法』346頁注15）、成立の真正を担保するために株主が押印する形式をとっている場合に、押印された印鑑が株主の届出印と異なっていても、それだけで当該書面による議決権行使が無効になるわけではありません（神戸地判昭31.2.1下民集7巻2号185頁）。

2 任意的記載事項

実務上は、前記1の法定記載事項のほか、株主からの照会が多い所有株式数や、（電子投票制度を採用する場合の）インターネット上の議決権行使サイトにアクセスするためのIDおよびパスワードが任意的に議決権行使書面に記

載されることが一般的です（福岡『実務相談』91頁、中村『ハンドブック』304～305頁）。　　　　（江口真理恵）

70　議決権行使書面と委任状の違い

議決権行使書面と委任状の違いを説明してください。

ポイント

議決権行使書面は、会社が書面投票制度を採用する場合に招集通知に際して株主に交付される書面であり（会社301条1項）、株主はこれを会社に提出することで議決権を行使します。これに対して、委任状は、代理人によって議決権を行使する場合に代理権を証明する書面であり（会社310条1項）、株主総会に出席した代理人が議決権を行使します。

このほか、修正動議および手続的動議が提出された場合の取扱い、株主との接触開始可能時期等について、両者は異なります。

解説

議決権行使書面と委任状は、主に以下の点で異なります。

1　議決権行使の方法

議決権行使書面は、会社が書面投票制度を採用する場合に招集通知に際して株主に交付される書面であり（会社301条1項）、株主はこれを会社に提出することで議決権を行使します。

これに対して、委任状は、代理人によって議決権を行使する場合に代理権を証明する書面であり（会社310条1項）、株主総会に出席した代理人が議決権を行使します。

2　修正動議および手続的動議が提出された場合の取扱い

議決権行使書面は、修正動議が出された場合は原案に賛成のものは修正案に反対、それ以外のものは棄権として取り扱われ、手続的動議が出された場合は欠席扱い（出席株主数にも含めない）とされます（『コンメ7』212～213頁、中村『ハンドブック』313頁、福岡『実務相談』86頁、稲葉『実務相談2』658頁・681～682頁等）。

これに対して、委任状は、いっさいの動議の決議につき、代理人がその判断により議決権を行使することができる旨の白紙委任状を取得することが可能です（福岡『実務相談』86頁）。

3　株主との接触開始可能時期

上場会社の株主総会に係る委任状勧誘では、勧誘と同時にまたはそれに先立って委任状参考書類および委任状用紙を交付することが必要ですが（金商194条、金商令36条の2第1項）、書面投票制度にはそのような規律がなく、より早期の段階から株主に対して接触を開始することができると考えられます

（福岡『実務相談』87頁）。

4 株主の意思の反映

上場会社では、定款により議決権の代理行使は他の株主によるものに限定されると定めている会社が多数であるため株主自らが代理人を探すことは困難であること、代理人が株主の意思のとおりに議決権を行使するとは限らないことから、書面投票のほうが、代理人による議決権行使よりも株主総会に出席できない株主の意思を的確に反映しうるものと考えられています（福岡『実務相談』89頁）。　　（江口真理恵）

71 賛否の記載がない議決権行使書面の取扱い

返送された議決権行使書面に賛否の記載がない場合、会社提案については賛成、株主提案については反対と取り扱うことはできますか。

ポイント

返送された議決権行使書面に賛否の記載がない場合、会社提案については賛成、株主提案については反対と取り扱う旨をあらかじめ定めておき、その定めに従った取扱いを行うことは可能であり、実務上もこうした対応が一般的です。

解説

会社は、取締役会の決議によって、賛否欄に記載がない議決権行使書面が会社に提出された場合に各議案についての賛成、反対または棄権のいずれかの意思表示があったものとする取扱いを定めることができ（会社298条1項5号、会社則63条1項3号ニ）、当該取扱いを定めた場合は、議決権行使書面にその内容を記載しなければなりません（会社則66条1項2号）。よって、たとえば、会社提案については賛成、株主提案については反対の意思表示があったものとして取り扱う旨の定めも有効ですが（大阪地判平13．2．28金商1114号21頁等、江頭『株式会社法』346頁注15、『コンメ7』208頁）、議決権行使書面にその定めの記載がないときは、賛否の表示を欠く書面による議決権の行使は無効であって、会社はいずれの方向であれその書面については議決権の行使があったものとして取り扱うことができません（大隅＝今井『会社法論中』73頁）。

実務上も、返送される議決権行使書面には賛否の記載がない白紙のものが相当数存在するところ、そのような白紙の議決権行使書面は取締役会に対する白紙委任であることが多いと推測されるため、賛否の記載がない場合には、会社提案に賛成、株主提案に反対として取り扱う旨を定め、その定めに従った取扱いを行うのが一般的です（福岡『実務相談』99頁、中村『ハンドブック』303頁）。なお、仮にそのような定めを行わない場合には、棄権とし

て取り扱うのが妥当と考えられます（福岡『実務相談』97頁）。　　（江口真理恵）

72　私製の議決権行使書面の取扱い

株主が私製の議決権行使書面を会社に提出した場合の取扱いについて説明してください。

ポイント

株主が私製の議決権行使書面を会社に提出した場合、会社はこれを有効なものとして取り扱う必要はなく、実務上は、特段の事情がない限り、一律に無効と取り扱うのが妥当と考えられます。

解説

書面による議決権の行使は、会社が株主に対して交付した議決権行使書面を会社に提出することによって行われるため（会社301条1項、311条1項）、株主がそれ以外の用紙（私製の議決権行使書面）を会社に提出しても無効であり、会社がこれを有効なものとして取り扱う必要はありません（福岡『実務相談』98頁、中村『ハンドブック』312頁、森・濱田松本『株主総会』107頁）。

もっとも、私製の議決権行使書面を絶対的に無効と解するべきかについては議論があり、会社が自己の責任においてこれを有効と取り扱ってよいという見解も存在します（『新注会(6)』639頁）。しかし、私製の議決権行使書面を一律に無効と解するべきとする有力な反対説（稲葉『実務相談2』673頁、江頭『株式会社法』343頁）があることに加えて、会社が自己の責任において有効に取り扱いうるという見解によるとしても株主平等原則への配慮が必要となることから、実務上は、特段の事情がない限り、一律に無効と取り扱うのが妥当と考えられます（福岡『実務相談』99頁）。　　（江口真理恵）

73　議決権行使書面の再交付請求

株主が議決権行使書面の再交付を請求することは可能ですか。

ポイント

会社から送付された議決権行使書面を紛失した株主は、会社に対してその再交付を請求することができます。また、株主がいったん会社に議決権行使書面を提出した後、その再交付を請求する場合も、再交付請求が認められる余地があります。

解説

会社から送付された議決権行使書面を紛失した株主は、会社に対してその再交付を請求することができ、再交付を受けた議決権行使書面によって議決権行使を行うことができます（大隅＝

今井『会社法論中』74頁、福岡『実務相談』98頁）。実務上は、議決権行使書面を再交付する場合には、二重行使を避けるため、用紙の色を変えたり、「再交付」との捺印をしたりする等の方法により、再発行である旨を表示したうえで再発行がなされます（福岡『実務相談』98頁、『コンメ7』212頁）。この場合、喪失したとされる書面と再交付された書面の双方が会社に提出された場合の取扱いについては、日付の新しい書面による議決権行使が優先するという見解もありますが（大隅＝今井『会社法論中』74頁）、再交付した書面によるものを優先して取り扱うという考えもありえ、必ずしも明確ではないことから、そのような場合に備えて、あらかじめ書面投票同士が重複してなされた場合の取扱いについて定めておくことも考えられます（森・濱田松本『株主総会』107頁）。

これに対して、株主がいったん会社に議決権行使書面を提出した後、その再交付を請求することの可否については争いがあります。この点、電子投票を採用する場合や電磁的方法による議決権行使書面の提供がなされる場合においては何度も議決権行使を行うことが可能であることとの均衡に照らし、会社は再交付を行うべきとの議論もありうるとされており（武井『質疑応答』102頁、『コンメ7』212頁）、実務上は、再交付請求に応じる義務があると解される可能性に配慮し、重複して議決権

が行使された場合の取扱い（会社則66条1項3号ヘ(1)・4号ロ）として最初の議決権行使が優先する旨を定めておき、再交付を拒否することも考えられます（武井『質疑応答』103頁）。もっとも、代理権の証明方法として議決権行使書面を持参すべき旨を定めている場合には、会社が議決権行使書面の再交付請求を拒むことはできないと解されています（武井『質疑応答』103頁、『コンメ7』211頁）。　　（江口真理恵）

74　議決権行使書面の提出期限

議決権行使書面の提出期限について説明してください。

ポイント

議決権行使書面の提出期限は、原則として株主総会の日時の直前の営業時間の終了時ですが、会社は、特定の時（株主総会の日時以前の時であって、招集通知を発した日から2週間を経過した日以後の時）を提出期限として定めることもできます。

解説

議決権行使書面の提出期限は、原則として株主総会の日時の直前の営業時間の終了時ですが（会社311条1項、会社則69条）、会社は、特定の時（株主総会の日時以前の時であって、招集通知を発した日から2週間を経過した日以後の

時）を提出期限として定めることもできます（会社則63条3号ロ）。

「特定の時」を定めない場合の「営業時間の終了時」とは、複数の事務所・事業所（店舗・工場等）を有する会社の場合、それらの営業時間の終了時のなかで最も遅い時刻が議決権行使書面の提出期限になると解するべきとされ（弥永真生『コンメンタール会社法施行規則・電子公告規則〔第2版〕』（商事法務、2015）352頁）、株主総会の前日が休日の場合は、通常、その前の日の営業時間終了時を指すと考えられます（森・濱田松本『株主総会』108頁）。

しかし、このような見解をふまえても「営業時間の終了時」は必ずしも明確ではないため、実務上は、あらかじめ「特定の時」を定めることが望ましく、これを定めない場合には、少なくとも招集通知に任意で具体的な議決権行使期限を明記し、株主との関係で疑義が生じないようにすることが好ましいといえます（弥永『コンメンタール会社法施行規則・電子公告規則〔第2版〕』352頁、森・濱田松本『株主総会』108頁）。

（江口真理恵）

75 期限を徒過した議決権行使書面の取扱い

期限を徒過して提出された議決権行使書面の取扱いについて説明してください。

ポイント

期限を徒過して提出された議決権行使書面は、実務上、一律に無効なものとして取り扱うのが妥当と考えられます。

解説

議決権行使書面の提出期限は、原則として株主総会の日時の直前の営業時間の終了時ですが（会社311条1項、会社則69条）、会社は、特定の時（株主総会の日時以前の時であって、招集通知を発した日から2週間を経過した日以後の時）を提出期限として定めることもできます（会社則63条3号ロ）。

したがって、たとえば、株主総会当日に議決権行使書面が提出された場合、議決権行使書面の提出期限を徒過していることとなりますが、このような議決権行使書面は、原則として無効なものとして取り扱われることとなります（『コンメ7』207頁）。

なお、会社側の判断でこれを有効と取り扱うことができるかについては議論が分かれています。この点、株主平等原則に反しない限り会社側から有効と認めることは可能とする見解もあるものの（『コンメ7』208頁、稲葉『実務相談2』666頁）、会社法下では議決権行使期限の変更を周知せずに期限を徒過して提出した議決権行使書面を有効と取り扱うことはできないという見解があるほか（江頭『論点2』485頁、

森・濱田松本『株主総会』107～108頁）、議決権行使状況等をふまえて会社側の都合で取扱いを決めることが問題であるとも指摘されており（福岡『実務相談』102頁、森・濱田松本『株主総会』99頁等）、実務上は、期限を徒過して提出された議決権行使書面は一律に無効なものとして取り扱うのが妥当と考えられます（福岡『実務相談』102頁）。

（江口真理恵）

76　書面投票の撤回の可否

いったん会社に議決権行使書面を提出した株主がその議決権行使（書面投票）を撤回することはできますか。

ポイント

議決権行使書面による議決権行使（書面投票）の撤回は、その議決権行使書面を提出した株主本人またはその代理人が株主総会に出席した場合にのみ認められます。

解説

議決権行使書面を提出した株主が自らまたは代理人によって株主総会に出席した時は、当該議決権行使書面による議決権行使（書面投票）は撤回したものと認められますが、それ以外の方法（口頭等）では撤回することはできないと解されます（大隅＝今井『会社法論中』74頁、森・濱田松本『株主総会』109頁）。

（江口真理恵）

77　議決権の不統一行使の可否・手続

議決権の不統一行使の可否および手続について説明してください。

ポイント

株主が2個以上の議決権を有する場合、株主は、株主総会の日の3日前までに会社に対して議決権を不統一行使する旨およびその理由を通知したうえで、その有する議決権を統一しないで行使することができます。しかし、会社は、他人のために株式を有する株主以外の株主については、議決権の不統一行使を拒むことも可能です。

解説

1　不統一行使の可否

株主が2個以上の議決権を有する場合、株主は、その有する議決権を統一しないで行使することができます（会社313条1項）。

しかし、信託受益者等の他人のために株式を有する株主にはその他人の意向を反映するために議決権の不統一行使を認める必要がある一方で、それ以外の株主に対して議決権の不統一行使を認めると、投票集計等の事務処理が煩雑になったり、不真面目な議決権行使が行われたりする等の弊害も考えら

れます（江頭『株式会社法』339頁）。

　そこで、会社は、他人のために株式を有する株主以外の株主については、議決権の不統一行使を拒むことが認められています（会社313条3項）。ここにいう「他人のために株式を有する」場合には、信託の引受け、共有、株主名簿の名義書換未済の譲渡、名義貸し等が含まれます（江頭『株式会社法』339頁）。

2　不統一行使の手続

　取締役会設置会社において、議決権の不統一行使をしようとする株主は、株主総会の日の3日前までに会社に対して議決権を不統一行使する旨およびその理由を通知しなければなりませんが（会社313条2項）、不統一行使の通知をしたとしても、実際の決議の際には統一的に議決権行使することもさしつかえありません。また、不統一行使の通知は株主総会ごとに行うことを要せず、あらかじめ包括的な通知をしておくことも可能です（『コンメ7』234頁）。

　不統一行使の通知期限である「3日前までに」（会社313条2項）とは、通知が会社に到達した日と株主総会の会日との間に丸3日間あることを要し、定款の定めによってもこの期間を伸長することはできません（『コンメ7』234頁、中村『ハンドブック』308頁）。

　また、通知すべき「理由」は、特に限定されず、「法人の意思決定機関の意見が賛成と反対に分かれたため」といった理由でもよいとする見解もありますが（『コンメ7』235頁）、実務上は、不統一行使の拒否事由に該当すると判断される可能性を避けるため、「他人のために株式を所有する」ことに関連した内容を記載することが想定されます（中村『ハンドブック』309頁）。なお、株主が会社に対して不統一行使の通知をする際、記載された理由が真実であることを証明する必要はありません（『コンメ7』235頁）。

　他方、会社に対する事前の通知を欠いた場合であっても、会社側から不統一行使を認めることは可能と解されています（『コンメ7』235頁）。

3　事前通知の方法

　不統一行使の事前通知の方法について、会社法上は特に定めがなく、書面のみならず、電子メール等の電磁的方法による事前通知も可能です（中村『ハンドブック』309頁）。会社は、定款や株主総会招集時の取締役会決議により、事前通知を書面に限る旨の定めをすることも可能ですが（会社298条1項5号、会社則63条6号）、実際にそのような対応をした事例はきわめて少数とされます（中村『ハンドブック』309頁、『コンメ7』234頁）。

　また、議決権行使書面や委任状に議案に対し何個賛成、何個反対と記載し、不統一行使をする旨およびその理由を記載している場合、事前通知が

あったものと認められますが（大隅＝今井『会社法論中』57頁、中村『ハンドブック』309頁）、実務上は、全国株懇連合会の「株主総会の議決権不統一行使に関する取扱指針」において、事前通知書の様式および議決権行使書に添付する議決権不統一行使の内容を記載する書式の様式が定められるとともに、棄権とされた議決権数や議決権行使書に印字された議決権数と実際に行使された議決権数の差分の取扱い等について示されており、これに準拠して取り扱うのが一般的です（中村『ハンドブック』309頁、全国株懇連合会編『全株懇株式実務総覧』（商事法務、2011）224～227頁）。

（江口真理恵）

一定数以上の数の株主の賛成が決議要件となっている決議（会社309条3項・4項）の場合、議決権の不統一行使をした株主の数を賛成の株主数にも反対の株主数にも算入し、その結果、賛成の株主数が、反対および欠席の株主数より多いときには総株主の過半数の賛成があったと扱ってよいとされています（『コンメ7』240頁）。

また、反対株主に株式買取請求権が付与される場合、議決権の不統一行使をした株主は、反対の議決権行使をした株式についてのみ株式買取請求権を行使できます（『コンメ7』240頁）。

（江口真理恵）

78 議決権の不統一行使の効果

議決権の不統一行使が適法に行われた場合の効果について説明してください。

ポイント

議決権の不統一行使が適法に行われた場合、不統一行使の内容に応じて賛成・反対の数に算入されます。

解説

議決権の不統一行使が適法に行われた場合、不統一行使の内容に応じて賛成・反対の議決権の数に算入されます。

79 議決権の不統一行使の拒否

会社が議決権の不統一行使を拒否できる場合について説明してください。

ポイント

会社は、株主が他人のために株式を有する者でない場合、議決権の不統一行使を拒むことができます。また、他人のために株式を有する株主に該当する場合であっても、会社313条2項に基づく事前通知を欠いた場合、会社はそのことのみを理由に不統一行使を拒否できます。

不統一行使の拒否の方法は、口頭でも書面でもよく、株主総会の当日でも

さしつかえないとされています。

解説

1 議決権の不統一行使を拒否できる場合

会社は、株主が他人のために株式を有する者でない場合、議決権の不統一行使を拒むことができます（会社313条3項）。ここにいう「株主が他人のために株式を有する者」とは、一般的には名義上の株主と実質上の株主が異なっており、実質上の株主の意思に従って株主権を行使することが妥当とされる場合とされています（『コンメ7』237頁、大隅＝今井『会社法論中』59頁）。具体的には、「株主が他人のために株式を有する」場合には、信託の引受け、株主名簿の名義書換未済の譲渡、株式の共有（反対する見解として、稲葉『実務相談2』820頁）、名義貸し等が含まれるとされ（江頭『株式会社法』339頁）、従業員持株会が株式を保有する場合やグローバルカストディアンに有価証券の保管業務が委託されている場合もこれに該当します（『コンメ7』238～239頁）。よって、これらの場合、会社は、議決権の不統一行使を拒否することができません。ただし、譲渡制限株式の場合、株主名簿の名義書換未了の譲渡または名義貸しであって会社の譲渡承認を受けていないものについて、会社は議決権の不統一行使を拒むことができます（江頭『株式会社法』339頁注5）。

また、他人のために株式を有する株主に該当する場合であっても、会社313条2項に基づく事前通知を欠いた場合、会社はそのことのみを理由に不統一行使を拒否できると解されています（『コンメ7』236頁）。

2 拒否の方法

会社が議決権の不統一行使を拒否する際の方法については、特に定めがなく、口頭でも書面でもよく、理由を付す必要もありません。また、拒否の意思の表示は、早いほうが望ましいものの、株主総会決議前であれば、株主総会の当日でもさしつかえないとされています（『コンメ7』239頁）。

3 拒否の効果

会社が適法に議決権の不統一行使を拒否したにもかかわらず、株主が議決権を統一しないで行使した場合、当該議決権は出席議決権数には算入されるものの、議決権行使全体が無効となり、事実上、全部について反対の議決権行使をしたのと同じ結果になります（『コンメ7』239頁）。　　　（江口真理恵）

80　電子投票制度の概要

電子投票制度について説明してください。

ポイント

電子投票制度は、株主総会に出席しない株主が電磁的方法によって議決権を行使することを認める制度であり、書面投票制度を採用していない場合に電子投票制度単独で採用することも、書面投票制度と併用することも可能です。

電子投票制度を採用した場合、会社は、招集通知に際して、株主総会参考書類を株主に交付する必要があるとともに、電磁的方法による招集通知の発信を承諾した株主に対しては、その招集通知に際して、議決権行使書面に記載すべき事項を電磁的方法により提供しなければなりません。

電磁的方法による議決権の行使は、議決権行使書面に記載すべき事項を、議決権行使期限までに電磁的方法により会社に提供して行われます。

解説

1 電子投票制度の採用

電子投票制度は、株主総会に出席しない株主が電磁的方法によって議決権を行使することを認める制度であり、株主総会の招集者は、株主総会の招集の決定に際し、電子投票制度の採用を定めることができます（会社298条1項4号）。電子投票制度を採用する旨の取締役会の決議は株主総会のつど行うのが原則ですが、以後の株主総会においても書面投票制度を採用する旨の包括的な決議をすることも可能と解されます（中村『ハンドブック』314頁）。また、定款によりすべての株主総会において書面投票制度を採用する旨を定めることも可能です（相澤『論点解説』478頁）。

電子投票制度は、書面投票制度と異なり、議決権を行使できる株主数が1,000人以上の会社でも強制されません。また、書面投票制度を採用していない場合に電子投票制度単独で採用することも、書面投票制度と併用することも可能です。

2 招集手続等

電子投票制度を採用した場合、その旨を招集通知に記載または記録しなければならず（会社299条4項、298条1項4号）、実務上は、電磁的方法による議決権行使ができる旨および議決権行使サイトのURL等を記載しています（中村『ハンドブック』314頁、福岡『実務相談』472頁）。

また、会社は、招集通知に際して、株主総会参考書類を株主に交付する必要があります（会社302条1項）。電磁的方法による招集通知の発信を承諾した株主に対しては、株主総会参考書類の交付にかえて、株主総会参考書類に記載すべき事項を電磁的方法により提供することができますが（同条2項本文）、株主の請求があったときは、株主総会参考書類を当該株主に交付しな

ければなりません（同項ただし書）。

さらに、電磁的方法による招集通知の発信を承諾した株主に対しては、その招集通知に際して、議決権行使書面に記載すべき事項を電磁的方法により提供しなければならず（会社302条3項）、電磁的方法による招集通知の発信を承諾していない株主から株主総会の日の1週間前までに当該事項の電磁的方法による提供の請求があったときは、直ちにこれを提供しなければなりません（同条4項）。もっとも、書面による招集通知に議決権行使サイトのURL等の記載があるため、株主からの請求があってもその旨を説明すれば足りるとされています（中村『ハンドブック』315頁、福岡『実務相談』472頁）。

3　会社の承諾

株主が電磁的方法による議決権の行使を行う場合、使用する電磁的方法の種類および内容を会社に示し、書面または電磁的方法による承諾を得なければなりません（会社312条1項、会社令1条1項7号）。使用する電磁的方法の種類および内容とは、電磁的方法のうち送信者が使用するもの（たとえば、①電子メールによる送信、②ウェブサイトの利用、③記憶媒体の交付等。会社則230条1号）、およびファイルへの記録方式（添付ファイルを使用する場合の使用ソフトの形式・バージョン等。同条2号）です。

もっとも、実務上、会社は、会社が設置するウェブサイト（議決権行使サイト）を使用する方法のみを承諾することになると考えられます（江頭『株式会社法』347頁注16、福岡『実務相談』473頁、中村『ハンドブック』315頁）。他方、会社は、電子投票制度を採用した以上、株主が会社の定める手続に従う限りはこの承諾を与えないことは通常、考えられないものと思われます（福岡『実務相談』473頁、中村『ハンドブック』315頁）。

4　議決権の行使

電磁的方法による議決権の行使は、議決権行使書面に記載すべき事項を、議決権行使期限までに電磁的方法により会社に提供して行い（会社312条1項）、これにより行使された議決権の数は、出席株主の議決権数に算入されます（同条3項）。

議決権行使期限は、原則として株主総会の日時の直前の営業時間の終了時ですが（会社312条1項、会社則70条）、会社は、「特定の時」（株主総会の日時以前の時であって、招集通知を発した日から2週間を経過した日以後の時）を議決権行使期限として定めることもできます（会社則63条3号ハ）。

なお、電子投票において株主の同一性を確認する方法は、電子署名（電子署名及び認証業務に関する法律2条1項）を付す方法をとれば最も確実ですが、実務上は、会社から各株主に通知

されたIDナンバーおよびパスワードを議決権行使サイトの所定欄に入力しなければ議決権行使ができないように設定しておく方法がとられることが多いようです（江頭『株式会社法』347頁注17、福岡『実務相談』473～474頁、中村『ハンドブック』315頁、久保利『株主総会』116頁）。

（江口真理恵）

81　議決権の重複行使

①電子投票が複数回行われた場合、②書面投票と電子投票が重複して行われた場合、③書面投票または電子投票後に本人または代理人が株主総会に出席した場合の取扱いについて説明してください。

ポイント

①、②については、会社が、株主総会の招集決定に際して、ある株主が同一の議案につき重複して書面投票または電子投票を行った場合の取扱いに関する事項を定めていた場合には、当該定めに従って取り扱うこととなりますが、定めがない場合には、時間的に後に提出されたほうが有効であり、先後不明であればいずれも無効と解されています。

③については、本人または代理人が出席した時点で書面投票または電子投票の効力は失われます。仮に、その後株主が途中退席した場合には、退席後の議案に関しては当該株主およびその議決権数は、出席株主数、出席議決権数および決議に係る議決権数のいずれにも含めることはできないと考えられます。

解説

1　電子投票が複数回行われた場合

電子投票は、議決権行使期限までに何度も議決権が行使される可能性があります。そこで会社は、このような重複行使に備えて、株主総会の招集決定に際し、ある株主が同一の議案につき重複して電子投票を行った場合で、その内容が異なるものであるときの当該株主の議決権行使の取扱いに関する事項を定めることができます（会社298条1項5号、会社則63条3号へ）。

たとえば、時間的に後に到達したものを有効とする、棄権とする、白紙投票（会社則66条1項2号）と同視する等を定めることができるとされていますが（『コンメ7』224頁、相澤『論点解説』477頁）、実務上は、最後に行使された議決権の行使内容を有効なものとして取り扱う旨を定めることが一般的です（福岡『実務相談』474頁）。

このような議決権行使の取扱いに関する定めがある場合は、当該定めに従って取り扱うこととなりますが、定めがない場合には、議決権行使の時間的な先後によって決し、後に提出されたほうが有効であり、先後不明であれ

ばいずれも無効と解されています（『コンメ7』224頁、江頭『論点2』484頁、福岡『実務相談』96頁、東弁『ガイドライン』37頁）。もっとも、電子投票であれば、実際には先後不明になることはほぼないと考えられます。

2 書面投票と電子投票が重複して行われた場合

会社は、株主総会の招集決定に際し、電子投票の重複行使の場合と同様に、ある株主が同一の議案につき書面投票と電子投票を重複して行った場合で、その内容が異なるものであるときの当該株主の議決権行使の取扱いに関する事項を定めることができ（会社298条1項5号、会社則63条4号ロ）、この定めがある場合は、当該定めに従って取り扱うこととなります。

書面投票と電子投票の関係については、時間的な先後とは関係なくいずれかが優先すると定めることも可能であり、実務上、電子投票が優先すると定めることが多いとされます（『コンメ7』224頁、相澤『論点解説』477頁）。

特に定めがない場合の取扱いは、前記1と同様です。

3 書面投票または電子投票後に本人または代理人が株主総会に出席した場合

書面投票または電子投票を行うことができるのは株主総会に出席しない株主であるため（会社298条1項3号・4号参照）、株主が書面投票または電子投票を行った後に本人または代理人が株主総会に出席した場合、書面投票または電子投票の効力は失われると解されています（『コンメ7』210頁・224頁、稲葉『実務相談2』685～688頁、大隅＝今井『会社法論中』74頁、福岡『実務相談』94頁、武井『質疑応答』101頁）。

そして、この場合、出席の時点で書面投票または電子投票による議決権行使は撤回されたことになり、仮に、その後株主が途中退席した場合には、退席後の議案に関しては当該株主およびその議決権数は、出席株主数、出席議決権数および決議に係る議決権数のいずれにも含めることはできないと考えられます（福岡『実務相談』95頁）。

（江口真理恵）

82 議決権電子行使プラットフォーム

議決権電子行使プラットフォームについて説明してください。

ポイント

議決権電子行使プラットフォームとは、東京証券取引所等が設立した株式会社ICJが運営する議決権行使サイトであり、この議決権電子行使プラットフォームを利用することで、通常、名義株主に議決権行使の指図を行うことにより間接的に議決権を行使している機関投資家が直接、議決権行使を行う

ことが可能になります。

解説

議決権電子行使プラットフォームとは、東京証券取引所等が設立した株式会社ICJが運営する議決権行使サイトであり、発行会社、株主名簿管理人、管理信託銀行、常任代理人、機関投資家等が参加しています。

議決権電子行使プラットフォームは、情報通信技術を駆使して株主総会の実務にかかわるすべての国内関係者（名義株主の背後にいる実質的な株主を含む）をネットワークでつなぐことにより、議案情報の伝達、議決権行使および行使結果の集計をSTP（ストレート・スルー・プロセシング）で行う市場共有のインフラストラクチャーを目指したものであり、この議決権電子行使プラットフォームを利用することで、通常、名義株主に議決権行使の指図を行うことにより間接的に議決権を行使している機関投資家が直接、議決権行使を行うことが可能になります（板東照雄「議決権電子行使プラットフォームの現状と課題」商事1911号45頁、江頭『株式会社法』348頁注18、中村『ハンドブック』318頁、福岡『実務相談』475頁）。

(江口真理恵)

83 議決権の代理行使

議決権の代理行使の方法と留意点について説明してください。

ポイント

株主は、議決権を他人に委任して行使することができます。ただし、多くの会社は、議決権行使の代理人は株主に限る旨を定款で定めています。このような代理人資格の制限は原則として有効ですが、株主総会が攪乱され会社の利益が害されるおそれがなく、株主資格をもたない代理人による議決権行使を認めなければ、その株主の議決権行使の機会が事実上奪われることになる場合には、定款の定めの効力は及ばないと解されています。

代理権を証する書面である委任状の有効性の確認方法としては、会社が株主に送付する議決権行使書面等の添付を求める取扱いが広く行われています。

解説

1 議決権行使の代理人資格の制限

株主は、代理人によって議決権を行使することができます（会社310条1項）。株主の議決権行使の機会を保障するために、会社法は、このことを明文で定めており、定款によって議決権の代理行使を禁止することは認められていません。

しかし、多数の会社で、議決権行使の代理人を株主に限る旨を定款で定めています。そこで、このような定款の

定めが有効かどうかが、かねてより議論されてきました。

この点に関しての最高裁判例は2つあります。最判昭43.11.1（民集22巻12号2402頁・判タ229号154頁）は、旧商法239条3項（会社310条1項と同趣旨の規定）は「議決権を行使する代理人の資格を制限すべき合理的な理由がある場合に、定款の規定により、相当と認められる程度の制限を加えることまでも禁止したものとは解され」ないとし、代理人は株主に限るとする定款の定めは、「株主総会が、株主以外の第三者によって攪乱されることを防止し、会社の利益を保護する趣旨にでたものと認められ、合理的な理由による相当程度の制限ということができる」として、有効であるとしました。

次に、代理人資格を株主に限定する定款の定めがある会社において、株主である地方自治体や上場企業がその職員または従業員に議決権を代理行使させたことが定款違反であるとして株主総会決議の取消しが争われた事案で、最判昭51.12.24民集30巻11号1076頁は、このような定款の規定は「株主総会が株主以外の第三者によって攪乱されることを防止し、会社の利益を保護する趣旨に出たものであり、株主である県、市、株式会社がその職員又は従業員を代理人として株主総会に出席させた上、議決権を行使させても、特段の事情のない限り、株主総会が攪乱され会社の利益が害されるおそれはなく、かえって、右のような職員又は従業員による議決権の代理行使を認めないとすれば、株主としての意見を株主総会の決議の上に十分に反映することができず、事実上議決権行使の機会を奪うに等しく、不当な結果をもたらす」として、株主総会決議の取消しを認めませんでした。

以上をふまえると、①代理人資格を株主に限定する旨の定款の定めは、合理的な理由がある相当程度の制限として有効であるが、②この効力が及ぶ範囲には限界があり、株主総会が攪乱され会社の利益が害されるおそれがなく、株主資格をもたない代理人による議決権行使を認めなければ、その株主の総会参与権が事実上奪われることになる場合には、定款の定めの効力は及ばない、とするのが判例の立場だといえるでしょう（『コンメ7』172頁〔山田泰弘〕）。

このほか、代理人資格を株主に限る旨の定款の効力が及ばないとされたケースとして、大阪高判昭41.8.8判タ196号126頁があります。この事案では、高血圧かつ難聴である株主と70歳を超え入院中である株主が、それぞれの子または甥を代理人として指定し、株主総会議長がこの代理人による議決権行使を認めたことが適法であるかどうかが争われましたが、裁判所は、同事案の具体的事情のもとでは、議決権を行使することを拒否すべき実質的な正当理由はなく、またこれを拒否する

ことは株主による議決権行使を不当に制限する結果となることが明らかであるから、定款の規定の拘束力はなく、株主総会の議長の措置は適法であるとしました。

2 代理行使の方法と資格審査

議決権の代理行使をする場合には、株主または代理人は、代理権を証明する書面を会社に提出しなければなりません（会社310条1項）。委任契約に基づき議決権行使を他人に委ねる場合には、委任状が、代理権を証明する書面になります。そこで、実務的には、委任状の有効性の確認をどのように行うかが問題となります。

まず、会社が議決権行使書制度ではなく、委任状勧誘制度を採用している場合であって、代理人が会社に提出した委任状が、会社があらかじめ各株主に送付した委任状用紙であるときには、委任状提出者を代理人として取り扱うことが一般的です。このような場合には、株主が、会社から送付された委任状に自ら記名捺印して代理人に交付したとの事実上の推定が働くからです。

それ以外の場合には、委任状に記載された株主の住所・氏名が株主名簿上のそれと一致することのほか、①委任状に捺印してある印鑑が届出印と一致している、②届出印ではないが印鑑証明等によって株主の印鑑であることが確認できる、③議決権行使書用紙等、会社が株主に送付した書類が添付されている、といった事情があれば、委任状を有効なものとして認めるのが一般的です。なお、上場会社では、株券電子化に伴い、届出印制度が廃止されたため、届出印との一致をもって委任状の有効性を判断することができなくなりました。そこで、委任状に議決権行使書用紙の添付を求める取扱いが広く行われています。

また、法人が株主である場合には、前掲最判昭51.12.24で判示されたとおり、その法人の従業員が代理人として出席するのであれば、当該従業員が定款に定める資格（株主資格）を欠いていても、代理人としての議決権行使が認められます。この場合には、代理権を証する書面としては、委任状のほか、職務代行通知書や代理権授与通知書も認められています。　　　（熊谷真喜）

第 5 章

委任状勧誘

84 委任状勧誘の意義・目的および方法

委任状勧誘とは、どのようなものですか。また、勧誘目的および方法の概要についても説明してください。

ポイント

株主は、代理人によって株主総会での議決権を行使することができ、自己または第三者に議決権を代理行使させるよう勧誘することを、委任状勧誘といいます。

書面投票制度の採用により、株主の意思に沿った議決権行使の仕組みが整備されましたが、議場における議論や審議の過程に柔軟に対応することができる委任状勧誘は、現在でも行われています。また、現経営陣の提案に反対する株主が、自己が提案した議案を可決するため、または会社提案を否決するために委任状勧誘を行うこともあります。

委任状勧誘を行うにあたっては、委任状勧誘規制を遵守する必要があります。

解説

1 委任状勧誘とは

株主は、代理人によって株主総会での議決権を行使することができます（会社310条1項）。自己または第三者に議決権を代理行使させるよう勧誘することを、委任状勧誘といいます。議決権の代理行使の勧誘は、通常、勧誘者が、被勧誘者から委任状を取得する方法により行うため、このように呼ばれています。

書面投票制度の採用が、株主の数が1,000人以上の会社について義務づけられる以前は、会社は、株主総会の定足数を確保するために委任状勧誘を行っていました。その際には、会社は、株主総会の招集通知とともに受任者の記載を白地にした議決権行使の委任状用紙を株主に送付し、株主総会に出席しない株主にはこれに記名捺印のうえで会社に返送させて、会社が適当と認める者を受任者に指定して議決権を代理行使させていました（今井『議決権代理』1頁）。しかし、委任状に賛否を記載しているにもかかわらず、それと異なる議決権行使を行うなどの株主の意思に反した議決権行使や、会社側の代理人が会社提案に賛成しない委任を受任しないといった問題が生じたため、これに対処するために、平成26年商法改正によって、書面投票制度が創設されました（『コンメ7』204頁〔松中学〕）。委任状に関する規制の整備ではなく、書面投票制度が採用されたのは、委任状については、代理人が株主の賛否の指示に違反した議決権行使をした場合や議決権行使をまったくしなかった場合の効果につき、単なる委任関係上の義務違反があるにすぎず議決権行使は有効（そのため、その結果の

株主総会の効力にも影響を及ぼさない）とする見解と、無権代理として無効になるとする見解の対立があったためです（今井『議決権代理』308頁）。

　書面投票制度の採用によって、株主の意思に沿った議決権行使の仕組みが整備されました。しかし、書面投票制度では、代理人が介在する場合と異なり、議場における議論や審議の過程に柔軟に対応することができず、動議に対しては硬直的な対応とならざるをえない面があります。

　そこで、書面投票制度を採用する会社においても、これと並行して、大株主等から包括委任状を取得する場合があります（【97】参照）。

　また、株主提案を行った株主が、自己の提案に賛同するよう、他の株主に対して委任状勧誘をする場合もあります。議決権行使に関心の薄い一般の株主から賛成を取り付け、自己の提案を可決するためには、委任状勧誘が有効だからです。また、株主提案が行われていない場合であっても、会社提案を否決する目的で、株主による委任状勧誘が行われる場合もあります。

　現経営陣の提案に反対する株主が、自己が提案した議案を可決するため、または会社提案を否決するために委任状勧誘を行い、会社または別の立場の株主と委任状の獲得をめぐって争うことを、「委任状合戦（proxy fight）」といいます。このような場合は、委任状勧誘は、議案の採否について大きな影響を及ぼすことになります。

2　委任状勧誘規制

　委任状勧誘が適切に行われない場合、取締役の利益のために委任状勧誘が悪用されるおそれがあり、また、虚偽の説明等により株主に誤解を生じさせるおそれがあります。さらに、不当な委任状勧誘によって、議案について十分な知識を有しない株主から大量の議決権代理行使を受任し、株価に影響を与えうる株主総会決議を主導して相場操縦に利用するといったおそれも指摘されています。そこで、金商法は、「何人も、政令で定めるところに違反して、金融商品取引所に上場されている株式の発行会社の株式につき、自己又は第三者に議決権の行使を代理させることを勧誘してはならない」と定め（金商194条）、これを受けて金商令および委任状勧誘府令は、勧誘者に対して、①委任状用紙および参考書類を被勧誘者に交付することを義務づけ（金商令36条の2第1項）、②交付した書類の写しを金融庁長官に提出するよう要求し（金商令36条の3）、③重要な事項について虚偽の記載があり、または記載すべき重要な事項または誤解を生じさせないために必要な重要な事実の記載が欠けている委任状用紙・参考書類等を用いて委任状勧誘を行うことを禁止しています（金商令36条の4）。また、委任状用紙の様式および参考書類の具体的な記載事項についても定めを

置いています。

このような金商法およびこれに基づく政令および府令による規制を、一般に、委任状勧誘規制と呼びます。

そこで、上場会社の議決権について委任状勧誘をする場合には、委任状勧誘規制を遵守する必要があります。

3 委任状勧誘の方法

委任状勧誘は、株主総会の議決権を行使できる株主に対し、委任状用紙を交付し、これに必要事項を記載して勧誘者に返送するよう求める方法によって行われます。

勧誘にあたっては、インターネットに特設サイトを開設して意見表明を行う、新聞広告を行う、プレスリリースをする、電話による勧誘を行う、レターや説明資料を送付する、説明会を開催するなどの活動が行われることがあります。

（熊谷真喜）

85 委任状合戦が行われた場合の総会前日までの準備

委任状合戦（proxy fight）が行われた場合、株主総会前日までにどのような準備をすればよいですか。

ポイント

株主側は、株主提案を行う場合には、総会の8週間前までにこれを行う必要があります。また、これと並行して、株主名簿の閲覧謄写請求および必要に応じて実質株主の判名調査（議決権行使の意思決定を行う実質的な株主を把握するための調査）を行い、委任状勧誘を行う環境を整えたうえで、委任状勧誘を行います。

会社側は、株主による株主提案や株主名簿閲覧謄写請求が会社法上の要件を満たすか検討し、これを満たすものであれば適切な対応を行います。

会社または株主が、株主総会検査役の選任を申し立てた場合には、株主総会の前日までに、委任状の処理や当日の議事進行について打合せが行われます。

解説

現経営陣が株主総会に上程しようとする議案（会社提案）に反対する株主が、自己が提案した議案を可決するため、または会社提案を否決するために委任状勧誘を行い、会社または別の立場の株主と委任状の獲得をめぐって争うことを、「委任状合戦（proxy fight）」といいます。委任状合戦が行われる場合、現経営陣と株主は、なんらかのかたちで事前に対話や交渉を行っているのが通常であり、そこで折合いがつかないと、委任状合戦に発展します。

株主は、取締役に対し、一定の事項を株主総会の目的とすることを請求することができます（会社303条）。これを株主提案権といいます。株主提案は、取締役会設置会社においては、株

主総会の8週間（これを下まわる期間を定款で定めた場合にあっては、その期間）前までに行われなければなりません（会社303条）。つまり、株主提案権を行使した日と株主総会の日の間に中8週間が必要です。提案株主は、株主総会の日が公表される前に株主提案権を行使しなければならないので、時間的に余裕をもって株主提案を行う必要があります。また、株主は、通常は、株主提案をする際にあわせて議案の提案も行い、当該議案の要領を株主に通知することを請求します（会社305条）。

会社側は、提案が会社法上の要件を満たすかチェックしたうえで、要件を満たす場合にはこれを議案として採用することになります。要件のチェックとは、具体的には、①株主提案権の行使日と保有期間の関係、②行使日と持株数要件の維持の関係、および、③行使日と株主総会開催日の関係の確認です。

上場株式の場合には、振替法により、株主が「少数株主権等」を行使しようとする場合には、株式の譲渡の対抗要件について定めた会社法130条の適用はなく、いわゆる個別株主通知がされた後4週間が経過するまでの間に権利行使をしなければならないとされています（振替法154条2項、振替法施行令40条）。株主提案権および自己の議案の通知請求権も、この「少数株主権等」に含まれると解されているので（『コンメ7』105頁〔青竹正一〕）、株主は、口座を開設している証券会社に、個別株主通知の申出を行う必要があります。

株主は、株主提案と前後して、株主名簿の閲覧謄写請求も行うのが通常です（会社125条2項）。株主の連絡先がわからないと、委任状勧誘を行うことができないからです。なお、平成26年会社法改正の前は、会社法は、会社が株主および債権者による株主名簿の閲覧等の請求を拒絶できる事由の1つとして、当該請求をした者が当該株式会社の業務と実質的に競争関係にある事業を営み、またはこれに従事するものであることを掲げていましたが、この定めは、株主による委任状勧誘を阻害するとの指摘等がなされ、平成26年会社法改正で削除されました。

また、機関投資家の保有する株式は、信託銀行等の名義で保有されており、株主名簿にもこうした金融機関等の名称しか表示されません。そこで、株主は、専門業者に依頼して、議決権行使の意思決定を行う実質的な株主およびその連絡先を明らかにするための判明調査を行う場合もあります。

勧誘すべき株主の連絡先が明らかになったら、株主は、委任状勧誘を開始することができます。上場会社の議決権に係る委任状勧誘にあたっては、金商法およびこれを受けた政令および府省令の定め（以下「委任状勧誘規制」といいます）を遵守する必要があるため、株主は、被勧誘者に対し委任状用

紙と参考書類を交付したうえで、インターネットによる意見表明、説明会の開催、面談、電話やレターの送付といった方法により、委任状勧誘を行います。なお、株主は、委任状用紙、参考書類および株主に送付した書面の写しを、所轄の財務局に提出する必要があります（金商令36条の3）。

他方で、会社は、株主総会のすべての議案の内容を確定させ、株主総会参考書類と招集通知を株主に発送した後に、具体的な委任状勧誘を開始することが多いようです。

会社および株主による被勧誘者への働きかけは、株主総会前日まで行われます。その間、相手方が、委任状勧誘規制に反する委任状勧誘を行っていることが判明した場合には、関係当局に緊急停止命令を出すよう上申すること、または議決権行使等の差止めの仮処分を行うことが考えられます（【96】参照）。

事後的に株主総会決議取消訴訟が提起されるリスクを低減させるため、会社または株主が、裁判所に、総会検査役の選任の申立てをすることがあります（会社306条）。その場合には、会社、株主および検査役の間で、委任状の処理（どのような委任状であれば有効とみなすか等）や議事進行について、事前に打合せが行われます。

（熊谷真喜）

86 委任状合戦が行われた場合の株主総会の運営

委任状合戦（proxy fight）が行われた場合の株主総会の運営方法（受付・議事運営）について説明してください。

ポイント

株主総会の当日の受付事務においては、入場する者が株主であるかどうかの確認、および株主が代理人としても議決権行使を行う場合には委任状の有効性の確認を行う必要があります。

議事運営については、提案株主による補足説明の有無、審議の順番、採決の順番、採決の方法について、事前に提案株主とも打合せを行い、可能な限りシナリオを準備し、混乱のないように進める必要があります。

解説

1 受付

株主総会の当日においては、まず、議場へ入場する者が株主かどうかの確認（入場審査）を行いますが、委任状合戦が行われる場合は、後に株主総会決議の瑕疵が問題となる可能性があるため、通常の株主総会よりも、入場審査にあたっての手続は慎重に行う必要があります。

まず、会社は、議場に入場しようとする者が株主本人かどうかを確認しま

す。会社が株主名簿上に記載された住所に送付した議決権行使書面を持参した者であれば、性別が異なる等、別人であることが明らかでない限り、株主本人であるとして入場を認めるのが一般です。議決権行使書を持参しない者については、身分証明書等の提示を求め、株主名簿上の住所・氏名と一致するかどうかを確認します。

代理人としても議決権行使を行う株主については、代理権を証する書面を提出させて（会社310条1項）、当該書面（通常は委任状）の有効性を審査します。委任状の有効性の審査方法については、【83】を参照してください。

また、ほとんどの場合、定款には、株主総会における議決権行使の代理人は会社の株主であることを要する旨の定めをおいていますが（このような定款の規定の有効性については、【83】を参照してください）、このときに、代理人として株主ではない弁護士が入場することを認めるかについては慎重な対応が必要となります。会社は、代理人を株主に限定する定款規定に基づいて株主ではない弁護士の入場を拒否できると考えられますが、最終的には個別判断となります。委任状合戦が行われている場合には、提案株主側にも代理人弁護士がついていることが通常なので、事前に、当該代理人弁護士が議場に入場する意向があるかを確認し、会社としての対応を決めておく必要があります。なお、上場会社の場合、当該代理人弁護士も市場で株式を取得して、株主として議場に入場する場合があります。

株主が、通訳や弁護士を同伴して入場することを求める場合もありますが、これについては、会社は拒絶してさしつかえないと解されています。議長が株主でない者に対して傍聴を許可することができるかについては、【137】を参照してください。

2　議事運営

(1) 提案株主による補足説明

株主提案が行われている場合、提案を行った株主が株主総会に出席して自ら当該議案について補足説明することを求めた場合、会社側はこれを拒否することができないと解されています。もっとも、補足説明があまりに長時間にわたる場合には、議長権限によって、これを制限することができます。会社は、この場合の議長の発言要領について、あらかじめシナリオを作成しておくことが有用です。また、委任状合戦が行われる場合であって、事前に会社側と株主側で当日の議事進行について打合せがなされるとき（総会検査役が選任されている場合には、このような事前打合せが行われるのが一般です）には、この点についてもあらかじめ協議して決定しておくことが、当日の混乱を避ける観点からは望ましいでしょう。

(2) 質疑応答

　取締役は、株主提案については説明義務を負いません。しかし、株主から、株主提案に関する取締役の意見の理由や、株主提案が承認された場合の会社への影響等について質問された場合には、これに回答する義務があります。

　他方、提案株主は、議場の他の株主から質問を受けた場合に、これに回答する法的義務は負いません。会社側としても、提案株主を指名して回答させる義務を負いません。そこで、議長は、株主の質問の内容、提案株主の発言の希望の有無をふまえて、提案株主を指名して回答させるかを判断し、適切な議事進行を行うことになります。

(3) 採　決

　株主総会に複数の議案が付議されている場合の採決の順序については、法令に特段の定めはありません。通常は、招集通知に記載された株主総会の目的事項の順番で採決されるのが一般です。そして、株主提案が会社提案の議案と関連するものである場合には、これをまとめて審議し、採決することも可能です。

　会社提案と株主提案が両立しない関係にあるときの採決の順番には争いがあり、株主提案を先にすべきとの見解と、会社提案から先に採決することも認められるとの見解があります。委任状合戦が行われている場合には、会社側には、後に手続の瑕疵を理由に株主総会決議取消訴訟を提起されるリスクを可能な限り排除したいとのインセンティブがあるため、採決の順番については議場に諮り、承認を得ておくのが無難です。

　採決の方法については、定款等に特段の定めがない限り、特定の方法によらなければならないという制限はありません。株主総会の前日までに議決権行使書面や委任状により必要賛成数以上の得票があることが確認できている場合には、出席株主の拍手等によって採決するのが一般です。委任状合戦が行われている場合において、前日までの集計では株主提案と会社提案のいずれが可決されるか不明であるときは、採決は投票による必要があります。この場合には、投票用紙の様式、集計の方法、総会検査役が選任されている場合の立会の方法について、提案株主からも異議が出ないように事前に打合せを行い、決定しておくことが有用です。

（熊谷真喜）

87　委任状勧誘規制の適用除外

委任状勧誘について委任状勧誘規制が適用されない場合とは、どのような場合ですか。

ポイント

上場会社の発行する株式についての委任状勧誘であっても、①当該株式の

発行会社またはその役員のいずれでもない者が行う委任状勧誘であって、被勧誘者が10名未満である場合、②時事に関する事項を掲載する日刊新聞紙による広告を通じて行う委任状勧誘であって、当該広告が発行会社の名称、広告の理由、株主総会の目的たる事項および委任状の用紙等を提供する場所のみを表示する場合、および、③他人の名義により株式を有する者が、その他人に対し当該株式の議決権について委任状勧誘を行う場合には、委任状勧誘規制の適用はありません。

解説

1 委任状勧誘規制の概要

金商法は、「何人も、政令で定めるところに違反して、金融商品取引所に上場されている株式の発行会社の株式につき、自己又は第三者に議決権の行使を代理させることを勧誘してはならない」と定めています（金商194条）。議決権の代理行使の勧誘（以下「委任状勧誘」といいます）が適切に行われない場合、取締役の利益のために委任状勧誘が悪用されるおそれがあり、また、株主に誤解を生じさせるおそれがあることから（神田秀樹ほか編著『金融商品取引法コンメンタール4』（商事法務、2011）507頁以下）、金商法は、勧誘者に対して、①委任状用紙および参考書類を被勧誘者に交付することを義務づけ（金商令36条の2第1項）、②交付した書類の写しを金融庁長官に提出するよう要求し（金商令36条の3）、③重要な事項について虚偽の記載があり、または記載すべき重要な事項または誤解を生じさせないために必要な重要な事実の記載が欠けている委任状用紙・参考書類等を用いて委任状勧誘を行うことを禁止しています（金商令36条の4）。また、委任状用紙の様式および参考書類の具体的な記載事項についても、委任状勧誘府令で規制をしています。

このような金商法およびこれに基づく政令および府令による規制を、一般に、委任状勧誘規制と呼びます。

2 適用除外となる場合

委任状勧誘規制は、上場会社の株式について委任状勧誘がなされる場合について定めていますので、非上場会社の株式についてはそもそも適用がありません。

また、上場会社の株式についても、以下の場合には、委任状勧誘規制の適用はありません（金商令36条の6）。

(1) 当該株式の発行会社またはその役員のいずれでもない者が行う委任状勧誘であって、被勧誘者が10名未満である場合（金商令36条の6第1号）

委任状勧誘は、会社およびその関係者が行う場合と、それ以外の第三者（典型的には、現経営陣と対立する株主）が行う場合があります。会社またはその役員が行う場合ではなく、かつ被勧

誘者の数が10名未満ときわめて小範囲である場合には、委任状勧誘の制度が悪用されるおそれが少ないと考えられることから、委任状勧誘規制の適用除外とされています（今井『議決権代理』111頁）。

この場合の「役員」とは、取締役、会計参与、監査役、執行役のほか、実質的に取締役に準ずる支配力・影響力をもつ者（顧問・相談役等）も含まれると解されています（今井『議決権代理』112頁）。また、役員がその地位を離れて純粋に個人として勧誘する場合や、総務部長等の従業員が実質上会社のために、または役員の代行者・代理人となって勧誘をする場合も、役員の勧誘に当たると解されています（今井『議決権代理』112頁）。

(2) 時事に関する事項を掲載する日刊新聞紙による広告を通じて行う委任状勧誘であって、当該広告が発行会社の名称、広告の理由、株主総会の目的たる事項および委任状の用紙等を提供する場所のみを表示する場合（金商令36条の6第2号）

このような新聞広告は、勧誘の一種とはいえ、実質的には勧誘への「橋渡し」にすぎないとの理由から、委任状勧誘規制の適用除外とされています。なお、この新聞広告をみて、新聞広告に指定された場所に赴いた株主に対し委任状用紙等を渡す行為は、委任状勧誘規制の適用を受けます（今井『議決権代理』112頁）。

(3) 他人の名義により株式を有する者が、その他人に対し当該株式の議決権について委任状勧誘を行う場合（金商令36条の6第3号）

名義書換未了の株式譲受人が、株主名簿上の株主である譲渡人に対して、委任状の交付を要求する場合はこれに当たります。この場合は、形式的には勧誘であるとしても、その実態は、実質上の株主が議決権行使をするための方法として代理形式が求められているにすぎないため、委任状勧誘規制を適用する理由がないと説明されています（今井『議決権代理』112頁）。（熊谷真喜）

88 委任状用紙の記載事項

委任状用紙の記載の概略について説明してください。

ポイント

金商法の適用がある委任状勧誘においては、委任状用紙には議案ごとに賛否の欄を設けなければなりません。複数の役員等の選任・解任に関する議案および複数の会計監査人の不再任に関する議案については、候補者ごとに賛否の記載をできるようにする必要があります。

その他、実務では、賛否について記載がない場合の取扱い、動議に対する白紙委任、復代理人の選任についても記載をするのが一般的です。

解説

1　一般的な委任状の趣旨

委任は、当事者の一方が法律行為をすることを相手方に委託し、相手方がこれを承諾することによって、その効力を生じます（民法643条）。委任状とは、当事者の一方がこのような委任をしたことを明らかにする書面であるため、最小限、委任者がだれか、受任者がだれか、そして委任事項の内容は何か、という3点を特定して記載することが必要です。また、委任がいつの時点で行われたのかも重要な事実であるため、委任を行う日付についても記載をするのが通常です。

2　金商法の定め

上場会社の株式について議決権の代理行使の勧誘（以下「委任状勧誘」といいます）が行われる場合については、これが適切に行われるよう、金商法がさまざまな規制をしています。委任状用紙の様式についても定めがあり、委任状の用紙には、議案ごとに被勧誘者が賛否を記載する欄を設けなければならないとされています。ただし、棄権の欄を設けることは妨げられません（金商令36条の2第5項、委任状勧誘府令43条）。「議案ごと」に賛否の欄を設けることが義務づけられているため、「第1号議案から第4号議案　賛・否」というように、複数の議案について一括して賛否の欄を設けることはできません。

3　会社が委任状勧誘を行う場合の委任状用紙の書式

会社が委任状勧誘を行う場合の委任状用紙は、次頁の書式とすることが考えられます。

(1) 賛否について記載がない場合の取扱い

株主が賛否の欄になんら記載をしないまま委任状を返送してきた場合、当該株主は賛否の判断を代理人に委ねたものと解されるため、そのような委任状も有効です。ただし、実務では、その趣旨が明らかになるよう、各議案につき賛否の表示をしていない場合には白紙委任とする旨を委任状に注記しておくのが一般的です。

(2) 動議に対する白紙委任

株主総会では、会社により、または株主により、当日に議案について修正動議が出され、また議事進行等に関する動議が出される可能性があります。そのため、委任状用紙には、委任事項として、各議案に対する議決権行使のみならず、動議に対する対応についても記載をしておくのが通常です。具体的には、次頁書式のとおり、「原案につき修正案が提出された場合および議事進行等に関連する動議が提出された場合は、白紙委任します」と記載しておくのが一般的です。

民法上、また、会社法および金商法

委 任 状

平成　年　月　日

○○○株式会社　御中

株主　住所

氏名

私は、株主＿＿＿＿＿＿＿を代理人として定め、以下の事項を委任します。
1　平成○年○月○日開催の貴社第○回定時株主総会（継続会または延会を含む。）に出席して、下記の議案につき私の指示（○印で表示）に従って議決権を行使すること。ただし、各議案につき賛否の表示をしていない場合、原案につき修正案が提出された場合および議事進行等に関連する動議が提出された場合は、白紙委任します。
2　復代理人を選任すること。

記

〈会社提案（第1号議案から第4号議案まで）〉

第1号議案	原案に対し		賛	否
第2号議案	原案に対し		賛	否
第3号議案	原案に対し		賛	否
	（ただし、候補者のうち、＿＿＿＿＿＿＿を除く。）			
第4号議案	原案に対し		賛	否

〈株主提案（第5号議案）〉

第5号議案	原案に対し		賛	否
	（ただし、候補者のうち、＿＿＿＿＿＿＿を除く。）			

（ご注意）
　第3号議案および第5号議案の一部の候補者につき否とされる場合は、「賛」に○印を表示のうえ、当該候補者の番号（「招集ご通知」添付の議決権の代理行使に関する参考書類記載の候補者番号）をただし書欄にご記入ください。

上、このような白紙委任を禁止する定めはなく、実務上も、このような白紙委任の有効性は認められています（寺田昌弘ほか「委任状争奪戦に向けての委任状勧誘規制の問題点」商事1802号36頁、西本強「株主提案・委任状争奪戦にまつわる法律上の諸問題」江頭憲治郎ほか『株主に勝つ・株主が勝つ―プロキシファイトと総会運営』（商事、2008）186頁、三浦『委任状勧誘』114頁）。

(3)　復代理人の選任

　代理人は、本人の許諾があるときは、復代理人を選任することができます（民法104条）。復代理人は、本人および第三者に対して、代理人と同一の権限を有し、義務を負います（民法107条2項）。

　会社が委任状勧誘を行う場合、代理人の欄は空欄のままで返送してもらうことを想定していますが、もしこの欄

に記載があり、代理人が指定されていた場合であって、当該指定された者が議決権の代理行使を行うことに事実上支障がある場合（たとえば、指定された者が議長である等）には、復代理人を選任し、復代理人に議決権の代理行使をさせることが考えられます。そのために、復代理人の選任も委任事項としておくことが一般的です。

(4) 役員選任議案の場合の賛否の欄

取締役選任決議は、1人の取締役の選任が一議案を構成すると解されています（江頭『株式会社法』390頁注3）。そのため、複数の役員等の選任・解任に関する議案および複数の会計監査人の不再任に関する議案がある場合には、候補者ごとに賛否の記載をできるようにする必要があります。

4 株主が委任状勧誘を行う場合の委任状用紙の書式

株主が委任状勧誘を行う場合の委任状用紙は、以下の書式とすることが考えられます。会社が委任状勧誘を行う場合の委任状用紙との違いは、議案ごとの賛否の欄です。株主が委任状勧誘を行う場合には、株主総会に上程される議案の一部についてのみ委任状勧誘を行うことが一般的ですが、その場合には以下のような記載となります。

委 任 状

平成　年 月 日

○○○株式会社　御中

株主　住所

氏名

私は、株主＿＿＿＿＿＿を代理人として定め、以下の事項を委任します。
1　平成○年○月○日開催の貴社第○回定時株主総会（継続会または延会を含む。）に出席して、下記の○○○による株主提案に係る議案につき私の指示（○印で表示）に従って議決権を行使すること。ただし、各議案につき賛否の表示をしていない場合、原案につき修正案が提出された場合および議事進行等に関連する動議が提出された場合は、白紙委任します。
2　復代理人を選任すること。

記

株主提案1 定款変更の件	原案に対し	賛	否
株主提案2 取締役5名選任の件	原案に対し （ただし、候補者のうち、＿＿＿＿＿を除く。）	賛	否

（熊谷真喜）

89 上場外国会社の株式への委任状勧誘府令の適用

上場外国会社の株式に係る議決権の代理行使の勧誘には、委任状勧誘府令は適用されますか。

ポイント

上場外国会社の株式に係る議決権の代理行使の勧誘には、委任状勧誘府令は適用されません。

解説

1 金商法194条の定め

金商法は、「何人も、政令で定めるところに違反して、金融商品取引所に上場されている株式の発行会社の株式につき、自己又は第三者に議決権の行使を代理させることを勧誘してはならない」と定めています（金商194条）。議決権の代理行使の勧誘（以下「委任状勧誘」といいます）が適切に行われない場合、取締役の利益のために委任状勧誘が悪用されるおそれがあり、また、株主に誤解を生じさせるおそれがあることから、このような規定が置かれており（田中誠二＝堀口亘『再全訂コンメンタール証券取引法』（勁草書房、1996）1139頁、神田秀樹ほか編著『金融商品取引法コンメンタール4』（商事法務、2011）507頁以下）、金商法194条を受けて、金商法施行令および委任状勧誘府令がさまざまな規制を置いています。

2 金商法194条は上場外国会社に適用されるか

日本の金融商品取引所には、外国の会社が発行する株式も上場しています。たとえば、2017年1月現在、東京証券取引所には6つの外国の会社が株式を上場させています。このような、日本の金融商品取引所にその発行する株式を上場させている外国の会社（以下「上場外国会社」といいます）の発行する株式の議決権に係る委任状勧誘に日本の金商法194条が適用されるかについては、説が分かれ、確立した解釈はありません。金商法には「株式」を定義する条文が存在しないこともあって、同条にいう「株式」が日本の会社法上の株式会社（以下「内国株式会社」といいます）の発行する株式のみを指すのか、それとも上場外国会社の発行する株式も含むのかが明確でなく、また、同条にいう「発行会社」についてもこれを定義する条文がないことから、法律の文言レベルでは明確な解釈ができないうえ、同条の立法趣旨からいっても、いずれの解釈も成り立ちうるからです（金融法委員会「外国会社と委任状勧誘規制（平成23年9月5日付）」3～7頁）。

3 委任状勧誘府令の適用の有無

しかし、金商法194条を受けて定め

られている金商令36条の2～36条の6および委任状勧誘府令については、上場外国会社の発行する株式に係る委任状勧誘には適用がないと解されています。理由は以下のとおりです。

第一に、委任状勧誘府令が定める参考書類（金商令36条の2第1項、委任状勧誘府令1条1項）の記載事項は、会社則73条以下に定める株主総会参考書類（会社301条1項）の記載事項と基本的に一致しています。そして、この株主総会参考書類は、当然、内国株式会社の組織を前提としているので、異なる法規制に基づき異なる組織を有する外国会社においては、仮に委任状勧誘府令の適用がなされるとしても、参考書類に何を記載すればいいのかが不明確です。このような状況下で、外国会社に委任状勧誘府令に基づく参考書類の作成を義務づけるのは不合理であると考えられます。

第二に、委任状勧誘府令では、「会社」に外国会社を含む場合には、その旨が明記されているので（委任状勧誘府令2条3項5号、2条の3第3項5号、4条3項5号）、単に「会社」とのみ定める場合には、外国会社を含まない意味であると解されます。

第三に、委任状勧誘府令が定める参考書類の記載事項中、「公開会社」「社外取締役候補者」「吸収合併消滅株式会社」といった用語の定義は、会社法および会社法施行規則の定義がそのまま用いられているため、会社法上の株式会社ではない外国会社にはこれらの規定を適用することができません。会社法上および会社法施行規則の定義をそのまま使用する用語を用いていない条文のみを外国会社にも適用する意義は乏しく、したがって、そもそも委任状勧誘府令は外国会社への適用を予定していないと考えられます。

以上より、上場外国会社の株式に係る議決権の勧誘には、委任状勧誘府令は適用されないと解されています。

（熊谷真喜）

90 金融庁長官への写しの提出

金融庁長官への委任状用紙および参考書類の写しの提出はいつまでに行う必要がありますか。

ポイント

金融庁長官への委任状用紙および参考書類の写しの提出は、株主に委任状用紙および参考書類の交付をした後、直ちに行う必要があります。

解説

金商法は、「何人も、政令で定めるところに違反して、金融商品取引所に上場されている株式の発行会社の株式につき、自己又は第三者に議決権の行使を代理させることを勧誘してはならない」と定め（金商194条）、上場会社の発行する株式に係る議決権の代理行

91 委任状用紙等の写しの提出先

金融庁長官に委任状用紙および参考書類の写しを提出する場合、具体的にはどこに提出すればよいのですか。

ポイント

委任状用紙および参考書類の写しは、勧誘者が居住者である場合には、当該居住者の本店または主たる事務所の所在地を管轄する財務局長（当該所在地が福岡財務支局の管轄区域内にある場合には、福岡財務支局長）に、勧誘者が非居住者である場合には、関東財務局長に提出します。

解説

金商法は、「何人も、政令で定めるところに違反して、金融商品取引所に上場されている株式の発行会社の株式につき、自己又は第三者に議決権の行使を代理させることを勧誘してはならない」と定め（金商194条）、上場会社の発行する株式に係る議決権の代理行使の勧誘（以下「委任状勧誘」といいます）が適正に行われるよう、種々の規制を置いています。そして、その一環として、金商令は、勧誘者が委任状勧誘にあたり委任状の用紙および参考書類を交付したときは、直ちに、これらの書類の写しを金融庁長官に提出しなければならないと定めています（金商令36条の3）。

委任状用紙および参考書類を「交付をしたときは、直ちに」写しを提出することとされているため、写しの提出は、事後に行うことになりますが、交付後「直ちに」提出することが求められています。法令上、「直ちに」は、時間的即時性の程度が強い場合に用いられる用語であり、「遅滞なく」が用いられている場合には正当なまたは合理的な理由に基づく遅れは許されると解されているのに対し、「直ちに」と規定している場合には、いっさいの遅れを許さない趣旨が含まれているといわれていますので（法制執務研究会『新訂ワークブック法制執務』（ぎょうせい、2007）715頁、田嶋信成『最新法令用語の基礎知識〔改訂版〕』（ぎょうせい、2002）58～59頁）、株主に対して委任状用紙等の交付を行った日か、遅くともその翌日には、写しの提出を行うことが必要であると考えられます。

（熊谷真喜）

[各財務局および財務支局の管轄区域一覧]

（平成28年8月現在）

財務(支)局	所在地	管轄区域
北海道財務局	札幌市	北海道
東北財務局	仙台市	青森県、岩手県、宮城県、秋田県、山形県、福島県
関東財務局	さいたま市	茨城県、栃木県、群馬県、埼玉県、千葉県、東京都、神奈川県、新潟県、山梨県、長野県
北陸財務局	金沢市	富山県、石川県、福井県
東海財務局	名古屋市	岐阜県、静岡県、愛知県、三重県
近畿財務局	大阪市	滋賀県、京都府、大阪府、兵庫県、奈良県、和歌山県
中国財務局	広島市	鳥取県、島根県、岡山県、広島県、山口県
四国財務局	高松市	徳島県、香川県、愛媛県、高知県
九州財務局	熊本市	熊本県、大分県、宮崎県、鹿児島県
福岡財務支局	福岡市	福岡県、佐賀県、長崎県

(注) 沖縄県においては、内閣府の地方支分部局である沖縄総合事務局（那覇市）の財務部が事務を取り扱っている。

(出典) 財務省財務局ウェブサイト：https://www.mof.go.jp/about_mof/zaimu/zaimud.htm

令36条の3）。

委任状用紙および参考書類の写しの受理の権限は、居住者に関するものにあっては当該居住者の本店または主たる事務所の所在地を管轄する財務局長（当該所在地が福岡財務支局の管轄区域内にある場合にあっては、福岡財務支局長）に、非居住者に関するものにあっては関東財務局長に委任されています（金商令43条の11）。

ここにいう居住者とは、勧誘者が日本国内に住所また居所を有する自然人および日本国内に主たる事務所を有する法人をいい、非居住者とは、居住者以外の自然人または法人をいいます（金商令1条の5の2第1項1号、外国為替及び外国貿易法6条1項5号前段・6号）。

財務局は、財務省の地方支分部局であり、全国に9つの財務局（北海道、東北、関東、北陸、東海、近畿、中国、四国、九州）および1つの財務支局（福岡）が設置されています。各財務局および財務支局の管轄区域は、別表のとおりです。

（熊谷真喜）

92 発行会社が株主総会参考書類等を交付している場合の委任状勧誘

発行会社が株主総会参考書類、議決権行使書を交付している場合も、委任状勧誘をする株主は、財務局への書面提出が必要ですか。

ポイント

　同一の株主総会に関して株式の発行会社の株主のすべてに対し株主総会参考書類および議決権行使書面が交付されている場合には、委任状用紙および参考書類の写しの提出は不要になります。ただし、このような場合であっても、株主が当該株主総会参考書類とは異なる内容の参考書類を交付して委任状勧誘を行う場合には、当局への写しの提出は必要であると考えられています。

解説

　金商法は、「何人も、政令で定めるところに違反して、金融商品取引所に上場されている株式の発行会社の株式につき、自己又は第三者に議決権の行使を代理させることを勧誘してはならない」と定め（金商194条）、上場会社の発行する株式に係る議決権の代理行使の勧誘（以下「委任状勧誘」といいます）が適正に行われるよう、種々の規制を置いています。そして、その一環として、金商法施行令は、勧誘者が委任状勧誘にあたり委任状用紙および参考書類を交付したときは、直ちに、これらの書類の写しを金融庁長官に提出しなければならないと定めています（金商令36条の3）。また、委任状用紙および参考書類について、被勧誘者の事前の承諾を得たうえで電磁的方法によって提供するために書類の内容を記録した電磁的記録を作成した場合には、当該電磁的記録も金融庁長官に提出しなければなりません（金商令36条の3）。

　これは、当局に写しを提出させることにより、被勧誘者である一般株主に対して必要な情報を開示しない、または虚偽の情報を与えるなどの不当な勧誘が行われることを防止する趣旨の規制であるとされています（松山『敵対的株主提案』68頁）。

　しかし、同一の株主総会に関して株式の発行会社の株主（当該総会において議決権を行使することができる者に限ります）のすべてに対し株主総会参考書類および議決権行使書面が交付されている場合には、委任状の用紙および参考書類の写しの提出は不要になります（金商令36条の3、委任状勧誘府令44条）。このような場合には、勧誘の相手方に対し必要な情報は提供されており、かつ、議決権行使の機会も保障されていることから、当局がこれに関与して監督する必要がないためです。

　ただし、発行会社から株主に対し株主総会参考書類および議決権行使書面が交付されている場合であっても、株主が当該株主総会参考書類とは異なる内容の参考書類を交付して委任状勧誘を行うときには、当局への写しの提出は必要であると解されています（太田洋「株主提案と委任状勧誘に関する実務上の諸問題」商事1801号29頁、松山『敵対的株主提案』68頁）。実務上は、当局

は、勧誘者が被勧誘者に対して虚偽の情報提供を行っていないかを監督する観点から、委任状の用紙および参考書類のみならず、勧誘者が交付するすべての書類（委任状用紙の記載方法の説明書や勧誘のための書面等）の写しの提出を求めており、このような取扱いの延長として、株主が交付する、株主総会参考書類と内容の異なる参考書類についても写しの提出を求めているものと思われます。　　　　　（熊谷真喜）

93　一部の議案のみの委任状勧誘

一部の議案についてのみ、委任状勧誘をすることはできますか。

ポイント

上場会社が書面投票制度にかえて行う委任状勧誘の場合を除き、一部の議案についてのみ委任状勧誘をすることも認められています。

解説

株主総会において議決権を行使することができる株主の数が1,000人以上である会社は、原則として、書面投票制度を採用しなければなりませんが、議決権を行使できる株主の全員に対して委任状勧誘を行う場合には、書面投票制度の採用をしなくてよいものとされています（会社298条2項、325条、会社則64条、95条2号）。この場合の委任状勧誘においては、全議案について委任状用紙および参考書類を交付することが必要であると解されています。書面投票制度では、会社提案のみならず株主提案についても、株主に対して必要な情報を提供し、議決権行使書面に賛否の欄を設けることが義務づけられている以上、これに代えて行う委任状勧誘においても、同様に、情報提供および議決権行使の機会の保障がなされるべきであると考えられるからです（松山『敵対的株主提案』55頁、三浦『委任状勧誘』40頁）。

しかし、これ以外の場合においては、一部の議案についてのみ委任状勧誘をすることも許されると解されています。これが許されないとすると、会社提案に反対する株主は、会社が株主総会に上程される議案の内容を明らかにするまで、つまり、招集通知が発送されるまで委任状勧誘を行うことができないこととなり、反対株主が委任状勧誘を成功させることが事実上大きく制約されてしまうからです（松山『敵対的株主提案』55頁、寺田昌弘ほか「委任状争奪戦に向けての委任状勧誘規制の問題点」商事1802号41頁、三浦『委任状勧誘』132頁）。

また、委任状用紙の記載について定める委任状勧誘府令43条は、委任状の用紙には、「議案ごと」に被勧誘者が賛否を記載する欄を設けるよう定めていますが、これは、委任状勧誘を行う「議案ごと」に、それぞれ賛否を記載

する欄を設ける趣旨であり（証券取引研究会編『証券・会社法制の潮流』（日本証券経済研究所、2007）233頁〔太田洋〕）、したがって、一部の議案についてのみ委任状勧誘を行うことを禁止するものではないと解されています。

実務上も、一部の議案についてのみ委任状勧誘をすることは、一般的に行われています。

（熊谷真喜）

94 委任状勧誘規制が適用される「勧誘」の意義

委任状勧誘規制が適用される「勧誘」とは具体的にはどのような行為をいいますか。

ポイント

被勧誘者に委任状を交付させることに向けた行為であれば、「勧誘」に該当します。したがって、面談において、または電話やレターで、自己の提案する議案への賛同と委任状の交付を求める行為は「勧誘」に該当します。会社や提案株主が、インターネット上にサイトを開設したり、説明会を開催して、意見表明のみを行う行為は原則として「勧誘」に当たりませんが、株主総会の議案の趣旨の説明会であって将来の委任状獲得に向けての行為である場合には、「勧誘」に当たる場合があります。

会社が自らは委任状勧誘をしないが提案株主への対抗手段として意見表明を行う行為、書面投票または議決権行使を勧誘する行為は、「勧誘」には当たらないとの見解があります。

解説

1 「勧誘」の意義が問題となる場面

金商法は、「何人も、政令で定めるところに違反して、金融商品取引所に上場されている株式の発行会社の株式につき、自己又は第三者に議決権の行使を代理させることを勧誘してはならない」と定めたうえで（金商194条）、このような議決権の代理行使の勧誘を行おうとする者は、「勧誘に際し」、その相手方に対し、委任状用紙および参考書類を交付しなければならないと規定しています（金商令36条の2第1項）。この「勧誘に際し」とは、勧誘と同時か、またはこれに先立ってと解されているため、「勧誘」に該当する行為を、委任状用紙等の交付より前に行うことはできません。そのため、委任状勧誘を行うにあたっては、自らが提案する議案への賛成や相手方が提案する議案への反対を求めて働きかける行為のうち、どの段階でのどのような行為であれば「勧誘」に該当するのかを理解したうえで、株主に対する働きかけを行う必要があります。

2 具体的検討

法令には、「勧誘」の意義について

の定める規定はないため、どのような行為であれば「勧誘」に該当するかは、行為の目的、態様、行為が行われた時期等、具体的な事情を総合的に考慮して判断されます。

(1) 意見表明

　株主に対して、面談において、または電話やレターで、自己の提案する議案への賛同と委任状の交付を求める行為が「勧誘」に該当することは明らかです。では、提案株主が、現経営陣の経営方針を批判したり、会社提案に対して反対する意見表明を行うことはどうでしょうか。会社や提案株主が、インターネット上にサイトを開設したり、説明会を開催して、このような意見表明を行うことは一般的にみられます。

　このような行為は、委任状を交付させることに向けた行為ではないとして、「勧誘」には当たらないと解されています（太田洋「株主提案と委任状勧誘に関する実務上の諸問題」商事1801号32頁、三浦『委任状勧誘』142頁）。

(2) 株主提案の説明会

　提案株主が、株主提案の趣旨を説明するために説明会を開催し、その案内通知を送付する場合には、その説明会に前後して、一般株主に対し委任状用紙を送付して返送を要請するのが通常です。そのようなケースでは、仮に当該説明会の案内通知には委任状の提出を促す文言が記載されていないとしても、説明会自体は将来の委任状獲得に向けての行為であることから、「勧誘」に該当するとの指摘があります（松山『敵対的株主提案』55頁、寺田昌弘ほか「委任状争奪戦に向けての委任状勧誘規制の問題点」商事1802号36頁）。

(3) 提案株主への対抗手段としての意見表明

　会社が自らは委任状勧誘をしないが、①提案株主への対抗手段としてプレスリリースを行い、またはレターを株主に送付して提案株主の意見に反論し、会社提案の正当性を説明する行為、および②これをさらに進めて提案株主への委任状勧誘に応じないよう要請する行為はどうでしょうか。

　これについて、①は「勧誘」に該当する可能性は否定できません。②はいわば委任状の「不」勧誘であり「勧誘」に当たるとする見解もありますが（寺田昌弘ほか「委任状争奪戦に向けての委任状勧誘規制の問題点」商事1802号36頁）、これに対しては、「勧誘」に「第三者に議決権の行使をさせないことの勧誘」も含まれるとするのは罪刑法定主義（金商令36条の2第1項に違反する場合には罰則があります）を持ち出すまでもなく解釈論の域を超えており、またこの場合も「勧誘」に含まれるとすると、会社は委任状勧誘をなんら望んでいないのに委任状の交付を強制されることになり適当ではないとの指摘がなされています（三浦『委任状勧誘』142・144頁、田中亘「委任状勧誘戦に関する法律問題」金商1300号3頁）。

(4) 書面投票または議決権行使の勧誘

　会社が、招集通知に、議決権行使促進のための文言を記載したり、議決権行使を求めるレターを株主に送付することがあります。その際に、会社提案に賛同するかたちで議決権行使を行うよう、働きかける場合もあります。

　このような行為については、委任状を交付させることに向けた行為ではないとして、「勧誘」には当たらないと解することが十分可能であるとされています（太田「株主提案と委任状勧誘に関する実務上の諸問題」32～33頁。なお、同文献は、監督当局もそのような考え方をとっているようであると指摘しています）。これについては、この場合被勧誘者は書面投票をすることにかえて勧誘者に対して委任状を送付する可能性は十分にあり、間接的にせよ委任状自体を取得する効果を有していること、このような行為に委任状勧誘規制を及ぼさないとすると、内容の正確性が担保されない資料が株主に交付され、誤った判断が行われてしまうおそれが防止できないとの批判があります（三浦『委任状勧誘』143頁、神谷光弘＝熊木明「敵対的買収における委任状勧誘への問題と対応―アメリカでの実務・先例を参考に―」商事1827号13頁）。

（熊谷真喜）

95　違法な委任状勧誘が行われた場合の効果

違法な委任状勧誘が行われた場合、どのような効果が発生しますか。

ポイント

　金商法に違反して委任状勧誘を行った者は、30万円以下の罰金に処されます（金商205条の2の3第2号）。

　また、裁判所は、緊急の必要があり、かつ、公益および投資者保護のため必要かつ適当であると認めるときは、内閣総理大臣または内閣総理大臣および財務大臣の申立てにより、金商法または金商法に基づく命令に違反する行為を行い、または行おうとする者に対し、その行為の禁止または停止を命ずることができます（金商192条）。緊急停止命令は、近年、積極的に活用されており、平成28年7月4日までの間に合計18件の緊急停止命令が発出されています。したがって、金商法に違反して委任状勧誘が行われた場合には、関係当事者は、関係当局に対して、その申立てをするよう上申することが考えられます。

解説

1　罰則等

　「何人も、政令で定めるところに違反して、金融商品取引所に上場されている株式の発行会社の株式につき、自

己又は第三者に議決権の行使を代理させることを勧誘してはならない」との金商法194条の規定に違反した者は、30万円以下の罰金に処されます（金商205条の2の3第2号）。

また、裁判所は、緊急の必要があり、かつ、公益および投資者保護のため必要かつ適当であると認めるときは、内閣総理大臣または内閣総理大臣および財務大臣の申立てにより、金商法または金商法に基づく命令に違反する行為を行い、または行おうとする者に対し、その行為の禁止または停止を命ずることができます（以下、この命令を「緊急停止命令」といいます）（金商192条）。この申立権限は、金融庁長官に委任されており（金商194条の7）、金融庁長官からさらに証券取引等監視委員会に委任されています（同条4項2号）。また、証券取引等監視委員会は、申立権限を財務局長等に委任することができます（同条5項、金商令44条の5第5項・6項）。金商法192条に基づく命令への違反に関する罰則の適用については（金商198条8号）、両罰規定が設けられており（金商207条1項3号）、法人も3億円以下の罰金に処せられます。

したがって、金商法に違反して委任状勧誘が行われた場合には、関係当事者は、関係当局に対して、上記の申立てをするよう上申することが考えられます。緊急停止命令は、長い間利用されることがなく、「抜かずの宝刀」などと呼ばれることもありましたが、平成22年11月に無登録業者による未公開株のあっせん・勧誘について証券取引等監視委員会の申立てにより緊急停止命令が発せられたことを皮切りに、積極的に活用され始め、平成28年7月4日までの間に合計18件の緊急停止命令が発出されています。

なお、緊急停止命令の対象は、委任状勧誘規制に違反する委任状勧誘行為であり、違法な委任状勧誘によって取得された委任状の使用やこれに基づく議決権行使、株主総会の開催が禁止されるわけではありません。これら対抗策については、【96】を参照してください。

2 違法に取得された委任状の効果

委任状勧誘規制に違反して取得された委任状であるからといって、代理権の授与が直ちに無効になるものではなく、当該委任状に基づく議決権行使が無効になるわけでもありません。したがって、それによって成立した株主総会決議についても、その決議の方法の法令違反（会社831条1項1号）には該当しないとの見解があり、議決権の代理行使の勧誘は株主総会の決議の前段階の事実行為であって株主総会の決議の方法ということはできないことなどを理由として、会社側が行った委任状勧誘が委任状勧誘規制に違反するものであった場合につき、決議の方法の著しい不公正には当たらないとした裁判

例もあります（東京地判平17.7.7判時1915号150頁）。しかし、この裁判例には批判も多く、少なくとも、上場会社が書面投票にかえて行った全株主に対する委任状勧誘について委任状勧誘規制違反があった場合には別に考えるべきであるとの指摘もあります（江頭『株式会社法』343頁注11）。

また、委任状勧誘に際して交付された参考書類に虚偽の事実が記載されていた場合等には、委任契約が錯誤により無効になることが考えられます。

（熊谷真喜）

96 違法な委任状勧誘への対応策

違法な委任状勧誘が行われた場合、どのように対応すればよいですか。

ポイント

違法な委任状勧誘が行われた場合、関係者は、関係当局に対し、緊急停止命令（金商192条）の発動要請を上申することが考えられます。

また、会社が違法な勧誘を行った場合の対抗手段としては、株主は、会社法360条に基づく取締役の違法行為差止請求権を被保全権利とする勧誘行為の差止め、議案上程行為の差止めおよび株主総会禁止の差止めを求めて仮処分を申し立てることが考えられます。

株主が違法な委任状勧誘を行った場合の対抗手段としては、公正な決議を確保するための妨害排除請求権を被保全権利として、議決権行使の差止めの仮処分が認められるとする見解があります。

解　説

1 会社が違法な勧誘を行った場合の対抗手段

議案ごとに賛否の欄のある委任状用紙が交付されなかったり、または委任状参考書類に虚偽の記載があるなど、委任状勧誘規制に違反して委任状勧誘が行われた場合に、会社提案に反対する株主がとりうる対抗策としては、以下のものが考えられます。

(1) 緊急停止命令の発動要請

裁判所は、緊急の必要があり、かつ、公益および投資者保護のため必要かつ適当であると認めるときは、内閣総理大臣または内閣総理大臣および財務大臣の申立てにより、金商法または金商法に基づく命令に違反する行為を行い、または行おうとする者に対し、その行為の禁止または停止を命ずることができます（金商192条）。緊急停止命令は、近時積極的に活用され始め、平成28年7月4日までの間に合計18件の緊急停止命令が発出されています。

したがって、金商法に違反して委任状勧誘が行われた場合には、株主は、関係当局に対して、その申立てをするよう上申することが考えられます。

(2) 取締役の違法行為差止請求

6カ月（これを下まわる期間を定款で定めた場合にあっては、その期間）前から引き続き株式を有する株主（公開会社でない株式会社の株主については、株式保有期間の制限はありません）は、取締役が法令に違反する行為をし、またはその行為をするおそれがある場合において、当該行為によって当該会社に著しい損害（監査役設置会社、監査等委員会設置会社または指名委員会等設置会社にあっては、「回復することができない損害」）が生じるおそれがあるときは、当該取締役に対し、当該行為をやめることを請求することができます（会社360条1項・3項）。

ここにいう法令には、具体的な会社法規定や取締役の善管注意義務を定める一般規定のみならず、すべての法令が含まれると解されており（大隅＝今井『会社法論中』247頁）、金商法およびこれを受けた金商令・委任状勧誘府令に違反する行為も、差止めの対象となります。

また、「著しい損害」「回復することができない損害」については、委任状勧誘規制の違反が軽微な場合は別として、委任状参考書類に記載すべき重要な事実を記載せず、または重要な事項に虚偽の記載がある場合や、委任状用紙に賛否の欄を設けなかった場合には、株主の議決権行使の方向が不当な影響を受け、総会の決議の公正な成立を妨げることとなるおそれがあるた

め、「著しい損害」「回復することができない損害」があるものとして差止請求権の行使を認めてさしつかえないとする見解があります（今井『議決権代理』218頁、太田洋「株主提案と委任状勧誘に関する実務上の諸問題」商事1801号39頁、三浦『委任状勧誘』157頁）。この見解は、公正な決議の成立が妨げられるという損害は明確に金銭的に見積もられる損害ではないが、上記の回復不能の損害の要件は、主として、株主の権利濫用を防止する趣旨に基づくものであるから、上記のようなおそれがあれば差止請求権行使の要件は満たされているものと解してよいことを理由とします。

そして、会社法360条に基づき違法な委任状勧誘行為の差止めが認められるとの立場からは、当該勧誘行為のみならず、当該勧誘行為を経て開催される株主総会における議案上程行為および株主総会の開催についても、同様に差止請求が認められると解されています（今井『議決権代理』219頁、太田「株主提案と委任状勧誘に関する実務上の諸問題」39頁、三浦『委任状勧誘』157頁）。

2 株主が違法な勧誘を行った場合の対抗手段

株主による違法な委任状勧誘があった場合、会社は、株主と同様に上記(1)のとおり、関係当局に対し、緊急停止命令（金商192条）の発動を要請する上申をすることが考えられます。他方、

株主が違法な委任状勧誘を行った場合には、取締役の違法行為に対するものである会社法360条に基づく差止請求権を行使することはできません。

そこで、株主総会決議取消しの訴えを本案として仮処分を申し立てることも考えられますが、仮処分が認容されると取消しの対象となる株主総会決議が存在しないこととなり、自己矛盾を生じるとの理由から、これを本案とする仮処分は認められないと解されています。もっとも、これに対しては、委任状勧誘行為または違法な委任状勧誘によって獲得された委任状に基づく議決権行使の差止めであれば、これが認められても決議が存在しないことにはならないため、これらの行為の差止めを認めることは可能であると解する余地があるとの見解もあります。

また、株主により違法な委任状勧誘が行われた場合には、公正な決議を確保するための妨害排除請求権を被保全権利として、議決権行使の差止めの仮処分が認められるとする見解があります（神田秀樹ほか編著『金融商品取引法コンメンタール4』（商事法務、2011）528頁〔松尾健一〕）。これは、適法に成立した株主総会の決議は、会社自身を拘束するから、会社としては決議の適法かつ公正な成立を確保し、妨害を排除すべき利益を有するため、会社は株主の不適法な権利行使に対する不作為請求権・妨害排除請求権を有しているとの考えに基づくものです。

3 株主総会決議の取消しが認められるか

委任状勧誘規制に違反して委任状勧誘が行われ、それによって会社または株主が得た委任状に基づく議決権行使の結果、株主総会決議が成立した場合に、株主総会決議取消しの訴えは認められるでしょうか。

この点、委任状勧誘は、株主総会決議の成立要件として法律上強制されるものではないため、総会招集の手続等に瑕疵がある場合と同様に扱うことはできず、委任状勧誘規制の違反は直ちに決議取消しの原因になると解することは困難であるとの指摘があります（大隅＝今井『会社法論中』67頁、今井『議決権代理』221頁）。裁判例にも、委任状勧誘規制は、株主総会の「決議の方法」（会社831条1項1号）を規定する法令に該当しないと判示したものがあります（東京地判平17.7.7判時1915号150頁）。ただし、上場会社が書面投票にかえて行った委任状勧誘が委任状勧誘規制に違反した場合には、法令違反として決議取消しの原因になるとの見解があります（江頭『株式会社法』343頁注11、松山『敵対的株主提案』261頁、三浦『委任状勧誘』220頁）。

また、委任状勧誘規制の違反が重大である場合には、決議の方法が「著しく不公正」な場合に該当し、決議取消しの原因となりうるとの見解が有力です（大隅＝今井『会社法論中』67頁、今

井『議決権代理』222頁、松山『敵対的株主提案』262頁、三浦『委任状勧誘』220頁)。　　　　　　　(熊谷真喜)

97 包括委任状

包括委任状とはどのようなものですか。

ポイント

　書面投票制度は、参考書類によって事前に議決権行使に必要な情報が与えられている議案について、議決権行使書を送付して議決権を行使するものであるため、議長不信任動議などの手続動議には対処することができません。そこで、会社が、一部の大株主から、①会社提案の原案にすべて賛成すること、②会社提案の原案に修正案または動議が提出された場合には①の趣旨の範囲で議決権を行使すること、および、③議事進行等に関連する動議が提出された場合は、議長に協力して議決権を行使すること、についてあらかじめ委任を得ておくことが広く行われており、このような事項を内容とする委任状を包括委任状と呼びます。

解　説

1　包括委任状とは

　書面投票制度は、参考書類によって事前に議決権行使に必要な情報が与えられている議案について、議決権行使書を送付して議決権を行使するものであるため、議長不信任動議などの手続動議には対処することができません。そこで、会社では、書面投票制度の採用に加えて、一部の大株主から包括委任状を取得することが多く行われています。

委　任　状

平成　年　月　日

○○○株式会社　御中

株主　住所
　　　氏名

私は、株主＿＿＿＿＿＿を代理人として定め、以下の事項を委任します。
平成○年○月○日開催の貴社の第○回定時株主総会(継続会または延会を含む。)に出席し、下記のとおり議決権を行使すること。
　　　　　　　　　　　記
1　会社提案の原案にすべて賛成すること。
2　会社提案の原案に修正案または動議が提出された場合は、1の趣旨の範囲で議決権を行使すること。
3　議事進行等に関連する動議が提出された場合は、議長に協力して議決権を行使すること。

包括委任状は、以下の書式とすることが考えられます。

2　包括委任状の取得の方法

包括委任状の取得に際しては、委任状勧誘府令の適用除外（【87】参照）である「当該株式の発行会社又はその役員のいずれでもない者が行う委任状勧誘であって、被勧誘者が10名未満である場合」（金商令36条の6第1号）に該当するものとして位置づけられる場合が一般的です。そのため、10名以下の株主から、①勧誘に応じてではなく、主要株主から「自発的な」提出を受ける、②元社員であって現株主である者が勧誘を行う、③総務部長等の社員であって現株主である者が勧誘を行う、といういずれかの態様で包括委任状を取得することが行われています。

しかし、①については、実際には会社側からなんらかの打診があるか、または当該株主が包括委任状を会社に提出することが慣行となっているのが通例であるものと思われ、②および③についても、実態としては会社や取締役による勧誘に応じて包括委任状が提出されているものと評価されて委任状勧誘規制の適用除外事由に該当しないのではないかとの疑義が生じうるとの指摘があります（太田洋「株主提案と委任状勧誘に関する実務上の諸問題」商事1801号35頁、三浦『委任状勧誘』130頁）。このような懸念に対応するためには、包括委任状にも議案ごとの賛否

の欄を記載するなどして、委任状勧誘規制の実質的な要件を満たすことが考えられます。

（熊谷真喜）

98　一部の株主への委任状勧誘

一部の株主に対してのみ委任状勧誘を行うことはできますか。

ポイント

書面投票制度が義務づけられている会社（会社298条2項）が、これにかえて委任状勧誘を行う場合には、すべての株主に対して委任状勧誘を行う必要があります。書面投票制度を採用してすべての株主に対して議決権行使書面を送付している会社が、これと重ねて、株主に委任状勧誘を行う場合には、一部の株主にのみ委任状勧誘を行うことが認められます。

他方、株主が、一部の株主に対してのみ委任状勧誘を行うことは、なんら問題はありません。

解　説

株主総会において議決権を行使することができる株主の数が1,000人以上である場合には、会社は、原則として、書面投票制度を採用しなければなりませんが、議決権を行使できる株主の全員に対して委任状勧誘を行う場合には、書面投票制度を採用しなくてよいものとされています（会社298条2

項、325条、会社則64条、95条2号）。この場合の委任状勧誘においては、すべての株主に対し委任状用紙および参考書類を交付することが必要ですが、書面投票制度を採用し、すべての株主に議決権行使書面を送付している会社が、一部の株主に対してのみ委任状勧誘を行うことは認められます（大隅＝今井『会社法論中』67頁、稲葉『実務相談2』683頁、江頭『株式会社法』343頁）。書面投票制度は、株主全員に議決権行使の機会を与えるものであるため、一部の株主についてのみ、重ねて委任状勧誘をすること自体は、特に制度の趣旨に反しないからです。

議決権行使書面では議事運営に関する動議に対処することはできないので、書面投票制度を採用しながら、大株主から包括委任状を取得する行為は、一般に行われています。

他方、株主が、一部の株主に対してのみ委任状勧誘を行うことは、なんら問題はありません。　　　　（熊谷真喜）

99　議決権行使の促進策

会社が株主の議決権行使を促進するための方策について説明してください。

ポイント

議決権行使の促進策としては、招集通知の早期発送、招集通知の英訳の開示・送付、書面および電磁的議決権行使の採用、議決権行使プラットフォームの採用、実質株主の判明調査と議決権行使のための働きかけ、議決権行使を促すためのコールセンター等の設置、議決権行使を促すための平易な説明文やお願い文書等の送付、議決権行使を促すためのウェブサイト上の特設ページの設置、株主総会の議案に関する説明会等の開催、議決権行使を行った株主に対する謝礼の交付、株主総会に出席した株主に対するお土産の交付などが考えられます。

解　説

議決権行使の促進策としては、以下のようなものが考えられます。

(1)　情報開示の充実

まず、議決権行使の促進策としては、情報開示の充実を図ることがあげられます。

具体的には、招集通知を法定の期間（会社299条1項）よりも早期に発送して、株主が議決権行使を行うための検討期間を確保することがあげられます。

また、外国人投資家に議決権行使のために招集通知の英訳の開示および送付をすることがあげられます（【59】参照）。

そのほか、一般株主の議決権行使を促すため、議案に関する平易な説明文やお願い文書、議決権行使をする際に記載例のサンプルの送付や自社ウェブ

サイトにおいて株主総会に関する特設ページを設置して、株主総会関連文書をまとめて掲示することなどもあげられます。

(2) 議決権行使の選択肢の付与

より多くの株主に議決権行使をしてもらうためには多くの議決権行使の方法を用意しておくことが有益です。そこで、書面および電磁的方法による議決権行使を採用（会社298条1項3号・4号）することのほか、機関投資家向け議決権電子行使プラットフォーム（以下「議決権行使プラットフォーム」といいます）を採用することが有効であると考えられます。議決権行使プラットフォームを採用することで、後述する実質株主が直接、議決権行使をすることができるため、実質株主の議決権行使を促進することにつながります。

(3) 一般株主に対する直接的な働きかけ

一般株主に対する直接的な働きかけとしては、議決権行使を促すためのコールセンター等を設置したり、株主総会に先駆けて事前に株主総会の議案に関する説明会等を開催すること等が考えられます。

(4) 実質株主に対する直接的な働きかけ

議決権の行使は、カストディアン等をはじめとした株主名簿上の株主ではなく、当該株式を実質的に保有している実質株主の指図に基づき行われていることがあり、このような実質株主は株主名簿上、明らかではありません。そこで、会社が実質株主にアプローチをはかるためには、まず、実質株主がだれかを把握するための実質株主判明調査が必要になり、通常、この調査は、外部業者に委託して行われます。そこで、このような実質株主判明調査を実施したうえで、判明した実質株主に接触し、議決権行使を促すことがあげられます。

(5) 議決権行使へのインセンティブの付与

上記のほか、議決権行使を行うことへのインセンティブを付与することもあげられます。

具体的には、議決権行使を行った株主に対する謝礼の交付や株主総会に出席した株主に対するお土産の交付などがあげられます。これらについては、利益供与（【233】）との関係が問題となりますが、一般的には、定足数を充足するため等の正当な目的があり、軽微なものであれば、原則として適法とされていますが（河本一郎＝今井宏『鑑定意見会社法・証券取引法』（商事、2005）66頁以下）、【100】のとおり、株主提案がなされていたり、委任状勧誘が行われているような場合には、慎重な検討が必要となります。　　**（西岡祐介）**

100 議決権行使促進のための金品の提供

議決権行使の促進のため、自社製品、プリペイドカード等を交付することは許されますか。

ポイント

定足数を充足するため等の正当な目的があり、価格が軽微なものであれば、原則として可能ですが、株主提案がなされていたり、委任状勧誘が行われているような場合には差し控えるべきです。

解説

議決権行使を促進するために、自社製品、プリペイドカード等の交付が行われている例があります。このような金品の提供は、株主の権利行使に関し、財産上の利益を供与することを禁止する会社法120条1項に抵触するのではないかとの問題がありますが、定足数を充足するため等の正当な目的があり、軽微なものであれば、原則として適法と解されています（河本一郎＝今井宏『鑑定意見会社法・証券取引法』（商事、2005）66頁以下）。

もっとも、株主提案がなされていたり、委任状勧誘が行われているような場合には、慎重な検討が必要となります。モリテックス事件判決（東京地判平19.12.6判タ1258号69頁）は、会社および株主の双方から役員選任議案が提出され、株主が委任状勧誘を行っていたなかで、会社が賛否にかかわらず議決権を行使した株主に対して500円相当のプリペイドカードを贈呈したという事案に関して、以下のように判示しています。まず、株主の権利の行使に関して行われる財産上の利益の供与であっても、①株主の権利行使に影響を及ぼすおそれのない正当な目的に基づき供与される場合であって、②個々の株主に供与される額が社会通念上許容される範囲のものであり、③株主全体に供与される総額も会社の財産的基礎に影響を及ぼすものでないときは、例外的に違法を有しないものとして許容される場合もある、としました。そのうえで、本件で会社が行ったプリペイドカードの贈呈は、上記②、③は満たすものの、上記①に関しては、株主に送付されたはがきにプリペイドカードの贈呈と会社提案に賛成することの関連を印象づける記載がなされており、また、このようなプリペイドカードの贈呈が当該株主総会から初めて行われたこと等から、会社提案へ賛成する議決権行使の獲得をも目的としたものであって、株主の権利行使に影響を及ぼすおそれのない正当な目的によるものということはできないとされました。そして、その結果、会社提案は、利益供与によって承認可決されたものであるとして、株主総会決議の取消しが認容されることとなりました。

上記のとおり、「会社提案へ賛成す

る議決権行使の獲得をも目的」としていれば、正当な目的はなく、利益供与に該当すると判断されたわけですが、株主提案がなされていたり、委任状勧誘が行われているような場合には、「会社提案へ賛成する議決権行使の獲得」が目的に含まれていることが多いと思われます。そして、万が一、利益供与に該当すると判断された場合には、刑事罰（会社970条）の対象となり、また、株主総会決議が取消しの対象となることになり、重大な結果が生じることも考慮しますと、株主提案がなされていたり、委任状勧誘が行われているような場合には、議決権行使の促進のためであっても、自社製品、プリペイドカード等の交付は差し控えるべきであると考えられます（東弁『ガイドライン』45頁、福岡『実務相談』180頁）。

（西岡祐介）

第 6 章

株主提案

101 株主提案権の種類

株主提案権の種類と内容について説明してください。

ポイント

株主提案権としては、①一定の事項を株主総会の目的とすることを請求することができる「議題提案権」(会社303条)、②株主総会において株主総会の目的である事項につき議案を提案することができる「議案提案権」(会社304条)、③株主総会の目的である事項につき自己が提出しようとする議案の要領を株主に通知することを請求することができる「議案の通知請求権」(会社305条)の3種類が認められています。

解説

1 議題提案権(会社303条)

株主は、取締役に対し、一定の事項を株主総会の目的とすることを請求することができます。これを議題提案権といい、通常は議案提案権とあわせて行使されます。

議題提案権を行使できる株主は、公開会社である取締役会設置会社においては、総株主の議決権の100分の1以上の議決権または300個以上の議決権(それぞれ定款により引下げることができます)を6カ月前(定款により短縮することができます)から引き続き有する株主が行使することができます(会社303条2項)。非公開会社である取締役会設置会社においては、総株主の議決権の100分の1以上の議決権または300個以上の議決権(それぞれ定款により引き下げることができます)を有する株主が行使することができ、6カ月の保有期間の要件はありません。取締役会設置会社以外の会社は、単独株主権(保有期間の要件はありません)として行使することができ、請求時期の制限もないので、株主総会の会場において行使することも可能です。総株主の議決権を計算する際には、当該目的事項について議決権を行使することができない株主が有する議決権の数は、算入しないで計算します。なお、この議決権数の要件については、複数の株主の議決権をあわせて満たすことも可能ですので、複数の株主が共同して議題を提案することもできます。

提案できる議題の範囲は、株主総会の権限に属する事項に限られます。そのため、取締役会設置会社においては、会社法で規定されている事項および定款で定めた事項に限られますが(会社295条2項)、取締役会非設置会社では、会社の組織・運営・管理その他会社に関するいっさいの事項につき提案することができます(同条1項)。

株主が総会に提案できる議題の数に制限はありません。もっとも、その株や提案の理由によっては、権利濫用と

認められる場合がありえます。近年、1人で50個以上もの議題提案権を行使した事例において、裁判所は、株主提案権といえどもこれを濫用することは許されず、正当な株主提案権の行使とは認められないような目的に出たものである場合には、株主提案権の行使が権利濫用として許されない場合がありうると判示しました（東京高決平24.5.31資料版商事340号30頁）。また、株主が当初114個もの提案をし、会社側との協議を経て20個にまで減らしたが、会社がその一部を招集通知に記載しなかった事案で、株主に会社を困惑させる目的があったと認定し、その提案全体が権利濫用に該当するとして、会社がその一部を招集通知に記載しなかったことに正当な理由があると判断した裁判例があります（東京高判平27.5.19金商1737号26頁）。

2　議案提案権（会社304条）

株主は、株主総会において、株主総会の目的である事項（議題）につき、会社が提案する議案と異なる議案を提出することができます。これは、株主総会の議場において行使されるいわゆる修正動議で、議案提案権といいます。議案とは、議題に対する具体的な提案をいい、たとえば取締役の選任の議題について「Aを取締役の候補者とする」というのが議案です。

議案提案権は、株主総会の目的事項に関するもので、当該株主が議決権を行使できる事項に関するものに限られています（会社304条本文）。なお、会社提案の議案に対して否決案を出すことは、実質的に同一の議案であるから認められないという見解もありますが、株主の提案権はその提案を通じて株主の意見や希望をアピールする意義が大きいことにかんがみ、これも認められると解されています（『コンメ7』109頁）。

株主がした提案について、①法令、定款に違反する場合、または、②実質的に同一の議案が過去3年以内に総株主の議決権の10分の1以上（定款による引下げは可能）の賛成を得られなかった場合、議案の提案は認められません。ここでいう総株主には、提案議案について議決権を行使することができない株主は含まれません（会社304条ただし書）。議案の実質的同一性の意義については、【105】を参照してください。

3　議案の通知請求権（会社305条）

株主は、取締役に対し、株主総会の日の8週間前（定款による短縮は可能）までに、株主総会の目的である事項につき、当該株主が提出しようとする議案の要領を株主に通知することを請求することができます（会社305条1項・2項）。

通知請求権を行使できる株主は、公開会社である取締役会設置会社においては、総株主の議決権の100分の1以

上または300個以上の議決権（それぞれ定款により引き下げることができます）を6カ月前（定款により短縮することができます）から引き続き有する株主が請求することができます。非公開会社である取締役会設置会社においては、総株主の議決権の100分の1以上の議決権または300個以上の議決権（それぞれ定款により引き下げることができます）を有する株主が行使することができ、6カ月前の保有要件はありません。取締役会設置会社以外の会社は、単独株主権として（保有期間の要件はありません）行使することができます。

株主が請求することができる内容は、会社が提出しようとする議題・議案に関するものでも、株主が提案した議題に関するものでもかまいません。もっとも、通常、株主が行使期限の8週間前までに会社が提出しようとする議題・議案を知ることは困難であることから、実際には、会社が提案することが予想される議案か、自ら行使した議題提案権についての議案の通知請求権を行使することが多いものと考えられます（中村『ハンドブック』144頁）。株主が通知請求をすることができるのは、議案そのものではなくその要領ですが、これは株主総会の議題に関し、株主が提案する解決案の基本的内容について、会社および一般株主が理解できる程度のものをいうとされています（東京地判平19．6．13判時1993号140頁）。

なお、議案提案権と同様、議案の通知請求について、①法令、定款に違反する場合、または、②実質的に同一の議案が過去3年以内に総株主の議決権の10分の1以上（定款による引下げは可能）の賛成を得られなかった場合は、行使することができません（会社305条ただし書）。議案の実質的同一性の意義については、【105】を参照してください。

（伊藤菜々子）

102 株主提案権の行使の方法

株主提案権の行使の方法について説明してください。

ポイント

会社法上、株主提案権の行使について書面によらなければならない等の要式の制限はありません。もっとも、対象会社の定款や株式取扱規程に具体的な手続が規定されている場合もあるため、事前に手続を確認する必要があります。

解 説

1 提案権の行使の方法

旧商法では、株主提案について書面等をもって行使すべき旨が規定されていましたが（商法232条の2）、会社法では、これらの権利行使の手続の性質上、それぞれ書面等の要式性を求めるまでの必要はないとの考えから（相澤

『論点解説』127頁）、権利行使の方法につき、特段の定めを設けていません。したがって、株主提案権は、口頭により行使することや、電磁的方法により行使することも認められます。

もっとも、会社法は権利行使の方法につき制限を加えないことを強行的に要求するものではないとして、会社が、定款の定めによりまたは定款の定めによる委任に基づき定められた株式取扱規程等により、権利行使の方法について合理的な制約を加えることは許されるとされています（相澤『論点解説』127頁）。

そのため、株主提案権を行使しようとする株主は、まず、対象会社の定款および株式取扱規程等により、行使方法につき特別の定めがないかを確認し、定めがあればこれに従う必要があります。仮に特別の定めがない場合であっても、権利行使の事実や提案の内容を明確にし、対象会社との間に認識の食い違いを生じさせないためには、書面によって行使することが望ましいと考えられます。

2　代理人による権利行使

株主は、株主提案権の行使を代理人に委任して行うこともできます。多くの会社では、定款において、代理人の資格を他の株主に限る旨の制限を定めていますが、株主提案権の代理行使については、当該規定の適用はないとされています（中村『ハンドブック』559頁）。したがって、株主ではない者を代理人として委任することも可能です。

ところで、外国人株主が、常任代理人を選任して会社に届けている場合、外国人株主が株主提案権を行使するためにはどのような方法によるべきかが問題になります。これについては通常、常任代理人は、株主の権利義務に関するいっさいの権利行使について委任を受けている場合が多いため、会社は株主本人ではなく、常任代理人による権利行使を認めるべきであるという見解、常任代理人は、外国人株主の株式事務を円滑に処理するために設置されたものであり、個別性の強い株主提案権の行使を常任代理人に委任することは、その趣旨になじまないとの見解があります。実務では、外国人株主が、会社に届け出ている常任代理人を通じて株主提案権を行使した場合は、株主本人による提案権の不行使が確認できない限り、有効な提案として取り扱う場合が多いようです（中村『ハンドブック』559頁）。

（伊藤菜々子）

103　株式継続保有要件

株式継続保有要件の「6カ月」はいつからいつまでか教えてください。

ポイント

「6カ月」とは、株主提案権の行使

日からさかのぼって6カ月間を意味し、株式を取得した当日は含まずに計算します。

解説

1 「6カ月」の計算

公開会社において、提案権を行使する株主は、6カ月前から継続して株式を保有している必要があります。この「6カ月前」とは、株主提案権を行使した日からさかのぼって6カ月前を意味し、株式を取得した日は算入せずに計算し（民法140条）、株式取得日と提案権行使日との間に丸6カ月の期間があることが必要です（東京地判昭60.10.29商事1057号34頁、東京高判昭61.5.15判タ608号95頁）。たとえば、平成27年11月5日に総株主の議決権の100分の1以上または300個以上の議決権を取得した場合、翌6日から丸6カ月の期間（平成28年5月5日まで）を経過した日である、平成28年5月6日に提案権を行使することができます。

2 継続保有を維持すべき時期

株主提案権を行使した後、いつまで株主が必要な株式を維持している必要があるかについては、①株主総会終結時までとする見解、②株主総会の基準日までとする見解、③株主提案権の行使日と基準日までのいずれか遅い日とする見解があります。総会終結時とすると会社側の確認の負担が過大であること、株主提案件は株主が議決権を行使することができる事項に限って認められるものであるため、少なくとも基準日時点で株主である必要があること等から、基準日が終期となるとする③の考え方が実務では一般的です（相澤『論点解説』126頁、中村『ハンドブック』557頁、江頭『論点2』438頁）。なお、基準日を設定せずに株主総会が開催される場合は、③の見解であっても総会日において必要な株式を維持している必要があるとされています（中村『ハンドブック』557頁、久保利『株主総会』99頁）。

（伊藤菜々子）

104 行使期限要件

行使期限要件の「8週間前まで」はどのように計算するのか教えてください。

ポイント

「8週間前まで」とは、行使日と株主総会の開催日の間に丸8週間の期間が存在しなければならないと解されています。

解説

1 「8週間前まで」の計算

株主は、「株主総会の日」の「8週間」前までに株主提案権を行使しなければなりません（会社303条2項、305

条1項)。

「8週間」前というのは、株主提案権の行使の日から、株主総会の日までの間に丸8週間の期間が存在しなければならないことを意味すると解されています(『新注会(5)』81頁、福岡『実務相談』140頁、中村『ハンドブック』557頁)。たとえば、6月27日に株主総会が開催されるとすると、株主総会の日までに丸8週間を置いて、5月1日までに株主提案権を行使する必要があります。

2 実際の開催日か予想される開催日か

「株主総会の日」について、株主は、招集通知が発送されるまでは株主総会の開催日を知りえないため、厳密に解するのではなく、客観的に開催日と予想される日を基準として、8週間前に行使されていれば適法な行使とすべきとの見解もあります。

しかし、8週間前という時点は、提案権を行使すべき時点としてそれほど開催日からかけ離れておらず、株主は、開催日と行使日との間に8週間置くように余裕をもって行使することも可能であるため、文言に従い、実際の開催日の8週間前までの行使が必要であるとするのが通説です(中村『ハンドブック』558頁)。

そのため、株主は、例年の開催日を参考にしながら期間に十分な余裕をもって株主提案権を行使する必要があります。

3 8週間前が休日の場合

総会からさかのぼった8週間前の日が休日である場合は、株主の利益保護の観点から、民法142条を準用ないし類推して、8週間前の日の翌営業日を行使期限として取り扱うことが無難であるとされています(森・濱田松本『株主総会』415頁。なお、大阪地判平24.2.8金商1396号56頁は、株主の利益になるよう解したとしても、翌営業日までに行使することが必要であると判示しています)。

4 8週間前までになされなかった株主提案の取扱い

株主提案権行使の日から株主総会開催日までの間が8週間に満たない株主提案は、不適法なものとなるため、会社はこれを取り上げる必要はありません。

この点、提案内容によっては、次期総会への提案として扱われることになるという見解もありますが、提案権を行使した株主は、あくまでも当期総会への提案を意図していたと思われるため、当然に次期総会への提案として取り扱うのではなく、株主の希望を聞いたうえで、元の提案を次期総会の提案としたいのか、あらためて株主提案権を行使するのか、取り上げないこととするのか等の取扱いを選択させることも考えられます(『新注会(5)』82頁、中

村『ハンドブック』558頁)。なお、次期総会への提案と取り扱う場合には、次期総会との関係で行使要件を満たす必要があります。

5　行使期限要件の確認方法

実務では、8週間前までに行使されているかどうかを確認するため、配達証明付内容証明郵便など、受領したことが明確に示されるものでない場合は、行使書面に受領印を押したり、受領書を発行することにより、受領日を明確にしておく必要があります（久保利『株主総会』99頁)。　　（伊藤菜々子)

105　実質的に同一の議案

議案提案権や議案の通知請求権を行使することができない「実質的に同一の議案」とはどのような意味か教えてください。

ポイント

実質的に同一の議案か否かは、個別具体的な内容、状況、背景等に応じて、総合的かつ実質的に判断されるべきであると解されています。

解　説

1　実質的に同一の株主提案権

会社は、株主が議案提案権を行使する議案、または通知請求権を行使する議案と実質的に同一の議案につき、株主総会において総株主の議決権の10分の1以上（定款による要件の引下げは可能です）の賛成を得られなかった日から3年を経過していない場合は、その提案または通知を拒絶することができます（会社304条ただし書、305条4項)。可決される可能性の低い株主提案が繰り返し行使されるといった濫用的な株主提案を防止するための規定です。

会社法は、「実質的に同一の議案」の提案等を禁止しているため、形式的には同一の議案であっても、前回提案したときとその背景や条件が異なる場合には、同一の議案とはいえません（『新注会(5)』75頁、『コンメ7』109頁)。たとえば、剰余金の配当議案に関して、同一金額の配当議案であっても、前回と今回とで決算期が異なる場合は同一の議案とはいえないとされています。また、形式的には同一でない場合でも、同一性が肯定される場合もあると考えられます。たとえば、取締役の人数を5名から8名に増員する旨の定款変更の提案と、5名から10名に増員する旨の定款変更の提案とでは、増員数は異なりますが、増員の要否という点では実質的に同一であるとの見解がありますが、これについては、同一でないとの見解もあります（江頭『論点2』443頁)。

もっとも、実質的に同一の議案か否かについては、抽象的な判断基準を示すことは困難であり、個別具体的な内

容、状況、背景等に応じて、総合的かつ実質的に判断されるべきと解されています（西村ときわ『実務相談』96頁）。

2 実務における対応

実務では、議案提案権に基づく議案を否決することが確実であると見込まれる場合には、同一議案か否かの判断に係るリスクを軽減するため、議案の実質的同一性があると認められる可能性がある場合であっても、株主総会において否決されるであろうとの予測のもとに適法な提案として取り上げていることが多いように思われます（森・濱田松本『株主総会』425頁）。

（伊藤菜々子）

106 個別株主通知の要否

振替株式の株主が株主提案権を行使する場合には、個別株主通知は必要ですか。

ポイント

振替株式の株主が株主提案権を行使する場合には、個別株主通知が必要です。

解説

1 個別株主通知の要否

振替株式の株主が少数株主権等を行使する場合には、個別株主通知が必要になります。

この「少数株主権等」とは、「株主の権利」のうち、会社法124条1項に規定する権利を除いたものと定められており（振替法147条4項）、株主提案権もこれに該当すると解されています。

2 個別株主通知と株主提案権を行使する時期

株主提案権を行使しようとする振替株式の株主は、まず口座を開設している証券会社等の口座振替期間に対して個別株主通知の申出を行います。株主の申出から、原則として4営業日以内に、会社に対して個別株主通知がなされます。この個別株主通知が会社に到達してから4週間以内に、株主は株主提案権を行使する必要があります（振替法154条2項、同法施行令40条）。そのため、株主の権利行使時に個別株主通知が到達していなかった場合、会社は、当該権利行使を拒絶することができます。

提案権を行使する株主は、遅くとも、会社法所定の権利行使期間（総会の日の8週間前まで）に、会社への個別株主通知が完了している必要があると考えられているため（大阪地判平24.2.8判時2146号135頁）、株主提案権の行使が8週間前までになされたものの、個別株主通知がこの期限を過ぎて到達した場合には、会社は、当該権利行使を拒絶することができるとされ

第6章 株主提案 165

ています。なお、個別株主通知は会社に対する対抗要件ですので、会社がこれを争わずに、会社の判断として当該株主からの提案権の行使を認めることは可能です（江頭『論点２』441頁）。

(伊藤菜々子)

107　株主提案を取り上げなかった場合

株主提案権の行使を無視して取り上げなかった場合、決議はどうなりますか。

ポイント

株主から提案された議題を株主総会の目的としなかったとき、過料の制裁が科されるほか（会社976条19号、303条１項、325条等）、任務懈怠責任（会社423条１項）の問題が生じえます。なお、提案された議題については、株主総会で議題となっておらず決議されていない以上、原則として決議取消しの問題にはなりません。

解説

取締役会は、適法な議題または提案であれば、株主総会に上程することを拒否することはできず、すべての提案を株主総会に付議しなければなりません（稲葉『実務相談２』626頁）。

株主提案権が適法に行使されたにもかかわらず、会社がこれを無視して取り上げなかった場合、代表取締役に対して過料の制裁が科されます。具体的には、議題の提出（会社303条）に対し、これを会議の目的としなかったときは100万円以下の過料（会社976条19号）、議案の提出（会社304条）に対し、これを招集通知に記載しなかったときも100万円以下の過料（会社976条２号）が科せられます。代表取締役に限られず、取締役会の議決に過失があった場合には、これに関係した取締役や監査役等についても、制裁の対象となります（森・濱田松本『株主総会』405頁）。

また、提案された議題については、決議がなされていないため、株主総会で取り上げられなかったとしても決議取消事由には該当しないと解するのが通説ですが、例外的に、①当該事項が株主総会である事項と密接な関係があり、株主総会の目的である事項に関し可決された議案を審議するうえで、株主が請求した事項についても株主総会で検討することが必要かつ有益であり、②関連性のある事項を株主総会の目的として取り上げると現経営陣に不都合なため、会社が現経営陣に都合のいいように議事を進行させることを企図して当該事項を株主総会で取り上げなかったという特段の事情が存在する場合に限り、決議取消事由に該当すると解されています（東京高判平23．9．27資料版商事333号39頁）。

また、提案株主に対する関係では、不法行為に当たる場合、損害賠償請求（会社429条、民法709条）または役員解

任請求訴訟（会社854条）がなされる可能性があります（東京地判平26.9.30金商1455号8頁）。　　　（伊藤菜々子）

108 株主総会参考書類への記載

株主提案権が行使された場合、参考書類に記載する内容を説明してください。

ポイント

株主提案権が行使された場合において、株主がその提案の理由を通知したときは、会社は、株主総会参考書類に当該理由を記載しなければなりません（会社則93条1項3号）。もっとも、提案理由が、その全部を記載することが適切でない程度の多数の文字、記号その他のものをもって構成されている場合（会社法がその全部を記載することが適切であるものとして定めた分量を超える場合を含む）は、提案理由の概要を記載すれば足りると定められています（同項柱書）。「その全部を記載することが適切でない程度の多数」とは、当然に、平成17年改正前商法で定められていた400字を意味するものではなく、会社が株主総会参考書類の他の記載事項の量との関係を考慮しつつ、適切に判断すべきとされています（相澤『論点解説』481頁）。定款、株式取扱規程や株主総会決議、取締役会決議により、「会社がその全部を記載すること

が適切であるものとして定めた分量」を定めることも可能です（相澤『論点解説』482頁）。

また、提案の理由の概要を記載する場合には、概要の記載について提案株主と争いが生じることを回避するため、提案株主に概要の作成を求める、概要を作成したうえで提案株主に異議がある場合には一定期間内に修正の作成を求める、定款の定めにより提案理由全文をウェブ開示の対象とする等といった対応が望ましいとされています（福岡『実務相談』152頁、江頭『論点2』450頁）。

解　説

1　株主総会参考書類への記載

株主提案権が行使された場合、株主総会参考書類には、①議案が株主の提出に係るものである旨（会社則93条1項1号）、②議案に対する取締役会の意見があるときはその内容（同項2号）、③株主が自己の議案の通知請求に際して提案の理由を会社に対して通知したときはその理由（当該提案の理由が明らかに虚偽である場合またはもっぱら人の名誉を侵害し、もしくは侮辱する目的によるものと認められる場合における当該提案の理由を除く。同項3号）、④議案が役員等の選任議案に関するものであるときは、会社則74条～77条に定める事項（当該事項が明らかに虚偽である場合における当該事項を除く。会社

第6章　株主提案　167

則93条1項4号)、⑤議案が全部取得条項付種類株式の取得または株式の併合に関するときは、会社則85条の2または同条の3に規定する事項(当該事項が明らかに虚偽である場合における当該事項を除く。会社則93条1項5号)を記載することとなっています。

2 提案の理由の記載

上記①～⑤のうち、③～⑤(会社則93条1項3号～5号)については、株主総会参考書類にその全部を記載することが適切でない程度の多数の文字、記号その他のものをもって構成されている場合(会社がその全部を記載することが適切であるものとして定めた分量を超える場合を含む)は、その概要を記載すれば足りると定められています(同条1項柱書)。

そして、「その全部を記載することが適切でない程度の多数」とは、当然に旧商法で定められていた400字を意味するものではなく、会社が、株主総会参考書類の他の記載事項の量との関係を考慮しつつ、適切に判断すべきであるとされています(相澤『論点解説』481頁)。もっとも概要を記載する場合でも、株主総会参考書類の他の記載事項や提案の理由の具体的な内容にもよるものの、概要の記載は400字を下回らないことが望ましいとされています(福岡『実務相談』152頁)。

また、概要の記載をめぐって提案株主との争いが生じることを回避するため、提案株主に概要の作成を求める、概要を作成したうえで提案株主に異議がある場合には一定期間内に修正の作成を求める、定款の定めにより提案理由全文をウェブ開示の対象とする等といった対応が望ましいとされています(福岡『実務相談』152頁、江頭『論点2』450頁)。

3 取締役会の反対意見

株主提案に係る議案について、会社は、取締役会の意見があるときはその内容を株主総会参考書類に記載する必要があります(会社則93条1項2号)。経営陣として、株主提案に対する評価や意見を表明することは、一般株主が賛否の意思決定をするために必要な情報だからです。

そのため、取締役会の意見は、株主提案に対する意見であることが一見して明らかな方法で記載されていることが望ましく、実務では、取締役会の意見という見出しをつけたり、他の文字と異なる字体やフォントを用いたりして記載する例がみられます。なお、取締役会の意見は明確に記載すべきであり、取締役会の内部で意見が割れた場合は、多数決で決定された意見を記載します。もっとも、取締役会で認めた場合に限り、少数意見とその理由を付記することができるとされています(東弁『ガイドライン』284頁)。

上記2の提案の理由と異なり、取締役会の意見については特段分量の制限

は定められていません。この点に関連して、株主提案の提案理由の記載の分量を制限して、取締役会の反対意見はその分量を超えて記載することが許されるかという問題がありますが、取締役は善管注意義務の観点から、株主に対し、株主提案に対する意見を十分に説明する必要があり、提案株主は別途委任状勧誘に関して配布する参考書類において、自らの意見を自由に記載することができることからすれば、提案理由について分量を制限しつつ、取締役会の意見をその分量を超えて大きく記載することについては、合理的な範囲であれば許容されると解されます（太田洋「株主提案と委任状勧誘に関する実務上の諸問題」商事1801号28頁）。

（伊藤菜々子）

109 株主提案権の撤回

株主提案権は撤回することができますか。できるとした場合、いつまでなら撤回できるのですか。

ポイント

株主提案権を撤回するためには、会社の同意が必要です。

会社が撤回に同意した場合、招集通知の発送前であれば、株主提案権はなかったものとして取り扱うことが可能です。

解説

株主が株主提案権を行使した場合、会社に到達した時点で効力を生じるため、以後は、会社の同意なしに、株主提案権の行使を撤回することはできません。

会社が撤回に同意した場合、招集通知の発送前であれば、株主提案権はなかったものとして取り扱うことが可能であると解されています（東弁『ガイドライン』286頁、福岡『実務相談』161頁）。また、招集通知の発送後であれば、株主総会の開催日の前日までに株主に対し、撤回された旨を通知する必要があると解されています（東弁『ガイドライン』286頁、福岡『実務相談』162頁）。議題・議案の取下げは、ウェブ修正による方法も可能であると解されているため（武井『質疑応答』89頁）、撤回の通知についてもウェブ修正で行うことも可能であると考えられます。

また、前日までに撤回された旨を通知することができなかった場合は、議長は、株主総会の議場において、株主提案権の撤回の動議を提出し、その承認を得てこれを撤回することも可能です。

会社は、株主提案権の撤回について同意せずに、なお株主提案権の行使があったものとして取り扱うことも可能です。

（伊藤菜々子）

110　招集の撤回・延期

招集の撤回・延期の方法について説明してください。

ポイント

株主総会の招集通知発送後に、その招集を撤回し、または会日を延期することは認められます。この場合には、招集の手続に準じて、取締役会決議に基づき、すべての株主に対してその旨を通知し、これが株主総会の会日よりも前に株主に到達する必要があります。

解説

株主総会の招集通知発送後に、その招集を撤回したり、会日を延期したりすること（以下「撤回等」といいます）は認められると解されています。この場合、招集の手続と同じ方法、すなわち、一般的には取締役会決議に基づき、すべての株主に対してその旨を通知することによって、有効に撤回等をすることができるようになります。株主に対する通知は、株主総会の会日よりも前に株主に到達する必要があります。取締役会決議に基づかない撤回等や先に通知した会日よりも前に撤回等の通知が到達しない場合は無効です。なお、撤回等はやむをえない理由がある場合に行うべきものですが、やむをえない理由があったか否かは撤回等の効力に影響するものではなく、正当な手続を経て撤回等が行われたものである限り有効なものと解されています（大隅『株主総会』74頁）。

延期後の期日については、いつまで延期できるかが問題となりますが、会社法上は、株主総会については、毎事業年度の終了後一定の時期に定時株主総会を招集しなければならないとの規定がありますが（会社296条1項）、開催時期についての制約はありません。しかし、株主名簿の基準日についての制約（会社124条2項）があるため、議決権行使の基準日後3カ月以内に開催しなければなりません。したがって、3月末日を決算日とする会社は、決算日から3カ月後以降の日を延期後の会日とすることはできますが、基準日が決算日と同一である場合（多くの会社がこのように基準日を設定しているものと考えられます）には、延期後の株主総会のためにあらためて基準日を設定する必要があることに留意する必要があります（中村『ハンドブック』282頁）。なお、定款で定時株主総会を毎年6月に開催する旨を定めている場合でも、天災等のきわめて特殊な事情によってその時期に開催することができないときは、定款の合理的意思解釈により開催時期がこれより遅れても定款違反とはならないものと解されます（河合芳光「定時株主総会の開催時期に関する法務省のお知らせについて」商事1928号5頁）。

（伊藤菜々子）

111 議案の修正・撤回

議案の修正・撤回の方法について説明してください。

ポイント

招集通知発送後に、株主総会参考書類に記載すべき事項について修正が生じた場合、修正後の事項を株主に周知させるための方法を招集通知にあわせて通知していれば（会社則65条3項）、その方法によって株主に修正後の内容を周知させることが可能です。実務では、インターネットのウェブサイトに表示して周知する、いわゆるウェブ修正による方法が多くとられています。

他方、招集通知発送後に議案を撤回するためには、株主総会の同意を要するとされています。

解説

1 議案の修正

株主総会参考書類に記載すべき事項について、招集通知の発送後から株主総会の日までの間に修正すべき事項が生じた場合、修正後の事項を株主に周知させるための方法を招集通知にあわせて通知していれば（会社則65条3項）、その方法により修正することが可能です。もっとも、議案の変更まで許容されるとすれば、招集通知の発送から株主総会の日までに一定期間を置いた意味がなくなることから、実質的な議案の修正はできないものと解されています（中村『ハンドブック』285頁）。

そのため、修正が認められるのは、誤植などの形式的な部分のほか、比較的重要でない事項の修正に限られると解されます。

2 議案の撤回

招集通知発送後の議案の撤回については、株主総会の同意が必要であるとの見解が有力です。もっとも取締役会の決議に基づいて、議長が株主総会で撤回を宣言すると、当該議案は採決に至らないことになるため、撤回に際し株主の同意が得られなかったとしても、取り消すべき決議がなく株主総会決議取消訴訟の問題にはならず、取締役の責任が認められるかどうかが問題になるにとどまると解されています（中村『ハンドブック』286頁、福岡『実務相談』40頁）。

また、招集通知発送後に取締役候補者が死亡した場合、その取締役候補者に関する議案は当然に失効するため、これについての議案の変更は可能であるとされています（中村『ハンドブック』285頁）。

（伊藤菜々子）

第 7 章

株主総会の事前準備

112 株主総会の事前準備の全体像

株主総会の事前準備の概要と事務の流れについて説明してください。

ポイント

株主総会の準備としては、法令上の期間制限をふまえて全体のスケジュールを決定したうえで、議長が使用するシナリオの作成、会場の設営・警備の準備、想定問答の作成、リハーサルの実施、株主から送られてきた議決権行使書や委任状の処理などをスケジュールに従って進める必要があります。

解説

1 スケジュールの決定

株主総会の準備をするには、まず、法令上の期間制限をふまえて全体のスケジュールを決定し、これに従って事務日程を管理することが重要です。全体のスケジュールについては、【13】を参照してください。

2 シナリオの作成

株主総会のシナリオの作成の目的は、①法令の規定に従った適法な総会の運営が行えるようにするとともに、②円滑な議事の進行を図ることにより、充実した審議を適正な時間内に行えるようにすることにあります。シナリオがないと、総会当日の進行の不手際などにより総会決議が決議取消事由などの瑕疵を帯びるおそれがありますので、シナリオは、そのようなことが起きないようにするために必要です。

シナリオの内容については、【114】を参照してください。

3 会場の設営・警備

株主総会の会場の選定や設営にあたっては、総会場の収容人員、構造、控室の位置、株主用および役員用の入退場口の確保、総会場に設置するプロジェクターやビデオ等の設備の位置などを考慮する必要があります。総会場の収容人員については、多数の株主が出席した場合でも会場の移動をしなくてもすむように、例年の株主数または出席が予想される株主数などを考慮してこれを相当程度上回るものでなければなりません。また、総会場の警備には、警備会社の警備員を活用する方法、警察官に臨場を要請する方法などがあり、不測の事態を想定した警備訓練を事前に行っておくことが必要です。

4 想定問答集の作成

想定問答集を作成する場合、①読み上げる内容をそのまま記載する方法と、②ポイントを箇条書きにして列挙する方法があります。そのいずれとするかは、答弁担当役員の意向も確認しながら決定する必要があります。想定問答の内容を検討するにあたっては、

株主の視点に立って会社に関する関心事を洗い出す観点から、よくある質問や発言を網羅的に登載する必要があります。質問を選ぶにあたっては、公刊されている想定問答集も参考になります。

一方、前年の想定問答集を見直す場合には、陳腐化した問答を削除して、会社の現状にあうものにブラッシュアップすることが必要になります。こうした作業は、まず、関係各部署で行った後、取りまとめ部署でも確認して進めることになります。

想定問答集の作成・見直しには、実際に答弁を担当する役員も積極的・主体的にかかわる必要があります。

5　株主総会のリハーサル

株主総会のリハーサルは、運営上の問題点を掘り起こし、シナリオどおりに進行することができるかどうかを検証する機会として重要です。そのため、実際の総会場で、本番に出席予定の役員および事務局スタッフ、警備係等の全員が参加したうえで、予定された手順どおりに本番さながらに実施する必要があります。また、通常どおりの進行とは別に、議長の指示に従わず騒ぎ立てる株主が現れるなど、問題となる場面を想定したシミュレーションも行うべきです。

さらに、株主役の従業員が、想定問答集にある質問のほか、別の観点からの質問や想定問答集にない質問も行って、役員が的確な答弁を行うための練習または訓練としても役に立つようにすることも重要です。

総会の本番では、リハーサルで明らかになった問題点をシナリオや想定問答集に反映して、リハーサルでの経験を生かすべきです。

6　株主から送られてきた議決権行使書面や委任状の処理

会社は、株主から送付された議決権行使書面について、議決権行使期限までに到達したものについて、一定の判定基準に沿って、有効分・無効分、有効分のうちの賛成分・反対分を仕分け、集計結果を議案別集計表、議決権行使書面提出株主一覧表にまとめる必要があります。

委任状についても、株主の押印がない限り有効性が認められない点を除いて、集計基準は議決権行使書面と大きく異なりません。

議決権行使書面や委任状が重複した場合の処理としては、二重に委任状が提出されたときは、株主による委任の趣旨により対応が異なります。議決権行使書面の行使後に、重複して異なる内容の議決権が行使されたときは、会社が事前に取扱いを定めていた場合には当該定めによって対応し、当該定めがない場合には、後の議決権行使が有効として扱われます。委任状と議決権行使書面の両方が提出されたときは、委任状による議決権の代理行使のみが

有効として扱われます。　（村松頼信）

113　シナリオの作成

定時株主総会の説明・審議の方式としては、どのような方式を採用したらよいですか。

ポイント

定時株主総会の説明・審議の方式としては、適法な総会運営、瑕疵のない総会決議を行うために、説明義務違反を回避し、議事運営が公正なものとなるようにする観点から、一括回答方式（株主の質問内容や質問が予想される事項があらかじめ判明している場合に、株主から口頭で質問が出される前に、これらの質問事項に対する回答をまとめて説明する方法）と、一括上程・一括審議方式（総会の目的事項全部をまとめて上程し、あわせて審議する方法）をとることが考えられます。

解説

1　シナリオの必要性

株主総会の議事運営の目標は、適法な総会運営を行い、瑕疵のない総会決議を行うことにあり（中村直人『役員のための株主総会運営法〔第2版〕』（商事法務、2016）49頁）、これを満たすためには、①決議の方法が法令・定款に違反しないこと、すなわち、説明義務（会社314条）に違反しないことと、②決議の方法が著しく不公正でないこと、すなわち、議事運営が公正なものであることが必要となります。シナリオは、当日の不注意によりこれらのポイントを落とすことがないようにするためにあらかじめ用意しておくものです（森・濱田松本『株主総会』183頁）。

2　シナリオで採用される説明・審議の方式

(1)　一括回答方式

上記1①の決議の方法の法令・定款違反としては、上場会社においては説明義務（会社314条）違反が問題となることが圧倒的に多いといえます。そして、決議事項およびこれと密接な関連を有するもの以外には決議取消事由とはならないとされていることから（福岡地判平3．5．14判時1392号126頁［九州電力事件］）、決議取消事由がないようにするためには、決議事項および決議事項と密接な関連を有する事項について一定の範囲で説明することが重要です。

そこで、上記1①の決議の方法が法令・定款に違反しないようにするため、説明義務を尽くすには、「一括回答方式」を活用することが考えられます。「一括回答方式」とは、株主の質問内容や質問が予想される事項があらかじめ判明している場合に、報告事項や決議事項を敷衍・補足する意味で、株主から口頭で質問が出される前に、

これらの質問事項に対する回答をまとめて説明する方法です。一括回答方式は、事前質問状への対応として定着しており、不祥事や違法性を指摘される事項が予想される会社において、総会場で質問を受けた場でそのつど判断して回答するのではなく、事前に回答の範囲や表現について十分に準備・検討をして一括回答の内容を用意しておく意義が大きいといえます。また、事前質問状を提出した株主が出席せず、総会場では予想された質問が出されなかったとしても、一括回答から除外する必要はなく、株主の出席状況を問わず、予定どおりに一括回答することが可能です。

また、一括回答方式は、「開かれた総会」、株主・投資家との関係を重視した「IR型総会」の実現にも有効といえます。総会でランダムに出される個別の質問に回答するのと異なり、一括回答であれば、株主の関心事や会社がアピールしたい事項についてポイントを絞ったわかりやすい説明を、株主からの質問を待たずに積極的に行うことができます（森・濱田松本『株主総会』186～188頁）。

(2) 一括上程・一括審議方式

上記1②の公正な議事運営とは、発言の希望がある株主に総会の合意に基づいて一定の合理的な制限を加えたうえで発言の機会を与えることを指します。一括回答（上記(1)）により十分に説明義務を果たしたとしても、上記(1)②の議事運営を公正なものとする観点からは、発言を希望する株主からの個別質疑を受ける時間を設ける必要があります（森・濱田松本『株主総会』190頁）。

総会の目的事項が複数ある場合に1つずつ審議し、採決する方法を「個別上程方式」または「個別上程・個別審議方式」といい、目的事項全部をまとめて上程し、あわせて審議する方法を「一括上程方式」または「一括上程・一括審議方式」といいます（中村『ハンドブック』371～372頁〔中村直人〕、森・濱田松本『株主総会』191頁）。両方式を対比すると、基本的には、一括上程・一括審議方式のほうが審議しやすいといえます。個別上程・個別審議方式では、審議内容に対応した質問しか受け付けることができず、異なる議案に関する質問が出された場合には後回しにする必要があり、質問が出されるたびに、議長が報告事項またはいずれの議案についての質問なのかの判断を求められため、煩瑣です。株主としても、1つの機会に報告事項またはいずれの議案か問わずにあらゆる発言を受け付けられたほうがわかりやすいといえます。また、個別上程・個別審議方式では、報告事項から個別議案に進むと審議が不十分となりがちになり、決議取消事由となるおそれがありますが（東京地判昭63．1．28判時1263号3頁［ブリヂストン事件］）、一括上程・一括審議方式では、特定の議案についての審

議が不十分となるリスクを回避できます。さらに、個別上程・個別審議方式の場合、報告事項や各議案の審議のたびに株主が質問することができるため、審議時間が長時間化するおそれがあるのに対し、一括上程・一括審議方式では、審議時間をコントロールしやすいといえます。加えて、問題株主の出席が予想される場合、個別上程・個別審議方式では、不規則発言により議事を妨害しようとする株主がいるなかで、個別の議案ごとに逐一審議、質疑打切り、採決を行うのは煩雑ですが、一括上程・一括審議方式ではそうしたリスクを回避できます。そして、審議の最中に緊急事態が発生した場合、個別上程・個別審議方式ではどの審議段階で緊急事態が生じたかによっていくつものシナリオを用意する必要があるのに対し、一括上程・一括審議方式では審議を打ち切って全議案を採決するシナリオを1つ用意すれば足ります（中村『役員のための株主総会運営法〔第2版〕』53～54頁）。

こうした一括上程・一括審議方式は、裁判例でも適法であることが認められています（名古屋地判平5．9．30資料版商事116号187頁［中部電力事件］）。

(村松頼信)

114 シナリオの内容

定時株主総会のシナリオの具体的な内容は、どのようにしたらよいのですか。また、総会の目的事項が複数ある場合の議事運営の方式としては、どのようなものがありますか。

ポイント

シナリオは、議長がそのまま読み進めれば適法かつ円滑に議事運営ができるようにするために作成するものですので、その内容は、このことを前提として内容を検討する必要があります。

総会の目的事項が複数ある場合の議事運営の方式としては、①一括上程・一括審議方式と、②個別上程・個別審議方式とがあります。

シナリオの典型的な内容（一括上程・一括審議方式の場合）としては、①議長就任宣言、②開会宣言、③欠席役員の報告、④議事進行上の留意事項の説明、⑤株主の出席状況の報告および定足数充足宣言、⑥監査役の監査報告、⑦計算書類・連結計算書類の説明、⑧決議事項の議案の説明、⑨事前質問に対する一括回答、⑩一括上程・一括審議方式採用の決議、⑪議事進行の説明・質問等の受付、⑫審議の終了、⑬各議案の採決、⑭閉会宣言、⑮新任役員の紹介があげられます。

解　説

シナリオの作成の目的は、議事進行の要領を議事運営の手順や議長の発言内容などをあらかじめ定めて置き、シナリオのとおりに議事を運営していれ

ば総会の適法で円滑な議事進行を図ることができるようにすることにあります。そのため、シナリオは、議長がそのまま読み進めることを前提として、一言一句まで慎重に吟味しなければなりません。

議事運営について一括上程・一括審議方式を採用した場合、議事全体が大きく3つのパートに分かれます。第一に、議長挨拶から個別質疑までであり、議長がシナリオどおりに読み進めるパート、第二に、個別質疑であり、議長が質問を希望する株主を指名し、自ら回答または回答する役員を指名するパート、第三に、質疑打切りから採決までであり、議長がシナリオどおりに読み進めるパートです。

監査役会設置会社を想定したシナリオの具体的な内容としては、以下のとおりです（中村『ハンドブック』372〜375頁〔中村直人〕）。

1 総会シナリオの概要

(1) 一括上程・一括審議方式をとる場合

a 議長就任宣言

法律上必要とされるものではありませんが、自分が定款の定め（「定款第○条」というかたちで、具体的に条項をあげます）に基づいて議長に就任することを説明します。

b 開会宣言

議長が、所定の開会時刻になったら株主総会の開会を宣言し、この開会宣言から株主総会が開始されます。実務的には、議事録上の記載事項の関係から、いつから総会の議事が開始されたかをはっきりさせるため、開会宣言を行います。

一括上程・一括審議方式の場合、開会宣言とあわせて、議題を一括して提出し、一括上程・一括審議方式を採用することを宣言します。

c 欠席役員の報告

実務的には、役員に欠席者がいることの報告が行われることが多いのですが、この報告は法的に意味があるものではありませんので、行わなくても問題ありません。

d 株主の出席状況・定足数充足状況の報告

実務的には、出席状況の確認に時間を要するため、開会時点ではなく、開会5分前から10分前の時点の出席状況が報告されています。定足数の充足は決議時点で必要となるものですから、開会時点での出席状況・定足数充足状況の報告は、法的に必須というわけではありませんが、株主から質問されれば説明義務の対象となる事項です。

e 株主の発言上の注意

株主の発言時期を議案の説明後に指定し、それまで発言を禁止し、発言者の指定方法や発言手順の指示を行います。これは、議長が議事整理権の行使として行うものですので、株主がこれに従わずに不規則発言をしても、議長は、これを無視して手続を進めること

ができます（中村直人『役員のための株主総会運営法〔第2版〕』（商事法務、2016）55頁）。そのほか、発言を希望する株主に対して発言方法等を説明することにより、議事の進行を円滑にする意味があります。

f 監査役の監査報告

監査役が、監査報告書に記載された事項を説明するパターンと、それに加えて監査報告に記載のない付議議案の適法性についても言及するパターンなどがあります。法的には、監査役は、株主総会に取締役が提出しようとしている議案や書類等に法令もしくは定款に違反しまたは著しく不当な事項があると認める場合にのみ、その調査の結果を株主総会に報告する義務を負いますが（会社384条）、実務上は、付議議案に法令または定款違反がなく、かつ、著しく不当な事項がない場合でも、その旨を監査役が報告する運用が多くみられます。

g 計算書類・連結計算書類の説明

説明は必要ですが、書類全部を音読する必要はなく、実務的には、事業報告の「事業の経過及び成果」のほか、貸借対照表や損益計算書の大項目のみを朗読する場合が多くあります。最近では、プロジェクターで、パワーポイント等のパソコンソフトを活用して報告する会社が増え、事業報告や計算書類等の記載事項以外の情報についても積極的に説明がなされています。

h 全決議事項の説明

一括上程・一括審議方式の場合、全議案に関する説明をまとめて行います。株主の質問を待たずに議案の提案者として提案内容・提案理由を説明することになりますが、議案の内容・提案理由は、配布ずみの株主総会参考書類に記載のとおりである旨を説明することで足ります。実務的には、株主総会参考書類の記載内容をそのまま朗読して議案の説明としている例が多いのですが、株主総会参考書類の記載が長大な総会議案の場合には、これを簡略化した説明をすることも考えられます。

i 事前質問に対する一括回答

一括回答方式の場合、この段階で事前質問に対する回答を行います。

j 一括上程・一括審議方式によることの了承

一括上程・一括審議方式によることは議長の議事整理権の範囲内であると考えられますが、念のため、一括上程・一括審議方式によることについて株主の承諾も得るものです。ここでは、「動議」も含めて質疑応答の場面でしか提出できないことを明示する必要があります。

k 質問等の受付

議長が、株主に対して、発言の機会はいましかないこと、どの議案についての発言でもかまわない旨を説明したうえで、質問を含むいっさいの発言の受付を開始します。

l　質問等の打切り

質問等の打切りは議長の議事整理権の範囲内であると考えられますが、念のため、株主の同意を得ておきます。

m　各議案の採決

この段階では、株主から発言希望があっても受け付けないことが可能です。採決にあたっては、可決・否決の区別がつけば足り、詳細な議決権数の確認は不要です。

n　閉会宣言

議長が閉会を宣言して株主総会が終了します。

o　新任役員の紹介

総会の閉会宣言後に、この総会で選任された役員を議長から紹介する機会を設けることが実務的には多いですが、厳密にはこれは総会の議事には含まれません。

(2)　個別上程・個別審議方式による場合

個別上程・個別審議方式による場合、上記(1)一括上程・一括審議方式による場合の相違点としては次の点があげられます。

a　議長就任宣言

上記(1) a と同様です。

b　開会宣言

上記(1) b とは異なり、開会宣言の際に議題を一括上程する旨の宣言は行いません。

c～g

上記(1) c ～ g と同様です。

h　事前質問に対する一括回答

一括回答方式を採用する場合、この段階で事前質問に対する一括回答を行います。

なお、総会では、騒然とした状況のなかで質問が続き、一問一答が適切に実行できない場面も想定されます。退職慰労金贈呈議案の審議が混乱と興奮のうちに説明不十分のまま進行して決議された事案において、説明義務違反と判断され、決議取消しの判決がされたブリヂストン事件判決（東京地判昭63．1．28判時1263号3頁）で問題とされた点を考慮すると、決議事項についても、報告事項の一括回答とあわせて行う必要性が高いといえます。そこで、個別上程・個別審議方式の場合でも、実務上は、一括回答の取扱いに関する限り、報告事項と決議事項に関する事前質問に対する回答をまとめて行うことになります（森・濱田松本『株主総会』265頁）。

i　報告事項についての個別質問の受付・打切り

個別上程・個別審議方式の場合、報告事項の報告が終わり、決議事項の審議に入る直前の段階で、報告事項に関する質問の受付および打切りを行うことになります。なお、個別上程・個別審議方式を徹底すると、事業報告、計算書類、連結計算書類、連結計算書類の監査結果の各報告はそれぞれ分けて上程されることになりますが、このような報告の仕方は一般株主にわかりに

くいことから、当該方式をとる場合でも、報告事項については一括して報告し、その後に質問等を受け付けることが多いと考えられます（森・濱田松本『株主総会』265頁）。

　　j　各決議事項の議案の説明、質問等の受付・打切り、採決

　個別上程・個別審議方式の場合、各決議事項ごとに、①議案の説明、②質問等の受付・打切り、③採決を順次行うことになります。ある決議事項の質問等を受け付けた際に他の決議事項の質問が出された場合、当該決議事項を上程した際に質問するよう回答します（中村『役員のための株主総会運営法〔第2版〕』53頁）。

　また、新任役員の紹介は、閉会宣言後に行う方式のほか、取締役選任議案や監査役選任議案の採決の直後に行うことも考えられます（三井住友信託銀行証券代行コンサルティング部編『株式実務株主総会のポイント〔平成28年版〕』（財務詳報社、2016）372・373・378頁）。

　　k　閉会宣言

　上記(1) n と同様です。

2　シナリオの作成例

　シナリオの例としては、次のものが考えられます（総会シナリオに関する文献として、久保利『株主総会』247～303頁、森・濱田松本『株主総会』268～277頁、三井住友信託銀行証券代行コンサルティング部編『株式実務株主総会のポイント〔平成28年版〕』358～389頁、三菱UFJ信託銀行法人コンサルティング部編『新株主総会実務なるほどQ&A〔平成28年版〕』（中央経済社、2016）244～277頁）。

(1)　一括上程・一括審議方式のシナリオの作成例

項目	担当	シナリオ	解説
①開会前の留意事項の説明	アナウンス	本日は、当社の株主総会にご来場くださいましてありがとうございます。 株主総会の開催に先立って、お願いを申し上げます。 株主総会の進行中は、携帯電話は、電源を切るか、またはマナーモードに設定してくださいますようお願いいたします。 また、本総会進行中における写真撮影および動画撮影はご遠慮ください。 火災、地震などの緊急時には、館内放送および係員の指示に従って、行動してくださいますようお願いいたします。 以上になります。	開会前の説明である。この時点では、株主総会はまだ開会していない。 場内アナウンスをしない会社もあるが、定刻の5分ほど前に、一般的な留意事項を株主総会に先立って説明することがある。 このほか、開会前に会社が用意したプロモーションビデオを会場のスクリーンに映写する会社もある。

		本総会の開催までいましばらくお待ちくださいますようお願いいたします。 なお、本総会の模様は、後方から録画いたしますので、あらかじめご承知おきください。	
②役員着席	全役員	〔控室から会場に移動・着席〕	プロモーションビデオを映写する会社では、この段階でプロモーションビデオの映写を終了させる。
③定刻のアナウンス	アナウンス	定刻となりましたので、議長、お願いいたします。	定刻の合図をすることが一般的であり、アナウンスのほか、ブザーを鳴らすなどの方法がある。
④議長就任宣言	議長	〔自席から議長席に移動・一礼〕 本日は、ご多用中、当社の株主総会にご出席いただき、誠にありがとうございます。定款第○条の定めに基づきまして、私が議長を務めますので、どうぞよろしくお願い申し上げます。	議案審議に関する動議およびその他の議事進行に関する動議は、その議案の審議に入ってからに限られる。議長は、議事整理権に基づき、あらかじめ審議に入るにあたって、たとえば報告議案の報告終了まで動議の提出を許可しない措置をとることもできる（東弁『ガイドライン』240頁）。
⑤開会宣言	議長	それでは、ただいまから、第○回定時株主総会を開会いたします。	この開会宣言をもって、会社法上、株主総会が開会されたことになる。
⑥欠席役員の報告	議長	なお、○○取締役は、所用のため欠席しております。	慣例上、欠席役員および欠席の理由を報告することが多いが、法的には必ずしも必要ではない。
⑦議題の上程	議長	本日の株主総会の目的事項を、お手許の招集ご通知に記載のとおり、本総会に上程いたします。	
⑧議事進行の留意事項の説明	議長	議事の秩序を保つため、本総会の議事の運営に関しては、議長である私の指示に従っていただきますよう、お願い申し上げます。 株主の皆様のご質問やご発言につきましては、監査役の報告、事業報告、計算書類の報告、決議事項の議案の内容の説明が終了した後に、一	議長は、議場整理権に基づいて、株主の発言の時期の許可および制限、審議方式を決定することができるため、株主から異議があっても、議長の裁量によって決定することができるが、あらかじめ、このような説明

		括してお受けいたしますので、ご了解ください。	をするのが通例である。ここでは、議長から一括上程・一括審議方式の内容について説明している。
⑨株主の出席状況の報告および定足数充足宣言	事務局	〔出席数の集計結果を議長に連絡〕	定足数の充足の報告は、会社法上、必ずしも行う必要はないが、実務上は、行う例が多いようである。
	議長	それでは、本総会における株主の皆様の出席状況をご報告いたします。本総会におきまして議決権を有する株主様の数は〇名、議決権の数は〇個でございます。議決権行使書またはインターネットにより議決権を行使された数を含めると、株主様の数は〇名、議決権の数は〇個でございます。したがいまして、本総会のすべての議案を審議するのに必要な定足数を満たしております。	
⑩監査役の監査報告	議長	それでは、続きまして、監査報告とともに、連結計算書類の監査結果の報告をお願いいたします。〇〇監査役、どうぞ。	監査役は、取締役が株主総会に提出しようとする議案、書類等を調査しなければならず、法令もしくは定款に違反し、または著しく不当な事項があると認めるときは、その調査の結果を報告する必要がある（会社384条、会社則106条）。法令違反等がなければ必ずしもこの報告を行う必要はないが、実務上これを行うのが一般的である。また、調査対象との関係上、議案の調査結果も報告することが多い。
	監査役	監査役の〇〇でございます。当社の監査役会は、第〇期事業年度の取締役の職務の執行に関し、各監査役が作成および提出した監査報告書に基づいて協議いたしました。その結果を、私からご報告いたします。監査役会および会計監査人の監査報告は、お手許の招集ご通知〇頁から〇頁記載のとおりでございます。また、本総会に提出されるすべての議案および書類につきまして、法令および定款に違反し、または著しく不当である事項は認められませんでした。以上のとおり、ご報告申し上げます。	
⑪計算書類・連結計算書類の説明	議長	続きまして、計算書類および連結計算書類の内容をご説明申し上げます。第〇期事業年度の事業報告、計算書類および連結計算書類の内容につき	平成27年7月から平成28年6月に定時株主総会を開催した全国証券取引所上場企業を対象としたアンケート調査では、映像等で事業報

	ナレーション	ましては、招集ご通知〇頁から〇頁に記載のとおりでございます。 第〇期事業報告等の内容につきまして、その概要をご説明いたします……。	告の内容を報告している会社が96.1％、計算書類の内容を説明している会社が68.1％、連結計算書類の内容の説明をしている会社が85.9％にのぼる（『株主総会白書2016年版』50頁）。
⑫決議事項の議案の説明	ナレーション	それでは、お手許の招集ご通知〇頁から〇頁に記載の議案の内容をご説明いたします。 第1号議案「〇〇の件」の内容は、お手許の招集ご通知〇頁に記載のとおりです。 第2号議案……。	
⑬事前質問に対する一括回答	議長	それでは、報告事項および決議事項に関し、事前質問をいただいておりますので、これにつき、ご回答いたします。なお、ご質問いただいております事項のうち、説明することにより株主様の共同の利益を著しく害すると認められるもの、会計帳簿などをみなければお答えできない詳細な事項につきましては、回答を割愛させていただきますのでご了承いただきたいと存じます。 〔事前質問への回答内容の説明〕 以上、ご説明申し上げました。	実務上、すべての報告事項・決議事項に関する事前質問に対する回答をすべてこの段階で行う。
⑭一括上程・一括審議方式採用の決議	議長	それでは、この後の進行方法についてお諮りしたいと存じます。まず、報告事項および決議事項に関する質問および動議を含めた審議に関するすべてのご発言をお受けし、その後、各議案につきまして、採決をとらせていただく方法といたしたいと存じますが、ご賛成の株主様は拍手をお願いいたします。	一括上程・一括審議方式の採否は議長の議事整理権に属するが、株主の支持を得て進行する観点から、その採否について決議を行う。
	株主	〔拍手〕	
	議長	ありがとうございました。過半数のご賛成を得ましたので、この方法で行うことといたします。	
⑮議事進行の説明・質問等の受付	議長	さて、今後の審議ですが、報告事項およびすべての決議事項について株主の皆様から、ご質問、ご意見、動	一括上程・一括審議方式によることの説明と、株主に対する発言の時期に関する

		議を含めた審議に関するご発言をお受けいたします。 その終了後は、決議事項について採決のみをさせていただきます。 ご質問等をされるにあたっては、まず、挙手をしていただき、私の指名を受けてから、最寄りのマイクの前にご移動ください。受付番号およびお名前をおっしゃっていただいたうえで、ご質問、ご意見、動議を述べていただくようお願いいたします。 なお、質疑を終えた後はご発言をお受けする予定はございませんので、ご質問等をされる株主の方は、この機会にご発言ください。 それでは、ご発言を希望される株主様は、挙手をお願いいたします。 〔質疑応答を行う〕	説明を行う。
⑯審議の終了	議長	それでは、報告事項および決議事項につき審議を尽くしましたので、質問および動議の提出を含めた審議を終了し、採決に移ります。	
⑰各議案の採決	議長	それでは、第1号議案「○○の件」の採決をいたします。 原案にご賛成の株主様は拍手をお願いいたします。	採決の方法は、議長が決定することができる。上記アンケート調査の結果では、96.7％の会社が拍手の方法で採決を行っている（『株主総会白書2016年版』103頁）。
	株主	〔拍手〕	
	議長	ありがとうございます。 〔過半数／3分の2以上〕のご賛同を得ましたので、本議案は、原案どおり承認可決されました。 次に、第2号議案「○○の件」……。	
⑱閉会宣言	議長	以上をもちまして本日の目的事項は終了いたしましたので、株主総会を閉会いたします。	閉会宣言をすることによって、株主総会が終了する。
⑲新任役員の紹介	議長	なお、散会する前に、新たに役員に選任された役員をご紹介いたします。 取締役の○○です。	役員紹介は必ずしも行う必要はないが、実務的には行われるのが通常である。
	役員	よろしくお願いいたします。	
	議長	以上でございます。 これをもちまして散会いたします。 本日は、ありがとうございました。	

(2) **個別上程・個別審議方式のシナリオの作成例**

項目	担当	シナリオ	解説
①開会前の留意事項の説明～⑥欠席役員の報告		〈上記(1)①～⑥と同様です〉	
⑦議事進行の留意事項の説明	議長	議事の秩序を保つため、本総会の議事の運営に関しては、議長である私の指示に従っていただきますが、株主の皆様におかれましては、ご了解くださいますようお願いいたします。 また、報告事項についての質問は報告事項の終了後に、議案についての質問は議案を上程した後にお受けいたしますので、ご了承たまわりたく、よろしくお願い申し上げます。	個別上程・個別審議方式の場合、上記(1)とは異なり、質問を受け付けるタイミングについて、報告事項・各決議事項の上程後と説明する。
⑧株主の出席状況の報告および定足数充足宣言～⑩計算書類・連結計算書類の説明		〈上記(1)⑨～⑪と同様です〉	
⑪事前質問に対する一括回答		〈上記(1)⑬と同様です〉	
⑫報告事項についての個別質問等	議長	それでは、報告事項につきまして、ご質問をお受けいたしたいと存じます。ご質問等をされるにあたっては、まず、挙手をしていただき、私の指名を受けてから、最寄りのマイクの前にご移動ください。受付番号およびお名前をおっしゃっていただいたうえで、ご質問、ご意見、動議を述べていただくようお願いいたします。 それでは、ご発言を希望される株主様は、挙手をお願いいたします。	個別上程・個別審議方式の場合でも、報告事項の質問はすべての報告事項についてまとめて受け付ける。
	議長	それでは、報告事項につき審議を尽くしましたので、ご質問および動議	

第7章 株主総会の事前準備

⑬各決議事項の議案の説明・各議案の審議・採決	議長	の提出を含めた審議を終了し、続きまして決議事項の審議に入らせていただきます。	
	議長	それでは、第1号議案「○○の件」を上程いたします。議案の内容につきましては、お手許の招集ご通知○頁に記載のとおりです。本議案について、ご発言を希望される株主様は、挙手をお願いいたします。〔質疑応答を行う〕それでは、第1号議案につき審議を尽くしましたので、質問および動議の提出を含めた審議を終了し、採決をいたします。原案にご賛成の株主様は拍手をお願いいたします。	個別上程・個別審議方式の場合、個々の決議事項ごとに上程、質問の受付・打切り、採決を繰り返す。
	株主	〔拍手〕	
	議長	ありがとうございます。〔過半数／3分の2以上〕のご賛同を得ましたので、本議案は、原案どおり承認可決されました。次に、第2号議案「○○の件」を上程いたします。〔第1号議案と同様に質問の受付・打切り、採決を行う〕	
⑭閉会宣言		〈上記(1)⑱と同様です〉	
⑮新任役員の紹介		〈上記(1)⑲と同様です〉	新任役員の紹介は、取締役選任議案や監査役選任議案の採決の直後に行うことも考えられる。

(村松頼信)

115 想定問答集の準備

株主総会の想定問答集は、どのように準備したらよいですか。

ポイント

想定問答集の回答の書き方には、①読み上げる内容をそのまま記載する方法、②ポイントを箇条書きにして列挙する方法とがあります。新たに想定問

答集を作成する場合には、そのいずれとするかを、答弁担当役員の意向も確認しながら決定する必要があります。想定問答集の内容を検討するにあたっては、株主の視点に立って会社に関する関心事を洗い出す観点から、よくある質問や発言を網羅する必要がありますが、その際、公刊されている想定問答集も参考にするとよいでしょう。

前年の想定問答集を見直す場合には、陳腐化した問答を削除し、会社の現状にあうかたちにブラッシュアップすることが必要になります。こうした作業は、関係各部署で行った後、取りまとめ部署でも確認して進めることになります。

想定問答集の作成・見直しには、答弁担当役員も積極的・主体的にかかわる必要があります。

解説

1 想定問答集の必要性と意義

株主総会では、会社役員は株主からの質問に対して説明義務を負い、説明義務違反は過料の対象となるほか（会社976条9号）、議案に対する質問への説明義務違反があった場合には決議取消事由が生じることから（会社831条1項1号）、株主総会で説明義務を尽くした回答ができるよう、あらかじめ想定問答集を用意するのが通例です。平成27年7月から平成28年6月に定時株主総会を開催した全国証券取引所上場会社に対するアンケート調査では、98.7％の会社が想定問答を用意したと回答しています（『株主総会白書2016年版』43頁）。

また、想定問答集の作成の本来の目的は、総会当日の質問を予想してあらかじめ回答を作成しておき、総会当日に備える（事務局の手許資料として答弁担当者に提供する）ことにありますが、社内のあらゆる分野の現場担当者から社内の問題点を洗い出してもらい、平常時では報告されることが少ない問題について現場担当者から報告させる手段としても意義があります。さらに、想定問答集の作成は、役員が社内の実情について正確に把握し、問題点を発見・吟味する契機として機能することもあります。そうした機能をいっそう発揮するには、総会での質問にいかに適切に回答するかを超えて、具体的な質問について参考資料をも添付して、会社の現状をふまえたある程度詳細な回答内容を検討することも考えられます。

加えて、役員が、想定問答集の具体的な設問を通じて、役員としての説明義務の限界を理解し、想定問答集にない質問に対しても説明義務の範囲や回答禁止事項（インサイダー情報など）をふまえた適切な回答を柔軟に行えるようにするという意義もあります（久保利『株主総会』176～177頁）。

そのほか、アナリストミーティングや会社説明会等の資料への利用といっ

た副次的な効果も期待できます（中村『ハンドブック』54頁〔牧野達也〕）。

2　想定問答集の作成方法

(1)　想定問答集を最初から作成する場合

　想定問答集を最初から作成する場合、想定問答集の回答の形式として、①読み上げる内容をそのまま記載する方法、②ポイントを箇条書きにして列挙する方法とが考えられます。①は、想定問答集の内容を理解するのに資するとともに、誤った回答を防止するのに役立つ一方、②のほうが回答の要点が一覧的に理解できるため、回答案として使いやすいといえます。そこで、想定問答集を作成するに先立ち、答弁担当役員にいずれの方法を選択するか事前に確認をする必要があります。

　次に、想定問答集の内容としては、株主の視点に立って検討するのが合理的です。一般的に株主が目にするのは、招集通知、会社ホームページや会社・業界に関する報道であり、それらの内容から株主が代表取締役に尋ねてみたいと考える事項を洗い出し、回答を検討することで、株主からよくある発言や質問に適合した想定問答集を作成することができます（中村直人＝倉橋雄作編著『2013年版株主総会想定問答と回答』（商事法務、2013）3～4頁）。

　株主からよくある質問を把握する方法としては、想定問答集を取り扱った文献を参照することが有効です。新たなトピックをふまえて毎年改定される想定問答集としては、別冊商事法務『株主総会想定問答集』（商事法務）や日比谷パーク法律事務所＝三菱UFJ信託銀行株式会社法人コンサルティング部編『株主総会の準備実務・想定問答』（中央経済社）などがあります。

　株主からの質問が予想される事項のなかでも、特に、業績関係、今後の見通し、経営方針、株価関係、配当等の株主還元関係の質問については、一般に株主の関心が高く、質問が出されることが多いことから、十分に説得力のある回答を検討する必要があります。会議の目的事項と関係がない事項についての質問についても、回答すべきでない事項以外であれば可能な限り回答するという近時の株主総会の潮流をふまえて、会議の目的事項と関係がない質問に関する回答も準備しておくことが考えられます。また、説明義務がない質問や回答が禁止される質問についても、回答を差し控える旨の伝え方等に工夫を要することから、回答できない理由の説明や別の角度からの回答を準備しておくことが望まれます（中村『ハンドブック』55～56頁〔牧野達也〕）。

(2)　前年度の想定問答集を見直す場合

　想定問答集はいったん作成した後も、毎年見直しが必要であり、以下のような作成プロセスが考えられます。

　まず、関係各部署において前年の想定問答集の見直しを行います。見直しのポイントとしては、①前年の想定問

答集から陳腐化した問答を削除する、②その後に発生した不祥事・トラブル事例に関する問答を追加する、③当年度の数字に修正する、④プレスリリースやマスコミの記事等から確認された自社の報道内容に沿った問答の追加・修正を行う、⑤各部署で自社のトピックス的な事例に関する問答を追加する、⑥自社に限らず、マスコミの記事で自社にも関連する事項に関する問答を追加する、といった観点が考えられます。

次に、想定問答集の取りまとめを担当する部署において、関係各部署で見直しが行われた想定問答集のチェックを行います。チェックのポイントとしては、(i)関係各部署における見直しの観点にもれがないか、会社全般に関する質問にもれがないかを確認する、(ii)回答内容が表現として問題がないか、説明義務を尽くすものとなっているか、回答すべきでない事項を含んでいないかを確認する、(iii)想定問答集全体の表現やトーンを調整する、(iv)他社で出された質問を調査し、自社にも妥当するものがないかを確認する、といった観点が考えられます。

こうした想定問答集の作成・見直しのプロセスでは、想定問答集を実際に活用する答弁担当役員自身が主体的・積極的に作成に関与することが望ましいといえます。このような関与は、答弁担当役員が、総会の場で想定問答集にない質問が出されても、臨機応変に

説明義務を果たす回答をできるよう、あらかじめ想定問答集の内容を把握し、説明義務の範囲を理解しておくのに有益です。また、インサイダー情報に該当して説明義務がない場合の回答としては、単に「説明義務はありません」との回答では印象がよくありませんので、一般的・概括的な内容でさしつかえないものの、支障がない範囲でなんらかの説明をすることが望ましいといえます。役員としては、新製品の発表時期など、現時点において一般株主の関心が強い一方で正面からの回答がむずかしい事項に関する質問を想定して、回答内容を考えておく必要があります（中村＝倉橋編著『2013年版株主総会想定問答と回答』20頁）。

さらに、時々刻々と会社を取り巻く状況が変化するなかで、総会直前までに生じた出来事が反映されるよう、総会の直前まで想定問答集の見直しを続ける必要があります（中村『ハンドブック』55頁〔牧野達也〕）。　　　　　　（村松頼信）

116　リハーサル

株主総会のリハーサルはどのように行い、どのような点に留意すべきですか。

ポイント

株主総会のリハーサルは、運営上の問題点を掘り起こし、シナリオどおり

に進行することができるか否かを検証する機会とするために、実際の総会場で、本番に出席予定の役員および事務局スタッフ、警備係等が全員参加したうえで、予定された手順どおりに本番さながらに実施する必要があります。また、通常どおりの進行とは別に、騒ぎ立てる株主が現れるなど問題となる場面を想定したシミュレーションも行うべきです。

さらに、株主役の従業員から、想定問答集に限らず、別の観点からの質問や想定問答集にない質問も行い、役員が答弁を行う訓練の機会とすることが必要です。

リハーサル後は、問題点をシナリオや想定問答集に反映して、リハーサルの教訓を生かすべきです。

解 説

1 リハーサルの必要性

総会のシナリオや想定問答集を十分に用意したとしても、本番さながらのリハーサルを実施するなかでこそみえてくる課題が存在します。たとえば、役員が答弁の内容を十分に把握しているとしても、それを株主という、専門家ではない一般人にわかりやすく説明する機会はリハーサル以外にはなかなかありませんから、リハーサルを通して理解を得られやすいような工夫した説明を実地に訓練することができます。また、議長の議事運営についても、突発的な事態に対応する訓練を行う機会は、通常、リハーサルをおいてほかにはありません。このように、本番を想定した総会の全体的な準備を行ううえで、リハーサルは不可欠な機会といえます。平成27年7月から平成28年6月に定時株主総会を開催した全国証券取引所上場会社に対するアンケート調査では、総会のリハーサルを行った会社が95.6％にのぼり、リハーサルの回数は、1回が50.7％、2回が33.8％、3回が8.0％となっています（『株主総会白書2016年版』39頁）。

2 リハーサルのポイント

(1) 本番さながらに実施すること

総会をシナリオどおりに進行して、予定した時間内に総会を終了させることができるかどうかを検証することが重要です。そのためには、入場の順序、お辞儀、挨拶等も含めて総会で予定されているプロセスを逐一本番どおりに実施する必要があります（久保利『株主総会』202頁）。

また、本番とまったく同じ内容でリハーサルを実施することによって、シナリオの話言葉としての不自然さが発覚したり、お辞儀のタイミングを合わせる合図を調整する必要があることなどが判明することがあります。実際の総会場でリハーサルを実施することで、株主または役員の動線が無理のないものか、テーブルの間に十分なスペースが確保されているかなど、実際

の総会場の空間を前提とした検証を行うことができます。そうした検証結果を経験として十分に生かすためには、実際に総会に出席する役員や事務局スタッフが参加してリハーサルを行う必要があります。上記アンケート調査では、リハーサルを実施した企業のうち、96.8％で社長が、85.5％で監査役が、84.0％でその他の取締役が、69.7％で専務取締役・常務取締役が、リハーサルに参加しています（『株主総会白書2016年版』40頁）。このように、リハーサルは、実際の総会場を利用して本番さながらに実施してこそ意味のあるものにすることができます。

(2) 問題となる議事運営の場面を再現すること

総会では、シナリオには記載がないものの、議長が適切に対応することが求められる局面が起こることがあります。そうした場面で、議長が適切に対応することができるか否かを検証し、課題を浮き彫りにするために、リハーサルにおいてそのような局面を再現することが必要になります。

まず、議長不信任動議、休憩の動議などの手続的動議が出される場合や、動議かどうか判断に迷う発言が行われた場合を再現して議長のとるべき対応を確認することが必要です。

また、質問や発言の機会でもないのに、突然株主から質問や動議が出された場合の対応もシミュレーションする必要があります。

さらに、株主役の従業員が総会中に騒ぎ出し、議長が冷静に議事を進行しながら、数回にわたって着席を促したのに、それでも騒ぎがやまない場合には、退場命令を警告し、最終的に退場命令を出すことになりますが、その一連の流れをリハーサルで実際に行い、その手順を確認しておくことは、円滑な議事進行のために有効です。この場合、総会当日に会場に配備される警備担当者のほか、警備会社に警備員の派遣を要請するときは派遣が予定されている警備員にもリハーサルに参加してもらい、暴力的な行動をとる株主への対応を一つひとつ確認する機会とするのが有益といえます。

なお、リハーサルにおいては、まずシナリオに沿って予定どおり議事が進行した場合のリハーサルをひととおり行ったうえで、次に、上記のような問題となる個別の場面のシミュレーションを行う必要があります。まず、通常どおりの進行を把握することにより、問題となる場面が議事全体においてどのように位置づけられるかや、通常の場合との差異から問題となる場面の対応のポイントを押さえやすくなるためです。

(3) 役員の答弁の練習・訓練を行うこと

上記アンケート調査では、リハーサルを実施した会社のうち92.6％で質疑応答への対応を行っています（『株主総会白書2016年版』40頁）。質疑応答の

リハーサルでは、想定問答集に沿った質問を出すほか、必ずしも想定問答集どおりの回答では噛み合わないようないわゆる「変化球」の質問、そもそも想定問答集に記載のない観点の質問に加え、説明義務がない事項にわたる質問を行い、それぞれについて役員が答弁を行うということを繰り返す必要があります。総会本番では完全に想定問答集どおりの質問は出されず、想定問答集には実際の質問に近い問答が記載されているにとどまることから、役員は基本的に想定問答集の回答の内容を基本にしつつ、臨機応変に回答すべきであり、そうした観点からの実践的な答弁の練習・訓練をリハーサルの場で行う必要があります。

また、このような答弁のリハーサルは、議長以外にも、総会の場で回答する可能性があるすべての役員について実施することが望ましいと思われます。質問する株主役に回る従業員は、各役員に答弁の機会があるように質問内容を工夫し、議長もなるべく各役員が答弁の機会をもてるように（全員の指名がむずかしい場合には、答弁する可能性が高い役員から優先的に）答弁担当者を指名するように配慮することが必要でしょう。

3　リハーサル後の対応

リハーサルでシナリオや想定問答集、会場の設営などの問題点が明らかになった場合、速やかにシナリオ等に反映して、問題点の解消に努める必要があります。可能な限り、リハーサルを複数回実施して、前回のリハーサルの問題点が克服されているか否かを検証する機会とすることが望ましいと思われます。

（村松頼信）

117　議決権行使書面等の処理

株主から送られてきた議決権行使書面や委任状は、どのように処理したらよいですか。

ポイント

会社は、株主から送付された議決権行使書面について、議決権行使期限までに到達したものについて、一定の判定基準に沿って、有効分・無効分、有効分のうちの賛成分・反対分を仕分け、集計結果を議案別集計表、議決権行使書面提出株主一覧表にまとめる必要があります。

委任状についても、株主の押印がない限り有効性が認められない点を除いて、集計基準は議決権行使書面と大きく異なりません。

議決権行使書面や委任状が重複した場合の処理としては、二重に委任状が提出されたときは、株主による委任の趣旨により対応が異なります。議決権行使書面の行使後に、重複して異なる内容の議決権が行使された場合において、会社が事前に取扱いを定めていた

ときは当該定めによって対応し、当該定めがないときは、後の議決権行使が有効として扱われます。委任状と議決権行使書面の両方が提出されたときは、委任状による議決権の代理行使のみが有効として扱われます。

解説

1 議決権行使書面

会社は、総会に出席しない株主のために、取締役会決議により、議決権行使書面による書面投票制度を採用することができます（会社298条1項3号）。議決権を行使することができる株主が1,000名以上の会社では、取締役会決議により、書面投票制度を採用することが義務づけられています（同条2項本文）。さらに、各証券取引所の上場規則では、上場会社には書面投票制度の採用が義務づけられています（上場規程435条参照）。

2 議決権行使書面の集計方法

株主から会社に送付された議決権行使書面のうち、議決権行使期限までに会社に到達したものが有効な議決権行使として取り扱われます（会社311条1項）。そうした議決権行使書面を対象として集計を行うところ、記載内容により、有効分・無効分、有効分のうちの賛成分・無効分の判定を行います。集計作業の公正性の担保および効率化の観点から、あらかじめ判定基準を定

めておくことが望ましいといえます。判定基準としては、次のものが考えられます。

(1) 無効とするもの
・議案の賛否欄に明確に株主の意思を推定できない表示（△など）が記載されている場合
・議案の賛否欄の賛否の双方に○印を表示している場合
・議案の賛否欄の賛否の双方を抹消している場合
・賛否の表示がない場合の取扱いについての定めを抹消し、かつ、賛否欄に表示がない場合
・汚損、毀損の程度が著しく、株主の意思が確認できない場合
・他事記載があり、株主の議決権行使の意思が確認できない場合
・その他、株主の意思が確認できない場合
・会社作成用紙以外の私製の用紙を使用した場合

(2) 賛成とするもの
・議案の「賛」の欄に○印がある場合
・議案の「否」の欄を抹消または×印の表示がある場合
・議案の賛否欄に表示がない場合（賛否の表示がない場合の取扱いについての定めによる）
・賛否の表示がない場合の取扱いについての定めを抹消し、かつ、「賛」の欄に○印がある場合

(3) 反対とするもの
・議案の「否」の欄に○印がある場合

第7章 株主総会の事前準備

・議案の「賛」の欄を抹消または×印の表示がある場合
・賛否の表示がない場合の取扱いについての定めを抹消し、かつ、「否」の欄に○印がある場合

(4) 棄権とするもの
・「棄権」と表示された場合

(5) 役員選任議案で複数候補が存在するケース
・議案の賛否欄の表示により賛成として取り扱われる場合で、かつ、候補者番号または候補者氏名の記載があるとき：当該候補者は反対、それ以外の候補者は賛成
・議案の賛否欄の表示により反対として取り扱われる場合で、かつ、候補者番号または候補者氏名の記載があるとき：当該候補者は賛成、それ以外の候補者は反対

議決権行使書面の集計にあたっては、(i)議案別（役員選任議案の場合は候補者別）の集計表を作成するとともに、(ii)議決権行使書面提出株主一覧表を作成する必要があります。上記(i)の集計表により、定足数の充足状況および議案可決の見通しを判断することができます。また、定足数の充足状況が十分ではないおそれがある場合には、上記(ii)の一覧表により、議決権未行使の大株主に出席または議決権行使の依頼を行うことも可能となります。

議決権行使書面の集計事務は、実務上、株主名簿管理人に委託されることが多く、会社が総会準備に専念するためにも委託することが望ましいとされています（中村『ハンドブック』310～312頁〔中川雅博〕）。

3 委任状の取扱い

株主が代理人によって議決権を行使する場合、株主または代理人は、株主総会ごとに会社に対して代理権を証明する書面（委任状）を提出する必要があります（会社310条1項・2項）。株主総会では、役員選任議案（会社341条）や特別決議を要する議案（会社309条2項）等、一定の定足数を要する議案があることから、会社は、定足数を満たすために、招集通知に委任状用紙を同封して株主に送付し、委任状による議決権行使を勧誘する場合があります（委任状勧誘）。株主総会に出席できない株主は、委任状用紙に議案の賛否を記載し、押印のうえ、会社に返送して議決権の行使を委任することができます（中村『ハンドブック』323頁〔中川雅博〕）。

会社は、株主から送付されてきた委任状について、委任状の真正（代理権の存在）を確認する必要があります。会社が代理権を証明する方法を定めていない場合には、委任状の真正について経験則上合理的な方法で証明されているものを有効な委任状として取り扱うことになります。他方、会社が代理権を証明する方法を定めている場合には、当該方法に従って代理権の存在が証明されているかを確認することにな

ります（会社298条1項5号、会社則63条5号、東弁『ガイドライン』34頁）。

ただし、会社が「代理権を証明するための書面には、株主本人が署名し、株式取扱規程第○条に定める届出印を押捺しなければならない」と定めていたとしても、株主はどの印鑑が「届出印」かを認識していないのが通常であることから、このような定めがあっても、「届出印」以外の印鑑の押印でも有効な委任状として取り扱うのが最近の運用です（久保利『株主総会』192頁）。

このように、委任状の集計においては、会社が代理権を証明する方法を定めていない場合において、株主の押印がない場合には無効とされる点では議決権行使書面と異なるものの、その他の集計基準は大きく異なりません。議案に反対の表示がされた委任状を代理人が受任するかどうかは代理人の判断によりますが、会社が定足数確保のために委任状勧誘を行い、株主がこれに応え、会社を信頼して反対の委任状を送付した場合には、会社としては、株主の信頼に応えて、反対の議決権行使についても集計に反映させるのが望ましいとされています（中村『ハンドブック』326頁〔中川雅博〕）。

4 議決権行使書面と委任状の重複

(1) 二重に委任状が提出された場合

同一の株主から委任状が2通提出され、いずれも真正なものと認められる場合、以下のように対応する必要があります（東弁『ガイドライン』35～38頁）。

a 委任の趣旨が同一株式について議決権の全部を2人の異なる代理人に行使させるものであるとき

両方の代理人に議決権の代理行使を認めることは、一株一議決権の原則（会社308条1項）に反するため、認められません。この場合、後に委任された代理人のみが代理権を有し、前に委任された代理人の議決権の代理行使は認められないので、前に委任された代理人を総会場に入場させない必要があります。委任の時期が前後不明の場合は、委任者である株主の意思が確定できませんので、いずれの委任も無効となります。

b 委任の趣旨が2人の代理人が共同してのみ議決権を代理行使することができるという共同代理である場合

共同代理による議決権行使が認められます。

c 委任の趣旨が、株主が保有株式を2つに分割してそれぞれの議決権を別々の代理人に行使させる分割代理である場合

会社が議決権の不統一行使を拒むとき（会社313条3項）は、両方の代理人の出席を拒むことができます。他方、会社が議決権の不統一行使を拒むことができず、かつ、総会に出席可能な代理人の数が1人に限定されている場合、いずれの代理人を出席させるかについての株主の意思が不確定であるた

め、両方の代理人の出席を拒否することになります。

(2) **議決権行使書面の送付後に、重複して異なる内容の議決権行使書面が行使された場合**

会社は事前にその場合の取扱いを定めておくことができます（会社298条1項5号、会社則63条3号ヘ・4号ロ）。当該定めがない場合には、後の議決権行使書面が有効として扱われます。

(3) **委任状と議決権行使書面の両方が提出された場合**

議決権行使書面による議決権行使は、「株主総会に出席しない株主」について認められていますので（会社298条1項3号）、委任状により代理人が総会に出席するとこの要件を欠くことになるため、委任状による議決権の代理行使のみが有効として扱われます。

（村松頼信）

118 議決権行使の勧誘

議決権行使の勧誘においては、どのような点に注意したらよいですか。

ポイント

議決権行使の勧誘においては、株主等の権利の行使に関する利益の供与（会社120条）に当たることがないように注意しなければなりません。会社提案議案と株主提案議案が競合している場合や委任状争奪戦が行われている場合に会社から株主に対して粗品の提供を行うと、議決権行使の促進の目的があったとしても、株主の権利行使に影響を及ぼすおそれのない正当な目的によるものではないとして、利益供与（会社120条）の目的要件を充足することになり、利益供与に該当して決議取消事由が存在すると判断されるリスクがあります。

また、総会の場で出される動議には議決権行使書面では対応できないことから、動議への対応も可能とするためには、会社は、大株主からの包括委任状の勧誘を行う必要がありますが、委任状取得勧誘規制（金商194条、金商令36条の2以下）を遵守する必要があります。

さらに、委任状勧誘と同時に書面投票制度を採用するかどうかも検討する必要があります。

解説

議決権行使の勧誘においては、次の諸点に留意する必要があります。

1 利益供与に該当しないように注意すること

会社が株主に対して委任状による議決権行使の勧誘を行う場合、議決権行使の促進のため、議決権を行使した株主に対して粗品を提供する行為は、利益供与（会社120条）に該当するおそれがあります。

このことが問題となった裁判例とし

て、モリテックス事件（東京地判平19.12.6判タ1258号69頁）があります。この裁判例は、会社の大株主である原告と会社経営陣が、それぞれ取締役および監査役の選任議案を提出し、経営権を争ういわゆるプロキシーファイトを行ったところ、株主総会では会社側提案が可決されたのに対し、株主側が、株主総会における決議の方法の違法を主張して、決議の取消しを求めた事案です。

本判決は、株主の権利の行使に関して行われる財産上の利益の供与は、原則として禁止されるが、当該利益が、株主の権利行使に影響を及ぼすおそれのない正当な目的に基づき供与される場合であって、かつ、個々の株主に供与される額が社会通念上許容される範囲のものであり、株主全体に供与される総額も会社の財産的基礎に影響を及ぼすものでないときには、例外的に違法性を有しないとの一般論を判示しました。そして、会社が議決権行使を条件として本件贈呈をしたことは利益供与の禁止に該当するとしたうえで、会社が、各株主に対して、議決権を行使した株主1名につきQuoカード1枚（500円分）を贈呈する旨を記載するとともに、「ぜひとも、会社提案にご賛同のうえ、議決権を行使していただきたくお願い申し上げます」と記載したはがきを送付した事実に基づき、本件贈呈は、その額においては社会通念上相当な範囲にとどまり、また、その総額（452万1,990円）も会社の財産的基礎に影響を及ぼすとはいえないものの、会社提案に賛成する議決権行使の獲得をも目的としており、株主の権利行使に影響を及ぼすおそれのない正当な目的によるものとはいえないとして、違法性阻却事由を否定した。そして、かかる利益供与を受けてされた決議は、その方法が法令に違反したものとして決議取消しを免れないと判断しました。

本判決は、Quoカードの提供が議決権行使を促進する目的があったことは否定されないとしながら、「会社提案へ賛成する議決権行使の獲得をも目的としたものであると推認することができ」るとして違法と判断しました。本判決の説示によれば、会社提案議案への賛成票の獲得という目的が少しでもあれば違法と判断されることになります。そこで、会社提案議案と株主提案議案が競合している場合、取締役が株主に会社提案議案に賛成してもらいたいと考えることは当然といえるので、会社提案議案と株主提案議案が競合している場合や委任状争奪戦が行われている場合に粗品の提供を行うと、常にこの目的要件は充足されることになります。他方で、そうした状況にはない場合には、取締役側の目的要件は充足されないので、粗品の進呈は認められると考えられています（中村直人「モリテックス事件判決と実務の対応」商事1823号21頁）。

2 動議対応には議決権行使書面より委任状が有益であること

総会の場で出される動議には議決権行使書面では対応できないことから、動議への対応も可能とするためには、会社は、大株主からの包括委任状の勧誘を行う必要があります（久保利『株主総会』197頁）。実務上、こうした包括委任状の取得は、委任状取得勧誘規制（金商194条、金商令36条の2以下）が適用されない範囲内で行う必要がありますので、①大株主から自発的な提出を受ける、②元役職員であって現株主である者が勧誘を行う、③総務部長等の従業員であって現株主である者が勧誘を行うといった態様により、10名以下の大株主から委任状の提出を受けることが通例化しています（金商令36条の6第1項1号。中村『ハンドブック』576頁〔山田和彦〕）。

3 委任状勧誘と同時に書面投票制度を採用するかどうかの検討を要すること

書面投票制度をいっさい採用せず、全株主を対象として委任状勧誘を実施することは可能ですが、書面投票制度を採用しつつ、一部の株主に対してのみ委任状勧誘を実施することも適法と解されています。また、書面投票制度を採用しつつ、委任状取得勧誘規制に従った委任状勧誘を行うことも可能です。この場合、会社としては一般株主からも委任状を取得できる点でメリットがありますが、事務処理として一定の混乱が生じるおそれがあるなど会社のコストが増加すること、一般株主に交付した委任状が提案株主の手に渡るリスクもある点に留意が必要です（中村『ハンドブック』576～578頁〔山田和彦〕）。

（村松頼信）

119 電磁的方法による議決権行使

電磁的方法による議決権行使はどのように行えばよいですか。

ポイント

総会において電子投票制度が採用された場合、株主が実際に電磁的方法により議決権を行使するには会社の承諾が必要ですが、会社が承諾しないことは実際には問題とならないと考えられます。議決権行使を行うには、招集通知に記載された議決権行使用のウェブサイトのURLにアクセスし、株主ごとに設定されたIDやパスワードを入力したうえで、所定の賛否欄に議決権行使の内容を入力することになります。

会社としては、電磁的投票制度を採用した場合、議決権行使の内容が明確であるため、行使結果を自動的に集計可能であることから、集計事務が非常に効率的に実施できるというメリットがあります。他方で、書面による議決

権行使との重複などを想定した集計方法についてあらかじめ定めておくことも検討する必要があります。

> 解　説

会社は、取締役会決議をもって電子投票制度を採用することができます（会社298条1項4号）。電子投票制度を採用する場合の手続は、以下のとおりです。

1　会社の承諾

電子投票制度を採用した場合、その旨を招集通知に記載または記録する必要があり（会社299条4項）、実務上は電磁的記録による議決権行使が可能である旨および議決権行使用のウェブサイトのURL等を記載しています（中村『ハンドブック』314頁〔中川雅博〕）。

株主が電磁的方法により議決権を行使する場合、会社の承諾を得る必要があります（会社312条1項）。会社としては、あらかじめ、議決権行使書面に議決権行使用のウェブサイトのURL、アクセスに必要なID（株主ごとに設定された識別符号）、パスワード等、電磁的方法による議決権行使に必要な事項を表示して送付していることから、事前に包括的な同意を行っているともいえます。ただし、会社が提供している電磁的な方法とは異なる電磁的な手段（たとえば、会社宛ての電子メールやSNS等）で株主が議決権の行使を希望する場合には、会社から承諾を拒否することも考えられます。

2　議決権行使の手続

議決権行使用のウェブサイトの行使画面には、議決権行使書面の記載事項を記載しなければなりません（会社312条1項）。具体的には、①議案ごとに株主が賛否を記載する欄（取締役・監査役等の選任または解任議案等において複数の候補者等が提案されるときは、各候補者等について賛否を記載する欄を含みます）、②賛否の記載がない場合の取扱いを定めた場合はその取扱いの内容、③議決権の重複行使があった場合の取扱い、④議決権行使期限、⑤議決権を行使すべき株主の氏名または名称および議決権を行使できる議決権の数、を記載する必要があります。議決権の不統一行使（会社313条）を希望する株主に対する対応として、議決権行使用のウェブサイトで議決権の不統一行使が可能となるような設定をしておくことも必要になります。

電磁的方法により議決権行使をする株主は、議決権行使期限までに議決権行使用のウェブサイト上で各議案の賛否を入力することで議決権を行使することができます。電磁的方法により行使された議決権は、出席株主の議決権の数として取り扱われます（会社312条3項）。電磁的方法による議決権行使の電磁的記録は、総会の日から3カ月間、本店に備え置き、株主の閲覧・謄写請求に供されます（同条4項・5

項）。

3　議決権集計

　会社にとって、電子投票制度を採用する利点としては、株主の議決権行使の内容が明確で、議決権の集計基準を作成する必要がなく、行使結果を自動的に集計可能であることから、集計事務が非常に効率的に実施できるということがあります。

　なお、電子投票制度は議決権行使期限までの間何度でも議決権を行使することができるため、取締役会決議により、いずれの議決権行使を有効と取り扱うかを定めることが可能であり（会社298条1項5号、会社則63条3号）、実務的には最後に行使された議決権行使の内容を有効なものとして扱うことが考えられます。また、取締役会では、書面投票と電子投票が重複して行われた場合の取扱いについてもあらかじめ定めておくことが可能です（会社298条1項5号）。この点、電子投票と書面投票では、議決権行使の内容が会社に到達するのに時間差があるため、到達順では実際の意思決定の先後を判別できないという問題があります。そこで、実務的には、電子投票の即時性に着目して、会社への到達の前後を問わず、電子投票での議決権行使の内容を優先して取り扱う方法が多いようです。

　また、電子投票を行った株主が総会に出席した場合、電子投票による議決権行使は撤回されたものとして取り扱われます（中村『ハンドブック』316～317頁〔中川雅博〕）。　　　　（村松頼信）

120　議決権行使に関する契約

議決権行使に関する契約にはどのようなものがありますか。また、この契約を締結する場合にはどのような点に注意すべきですか。

▶ポイント

　株主が締結する議決権行使に関する契約としては、①議決権拘束契約と、②議決権信託契約があります。いずれの契約も有効性が認められていますが、議決権拘束契約については、原則として会社に対する効力はないものの、全株主が当事者となって締結している場合には、契約違反の議決権行使を企図する株主の提案を議長が付議しないことができるなど、会社に対する効力を認める見解も有力です。ただ、裁判例において、議決権拘束契約に違反する議決権行使を禁止する仮処分が原則として認められないと判断されるなど、議決権拘束契約の実効性が不明確であることから、合意内容をより確実に実現する手段として、議決権信託契約が用いられています。

解説

1 議決権拘束契約について

(1) 議決権拘束契約の意義

議決権拘束契約とは、株主間でそれぞれの議決権行使についてあらかじめ合意する契約です。議決権拘束契約の類型としては、①全契約株主の同意がない限り賛成議決をしないもの、②特定の株主から申入れがあった場合に限って全当事者が拘束されるもの、③特定の第三者の決定に従って議決権を行使するもの、といったパターンが考えられます。①としては、閉鎖型のタイプの会社において、会社支配を単なる資本多数決で決定することを避けるため、株主間において、各株主が同数の取締役を指名する権限を有する旨を合意して議決権拘束契約を締結するという場合が典型例です（江頭『株式会社法』336～337頁）。そのほか、公開買付けを実施する場合において、株式の買付けを単独ではなく複数の主体が共同して行う場合、各自が取得した株式について、対象会社の株主総会において共同で議決権行使をするという共同戦線を張る場合、「特別関係者」（金商27条の2第7項2号）に該当することになり、この場合も議決権拘束契約の典型例といえます（森田果「議決権拘束契約・議決権信託の効力」浜田道代＝岩原紳作編『会社法の争点（ジュリスト増刊　新・法律学の争点シリーズ5）』（有斐閣、2009）102～103頁）。

(2) 議決権拘束契約の効力

このような議決権拘束契約が有効であることは、裁判例上も認められています（東京高判平12.5.30判時1750号169頁）。ただし、その効力としては、契約当事者の一方が契約に違反しても違反の効果を会社に対して主張することはできないものと解されています（中村『ハンドブック』418頁〔中村直人〕）。もっとも、この点については、株主全員が当事者である場合には、総会の議長が契約に違反する議決権行使を企図する株主の提案を総会に付議しないことは適法であり、契約違反の議決権行使によって成立した決議は定款違反と同視して決議取消しの対象となるとする反対説があります（江頭『株式会社法』337頁）。

なお、名古屋地決平19.11.12金商1319号50頁は、議決権拘束契約に違反した議決権行使禁止の仮処分を申し立てた事案において、議決権拘束契約の債権的効力を超えて議決権行使を差し止めれば、議決権拘束契約の当事者以外の他の株主にも影響が及ぶことになり、法的安定性を害するとして申立てを却下しました。ただし、本決定は、①全株主が当事者となった議決権拘束契約であること、②契約内容が明確に議決権を行使しないことを求めるものといえること、との2つの要件を満たす場合には、例外的に差止請求が認められる余地があると説示しています。

2　議決権信託契約

(1)　議決権信託契約の意義

議決権信託契約は、議決権を統一的に行使するため、株主がその保有株式を一定期間、一人の受託者に対して信託的に譲渡し、受託者をして契約の定めどおりに議決権その他の株主の権利を行使させる契約です（中村『ハンドブック』419頁〔中村直人〕）。議決権信託契約の場合、株式の所有権が委託者から受託者に移転しており、株主総会で議決権を実際に行使しうるのは受託者であることから、受託者が信託の目的に反する行動をとるという異常事態を除けば、契約当事者の一部が合意内容と異なる議決権行使をするという契約違反が発生しません。そのため、実効性に不明確な点が残る議決権拘束契約よりも、当事者の合意内容をより確実に実現したい場合には、議決権信託契約が活用されることになります（森田「議決権拘束契約・議決権信託の効力」103頁）。

(2)　議決権信託契約の効力

議決権信託契約は、議決権の代理権授与を株主総会ごとに行うことを義務づけた会社法310条2項の潜脱に当たるのではないかが問題となりえますが、この規定の効力は議決権信託契約にまで及ぶことはなく、有効と認められます（江頭『株式会社法』338頁）。

ただし、議決権信託契約が弱小株主の議決権を不当に制限するなどの目的で利用される場合には、会社法310条2項の精神に照らして無効となることがあります（裁判例として、大阪高決昭58.10.27高民集36巻3号250頁、大阪高決昭60.4.16判タ561号159頁）。

（村松頼信）

121　総会検査役の選任

総会検査役とは、どのような制度ですか。また、どのような場合に選任したらよいですか。

ポイント

総会検査役とは、紛糾が予想される総会について会社または株主が、委任状の取扱いの適法性、説明義務の履行の状況等を調査させ、決議取消しの訴えを提起した場合の証拠を保全するために選任を申し立てる制度です。会社または総株主の1％以上の議決権を有する株主は、株主総会の招集手続および決議の方法を調査させるため、当該株主総会に先立って、裁判所に対して総会検査役の選任の申立てを行うことができます。総会検査役の選任により、総会の招集手続および決議方法についての証拠保全が図られるほか、違法行為が抑止され、また、報告の内容によっては、再度総会が招集されて従前の決議の瑕疵を治癒させる是正措置が図られることがあるという意義があります。

総会検査役は、経営権争いの局面で、総会の開催阻止等の妨害行為が行われる場合や、委任状争奪戦が行われる場合において活用されることが多いといえます。

解説

1　総会検査役制度の概要

　会社または総株主の1％以上の議決権を有する株主は、株主総会の招集手続および決議の方法を調査させるため、当該株主総会に先立って、裁判所に対して総会検査役の選任の申立てを行うことができます（会社306条1項）。これは、紛争が予想される総会について会社または株主が、委任状の取扱いの適法性、説明義務の履行の状況等を調査させ、決議取消しの訴えを提起した場合の証拠を保全するために選任を申し立てる制度です。総会検査役には弁護士が選任されるのが通例であり、調査結果を裁判所に報告し、かつ、会社に対して報告書の写しを交付する必要があります。報告を受けた裁判所は、必要があると認めたときは、取締役に対し、総会検査役の調査結果を開示し、かつ、取締役がそれに関し調査した結果を報告するための総会の招集または検査役の調査結果の株主への通知を命じることができます（会社307条、江頭『株式会社法』354頁）。

　総会検査役の制度は、後日訴訟手続のなかで招集手続または決議の方法が問題となった場合、総会検査役の報告が重要な証拠となって、公正かつ迅速な解決に寄与することが期待されています（証拠保全目的）。また、実際上の効果として、第三者である総会検査役の存在によって法令が遵守され、違法・不適正な行為が抑止されることも期待されています（違法抑止目的）（『新注会(5)』121頁〔森本滋〕）。報告の内容によっては、あらためて株主総会が開催され、決議の瑕疵を治癒させるといった是正措置が講じられることもありえます（中村『ハンドブック』598頁〔山田和彦〕）。

2　総会検査役の選任が申し立てられるケース

　従来、総会検査役が選任されたケースの多くは、株式会社の経営権の争いによって、現経営陣または少数株主権の行使によって、役員の選任、解任決議または新株発行を議案とした株主総会が招集されたのに対し、経営権争いの相手方から強引な総会運営を阻止、牽制するため、またはその手続の有効性について紛争を予防するために総会検査役の申立てが行われる事案でした。そうしたケースでは、株主総会招集通知が一部の株主に発送されなかったり、株主総会の議事が反対株主の意見を無視するかたちで一方的に進行され決議が行われるといった手続上の瑕疵が問題となることが多いといえます。そのため、総会検査役としては、

後日、反対株主が株主総会決議取消しの訴えまたは無効確認の訴えを提起するか判断する材料として法定の手続が履践されたかどうかを調査・報告する必要があります。

これに加え、総会に関連して委任状の勧誘活動が行われた場合、委任状の取扱いをめぐって問題が発生するおそれがあることから、総会検査役の選任が申し立てられることが考えられます。この場合、委任状の取扱いをめぐって問題が生じるおそれがあるため、一般的なケースに比べて委任状の処理について配慮を要します（川村英二「総会検査役に期待される役割」商事1812号72～73頁）。

3　総会検査役の選任手続

総会検査役の選任申立ては、会社の本店所在地を管轄する地方裁判所の管轄に属します（会社868条1項）。申立ては対象となる総会前に行われる必要があり、選任申立ての審理中に総会が終了したときは、申立ての利益が失われ、申立ては却下されます（東京高決昭59.7.20判タ540号317頁）。振替株式の株主が総会検査役の選任申立てを行う場合、個別株主通知（振替法154条3項）が必要となります。この個別株主通知は、遅くとも裁判所における審理の終結までの間に行われる必要があります（最三小決平22.12.7民集64巻8号2003頁・判時2102号147頁・判タ1340号91頁・金商1362号20頁・1360号18頁・金法1931号87頁、中村『ハンドブック』601頁〔山田和彦〕）。

総会検査役選任申立ての手続として「陳述の聴取」は義務づけられていませんが（会社870条参照）、会社に対して反論の機会を与え、また、総会検査役への理解・協力を求めるため、裁判所の運用上、会社の意見を聴取する機会が設けられることが通常です（東京地裁『類型別非訟』157頁）。

総会検査役の選任申立てを受けた裁判所は、不適法として申立てを却下する場合を除き、総会検査役を選任しなければなりません（会社306条3項）。総会検査役の選任申立てにおいては、総会検査役を必要とする事由の存在（実質的要件）は必要とされておらず、検査役選任申立てを受理した裁判所は、株主総会で総会検査役を必要とする事由の有無や内容を考慮することなく、総会検査役を選任しなければなりません（東京地裁『類型別非訟』156頁）。

総会検査役の資格要件については特に規定はなく、裁判所の裁量により選任することになりますが、実務上は、会社と特別の関係がない弁護士を総会検査役に選任する運用となっています。申立人から推薦のあった検査役候補者を総会検査役に選任することはありません（東京地裁『類型別非訟』157頁）。

〔村松頼信〕

122 総会検査役の活動

総会検査役はどのような活動を行うのですか。

ポイント

総会検査役は、裁判所から選任されると、速やかに会社および申立人が少数株主である場合には当該株主も交えて調査方法や日程について打合せを行うとともに、総会検査役が選任された背景について確認します。

総会日前の段階では、会社に対して、①履歴事項説明書、②定款、③取締役会議事録、④株主名簿、⑤株主総会招集通知等の資料の事前の開示を求め、役員構成、定足数、決議要件、議決権を行使可能な株主の範囲、総会招集手続の適法性などについて確認する必要があります。

総会直前および当日には、議決権行使書面により権利行使がなされた議決権数および委任状が提出された株主およびその議決権数、受付の手順、書面投票の場合に議決票が適切に交付されているかについて確認するとともに、議場内のビデオ撮影の手配、総会検査役用の座席の確保が必要となります。

総会開会後、決議の場面では、議長による決議の判断がどのような票の数え方（票読み）を根拠としているのか、株主総会において決議の成否の根拠となった行使議決権数が正確であったかの検証作業を行う必要があります。

委任状争奪戦が行われた総会の場合には、反対株主側が集めた委任状が、いつの時点で会社側に提出されるか、矛盾した議決権行使が行われた場合に二重計上を回避する仕組み、委任状の形式面に瑕疵があった場合に、どこまでの委任状を有効として扱うかについて確認することになります。

解説

1 総会検査役の調査対象

総会検査役の役割は、株主総会の手続がその招集から終了まで、法令にのっとって行われているかどうか、その事実関係の調査を行うとともに、調査結果を報告することにあります。当該手続が法的に正しいか誤っているかについてはその手続の適法性が問題となったときに裁判所が判断する事柄であり、総会検査役としては、後日にそうした法的判断が必要となる場合に備えて、法的判断の基礎となる事実関係につき記録し、チェックすべき点にもれがないよう留意しながら職務を遂行する必要があります。そうした観点から、裁判所または関係者が手続上の瑕疵の有無を正確に判断するのに十分な、法的に意味のある事実関係をもれなく調査、報告することが求められ、法的評価の前提となる事実とそうでない事実とを峻別しながら作業を行う必

要があります(川村英二「総会検査役に期待される役割」商事1812号70頁)。

2 総会検査役の調査方法(通常の場合)

(1) 事前の打合せ

総会検査役が選任された後、直ちに裁判所において、総会検査役、会社、裁判所(申立人が少数株主である場合は少数株主も)が面談し、調査の日程や方法について打合せを行うのが通常です(飯田直樹ほか「株主総会検査役対応の実務」資料版商事366号35頁)。また、総会検査役が申立人または会社と個別に打合せをすることもあります(川村「総会検査役に期待される役割」71頁)。打合せでは、申立人から、総会検査役の選任を申し立てた理由を詳細に聴取する必要があり、そのことによって株主総会で何が最も問題となり、どのような手続を重点的に調査すればよいかを確認することができます(川村「総会検査役に期待される役割」71頁)。

(2) 株主総会前の調査

総会検査役が総会前の段階で事前に会社に対して開示を求める資料として、①履歴事項証明書、②定款、③取締役会議事録、④株主名簿、⑤株主総会招集通知等があげられます。①履歴事項証明書により、現役員を確認することができます。②定款には、株主総会の定足数、決議要件、議決権行使ができる株主、招集通知の発送から株主総会開催までの期間、議長を務める者、株主の代理人資格などについて規定が置かれているため、株主総会の開催手順を把握する資料となります。③取締役会議事録は、株主総会招集決定の手続が適法に履践されているかを確認する資料となります。④株主名簿は、株主総会において議決権を行使することができる株主を特定し、また、株主総会において議決権を行使しようとする者が株主名簿記載の株主と一致しているかを確認する資料ともなります。⑤株主総会招集通知は、報告事項および決議事項についてもれなく通知されているかを確認する資料であり、各株主に発送されている事実は、郵便局の受付票、配達記録、発送封書の写し等により確認します(川村「総会検査役に期待される役割」71頁)。

なお、④株主名簿については、基準日現在の株主名簿であることを確認する前提として、株主総会の基準日がいつに設定されているか(定款所定の基準日か、基準日公告を実施しているか)について、会社に確認する必要があります(阿部信一郎「総会検査役の任務と実務対応」商事1973号64頁)。

(3) 株主総会当日における調査

総会検査役は、開催時刻より早めに総会場に到着して、受付の手順(来場者と株主の同一性の確認方法、委任状が持参された場合の株主と代理人の関係、印影と届出印の照合作業)の確認を行います。また、株主総会開会までに、議決権行使書面により権利行使がされ

た議決権数および委任状が提出された株主およびその議決権数を確認するほか、議決権行使書面や委任状を提出ずみの株主が総会場に来場した場合に二重計上されない仕組みが構築されているかについても会社に確認する必要があります。さらに、総会の議決において書面投票が採用される場合、株主に対してあらかじめ議決票が配布されますが、誤った交付がなされていないかどうか、投票を行った株主と議決票の同一性を確保するための識別方法について確認する必要があります。

　株主総会開会後は、開会から閉会までの議事進行を詳細に記録する必要がありますが、筆記による記録のほか、ビデオ撮影を行い、後に映像や音声の内容をもとに報告書を作成するとともに、当該映像が記録されたテープまたはDVDを報告書に添付して提出することになります（川村「総会検査役に期待される役割」71～72頁）。ビデオの設置位置は、発言者の顔が確認できる位置に設置する必要があります。また、検査役自身の着席位置は、会社取締役側または株主側のいずれかで、総会会場全体を見渡せる位置を確保する必要があります。議事進行の模様、特に議長の発言内容を把握するために、議長用の総会シナリオの提出を会社側に求めることも考えられます（阿部「総会検査役の任務と実務対応」65頁）。

　決議の場面では、議長による決議の判断がどのような票の数え方（票読み）を根拠としているのかについて確認する必要があります。まず、賛否を拍手で諮り、具体的な賛成議決権数を数えずに決議の成否が判断されるケースでは、事前に提出された議決権行使書面および委任状により賛成多数もしくは反対多数であることを確認し、または、議長が、決議要件以上の議決権を有する特定の株主の議決権行使の状況を確認したうえで、決議の成否が判断されているか、議長がどのようにして議決権数を把握したのかについても、記録にとどめる必要があります。また、決議の成否が微妙な事例では、賛否の議決権を明確にするために書面投票の方法が採用されることが多いのですが、そうした場合には、不正な投票がなされていないか、議決票の回収作業の方法、開票作業における票読みの正確性について確認する必要があります（川村「総会検査役に期待される役割」72頁）。

(4)　株主総会後の調査

　株主総会において決議の成否の根拠となった行使議決権数が正確であったかの検証作業を行うことになります。具体的には、会社の最終的な票読みの結果の資料の提出を受けたうえで、議決権行使書面の内容、委任状の印影照合の内容、総会当日の来場株主の受付記録の確認を行うことになります。

　また、検査役はすべての調査の終了後、調査結果について総会検査役報告書を作成する必要があります。総会

後、報告書を作成するにあたっては、一般に、報告事項については招集通知に詳細に記載があるほか、映像や画像による報告も多いことから、要約を記載するにとどめることが多いといえます。他方で、後日、紛争の原因となりやすい議長選任のやりとりや質疑応答の内容についてはできるだけ詳細に報告書に記載する必要があります（川村「総会検査役に期待される役割」72頁、総会検査役報告書のサンプルについて、清水祐介「株主総会検査役の実務」資料版商事366号22～32頁）。

3 総会検査役の調査方法（委任状争奪戦の場合）

総会に関連して委任状の勧誘活動が行われた場合、委任状の取扱いをめぐって問題が発生するおそれがあることから、総会検査役の選任が申し立てられることが考えられます。この場合、委任状の取扱いをめぐって問題が生じるおそれがあるため、一般的なケースに比べて委任状の処理について配慮を要します。

まず、反対株主が多数の委任状が集められた場合には、反対株主側が集めた委任状が、いつの時点で会社側に提出されるかが問題となります。上場企業において、大量の委任状が提出される場合、会社側としてはできるだけ早期に委任状の提出を受けて集計作業を行いたいとの希望を有しています。多数の委任状が総会当日に提出されたのでは、会社側の総会事務局等において委任状の確認作業・集計作業が間に合わず、総会の開会が大幅に遅延するおそれがあるためです。他方、反対株主側としては、会社側に委任状を提出すると、その票読みをふまえて委任状を提出した株主に対して翻意を促す説得工作が行われるリスクがあることから、提出時期をできるだけ遅らせたいとの希望を有しています。そこで、会社側と反対株主側で調整を要することになり、基本的には二者間で直接調整を行うべきですが、検査役としても委任状の収集・保管・提出方法について権利行使の有効性の検証のために必要であり、まったく関知しないわけにもいきません。そこで、反対株主側および会社側双方の意見をふまえて、双方に対して委任状提出の段取りについて確認しつつ、妥当な提出時期について調整を行うことになります。

次に、矛盾した議決権行使に対する対応を確認する必要があります。反対株主に委任状を提出した株主が、他方で、賛成の議決権行使書面を提出した場合などが典型です。いずれを有効とするかは、委任状を提出した株主の意思がどちらに反映されているかの事実認定の問題となりますが、最終的な権利行使がどのような手段によって行われたかが重要な判断要素となります。したがって、総会検査役は、会社の協力を得て、委任状、議決権行使書面が反対株主または会社側に到達した日時

を確認する必要があります。場合によっては、封書の消印の日付を確認することにより、到達時期を特定する必要が生ずることもあります。

さらに、委任状の勧誘に応じて提出された委任状には、印影が株主の会社への届出印と相違するなどの問題が往々にしてあります。そうした、委任状の形式面に瑕疵があった場合に、当該委任状を有効として扱うかどうかについては、最終的に会社が判断する事項ではあるものの、どの程度の瑕疵まで有効とし、または無効とするかについて会社側と反対株主側との間で事前に協議が行われることが多く、そうした運用は総会の円滑な進行に資するものといえます。また、総会検査役は、中立であり、かつ、委任状の提出状況を把握している立場から、当該協議に参加して調整について一定の役割を果たすことも考えられます（川村「総会検査役に期待される役割」74頁）。なお、会社側と反対株主側で協議がまとまらず、同意が得られなかった場合には、会社としては、合理的と考える方法により手続を進めざるをえません（飯田ほか「株主総会検査役対応の実務」37頁）。

総会検査役は、以上の点について留意したうえで、委任状の集計作業について調査を行うことになります。集計作業の調査・確認の方法としては、会社が行う委任状の集計作業に立ち会って、会社が委任状を集計するルールを記録し、ルールどおりに整然と集計作業が行われていることを確認し、疑義が生じた事例は特に具体的に記録し、さらにサンプリングチェックを行うことも含めて対応することになります（清水「株主総会検査役の実務」19頁）。

（村松頼信）

123 株主の各種書類の閲覧・謄写請求権

株主には、株主総会に関連して、どのような書類の閲覧・謄写請求権がありますか。

ポイント

株主が、会社に対して、閲覧請求または謄本交付請求・謄写請求を行うことができる書面としては、計算書類、事業報告およびこれらの附属明細書ならびに監査報告および会計監査報告、定款、株主名簿、株主総会議事録、取締役会議事録・監査役会議事録、議決権の代理行使に関する委任状、議決権行使書面、役員退職慰労金規程があげられます。

解説

1 計算書類、事業報告およびこれらの附属明細書ならびに監査報告および会計監査報告

計算書類（貸借対照表、損益計算書、株主資本等変動計算書および個別注記

表。会社435条2項、会社計算59条1項)、事業報告およびこれらの附属明細書ならびに監査報告および会計監査報告は、取締役会設置会社において、定時株主総会の2週間前から、本店に5年間（会社442条1項1号）、支店に3年間（同条2項1号）備え置く必要があります。株主は営業時間中、いつでも閲覧請求（同条3項1号）および謄本等の交付請求（同項2号）を行うことができます。

2　定　　款

会社は、定款を本店および支店に常時備え置く必要があります（会社31条1項)。株主は、会社の営業時間中、いつでも閲覧請求（同条2項1号）および謄本等の交付請求（同項2号）を行うことができます。

3　株主名簿

会社は、株主名簿を本店または株主名簿管理人を選任している場合はその営業所に備え置く必要があります（会社125条1項)。株主は、会社の営業時間中はいつでも、請求の理由を明らかにしたうえで、会社に対して株主名簿の閲覧および謄写を請求することができます（同条2項1号)。ただし、①株主がその権利の確保または行使に関する調査以外の目的で請求を行ったとき、②株主が当該株式会社の業務の遂行を妨げ、または株主の共同の利益を害する目的で請求を行ったとき、③株主が株主名簿の閲覧または謄写によって知りえた事実を利益を得て第三者に通報するため請求を行ったとき、④株主が、過去2年以内において、株主名簿の閲覧または謄写によって知りえた事実を利益を得て第三者に通報したことがあるものであるときは、会社は、株主からの閲覧または謄写請求を拒否することができます（同条3項各号)。

4　株主総会議事録

会社は、株主総会議事録を、本店に株主総会の日から10年間（会社318条2項)、支店に同日から5年間（同条3項)、備え置く必要があります。株主は、会社の営業時間中、いつでも閲覧請求および謄写請求を行うことができます（同条4項)。

5　取締役会議事録・監査役会議事録

会社は、取締役会議事録を本店に取締役会の日から10年間、備え置く必要があります（会社371条1項)。監査役設置会社、監査等委員会設置会社および指名委員会等設置会社の株主は、裁判所の許可を得て、取締役会議事録の閲覧請求および謄写請求を行うことができます（同条2項・3項)。裁判所は、取締役会議事録の閲覧または謄写により、当該会社、その親会社または子会社に著しい損害を及ぼすおそれがあると認めるときは、閲覧または謄写の許可をすることができません（同条

6項)。

監査役会議事録の備置義務、閲覧・謄写請求についても同様です（会社394条1項・2項1号・4項)。

6　議決権の代理行使に関する委任状

会社は、株主総会の日から3カ月間、代理権を証明する書面（委任状）を本店に備え置く必要があります（会社310条6項)。株主は、当該株主総会の決議事項の全部について議決権を行使できない場合を除き、会社の営業時間中、いつでも当該書面の閲覧請求および謄写請求を行うことができます（同条7項1号)。

7　議決権行使書面

会社は、株主総会の日から3カ月間、株主が提出した議決権行使書面を本店に備え置く必要があります（会社311条3項)。株主は、会社の営業時間中、いつでも議決権行使書面の閲覧請求および謄写請求を行うことができます（同条4項)。

8　役員退職慰労金規程

役員退職慰労金支給議案が株主総会に付議される場合において、議案が一定の基準に従い退職慰労金の額を決定することを取締役、監査役その他の第三者に一任するものであるときは、株主総会参考書類には、当該一定の基準の内容を記載する必要があります（会社82条2項本文)。ただし、各株主が当該基準を知ることができるようにするための適切な措置を講じている場合は、株主総会参考書類に上記基準の内容を記載する必要はありません（同項ただし書)。この「適切な措置」としては、当該基準を本店に備え置いて株主の閲覧に供することも該当します（中村『ハンドブック』546頁〔菊地伸〕)。この場合、会社は、株主総会招集通知発送の日から株主総会決議時まで、本店に当該基準を備え置く必要があります。株主は、会社の営業時間中、いつでも閲覧請求を行うことができます。

9　会計帳簿および関連する資料

所有議決権数または持株数が、総議決権の3％以上または発行済株式総数の3％以上の株主は、請求の理由を明らかにしたうえで、会社の営業時間中、いつでも会計帳簿およびこれに関する資料の閲覧請求および謄写請求を行うことができます（会社433条1項1号)。ただし、①株主がその権利の確保または行使に関する調査以外の目的で請求を行ったとき、②株主が当該株式会社の業務の遂行を妨げ、株主の共同の利益を害する目的で請求を行ったとき、③株主が当該株式会社の業務と実質的に競争関係にある事業を営み、またはこれに従事するものであるとき、④株主が会計帳簿またはこれに関する資料の閲覧または謄写によって知

りえた事実を利益を得て第三者に通報するため請求したとき、⑤株主が、過去2年以内において、会計帳簿またはこれに関する資料の閲覧または謄写によって知りえた事実を利益を得て第三者に通報したことがあるものであるときは、会社は請求を拒むことができます（同条2項各号）。

（村松頼信）

124 株主からの閲覧・謄写請求への対応

株主からの各種書類の閲覧・謄写請求について、株式会社はどのように対応したらよいですか。

ポイント

株主名簿、取締役会議事録、会計帳簿については、それぞれ閲覧・謄写の拒絶事由が法定されていることから、それぞれの拒絶事由に該当するかどうかを慎重に判断する必要があります。その他の書面（計算書類、事業報告およびこれらの附属明細書、監査報告および会計監査報告、定款、株主総会議事録、議決権の代理行使に関する委任状、議決権行使書面ならびに役員退職慰労金規程）については閲覧・謄写の拒絶事由は法定されていませんが、すでに自社ウェブサイトや取引所のウェブサイト等に掲載しているものについては、掲載内容を閲覧するよう促すことが考えられます。

解説

1 株主名簿の閲覧・謄写請求への対応

株主名簿の閲覧・謄写請求に対する拒絶事由のうち、①株主がその権利の確保または行使に関する調査以外の目的で請求を行ったときについては、金商法上の損害賠償請求を行う原告を募る目的で株主名簿の閲覧・謄写を請求した事案において、当該損害賠償請求は「株主として有する権利」の範囲外であると判断されました（名古屋高決平22.6.17資料版商事316号198頁［抗告審］、最三小決平22.9.14資料版商事321号60頁［特別公告・許可抗告審］）。

また、公開買付けを開始した株主が、公開買付けへの応募を勧誘するため、また、会社が対抗策をとるため臨時株主総会を開催した場合に備えて株主に議決権の代理行使を勧誘するために、株主の氏名および住所を把握することを目的とする場合は、「株主がその権利の確保又は行使に関する調査の目的」に該当するとして、閲覧・謄写請求が認められました（東京地決平24.12.21金商1408号52頁）。

2 取締役会議事録の閲覧・謄写請求への対応

取締役会議事録には、営業上の秘密その他の秘密情報に関する記載が含まれるため、その閲覧・謄写により株主

共同の利益が害されるおそれがあることから、閲覧・謄写請求に対しては慎重な対応が必要となります。

裁判例では、経営コンサルタント業者がM&Aに関する情報の提供先であった銀行におけるM&Aに関する取締役会議事録の閲覧・謄写請求を行った事案において、請求の目的を株主の地位に仮託して個人的な利益を図るため、M&Aをめぐる訴訟の証拠収集目的であると認定し、M&Aを進めるか否かの審議内容が企業秘密に該当し、その閲覧・謄写により将来の事業実施に重大な打撃を与えることになり、全株主にとり著しい不利益を招くおそれがあるとして、閲覧・謄写請求を許可しなかった事例があります（福岡高決平21．6．1金法1332号54頁）。

3　会計帳簿の閲覧・謄写請求への対応

閲覧・謄写請求の対象となる会計帳簿の範囲については、裁判例上、会社計算59条3項所定の「会計帳簿」に限定されると解されています（東京地判平元.6.22判時1315号3頁、横浜地決平3．4．19判時1397号114頁、大阪地判平11．3．24判時1741号150頁、名古屋地決平24．8．13判時2176号65頁）。

閲覧・謄写請求の拒否事由のうち、「株主が当該株式会社の業務と実質的に競争関係にある事業を営み、又はこれに従事するものであるとき」（会社433条2項3号）の「実質的に競争関係にある事業を営む者」の範囲に関する裁判所の認定は緩やかです。株主が会社と競業をなす者であるとの客観的事実が認められれば足り、当該株主が会計帳簿の閲覧・謄写によって知りうる情報を自己の競業に利用するなどの主観的な意図があることは必要ありません（最一小決平21．1．15民集63巻1号1頁）。また、主観的意図が不要であるとともに、競業関係の範囲について株主のみならずその親会社・子会社が株主と一体的に事業を営んでいると評価できるような場合も含まれ、現時点では競争関係が存在しなくても、近い将来において競争関係に立つ蓋然性が高い場合も含まれます（東京高決平19．6．27資料版商事280号200頁）。

4　その他の書面の閲覧・謄本等交付請求への対応

株主から計算書類、事業報告およびこれらの附属明細書、監査報告および会計監査報告、定款、株主総会議事録、議決権の代理行使に関する委任状、議決権行使書面ならびに役員退職慰労金規程の閲覧請求・謄本等交付請求を受けた場合、当該請求の拒否事由が法定されていないため、会社は常に応じる義務を負います。なお、連結計算書類は閲覧請求等の対象には含まれていません。

会社としては、株主から上記書面の閲覧請求等を求められた際には、そのうち、計算書類など、自社ウェブサイ

ト、取引所のウェブサイト、金融庁のEDINET等に掲載しているものについては、それらのウェブサイトへのアクセスにより閲覧が可能である旨を説明し、そちらを閲覧するよう勧めるという対応をとることも考えられます。

また、株主総会議事録については、株主から悪意や害意に基づいた閲覧・謄写請求がされる可能性があることを想定して、その記載内容およびその正確性について十分に吟味・精査する必要があります（中村『ハンドブック』542頁〔菊地伸〕）。　　（村松頼信）

125 株主総会当日の運営の全体像

株主総会当日の運営の全体像について説明してください。

ポイント

一般的には、受付等、議長就任宣言、開会宣言、欠席役員の報告、議事進行の留意点の説明、株主の出席状況の報告および定足数充足宣言、監査報告、計算書類および連結計算書類の説明、採決、閉会宣言の順番で運営します（別表参照）。

解説

1　受付等

招集通知をもとに株主が株主総会の会場に来場するため、会社は、株主の受付を行います。この際、株主またはその代理人でない者の入場を拒み、株主および代理人を会場に案内します。

会社は、並行して、予定された時刻に株主総会を開催できるよう、座席の確認やマイクテスト、会場の保安警備などの会場の設営をします。さらに、定足数の充足の有無や議決権行使の結果を把握するために、当日来場した株主の議決権数（委任状による出席を含みます）を集計し、書面や電磁的方法による議決権行使の数と合算します。集計した株主数や議決権数は、開会の直前に議長に報告されることが一般です。

2　議長の就任宣言および開会宣言

議長は、定刻になったら議長の就任宣言をするとともに、株主総会を開会します。

株主総会は、議長の開会宣言によって適法に成立したことになりますが、たとえこれを欠いても出席株主の全員による株主総会開会の合意があれば、議長の開会宣言は必ずしも必要ではありません（大隅『株主総会』111頁）。もっとも、実務上は、議長就任宣言および株主総会を開会する旨を明示するのが一般的です。

なお、両者の順序については、株主総会の開会宣言を行ってから議長就任宣言を行うこともありますし、議長就任宣言を行ってから株主総会の開会宣言を行うこともあります。

[株主総会当日の運営全体像]

	個別上程方式	一括上程方式
1	受付等	
2	議長就任宣言	
3	開会宣言	
4	欠席役員の報告	
5	議事進行の留意点の説明	
6	株主の出席状況の報告および定足数充足宣言	
7	監査報告	
8	計算書類・連結計算書類の説明（報告事項）	
9	決議事項の議案の説明	
10	議事進行方式の説明	
11	各方式の採決	
	第1号議案 　上程および説明 　質疑応答 　審議の打切り 　採決 第2号議案 　上程および説明 　質疑応答 　審議の打切り 　採決 第3号議案 　　　⋮	全決議事項の上程、議案の説明、採決
12	閉会宣言	
13	新任役員の紹介	

3　開会後から採決に至るまで

　株主総会を開会した後は、法的に必須ではありませんが、欠席役員がいればその報告をします。次に議事進行の留意点の説明をします。、一般的には、株主の発言の時期を報告事項および決議事項の議案の説明の終了後に指定するなどの説明をします。議長には、議場整理権（会社315条）に基づいて株主の発言の時期を指定する権限が与えられているところ、このような説明をすることで、株主の質問等で議事の進行を妨げられることを防止することができます。

　次に、株主の出席状況の報告をし、その日の決議事項を決議するための定足数を充足していればその旨の宣言をします。この定足数の充足の有無は、採決にあたって必要な事項ではありま

すが、この時点で説明するのが一般的です。

そして、次に監査役が監査報告書に基づき監査報告を行うのが一般的です。株主総会に取締役が提出しようとしている議案や書類等に法令もしくは定款に違反し、または著しく不当な事項があるとき以外は監査報告は法的に不要ですが（会社384条）、議案等の適法性等は議案等の審議の前提となるものですので、この段階で監査報告を行うことには合理性があるといえます。監査等委員会の場合、取締役の指名、報酬についての意見があれば、それも述べることになります（会社361条6項、会社則82条1項5号）。

その後、報告事項の報告を行います。近年では、プロジェクターを用意して、映像等で報告を行う会社も増えています。公益社団法人商事法務研究会（以下「商事法務研究会」といいます）の調査によれば、平成28年において、映像等で事業報告の内容を報告している会社が96.1％、計算書類の内容を説明している会社が68.1％、連結計算書類の内容の説明をしている会社が85.9％とされています（『株主総会白書2016年版』47頁）。

4 決議事項の議案の説明・議事進行方式の説明・採決

報告事項の報告を行った後、決議事項の議案の説明、議事進行方式の説明および採決をします。

決議事項の議案の説明は、法的に必須のものと解されています（『新注会(5)』139頁〔森本滋〕）。近年では、これもプロジェクターを用意して、映像等で行う会社が多く、商事法務研究会の調査によれば、平成28年において、映像等で議案の内容の説明をしている会社が53.2％とされています（『株主総会白書2016年版』47頁）。

議事進行の方式には、個別上程方式（個々の議案ごとに上程、審議および採決を行う審議方式）と、一括上程方式（すべての議案を一括して上程、審議し、最後に議案について採決を行う審議方式）とがあり、議長が、裁量によって進行方式を決定できます。なお、商事法務研究会の調査によれば、平成28年においては、一括上程方式をとる会社が59.8％、個別上程方式をとる会社が39.0％とされていて、一括上程方式をとる会社が多いようです（『株主総会白書2016年版』106～107頁）。

採決は、定款に別段の定めのない限り、出席株主の議案に対する賛否の判定をなしうる方法であれば足り、拍手、挙手、起立、投票その他いずれの方法によってもさしつかえなく、議長が、議事整理権（会社314条）に基づいて採決方法を決めます。商事法務研究会によれば、平成28年において、96.7％の会社が拍手の方法で採決を行っています（『株主総会白書2016年版』102～103頁照）。

5　閉会宣言および新任役員就任宣言

採決が終わった後は、議長が閉会宣言をして株主総会を閉会します。

その後、必須ではありませんが、新任役員がいる場合に、挨拶をすることが通例です。

6　全体像の一覧表

以上が株主総会の全体像であり、これらを一覧表にすると、別表のようになります。

（榎木智浩）

126　会場の設営

会場設営をするにあたっての注意点を説明してください。

ポイント

会場の選択にあたっては、総会場の場所、例年の株主数を相当程度上回る座席数を確保しうる規模、控室の位置、株主用および役員用の入退場口の確保、総会場に設置するプロジェクターやビデオ等の設備の位置などを考慮する必要があります。

会場の設営のレイアウトについては、役員を答弁席の近くに、事務局および顧問弁護士を議長の真後ろに配置し、株主のために携帯型またはスタンドマイクを設置することが適当です（レイアウト例は別図のとおりです）。

また、株主総会の適法性を明らかにするために、ICレコーダーやビデオカメラ撮影を準備し、必要に応じて警備員を配置することも考えられます。

さらに、会場の警備については、警備会社の警備員を活用する方法、警察官に臨場を要請する方法があり、不測の事態を想定した警備訓練を事前に行っておくことが必要です。

解説

1　会場設営の意義

株主総会を円滑に運営するためには、会場の設営を適切に行うことが重要です。

事務局は、議長が円滑に議事を進行できるよう、株主からの有形力の行使の可能性などを考慮したうえで、会場の機材配置等を入念に行う必要があります。

以下、会場の選択、レイアウト、機器の準備および警備の観点から説明します。

2　会場の選択

(1)　会場の場所

ホテル等の設備の整った施設を使うこともあれば、会社の工場を使用して同時に工場見学を企画することで株主の好評を博す例もあります。総会場では、会社の概要や製品についての展示スペースを設けて、開会前・終了後に株主が観覧する機会を設けることも考

えられ、このような企画は、株主の会社に対する理解を深め、また、待ち時間の有効活用にもつながります（中村直人『役員のための株主総会運営法〔第2版〕』（商事法務、2016）24頁）。

(2) 会場の規模・別室の有無

狭い会場を選択し、会場に入りきれない株主がいた場合、たとえ、例年の株主の参加実績から十分収容可能であると設営した会場であったとしても、入りきらない株主を参加させないまま決議をすれば株主総会の決議取消事由になりえます（東弁『ガイドライン』48頁、大阪地判昭49．3．28判時736号20頁、最判昭58．6．7民集37巻5号517頁）。

そこで、例年の出席者の数よりも相

［レイアウト例］

	事務局	
役員テーブル	議長	役員テーブル
○警備係		警備係○
株主席	スタンドマイク○	株主席
株主席		株主席
株主席		株主席
株主席	スタンドマイク○	株主席
株主席		株主席

当程度多い座席数を用意するのが適当です。

　想定以上の株主が来場することに備えて、第2会場を設けることも考えられ、実務的にもこのような手法を用いられることがあります。第2会場を設けるなど、複数の場所で株主総会を開催する場合は、会議体としての一体性確保のため、情報伝達の双方向性、即時性が必要であり、そのためには、モニターテレビなどを配置して、複数の場所のすべての会場で議長の発言者指名や各会場での株主の発言が聞き取れるような設備が必要となります（大阪地判平10.3.18判タ977号230頁・判時1658号180頁参照、相澤哲＝細川充「新会社法の解説(7)」商事1743号22頁）。第2会場を設ける場合、第1会場と第2会場の一体性が確保されていれば、決議は適法となりえますが（前掲大阪地判平10.3.18）、そうでない場合には、決議取消しを主張されて争われるリスクや決議取消しの可能性も否定できません。

　なお、株主、議長、役員等がゆったり座り、スムーズに移動できるという観点から、会場の配置は余裕をもったものにするのが望ましく、役員控室、事務局の控室、株主用の別室を用意する場合には、役員控室と事務局控室とは近接させ、株主用の別室は離れた場所とするのが適当です（中村『ハンドブック』342頁〔牧野達也〕）。

(3) 入退場口

　役員と株主の動線を別にするため、入退場口は、役員と株主とで別々にすることが考えられます。また、地震その他緊急の事態が発生した場合に、株主を迅速に避難させることができるように会場の配置を工夫する必要があります（中村『ハンドブック』342頁〔牧野〕）。議長席の安全を確保するために、株主の入退場口と議長席が近くなり過ぎないよう配慮するのがよいでしょう。

3　レイアウト

　株主総会の会場をどのようなレイアウトにするかは各社の判断に委ねられます。

　まず、議長席については、実務的に、ひな壇を設置してその上に立つことが多いです。これは、ひな壇の上のほうが、セキュリティ面や株主の様子がよくわかるからです。

　次に、役員席ですが、株主からの質問に答弁する立場にありますので、答弁席に近い位置に配置します。役員席は社内の序列に従って配置させる必要はなく、答弁の可能性が高い役員を答弁席に近い位置に座らせるほうがよいでしょう。

　事務局は、議長や役員を補佐する役割がありますので、議長の真後ろに配置することが望ましいです。株主からの動議、質問、意見など、議長が対応しなければならない事項は多岐にわた

る一方で、適切な対応をしなければ株主総会の決議取消事由になりうるため、議長は、慎重かつ適切に議事を運営する必要があります。しかし、議長が適切に対応することが難しいこともあるため、議長が適切に議事を運営するうえで事務局の存在は必須です。なお、法的な問題に対応するため、顧問弁護士もこの事務局の席に配置することが多いです。事務局は、①株主からの質問の内容メモの差入れ、②想定問答の差入れ、③株主の発言に対する対応メモの差入れ、④議長がシナリオの重要部分を読みとばした際の注意喚起、⑤質疑応答の打切りのタイミングの指示などを行います。

次に、株主席については、株主から質問があったときのために通常マイクを用意します。この際に、携帯できるマイクを用意することも考えられますし、株主席にスタンド型マイクを設置することも考えられます。いずれにしても、マイクの前で発言を止めない株主に対応するため、議長の指示でマイクの音は消せるようにしておくことが適切です。

4　機器の準備

さらに、株主総会にあたって必要な機器を準備しておく必要があり、必要に応じてマイクやICレコーダー、ビデオカメラを用意します（なお、株主総会においてビデオカメラを使用することが適法と認めた裁判例として大阪地判平2.12.17資料版商事83巻38頁）。記録用としてビデオ撮影する場合は、カメラを目立たない位置に置くなどの配慮をします（中村『ハンドブック』341～342頁〔牧野〕）。

また、近年では、事業報告などの説明を映像等で行う会社が多く、映像等を用いる場合には、プロジェクター等の機材、議長支援システムの機材等の配置場所を確認する必要があります。

さらに、必要に応じて、クロークや傘立てなどの用意や、案内板などの設置も考えられます。

5　警　備

総会場の警備には、警備会社から派遣される警備員を活用する方法と、警察官に臨場を要請する方法が考えられます。

警備員を活用する場合、株主総会での警備の経験がある者の派遣を求めるのが望ましいです。実際のレイアウト等をふまえた対応が必要になり、また、他のスタッフが警備員の動きを事前に把握しておく観点から、総会当日に加えて総会リハーサル時に、たとえば暴力を振るう株主の動きもシミュレーションしたうえで、議長の退場命令を受けて適切に退出させることを目的として警備訓練を行う必要があります。

警備員を配置するのであれば、株主と議長席および役員席の間に配置するべきでしょう。

警察としても6月の株主総会集中期間は警察官の配置に苦労するといわれていますので（森・濱田松本『株主総会』181頁）、警察官の臨場を要請する場合、日程や総会場が決定し次第、なるべく早期に警察官の臨場の要請を行うのが望ましいです（久保利『株主総会』160～162頁）。

6　レイアウト例

レイアウト例は、別図のとおりです。

（榎木智浩）

127　株主席の前列に従業員株主を配置することの可否

会場設営にあたって、株主席の前列に、優先的に従業員株主を配置してよいですか。

ポイント

合理的な理由がない限り認められず、株主席の前列に、優先的に従業員株主を配置することは避けるべきでしょう。

代替案としては、ガードマンの適正配置、議長・役員席と株主席との間隔の拡張、危険物などの確認・除去などの方策を総合的に実施することが考えられます。

解説

1　判例

株式会社は、同じ株主総会に出席する株主に対しては、合理的な理由のない限り、同一の取扱いをすべきであるというのが判例です（最三小判平8.11.12民集50巻10号2673頁）。

この判例は、電力会社における原発反対派の株主によって、本社ビルを取り囲まれたり、深夜数時間にわたってビルの一部を占拠されたり、株主の団体から株主総会の前に1,000項目を超える質問書の送付を受けていたことを背景として、株式会社が、株主総会の議事進行の妨害、議長席および役員席を取り囲まれるなどといった事態が発生することをおそれて、あらかじめ、従業員株主を株主総会の受付開始時刻前に入場させて最前列から第5列目までの大半および中央部付近の合計78席に着席させたため、株主が、従業員株主との間で差別的取扱いを受けたことにより希望する席の確保ができなかったとして、精神的苦痛を被ったことによる慰謝料等を請求した事案です（なお、訴訟を提起した株主は、第6列の中央部に着席しました）。この事案において、上記判例は、「株式会社は、同じ株主総会に出席する株主に対しては合理的な理由のない限り、同一の取扱いをすべきである。本件において、被上告会社が……本件株主総会前の原発反

対派の動向から本件株主総会の議事進行の妨害等の事態が発生するおそれがあると考えたことについては、やむを得ない面もあったということができるが、そのおそれのあることをもって、被上告会社が従業員株主らを他の株主よりも先に会場に入場させて株主席の前方に着席させる措置を採ることの合理的な理由に当たるものと解することはできず、被上告会社の右措置は、適切なものではなかったといわざるを得ない。しかしながら、株主は、希望する席に座る機会を失ったとはいえ、本件株主総会において、会場の中央部付近に着席したうえ、現に議長からの指名を受けて動議を提出しているので、具体的に株主の権利の行使を妨げられたということはできず、会社の本件株主総会に関する措置によって株主の法的利益が侵害されたということはできない」と判示しました。

2 株主の着席権限および議長の着席位置の指定権限

そもそも、議長に株主の着席位置を指定する権限があるのでしょうか。

この点、議長には、議事整理権が与えられていますが（会社315条）、この議事整理権のなかに、株主の着席位置を指定する権限が含まれるか否かについては会社法（または旧商法）上明らかではありません。前記判例の第一審（高松地判平4．3．16判時1436号102頁）は、「一般に、株主総会の会場の設営や議事進行等にあたる者は、各株主がその権利である発問や動議の提出を円滑にできるように、会場の設営等も含めた配慮によってこれを行うべき責務があり、この目的のために、着席位置等を定める権限も有するものというべきである。したがって、株主が株主総会の座席をまったく自由に選択しうる利益があるとまでいうことはできないが、右のような総会設営者の権限が濫用され、株主間において合理的な理由のない差別を生じるようなことがあってはならず、またその結果、株主権の行使に影響が生じてはならないことは、いうまでもない」と判示し、第二審（高松高判平5．7．20判タ833号246頁）は、「被控訴人が、社員株主に対し事前に受付開始時刻を知らせ、右受付開始時刻前に通用門から社員株主を前記別館に入れ、午前八時の受付開始と同時に本件総会会場に入場させて、株主席前方に着席させた措置は、株主総会の議事運営を円滑に申告させるためのやむを得ない方策であって、合理的な理由による株主間の差別的取扱であり、株主総会の会場設営に関する裁量権の濫用・逸脱はなかったものというべきである」と判示し、両裁判例とも、着席位置の指定権限があることを前提とした内容となっています。

これらの裁判例が登場した当時は、この点についての明確な学説はありませんでしたが、上記第二審判決が言い渡された後、議長が議事運営に関する

各種の権限を行使するためには、①総会の秩序を乱しまたは乱すおそれがある事実が存在すること、および、②それらの事実に対してとられた手段が、原因となった事実に比して相当であることが必要であると解されていること（元木伸『改正商法逐条解説〔改訂増補版〕』（商事法務、1983）101頁）を根拠に、株主平等原則との関係上、無前提的に着席位置の指定権限は認められない旨の見解が示されました（寳金敏明「商事法会社法株主総会における着席位置と株主平等の原則」判タ882号208頁等）。上記最高裁判決が言い渡された後も、議事の円滑な運営のためやむをえない事情がある場合には、議長の秩序維持・議事整理権限の行使として、着席位置の指定を行うことができると考えられるが、その際のやむをえない事情の認定は、株主平等原則との関係で、慎重にならざるをえず、その措置よりほかにない場合に限られる、との判例に沿った見解などが示されており（末永敏和「四国電力事件最高裁判決の検討」商事1443号2頁）、判例がいう「合理的な理由」が認められるのは、きわめて例外的・限定的な場合に限られるものと解されます（東弁『ガイドライン』55頁）。

3　実務上の措置

上記1および2のとおり、合理的な理由のない限り、株主席の前列に、優先的に従業員株主を配置することはできません。前記判例において株主総会前の原発反対派の動向から株主総会の議事進行の妨害等の事態が発生するおそれがあることをもってしても、合理的な理由があるとは判断されていないこと、また、着席位置の指定を行うことができるのは当該措置をとるよりほかにないほどやむをえない事情に限られるという学説にかんがみれば、株主総会において、株主席の前列に、優先的に従業員株主を配置することが適法な措置と認められるのは例外的・限定的な場面に限られます。また、この場合に当たるかどうかを判断するのは、実務上容易ではないため、このような措置をとることは避けるべきでしょう。代替案としては、ガードマンの適正配置、議長・役員席と株主席との間隔の拡張、危険物の確認・除去などの方策を総合的に実施することが考えられます（東弁『ガイドライン』55～56頁）。なお、開場の時間を全株主について平等に設定していれば、結果として従業員株主が最前列に座ることになっても、問題はないものと解されます。

(榎木智浩)

第 8 章

株主総会の受付対応

128 受付の意義および準備

株主総会の受付の意義および準備事項について説明してください。

ポイント

受付では、出席者の氏名および入場資格の確認、出席者の氏名と議決権数の集計、株主総会において報告する議決権数の確定および議場への案内などの事務を行います。

受付の準備事項としては、株主名簿その他の株主の氏名および住所、持株数、議決権数を確認できる資料を用意し、来場者を適切に案内できるよう会場のレイアウトの確認および従業員の配置の決定、会場への案内板の設置などがあります。

解説

株主でない者を入場させた結果、株主でない者が議決権を行使すれば株主総会の決議取消事由となる可能性があり（最判昭30.10.20民集9巻11号1657頁）、一方で、株主の入場を不当に拒絶した場合においても株主総会の決議取消事由となります（最判昭42.3.14民集21巻2号378頁）。また、株主総会における決議の成立のためには定足数が足りていることが必要であり、定足数の充足の有無を確認するためにも、議決権数を確認および集計することが必要です。受付を適切に行わないと株主総会決議の取消につながる可能性がありますので、適切に受付を行う必要があります。

そこで、受付では、①出席者の氏名および入場資格の確認、②出席者の氏名と議決権数の集計、株主総会において報告する議決権数の確定、③議場への案内などの事務を処理します。

このような事務処理をするにあたって、会社は、事前に、受付に必要なものを準備する必要があります。

まず、①出席者の氏名および入場資格の確認および、②出席者の氏名と議決権数の集計、株主総会において報告する際における議決権数の確定という観点からは、来場者の氏名、株主であるか否か、議決権数を確認できるものが必要になりますから、株主名簿その他株主の氏名および住所、持株数、議決権数を確認できる資料が必要になります。また、③議場への案内という観点からは、会場のレイアウトの確認および従業員の配置の決定、会場への案内板などを用意する必要があります。

（榎木智浩）

129 資格審査

株主および代理人の資格審査はどのように行えばよいですか。

ポイント

株主の資格審査は、議決権行使書に

よって行い、議決権行使書を持参していない場合には、会社が用意した用紙に氏名、株数、住所等を申告させて株主名簿と一致しているかどうか確認することが一般的です。

代理人の資格審査は、取締役会が決定した代理人の資格証明の方法によって行います。なお、定款の代理人を株主に限る旨の規定は有効ですので、このような規定がある場合は、同時に株主であることの資格審査も行います。

解説

1 株主の資格審査

会社法には来場者の株主審査の方法についての規定がありません。この点について、株主総会の秩序維持については、議長に権限がありますが（会社315条）、開会前においては秩序維持の権限が会社にあると解されていますので（『コンメ7』273頁）、会社（具体的には代表取締役）が合理的な株主資格の審査の方法を決定し、来場者の株主資格を確認することになります。

株主資格の審査については、株主が多数である実情と開会前後の時間的余裕が少ないことにかんがみて、株主総会招集通知もしくはその封筒または同封の出席票の提出その他の身分証明があれば、出席者の株主資格が法律上推定されると解されています（大隅『株主総会』100頁）。実務上は、株主宛てに送付された議決権行使書（委任状勧誘を行った会社については委任状）を持参した来場者を株主として入場させるという方法が慣行として確立していて、また、決議事項のみで報告事項がないために議決権行使書がない場合には、入場票を同封してその持参の有無で審査します（中村『ハンドブック』355頁）。

議決権行使書の持参がない場合ですが、議決権行使書による確認は株主の資格審査の一方法にすぎず、真の株主の入場を不当に拒否して議決権行使を制限するわけにはいきません。そこで、この場合、身分証明書等の本人確認書類によって本人確認をするか、または、氏名、株数、住所等を申告させて株主名簿と一致しているかどうか確認することが考えられます（東弁『ガイドライン』25〜27頁、大隅『株主総会』100頁）。ただし、実務上は、身分証明書の提示までは求めず、会社が用意した用紙に氏名、株数、住所等を申告させて株主名簿と一致しているかどうか確認することが一般的です（中村『ハンドブック』356頁）。

なお、株主の資格の証明責任は来場者にあるため、来場者がその資格を証明できなかった場合には、総会場に入場できず、株主総会の議事に参加できません。また、議決権を行使することができなかったことを理由として、決議取消しの訴え（会社831条1項1号）を提起することや損害賠償請求をすることもできません（東弁『ガイドライ

ン』25～27頁)。もっとも、来場者が、株主資格を法律上推定される方法をとった場合には、会社において真実の株主でないことを立証しなければならず、株主の資格を疑うに足りる正当な事由なくして出席を拒否した場合には不当な権利行使の拒否として決議取消事由となりえます(大隅『株主総会』100頁)。

2 代理人の資格審査

株主は、代理人によってその議決権を行使することができますが(会社315条1項本文)、その株主または代理人は、代理権を証明する書面を株式会社に提出しなければなりません(同項ただし書)。この点について、株式会社は、取締役会の招集決定の際に、代理人による議決権の行使について、代理権(代理人の資格を含みます)を証明する方法、代理人の数その他代理人による議決権の行使に関する事項を定めることができ(定款に当該通知の方法について定めがある場合を除きます。会社298条1項5号、会社則63条5号)、これを定めた場合には、招集通知に記載し、または記録しなければなりません(会社299条4項)。

そこで、定款に定めがない場合には、会社が定めた方法によって審査をすれば足ります。

なお、全国株懇連合会の定款モデルは、「株主は、当会社の議決権を有する他の株主1名を代理人として、その議決権を行使することができる」として、代理人の資格を株主に限定しており(全国株懇連合会編『全株懇モデル〔新訂3版〕』(商事法務、2011) 124頁)、実際も、多くの会社が定款により代理人を株主に限る旨を定めています(東弁『ガイドライン』28頁)。この規定は、判例上、有効とされていますので(最判昭43.11.1民集22巻12号2402頁)、会社は、この定款の規定によって、代理人を株主に限定することができます。この場合、さらに代理人が株主であるかどうかを確認することも必要です。なお、株主でない代理人が議決権を行使できる例外的な場合もあります。

(榎木智浩)

130 議決権行使書または電磁的方法による議決権行使をした株主の来場

株主および代理人の資格審査の結果、議決権行使書または電磁的方法によって議決権行使をした株主であることが発覚した場合、どのような対応をとればよいですか。

ポイント

すでに議決権行使書または電磁的方法による議決権行使をした株主が来場した場合、株主が株主総会の会場に来場したことによって、当該議決権行使は無効になりますので、会場に入場させて議決権を行使させることになりま

す。

解説

すでに議決権行使書または電磁的方法による議決権行使をした株主が来場した場合、株主が株主総会の会場に来場したことによって、その議決権行使は無効となり、株主は、自ら議決権を行使することができると解されています（議決権行使書について、稲葉『実務相談2』687〜688頁〔元木伸〕）。したがって、株主の資格審査により株主資格が認められる限りは、株主総会に入場させて議決権を行使させる必要があります。

(榎木智浩)

131 委任状を提出した株主の来場

株主の資格審査の結果、委任状を提出した株主が来場したことがわかった場合、どのような対応をとればよいですか。

ポイント

委任状を提出した株主が来場した場合、委任契約の解除の有無を確認し、委任契約を解除するのであればその株主を出席させて議決権行使させ、委任契約を解除しない場合には、株主を出席させないようにします。株主が委任契約を解除する場合、会社は、すでに預かった委任状を、委任契約が終了した事実を証する書類および株主資格の認定資料とともに保管します。

解説

委任状を提出した株主が来場した場合、民法上、委任契約はいつでも解除することができるとされていますので（民法651条1項）、株主が来場した以上は、委任を撤回する意思を有すると推認されます。もっとも、解除するには意思表示が会社に到達する必要があるため、会社は、株主に対し委任契約を解除または撤回して自ら議決権行使する意思があるか否かを確認することになります（稲葉『実務相談2』991〜992頁〔藤田孝雄〕）。株主が委任契約を解除または委任を撤回しない場合には、当該株主には株主総会での出席権も発言権も認められません（稲葉『実務相談2』984〜985頁〔三宅良三〕）。委任に関して、株主が株主総会の出席権および発言権を留保して、議決権のみを代理行使するといった代理権授与は認められないと解されていますが（稲葉『実務相談2』986頁〔三宅良三〕）、議案の一部についてのみ議決権行使の代理権を授与したり、議決権行使について一部のみの委任を解除したりすることは許されると解されています（稲葉『実務相談2』993〜994頁〔直答会社の実務相談〕）。したがって、委任契約の解除の意思を確認するにあたっては、上記の点に留意する必要があります。

なお、委任契約が解除されて代理権が消滅したとしても、会社は、すでに

預かった委任状を返還するべきではなく、委任契約が終了した事実を証する書類および株主資格の認定資料とともに保管しておく必要があります。また、委任状には印紙税法に基づいて印紙を貼付する必要がありますが、委任契約を解除しても課税義務がなくなるものではありません（以上につき、稲葉『実務相談2』992～993頁〔藤田孝雄〕）。

（榎木智浩）

132 代理人が入場した後の別の代理人の来場

代理人の資格審査の結果、真正な代理人であると認められて株主総会に入場させた後、別の代理人が来場した場合、どのような対応をとればよいですか。

ポイント

まず、各委任状が真正に作成されたかを調査します。いずれの代理人資格も適正に認められた場合、特段の事情がない限り、株主が複数の委任状を作成したのは、先の委任契約を解除して、後の委任契約を有効とする意思表示であると解されますので、委任の先後関係を調査し、その先後関係が判明しない場合には、株主の意思表示が不明確として双方の代理権行使を拒絶します。

株主の意思表示が、共同代理人として、共同代理人の意見が一致した場合に限って議決権を行使できるとする意思表示、または議決権を不統一行使させる意思表示であった場合には、代理人の人数を1名に限定している場合には2人以上の代理人を株主総会に出席させることを拒絶します。限定していない場合には、各本人の委任に係る意思表示に従って、代理人に議決権行使をさせます。

解説

代理人の資格審査の結果、真正な代理人であると認められて株主総会に入場させた後、別の代理人が来場した場合、2通以上の委任状が作成されたことになります。株主の資格や代理権に特に疑わしい事情があるときは、会社は特別の調査をしなければならないと解されています（大隅『株主総会』100頁）。2通委任状を作成することは異常であって、いずれかの委任状が偽造された可能性があるため、会社は、調査義務を負い、委任状の所持人である代理人に委任の真正を立証させ、委任が真正であることが明らかにならなければ、その代理人の代理人資格を否定します（稲葉『実務相談2』956～957頁〔須藤純正〕）。

いずれの委任状も真正であると認められた場合には、株主による委任状の意思解釈が問題になりますが、おおむね、以下の3通りの意思表示があった可能性が考えられます。

① 先の委任契約を解除して、後の委

任契約を有効とする意思表示
② 共同代理人として、共同代理人の意見が一致した場合に限って議決権を行使できるとする意思表示
③ 議決権を不統一行使させる意思表示

この点については、特段の事情がない限り、①先の委任契約を解除して、後の委任契約を有効とする意思表示であると解されます。そこで、委任状の日付などから委任の先後関係を調査し、先後関係が明確であれば後の委任契約を有効として取り扱います。他方、先後関係が明確でなく、いずれもその先後関係が立証できない場合、株主の意思表示が不明確として双方の代理権行使を拒絶することができます（稲葉『実務相談2』957～958頁〔須藤純正〕）。特段の事情があって②や③の意思表示であった場合、旧商法下の解釈では、会社が、株主が2人以上の代理人を総会に出席させることを拒否できる規定（旧商法239条4項）によって、総会出席を拒絶できたところ（稲葉『実務相談2』957頁〔須藤純正〕）、現行法下でも定款や株主総会の招集事項で代理人を1人に限定する旨を定めれば、これを拒絶できると解することができます。全国株懇連合会の定款モデルで、「株主は、当会社の議決権を有する他の株主1名を代理人として、その議決権を行使することができる」として、代理人の人数を1名に限定しており（全国株懇連合会編『全株懇モデル〔新訂3版〕』（商事法務、2011）124頁）、このような定款の定めのある会社では、この定款の規定によって代理権行使を拒絶することができます。代理人の人数を1名に限定していない場合で、②または③の意思表示であることが認められる場合には、各意思表示に従って、各代理人に議決権を行使させることになります。　　　　　（榎木智浩）

133 議決権行使書または電磁的方法による議決権を行使した株主の代理人の来場

代理人の資格審査の結果、すでに、議決権行使書または電磁的方法による議決権を行使した株主の代理人であることが判明した場合、どのように対応すればよいですか。

ポイント

議決権の代理行使を優先させる必要があります。なお、議決権行使書または電磁的方法による議決権行使と、議決権の代理行使について、矛盾した議決権の行使が行われる混乱を防止するために、定款や株主総会の招集決定において、これらの優先順位等の取扱いを定めることができます。

解説

すでに議決権行使書または電磁的方法による議決権が行使された場合にお

いて、これを行使した株主の代理人が来場した場合、株主総会の直近における株主の意思が反映されたものと考えられる議決権の代理行使が優先されると解されています（相澤『論点解説』476〜477頁）。そうすると、議決権行使書または電磁的方法による議決権行使の内容いかんにかかわらず、代理人の入場を認めて代理権を行使させ、また、その内容が異なっても代理人の議決権を優先させることになります（稲葉『実務相談2』685〜686頁〔元木伸〕、『コンメ7』224頁〔松中学〕）。

この点に関して、委任状を付与した後に、議決権行使書により議決権を行使した場合に、委任状を撤回して議決権行使面による議決権行使を優先させる余地を認める見解もあります（三浦良太ほか『株主提案と委任状勧誘』（商事法務、2008）169〜170頁）。もっとも、そうであれば、株主としては、委任状を撤回すべきであり、このような解釈をするべきでないとする見解も有力です（『コンメ7』224〜225頁〔松中学〕）。なお、このような矛盾した議決権の行使に伴う混乱を防止するために、定款や株主総会の招集決定において、これらの優先順位等の取扱いを定めることもできます（会社則63条3号ないし5号）。

（榎木智浩）

134 法人株主の代表者または代表権のない役職員の来場

株主が法人の場合において、代表者や代表権を有さない役職員が来場した場合、どのような対応をとればよいですか。

ポイント

資格審査を行って、株主の代理人であると判明した場合には、株主総会に入場させます。資格審査の方法としては、議決権行使書または委任状の提出、名刺・身分証明書等の提出、職務代行通知書の提出を求めるのが実務上よく行われています。

解説

1 法人株主の議決権行使

法人株主については、法人の代表者が株主として議決権を行使します（稲葉『実務相談1』914〜915頁〔黒木学〕、『コンメ7』180頁〔山田泰弘〕等）。そのため、代表者が来場した場合には、資格審査により、代表者であることが判明すれば、株主総会に入場させて議決権の行使等をさせることになります。

それでは、代表権のない取締役や部課長などの役職員が来場した場合、どのように対応すればよいでしょうか。法人が株主となっている場合におい

て、代表者以外の役職員は、これを使者とみる見解もありますが（弥永真生『リーガルマインド会社法〔第14版〕』（有斐閣、2015）126頁注23）、一般的には、代理人として取り扱うべきものと解されています（稲葉『実務相談2』916～917頁〔直答会社の法律相談〕、『コンメ7』174頁〔山田泰弘〕）。そこで、法人としての株主の資格審査のほかに、その役職員の代理人の資格審査をする必要があります。その株主の代理人であると認められた場合には、株主総会に入場させて議決権の行使等をさせることになります。

なお、多くの会社では代理人を株主に限定する定款規定をおいていますが、法人株主の役職員については、株主でなくとも代理人として認めるべきと解されています。

2 法人株主の資格審査の方法

法人株主の役職員の代理権の有無は、会社が代理人資格の証明方法を定めている場合には、その方法によります（会社298条1項5号、会社則63条5号）。

実務的にとられている方法としては、公益社団法人商事法務研究会によれば、平成28年において、議決権行使書または委任状の提出を求めたのが74.4%、名刺・身分証明書等の提出を求めたのが58.2%、職務代行通知書（これは法人が役職員に職務上の代理権を付与する際に作成するもので、法的効果は委任状と同じです）の提出を求めたのが26.4%、代表取締役からの委任状の提出を求めたのが3.2%とされています。近年の傾向としては、名刺・身分証明書等や、職務代行通知書の提出を求めることが増加傾向にあり、本人確認をより慎重に行う会社が増えているといえます（『株主総会白書2016年版』91～92頁）。

（榎木智浩）

135 株主でない弁護士、親族、法人の役職員、未成年者の法定代理人、外国居住株主の代理人としての来場

定款に代理人資格を株主に限る旨の規定があるところ、このような規定は有効ですか。また、株主が、会社の株式を保有しない弁護士や親族を代理人としたり、株主が法人株主の場合において会社の株式を保有しない役職員を代理人としたりして、これらの代理人が来場した場合、どのような対応をとればよいですか。

ポイント

代理人資格を株主に限る旨の定款の規定は、有効です。

入院しているなどの特別の事情がない限り、原則として、株主でない代理人弁護士、親族の入場は拒絶することができますが、法人の役職員、未成年者の法定代理人および外国居住株主の

常任代理人は入場させて議決権を行使させる必要があります。株主でない代理人弁護士等について、会社が、任意に入場を認める場合には、株主平等原則との関係上、他の株主との関係でも代理人でない者を入場させる必要があると考えられます。

解説

1 代理人資格を制限する旨の規定の有効性

定款で、代理人資格を株主に限定する旨の規定を設けた場合、当該規定は有効であるとするのが判例です（最判昭43.11.1民集22巻12号2402頁）。

すなわち、定款で代理人資格を株主に限定する旨の規定が、株主の議決権の代理行使を規定した旧商法239条2項に反するかどうかが争われた事案において、上記判例は、代理人資格を株主に限定する旨の規定の「条項は、議決権を行使する代理人の資格を制限すべき合理的な理由がある場合に、定款の規定により、相当と認められる程度の制限を加えることまでも禁止したものとは解されず、右代理人は株主にかぎる旨の所論上告会社の定款の規定は、株主総会が、株主以外の第三者によつて攪乱されることを防止し、会社の利益を保護する趣旨にでたものと認められ、合理的な理由による相当程度の制限ということができるから、右商法239条3項に反することなく、有効

であると解するのが相当である」と判示しています。もっとも、株主以外の者による議決権の代理行使がいっさい認められないわけではなく、一定の特別の事情がある場合には、定款の規定の拘束力が及ばず、株主以外の者による議決権の代理行使が認められると解されています（稲葉『実務相談2』931〜932頁〔竹田森之輔〕、『コンメ7』175頁〔山田泰弘〕）。

上記判例（前掲最判昭43.11.1）の後に登場した裁判例においても、以下のような場合に議決権の代理行使が認められており、また、学説もこれを肯定しています（稲葉『実務相談2』931〜933頁〔竹田森之輔〕、『コンメ7』178頁〔山田泰弘〕）。

① 株主である県、市、株式会社が職員または従業員に議決権行使をさせた事例（最判昭51.12.24民集30巻11号1076頁）
② 高血圧・老齢で入院中の株主の代理人として、実子・甥に当たる非株主に議決権行使をさせた事例（大阪高判昭41.8.8下民集17巻7・8号647頁）

2 代理人弁護士、親族、法人の役職員、未成年の法定代理人の来場に対する対応

(1) 代理人が弁護士の場合

株主自身が出席できるような状況があれば、代理人弁護士による代理行使が必要な状況があるとまではいえませ

んので、入場を拒絶できると解されますし（『コンメ7』179頁〔山田泰弘〕、東京地判昭57.1.26判時1052号123頁）、株主自身が、自身の能力が不足していると考えていたとしても、弁護士や公認会計士から助言を得て準備をすることができますので（東弁『ガイドライン』52頁）、入場を拒絶できると解されます。そのため、上場会社の株主が弁護士を総会に同席させようとするのであれば、基準日前に弁護士に株式を譲渡しておくなどの工夫が必要です。

　会社が任意に代理人弁護士の入場を認めるか否かについては、これを肯定する学説や実務家の意見があるものの（北沢正啓『会社法〔第6版〕』（青林書院、2001）175頁、久保利『株主総会』226頁）、まったくの恣意的な運用を許容するのでは株主平等原則に反し、著しく不公正な決議の方法となりかねないとも解する学説があります（『コンメ7』175頁〔山田泰弘〕）。そこで、株主でない代理人弁護士を入場させるのであれば、他の株主との関係でも、株主でない代理人を入場させるなどの措置をとる必要があると考えられます。

(2) 親族の場合

　原則として拒絶できますが、裁判例（前掲大阪高判昭41.8.8）のように、入院しているなどの事情が立証されれば入場させるべきです。このような事情がなく任意に入場させる場合には、代理人弁護士と同様、株主平等原則が問題となると解されます。

(3) 法人の役職員の場合

　法人の役職員については、特段の事情がない限り、株主総会が攪乱され、会社の利益が害されるおそれはなく、かえって、役職員の議決権の代理行使を認めないとすれば株主としての意見を株主総会の決議のうえに十分に反映させることができず、事実上議決権行使の機会を奪うに等しく不要な結果をもたらします（前掲最判昭51.12.24参照）。そこで、原則として入場させて議決権を行使させる必要があります。

(4) 未成年の法定代理人の場合

　未成年者など、制限行為能力者の法定代理人は、たとえその者が株主でなくとも、その者を代理人とする議決権行使は、当然に認められると解されています（『コンメ7』175頁〔山田泰弘〕）。そこで、法定代理人を入場させて議決権を行使させる必要があります。

(5) 外国居住株主の常任代理人の場合

　外国居住株主は、会社の監理負担軽減のため、株式取扱規則により日本国内に常任代理人を選任することが要求されますが、この常任代理人が株主でなくとも、代理人としての議決権行使が認められると解されています（『コンメ7』175頁〔山田泰弘〕）。そこで、常任代理人を入場させて議決権を行使させる必要があります。　　　　**（榎木智浩）**

136 実質株主の来場

資産管理専業の信託銀行、証券保管銀行、証券会社等の名義で株式を保有するいわゆる実質株主は、株主総会に来場して議決権を行使することができますか。また、実質株主の審査は、どのように行えばよいですか。

ポイント

資格審査をして実質株主であることが判明した場合には、裁量によって入場を認め、議決権を行使させてもよいと解されます。ただし、株主名簿上の株主の議決権と入場する実質株主が行使する議決権が重複しないような措置をとる必要があります。

解説

株主名簿に記載のない株主は、本来、議決権を行使することができませんが、株主名簿上、信託会社名義になっている株式の実質株主であるとする投資会社が株主総会に出席した場合には、一律に出席を排斥するべきではなく、裁量によって議決権行使を認めてよいと解されます。この場合、代理人としての資格審査をするほか、実質株主であることを証明する書面を提出させ、さらに、株主名簿上の株主の議決権と入場する実質株主が行使する議決権が重複しないような措置をとる必要があります（以上につき、東弁『ガイドライン』29～31頁）。

実務上は、公益社団法人商事法務研究会の調査によれば、平成28年において、「名義株主の背後にいる実質株主（グローバルな機関投資家等）は認めることがある」との回答をしている会社が23.3％います（『株主総会白書2016年版』92～93頁）。

（榎木智浩）

137 議長による非株主たる補助者の傍聴の許可および株主総会の公開の可否

株主が、株主でない者を補助者として連れてきた場合、議長は、補助者に対して傍聴を許可することができますか。また、議長は、株主総会を公開することができますか。

ポイント

議長の権限に基づいて傍聴を許可することができます。また、公開することも可能です。

解説

議長には、議事整理権（会社315条1項）があり、種々の権限が付与されています。その一環として、議長には、傍聴の許可権限が付与されていて、議長には、傍聴の許可の裁量があると解されています（大隅『株主総会』114頁）。これにより、議長はその裁量で、

総会の事務担当職員や顧問弁護士、新聞雑誌記者（大隅『株主総会』114頁）、警察官、警備員を入場させることができます（中村『ハンドブック』381頁〔中村直人〕、『コンメ7』273頁〔中西敏和〕）。新聞雑誌記者の取材に関連して、議長は、開会宣言後、建物管理権を有する代表取締役と共同で株主総会をマスメディアに公開することもできると解されていますし、また、実際にマスメディアに公開している会社もあります（東弁『ガイドライン』50〜51頁）。

通訳、手話通訳者、介護者については、株主の権利行使のための補助者として傍聴を許可することができ、このうち、通訳および手話通訳については、誤訳に伴うトラブル防止のため、株主から、誤訳に伴う責任をすべて当該株主が負うことについて承諾を得ることが望ましいと考えられています（福岡『実務相談』212〜213頁）。通訳については、会社の責任で設置した通訳に担当させることも考えられます（久保利『株主総会』230頁）。弁護士や公認会計士などの専門家を補助者として傍聴許可をすることもできますが、この場合には、他の株主に対しても同様の措置をとるなど株主平等原則に配慮する必要があると解されています（福岡『実務相談』212頁）。　　　　（榎木智浩）

138　途中入場の可否

株主総会開会後に株主が来場した場合、株主の入場または株主総会の出席を拒むことができますか。

ポイント

出席を拒否することはできません。出席を拒否すれば、株主総会の決議取消事由になりえます。

解　説

株主が、株主総会に遅刻し、株主総会が開会された後で来場することがあります。

このような場合、会社は、遅刻した株主の出席を拒むことはできません。

すなわち、株主には、株主総会が開催されている間（開会してから閉会するまでの間）、株主総会に出席して決議に参加しうる権利を有すると解されていますから、開会後、会社が株主の出席を拒みうるとする理由はありません（稲葉『実務相談2』698〜700頁〔水田耕一〕）。出席を拒否することは、株主の権利である議決権行使を不当に妨げることになるもので、入場を拒絶することは許されません（稲葉『実務相談2』700〜701頁〔直答会社の法律相談〕）。

正当な株主の出席を拒否した場合には不当な権利行使の拒否として決議取消事由となりえますので（大隅『株主

総会』100頁)、株主を入場させなければなりません。　　　　（榎木智浩）

第 9 章

株主総会の議事運営

139 出席者

株主、取締役、監査役、会計参与および執行役および会計監査人は、株主総会に出席しなければなりませんか。

ポイント

株主に出席義務はありませんが、定足数が満たされない場合には決議をすることができません。

取締役、監査役、会計参与および執行役が株主総会に出席する義務があるか否かは見解が分かれていますが、いずれにしろ、株主に対する説明義務を尽くせる体制を敷く必要があります。

会計監査人は、定時株主総会において会計監査人の出席を求める決議があったときは出席する義務があります。会計監査人が株主総会に出席しない場合においても、別室などで待機させておくのが適当であり、万一、会計監査人の出席を求める決議があったにもかかわらず会計監査人が意見を述べられない場合には、継続会で会計監査人に意見を述べさせる必要があります。

解説

1 株主

まず、株主については株主総会の出席義務はありませんので、一部の株主が欠席したとしても有効に株主総会で決議をすることができます。

ただし、多くの株主が出席せず、書面もしくは電磁的方法により議決権を行使せず、または代理人により議決権を行使しなかったことにより定足数（会社309条1項・2項）を満たさなかった場合には、株主総会で決議をすることができなくなり、会社の運営に支障をきたすことがあります。

2 取締役等

取締役、監査役、会計参与および執行役（以下「取締役等」といいます）は、株主総会に出席する義務があるかどうかについては、見解が分かれています。

この点、会社法上、取締役等を株主総会に出席することを要求する条文はありませんが、取締役等は、株主総会において、株主から特定の事項について説明を求められた場合には、当該事項について必要な説明をしなければならないとされていますので（会社314条本文）、この規定は、間接的に取締役等の株主総会出席義務を規定しているものと考えられます。

取締役の株主総会での説明義務が連帯責任であることから、他の出席取締役等によって同条に規定する説明義務を尽くすことができる限り、説明義務との関係では必ずしも全員が出席する必要はないとする見解がありますが（東弁『ガイドライン』67～68頁、ただ

し、取締役等の善管注意義務、忠実義務から出席義務を認めています）、説明義務を根拠に、取締役等の株主総会への出席義務を肯定する見解もあります（稲葉威雄『改正会社法』（金融財政事情研究会、1982）139頁）。もっとも、出席義務の肯定説によっても、他社の取締役等を兼務している取締役等が、他社業務に従事しているなどの正当な事由がある場合には株主総会に出席しなくともよいと解されています（中村『ハンドブック』369頁。社外取締役、社外監査役について、東弁『ガイドライン』68～69頁）。

この点、正当な理由がないのに、取締役等が株主総会において株主の求めた事項について説明を行わなかった場合には、100万円以下の過料が科される可能性があり（会社976条9号）、説明義務が尽くされなかったことは株主総会の決議取消事由にもなりえます（会社831条1項1号）。そして、説明義務の履行者は、基本的に質問の内容・趣旨に応じて最もふさわしい者はだれであるかという観点から客観的に定まるとされますが（『コンメ7』258頁〔松井秀征〕）、株主からの質問内容は必ずしも予期することができません。そこで、欠席について正当な理由がある場合でない限り、取締役等は株主総会に出席するのが適切な対応といえます。

3 会計監査人

会計監査人は、取締役等と異なり説明義務を負うものではありませんので（会社314条本文参照）、原則として、会計監査人に株主総会の出席義務はありません。

しかしながら、定時株主総会において会計監査人の出席を求める決議があったときは、会計監査人は、定時株主総会に出席して意見を述べなければならないとされており（会社398条2項）、このような決議があった場合には、会計監査人は、株主総会に出席しなければなりません。定時株主総会において会計監査人の出席を求める決議があったにもかかわらず、会計監査人が出席しておらず、意見を述べることができなかった場合には、意見陳述義務を果たせなくなってしまいます。そのため、会計監査人は、総会会場の別室などで待機させるのが無難であると考えられます。実際にも、このような対応をとることが多いといわれています（東弁『ガイドライン』69～70頁）。

万一、定時株主総会において会計監査人の出席を求める決議があった場合において、会計監査人が出席していないため、直ちに意見を述べることができないときは、株主総会の続行の決議（会社317条）を行って、継続会で会計監査人に意見を述べさせる必要があります（東弁『ガイドライン』69～70頁、福岡『実務相談』223～224頁）。

（榎木智浩）

140 議長の要否、資格および選任

議長の要否、資格および選任について説明してください。

ポイント

議長の選任は、会社法上株主総会成立の要件ではありませんが、議長を欠いたことで決議の方法が著しく不公正となった場合には株主総会の決議取消事由になりますので、通常、議長が選任されます。

議長の資格は、一般に、株主のほか、取締役にもその資格があると考えられています。

議長の選任は、通常、定款に従って議長を選任しますが、議長の規定がない場合や不信任の決議があった場合には、株主総会で議長を選任できます。

解説

1　議長の要否

株主総会においては、利害が対立する者の集会であるのが常態であるため、議事の運営を円滑にしてその公正を確保するために議長の役割が重要となります。

そのため、株主総会において、通常、議長が選任されます。

もっとも、議長の選任は、会社法上株主総会成立の要件ではなく、議長を欠いても、それだけでは株主総会の決議取消事由にはなりません。議長を欠いたことで決議の方法が著しく不公正となった場合にはじめて株主総会の決議取消事由になります（大隅『株主総会』93頁）。

2　議長の資格

会社法上、株主総会の議長の資格に関する規定はありませんが、議長になるための資格があるのでしょうか。学説には、次のような説があります。
① 　株主であることを必要とする説
② 　株主のほかにも取締役にも議長の資格があるとする説
③ 　資格の制限は特にないとする説

上記のとおり、株主に議長となる資格が与えられるのはいずれの見解も一致しています。

また、株主総会の議題との関係で特別な利害関係のある者も議長となることができます（稲葉『実務相談2』726～727頁〔直答会社の法律相談〕、『新注会(5)』164頁〔森本滋〕、東京地判平4.12.24判時1452号127頁）。

弁護士を議長に選任することができるかについては、争いがあります。③の見解に立てばこれを認めることができますが、①および②の立場ではこれは認めることができません。もっとも、①および②の見解に立ったとしても、弁護士が株主であれば、その弁護士を議長に選任することができます。

なお、議長の資格がない者を議長に選任し、株主総会の議案の採決をした

場合には、その決議は不存在となります。裁判例でも、株主が議長の不信任議案を提出した後、議長ではなく仮議長と称する者のもとで不信任議案の採決が行われ、新たに議長として選任されたとする当該仮議長と称する者（株主総会を開催した株式会社の取締役）が、決議事項について採決を行った事案において、議長としての資格のない者のもとで採決が行われたものといわざるをえないため、決議としての外観があるとしても法的には不存在といわざるをえないとの判断が示されています（東京地判平23.1.26資料版商事324号70頁）。

3 議長の選任

(1) 議長の選任方法

株式会社の定款には、議長の選任の規定を設けられているのが一般的です（全国株懇連合会『全株懇モデル〔新訂3版〕』（商事法務、2011）41頁）。

定款に、議長の選任の規定が設けられている場合には、当該定款の規定に従って議長が選任されます。たとえば、定款に「議長は取締役社長が務める」と規定されていれば、取締役社長が議長になることになりますし、「議長は取締役会が定める」と規定されていれば、取締役会が議長を定めることになります（『新注会(5)』161頁〔森本滋〕）。遅刻、欠席、辞任したなどにより、議長がいない場合、多くの会社の定款には「取締役社長に事故ある場合」における次順位者の規定が設けられていますので、当該規定に従って議長を選任します（なお、遅刻の場合については、遅刻についてやむをえない事情がある場合において、出席株主に事情を説明したうえ、社会通念上許容される範囲内であれば、株主総会の開催を待ってもらうことも考えられます（東弁『ガイドライン』76～77頁、福岡『実務相談』227～228頁））。事故がある場合についての規定により、次順位以下の者が議長になった場合において、事故があった者につき、事故となった障害が解消したときには、定款の定めにより先順位の者が議長に復帰します（東弁『ガイドライン』73～75頁）。定款に議長の規定がある場合でも（次順位者が定められている場合も含みます）、株主総会でその者を不信任として解任したうえで、別の者を議長に選任することができます（不信任の動議については【146】参照）。

定款に、議長の選任についての規定が設けられていない場合や、「取締役社長に事故ある場合」の次順位者の規定が設けられていないにもかかわらず、議長となる者に事故があった場合には、会議体の一般原則に基づいて、株主総会によって議長を選任できます（大隅＝今井『会社法論中』81～82頁、最判昭48.8.7判時722号95頁参照）。

(2) 少数株主が招集した株主総会

少数株主が招集した株主総会においては上記定款の規定の効力は及ばず、

株主総会を招集した少数株主が仮議長となって、議長選任を議場に諮り、議長を選任することになります（広島高岡山支決昭30.10.31下民集11巻10号2329頁）。

(3) 複数議長の可否

定款の規定または株主総会の決議があれば、株主総会の議長を2名以上として議長団を置き、共同で議長を務めさせることも認められると解されています（稲葉威雄ほか「条解・会社法の研究5 株主総会」別冊商事法務163号91頁以下）。実際にも、たとえば、社長が外国人であって日本語に通じていない場合などに日本人の役員と共同議長となるなど、複数議長が選任される事例があります（中村『ハンドブック』388頁〔中村直人〕）。

4 議長の途中交代

議長の交代は、元の議長の退任と新しい議長の選任を意味するところ、議長の交代についても、上記3と同様に、定款の定めがある場合には定款の定めにより、ない場合には株主総会の決議によって決まります（東弁『ガイドライン』73～75頁）。

（榎木智浩）

141　議長の職務権限

議長の職務権限について説明してください。

ポイント

議長は、株主総会の秩序を維持し、議事を整理する職責があり、秩序維持権および議事整理権を有します。

具体的には、秩序維持権に基づく株主の不規則発言の制限や退場命令の権限、議事整理権に基づく株主総会の開会および閉会の宣言、株主および代理人等の資格確認、手荷物検査、傍聴の許可、株主総会の会場の設営・レイアウトの決定、警備要請、事前質問状に対する一括回答の有無、休憩、発言の許可および制限、株主の質問に対する回答者の決定、議事の審議順序の決定および変更、質疑打切り、続行、採決方法の決定などの権限を有します。

解説

1　議長の職責および権限の性質

「議長は、当該株主総会の秩序を維持し、議事を整理する」職責があり（会社315条1項）、秩序維持権および議事整理権を有します。

議長の権限の性質については、性質上、最終的な決定権はあくまでも株主総会にあるとする見解があります（前田重行「議長と検査役」民商85巻6号942頁）。この見解に立つと、個々の議事進行に関する株主の意見について総会に諮るよう動議が提出された場合には、議長がこれを総会に諮らなければなりません。一方で、権限は議長にあ

り、議長の権限行使に不満がある場合においては、議長不信任動議によってこれを解決するという見解もあります（大阪証券代行株式会社代行部編『株主総会のあり方』（商事法務研究会、1986）98頁）。議事進行の円滑さにかんがみれば、後者が適切であると考えられます。

2 秩序維持権

議長は、秩序維持権により、不規則発言をする株主に対して発言を制限することができます。また、命令に従わない者その他株主総会の秩序を乱す者に対して退場を命ずることができます（会社315条2項）。議長は、適法かつ公正な審議により、効率的に議事を進める職責があるため、秩序維持権という権限を有すると同時に、これらを適切に行使する義務があります。ただし、退場を命じられると、株主は議決権行使の機会を奪われるため、退場命令については厳正な対応が求められます（『コンメ7』276頁〔中西敏和〕）。不適切な行為の程度が軽い場合には、まずは注意、警告をし、これに従わない場合にはじめて退場を命じるのが適切ですが、暴力をふるうなど犯罪行為に及んだ場合には、直ちに退場を命じるべきです（福岡『実務相談』232頁、江頭『論点2』513～514頁〔角田大憲〕）。株主が議長の退場命令に従わない場合には、不退去罪（刑法130条）が成立し、また退場せずに議場を妨害すれば威力業務妨害罪（刑法234条）も成立しえます（大判 昭5.12.16刑集9巻907頁 参照）。退場命令に応じない者に対しては、自力救済の認められる範囲内において、実力を行使し、または必要に応じて警備員や臨席している警察官を借りることができます（大隅＝今井『会社法論中』83頁）。もっとも暴行罪に至るような態様の行為は許されませんので、可能な限り株主との身体接触は避け、退場を促すことが適切です。

3 議場整理権

議場整理権の一環として、議長は、さまざまな権限を有します。

具体的には、株主総会の開会および閉会の宣言、株主および代理人等の資格確認、手荷物検査、傍聴の許可（株主総会の権限とする説もあります）、株主総会の会場の設営・レイアウトの決定、警備要請、事前質問状に対する一括回答の有無、休憩、発言の許可および制限（時期の指定、時間数、質問数を含みます）、株主の質問に対する回答者の決定、議事の審議順序の決定および変更、質疑打切りおよび続行、採決方法の決定などの権限を有します（江頭『論点2』506～513頁〔角田大憲〕等）。

ただし、議長に権限があったとしても、権限を適切に行使しない場合、たとえば、株主の質問を不当に妨げたり、質問に対する回答者として適切でない者に対して回答をさせるなどすれ

ば、決議取消事由になりえます。この点、質問の打切りについては、株主がそれまでに議題を合理的に判断するために十分な質問が行われたか否かという観点から打切りの可否が決せられます（東弁『ハンドブック』93〜94頁）。また、株主等が提出した動議のなかには、議長の不信任・交代の動議など、議長にはこれを決する権限がなく、株主総会に諮らなければならないものがあります（【146】参照）。　　　（榎木智浩）

142　議事運営

株主総会の議事運営の方式にはどのようなものがありますか。また、各方式のメリットについて教えてください。

ポイント

議事運営の方式としては一括上程方式および個別上程方式があります。一括上程方式は、質疑に割く時間を増やすことができるというメリットがあり、個別上程方式は、個々の議案ごとに審議および採決を行うため、株主にとってわかりやすいというメリットがあります。いずれの方式をとるかは議長の裁量に委ねられますが、実務上、一括上程方式をとる会社のほうがやや多いようです。

解説

1　一括上程方式・個別上程方式

株主総会の議事運営の方式には、一括上程方式（一括審議方式）と個別上程方式（個別審議方式）があります。

一括上程方式とは、すべての議案を一括して上程および審議し、最後に議案について採決を行う審議方式をいいます。

個別上程方式とは、個々の議案ごとに審議・採決を行う方式をいいます。なお、ここでいう審議とは、議案に関する質疑応答、討論、意見陳述、動議の提出等をいいます。

いずれの審議方式も適法であり、いずれの審議方式をとるかは、議長の裁量に委ねられていると解されますが（名古屋地判平5.9.30資料版商事116号188頁）、一括上程方式については違法との考え方もかつては存在したため（岡山地決昭34.8.22下民集10巻8号1740頁）、一括上程方式による場合にはそのような審議方式を採用することについて、念のため事前に議場で決議をとることがあります。

各審議方式をとった場合の手続の概略は、全体像について【125】、シナリオについて【114】のとおりです。

2　各方式の特徴

それぞれの特徴ですが、一括上程方式は、質疑の時間を1つにまとめるこ

とができるため質疑打切りの判断を1回ですますことができます。そのため、その分質疑に割く時間を増やすことができますので審議時間の不足で株主総会の決議取消しとなるリスクを低減できますし、一般に、審議時間を短縮することができます。また、株主からみて、どの議案に関する質問か考えずに質問をすることができます。これに対し、個別上程方式は、個々の議案ごとに審議および採決を行うため、株主にとってわかりやすいといえます。

いずれの方式をとるかは、議長が、それぞれの方式の特徴を勘案して決定します。なお、公益社団法人商事法務研究会の調査によれば、平成28年においては、一括上程方式をとる会社が59.8％、個別上程方式をとる会社が39.0％とされています（『株主総会白書2016年版』106頁）。 　　　　　（榎木智浩）

143 株主の質問および説明義務

株主の質問と取締役等の説明義務について説明してください。

ポイント

株主から特定の事項について説明を求められた場合には取締役等に説明義務が生じます。

ただし、質問が株主総会の目的事項に関しないものであるときや、株主の共同の利益を著しく害する場合、その他正当な理由があるとして法務省令で定める場合には質問を拒絶できます。

説明義務の範囲は、一般的・平均的な株主において判断ができるか否かという見地から、議題や議案に対する合理的判断に客観的に必要な情報とされています。

解説

1 株主の質問と説明義務

(1) 説明義務の生じる場合

取締役、会計参与、監査役および執行役（以下「取締役等」といいます）は、株主総会において、株主から特定の事項について説明を求められた場合には、当該事項について必要な説明をしなければならないとされています（会社314条本文）。これに違反すると決議の方法の法令違反として決議取消事由に該当しえます（詳細は【213】参照）。

議決権を行使できない株主はここにいう「株主」に含まれず、議決権を行使できる株主のみが質問権を行使できます。また、議決権を行使できる株主は代理人に議決権を行使させることが認められているため（会社310条1項本文）、代理人も質問権を行使できます（稲葉威雄『改正会社法』（金融財政事情研究会、1982）138頁）。質問をするには1株以上保有していれば足り、定款で持株数または持株期間に関する要件を付しても無効と解されます（『コンメ7』247頁〔松井秀征〕）。

第9章　株主総会の議事運営　249

また、説明義務が生ずるのは、「特定の事項」についての質問に対してのみであり、取締役等に対して一般的な見解を求める質問は、説明義務の対象とはなりません。これは、株主の質問権および取締役等の説明義務が、株主の議題・議案の審議のため、ひいては株主に議決権行使にあたっての判断に資する手がかりを与える趣旨のものであるためです（『コンメ7』248頁〔松井秀征〕）。

　なお、説明義務が生じるのは、株主総会の議場で株主からの質問があったときであり、事前に質問状が会社に送付されていても、これのみで取締役等は株主総会の議場で説明義務を負うものではなく（東京地判平元.9.29判時1344号163頁）、質問状を送付した株主は、説明を得たければ、株主総会において、再度質問をする必要があります。もっとも、再度質問がなくても、会社が任意に株主総会で回答することは可能です。

(2) 説明義務を拒絶できる場合

　株主から特定の事項について質問されても、取締役等は、次の場合には、説明を拒絶することができます（会社314条ただし書、会社則71条）。拒絶にあたって、拒絶理由を説明する必要はありませんが（『新注会(5)』145頁〔森本滋〕、『コンメ7』249頁〔松井秀征〕）、以下のいずれかに該当するか指摘したうえで、回答しないことが一般です。
① 質問事項が株主総会の目的である事項に関しないものである場合
② その説明をすることにより株主の共同の利益を著しく害する場合
③ その他正当な理由がある場合として法務省令で定める場合（次のア～エに当たる場合）
　ア 株主が説明を求めた事項について説明をするために調査をすることが必要である場合（次に掲げる場合を除く）
　　(i) 当該株主が株主総会の日より相当の期間前に当該事項を株式会社に対して通知した場合
　　(ii) 当該事項について説明をするために必要な調査が著しく容易である場合
　イ 株主が説明を求めた事項について説明をすることにより株式会社その他の者（当該株主を除く）の権利を侵害することとなる場合
　ウ 株主が当該株主総会において実質的に同一の事項について繰り返して説明を求める場合
　エ ア～ウに掲げる場合のほか、説明をしないことにつき正当な理由がある場合

　①の目的事項との関連性については、(a)株主が説明を求めた事項が議題と関連性があるかという観点のほか、(b)たとえ関連性があっても株主が議題に関して判断するためにそこまで詳しい説明が必要かという観点からも判断する必要があります（江頭『株式会社法』354頁注(6)）。つまり、議題と関連

性のある質問でも、株主が議題や議案を理解し、合理的に判断するために必要な説明がなされれば、それ以上詳細な説明は不要です。なお、報告事項も株主総会の目的事項であるため、説明義務の対象となります（『コンメ7』250～251頁〔松井秀征〕）。

②の株主共同の利益を害する場合については、具体的には、会社の企業秘密にかかわる事項（稲葉『改正会社法』140頁）、詳細な生産コスト（服部榮三「取締役・監査役の説明義務の範囲」商事法務988号2頁）、ノウハウの具体的内容（竹内昭夫『改正会社法解説〔新版〕』（有斐閣、1983）107～108頁）、係属中の訴訟事件の詳細な説明（『コンメ7』145頁〔森本滋〕）などがこれに当たると解されています。上場会社では、未公表の重要事実に関する情報（インサイダー情報）も、それが株主総会で開示されれば、株主の株式売買が制限されることになったり、違法なインサイダー取引を誘発するおそれがあるので、これに当たると解されます。

③アの調査を要する場合については、客観的にみて当然認識しておくべき事項については、調査を要することを理由に説明を拒絶できません（稲葉『改正会社法』140頁）。(i)の「相当の期間前」の期間の長短は調査事項に応じて決せられるため、画一的には決まりません。また、通知の内容は、調査内容が合理的に特定できる程度に具体性を伴っている必要があります（稲葉『改正会社法』142頁）。また、調査費用が著しく高額で得られる情報内容との均衡を失する場合、③エの説明拒絶の正当な理由が認められるものと解されます（『コンメ7』253頁〔松井秀征〕）。

③エの正当な理由については、監査役に対する経営方針に関する質問（ただし、内部統制システムに関するものは除きます。東弁『ガイドライン』119～120頁）、嫌がらせや株主総会の運営の妨害等株主の質問が権利濫用に該当する場合（『新注会(5)』145頁〔森本滋〕）、説明をすることにより自己または会社に刑罰が科されるおそれがある場合（稲葉『改正会社法』140頁）がこれに当たると解されています。審議が長時間に及んでいることは、説明を拒絶する理由にはなりません（東京地判昭63．1．28判時1263号3頁・判タ658号52頁・金法1181号42頁・金商787号26頁）。

実務上は、株主の質問が拒絶事由に該当するか否か明確に判断できないこともあるうえ、説明すべきであったのに説明を拒絶すれば株主総会の決議取消事由になりますので、説明拒絶は慎重に判断することを要します。

2 説明義務の履行

(1) 説明義務の主体

説明義務の主体は、取締役、会計参与、監査役および執行役（以下「取締役等」といいます）です（会社314条1項本文）。株主総会時に役員に就任していない新任役員候補者や、株主総会

前に辞任した元役員は説明義務の主体にはなりません。また、会計監査人も議題・議案の説明義務の主体にはなりません（なお、会社398条2項）。株主提案権を行使した株主も職務として提案するものではないから説明義務を負いません。株主からの質問によって取締役等に説明義務が生じますが、だれが実際に説明をすべきかは、基本的に質問の内容・趣旨に応じて最もふさわしい者は客観的に誰かという観点から決まります（『コンメ7』258頁〔松井秀征〕）。そのため、株主が説明の主体を指定しても会社はこれに拘束されず、議長が、だれが説明するのが適切であるかを考慮して説明の主体を指名して説明させることができます。ただし、監査役や監査等委員である取締役の職務に関する質問を他の取締役が回答することは客観的に回答者としてふさわしくない者による回答といえますので、当該質問には必然的に監査役や監査等委員（またはこれらの補助者）が回答する必要があります（東弁『ガイドライン』116頁参照）。

なお、議題・議案についての説明義務とは異なりますが、議長は議事運営に関する事項（定足数充足、決議の結果等）について合理的範囲でこれに回答する義務があります（『コンメ7』257頁〔松井秀征〕）。

(2) 履行の方法

説明にあたって、自ら説明することもできますし、必要な場合には、履行補助者として執行役員などの使用人や弁護士等を用いることができます。また、株主が求めうるのは口頭の説明であり、文書そのほか資料の提出等は要求できないため（末永敏和「説明義務の機能」民商85巻568頁）、取締役等は口頭で説明すれば足ります。個々の質問に逐一回答するでも、複数の質問を受け付け一括回答するでもよく（『コンメ7』259頁〔松井秀征〕）、また、共通の質問が含まれていれば一度に回答してかまいません（鈴木竹雄＝竹内昭夫『会社法〔第3版〕』（有斐閣、1994）244頁）。

(3) 説明の範囲・程度

一般的・平均的な株主を基準として議題や議案に対する合理的判断に客観的に必要な情報を説明しなければならず、かつそれで足ります（東京地判平16.5.13金商1198号18頁）。ウェブ開示をしている場合でもその程度は変わりません（東弁『ガイドライン』125頁）。

各質問に対する具体的な回答の程度は、以下のとおりです。

a 役員選任議案

新任候補者については経営能力や適格に関する説明をし、再任であれば従前の職務執行状況について説明を行います（東京地判平16.5.13金商1198号18頁）。そのため、再任候補の従前の職務執行状況についての質問は、会社の経営全般について説明義務を生じさせる可能性があることに留意が必要です。ただし一般的・平均的な株主が合

理的に判断をできる範囲で説明をすれば足り、個別の職務執行の内容について説明をしなければならないわけではなく、当該役員の経営能力が理解できる範囲で、これまでの職務執行の状況を概括的に説明すれば足ります（『新注会(5)』150頁〔森本滋〕）。ただし、候補者に関し株主総会参考書類に記載が要求されている事項に関する付加的補足的な質問に対しても、それが株主の合理的な判断に資するものであれば説明しなければなりません。役員の個人的醜聞や非行に関する質問は、役員の資質に関連するものであれば回答する必要がありますが、個人のプライバシーに属する事項等については、概括的な回答で足りると解されます。社外役員候補については、その適格性や独立性について、社内役員候補より広範な説明義務が生じ、兼職状況、再任であれば取締役会への出席状況や活動内容についても説明を要します。また、取締役の員数や女性役員の登用についての質問についても説明義務は及ぶと解されます（以上について、中村『想定質問』95～107頁）。

b 役員報酬議案

取締役の報酬等については、お手盛り防止の趣旨から取締役の報酬等を株主総会の決議事項としたことにかんがみて（会社361条1項）、総額さえ明確であれば個々の役員の報酬額は説明する必要はありません（『コンメ7』262頁〔松井秀征〕）。使用人兼務取締役の使用人分給与についても使用人給与額の総額を説明すれば足ります（東弁『ガイドライン』168～170頁）。ただし、重要なものとして事業報告に記載しなければならない場合には（会社則121条9号）、この内容を説明しなければならず、また、使用人としての給与体系に関する質問があれば、当該体系の存在と当該体系に従った支給の事実について説明しなければなりません（『新注会(5)』151頁〔森本滋〕、最判昭60.3.26判時1159号150頁参照）。

役員退職慰労金については、支給額（複数の場合には総額）を明らかにするか、支給額を説明しない場合には①支給基準の存在と、②これが周知であること（閲覧可能であること）、および③その内容が支給額を一意的に定めうることを説明する必要があり（東京地判平16.5.13金商1198号18頁、『コンメ7』263～264頁〔松井秀征〕）、支給基準の内容について説明を求められれば、その概要について説明する必要があります。また、この支給基準は実際に株主にとって周知であるか閲覧可能である必要があります。

c 事業報告に関する事項

事業報告に関する質問については、原則として、事業報告およびその附属明細書の内容（会社則117条ないし128条）を説明すれば足ります。親会社、子会社に関する質問も同様に事業報告等の範囲で説明すれば足ります。ただし、会社経営に重大な影響を与える事

項などの場合には、さらに補足説明する必要があります。

事業報告の「対処すべき課題」（会社則120条1項8号）に記載された今後の経営の見通しについては、細かな根拠をあげて説明する必要はありません。ただし、具体的な数字や一般的見通しと異なる見通しを記載している場合には、その根拠を説明する必要があります。「対処すべき課題」に記載のない将来のM&Aや増配の予定などは、総会の目的事項に該当しませんし、インサイダー取引規制との関係でも説明することは適切ではありません。ただし、これらについて概括的な方針を説明することは問題ありません。

生産・売上げの増減、増減益に関する質問については、前期・前々期と比べて著しい増減または増減益がある場合にはその理由を説明する必要がありますが、基本的には、事業報告、損益計算書、計算書類に係る附属明細書に記載された内容を説明すれば足ります。事業報告に記載された偶発事故については、事故の概要、事業への影響、損害額、対応について説明する必要があります。

金融機関においては、事業上大きな意味を有する貸付先や取引先であっても、守秘義務を根拠に説明を拒絶できます。

事業報告に記載された訴訟事件や刑事事件については、内容の概要と現在の進行状況、判決が出ているのであればその概要については説明を要しますが、今後の方針については説明を要しません。

従業員の採用基準については説明する必要はありません。

事業報告、個別注記表に記載されるべき重要な後発事象で、会計監査報告、監査報告、事業報告、個別注記表に記載できなかったものは事業報告の際に口頭で説明することが妥当です。

親会社・子会社に関しては原則として事業報告や計算書類の注記表に記載された程度ないしこれを付加、補足する程度に説明すれば足ります。ただし、企業集団への影響の大きい事項については関連する範囲で説明を加えることが適切です。子会社に巨額の損失が発生すれば、損失額、発生原因、親会社が受ける損失、企業集団における業務の適正を確保し、損失発生を防止するための体制との関係などを説明する必要があります（以上について、東弁『ガイドライン』153〜173頁）。

内部統制システム構築決議に係る説明については、内部統制システムの概要を理解するのに必要な情報を原則とし、決議されたシステムの合理性を疑わせる具体的事情、たとえば監査報告に内部統制システム決議について不相当意見が付されている、重大な不祥事・事故等が発生した場合には、さらにシステムの合理性を説明する必要があります（以上について、東弁『ガイド

ライン』129〜147、154〜157頁)。

d 計算書類に関する事項

報告事項たる計算書類に関する質問に対しては、計算書類に記載された内容との関係で、会社の概況を合理的に理解できるような説明、または取締役の経営に係る状況が合理的に理解できるような説明は必要です。もっとも、附属明細書も含め、法定の計算書類記載事項の範囲において一般的、概括的な説明をすれば足りると解されます(『コンメ7』204頁)。特別利益や特別損失についてはその主要なものの概要を説明する必要があります(中村『想定質問』)。また、連結子会社については、子会社単体の計算書類について説明する必要はありませんが、会社の計算書類と連結計算書類の純利益の差額についてきかれた場合などには、簡単に説明をする必要があります(東弁『ガイドライン』174頁)。

投資有価証券の保有銘柄や保有目的を質問されても、重要性が大きいものを除き、原則としてこれを説明する必要はありません。ただし東京証券取引所の本則市場に株式を上場している場合、政策保有株式について定めたCGコード1-4との関係で、説明が必要な場合があります。製造原価の説明を求められても、説明する必要はありません。附属明細書中「その他」と集約した勘定科目に関する質問は、主要勘定科目とその額について説明すれば足ります。

また、役職員の交際費は、附属明細書に記載が要求されている総額について概要を説明をする必要はあります(会社計算117条3号)。

無償の利益供与、政治献金、公益法人などへの寄付に関する質問は、総額について説明することが妥当ですが、それが違法または著しく不当でないのであれば、金額、交付先、交付の趣旨についてまで説明する必要はありません。前期比、売上高などに比較して多額の研究開発費などが計上され、その使途の説明を求められれば主要な研究開発費の概要について説明をしなければなりません。

e 配当政策に関する質問

配当性向および安定配当に対する考え方について質問された場合には、説明する必要があります。増配の理由や四半期配当の実施の有無および理由を問われれば、説明する必要があります(以上について、東弁『ガイドライン』165〜167頁・173〜174頁)。

f その他(株価、株主優待、不祥事)

株価については目的事項と直接関連せず説明義務の範囲に含まれませんが(中村『想定質問』32頁)、株主の関心も高いところですので、現状分析やIR活動、将来への意気込み等を説明することは妥当です。ただし、株価上昇を約束することなどは相場操縦の懸念も生じうるため避けるべきです。

株主優待についても、株主へのサービスや宣伝であって総会の目的事項と

直接関連しないことから、説明義務の範囲に含まれませんが（中村『想定質問』92頁）、株主の関心の高いところですので、実施しない理由や廃止・継続の理由の概要については説明することが妥当です。

重大な不祥事があった場合には、事業報告に記載があればそれを補足し、また記載がなくても、概要、原因、再発防止策などについて取締役は概要を説明すべきであり、監査役も監査報告の記載内容を補足し、また記載がなくても調査方法や結果について説明すべきです（中村『想定質問』175頁）。

g 監査役の監査に関する事項

監査方法とその結果についての質問、職務分担についての質問をされれば監査役から監査報告書の記載に基づき概括的に説明する必要があります。意見の対立の有無や内容を聞かれれば、意見の対立の有無、内容および多数意見が形成されるに至った理由などを説明します。監査報告に「取締役会その他重要な会議に出席した」と記載され、これに対する質問がされた場合、重要な会議の名称とその位置付けを説明すれば、日付や会議の内容については説明する必要はありません（以上について、東弁『ガイドライン』180～193頁）。

監査役は独任制ですが、株主から指名されてもその監査役が回答しなければならないものではなく、監査役の協議により回答者を決定できると解され

ます（『コンメ7』259頁〔松井秀征〕）。

（榎木智浩）

144 動議対応① 動議の種類と一般的な対応

動議には、どのような種類があり、どのように対応したらよいですか。

ポイント

動議とは、株主総会の目的事項および運営・議事進行に関して株主総会で討論・採決に付される提案をいい、総会運営または議事進行に関する動議である形式的動議と、議案の修正動議である実質的動議の2種類があります。実質的動議と、形式的動議の一部は必要的動議と呼ばれ、株主総会に諮って決議する必要があります。

解説

1 動議とは

動議とは、株主総会の目的事項および運営・議事進行に関して株主総会で討論・採決に付される提案をいいます（福岡『実務相談』274頁）。動議には、総会運営または議事進行に関する動議である形式的動議と、議案に関する動議である実質的動議の2種類があります。

株主総会に出席している議決権のある株主またはその代理人および議長が動議を提出することができます。ただ

し、議長は議事整理権の公正・中立な行使という要請から、たとえ株主であっても実質的動議を提出することは好ましくないと解されています（東弁『ガイドライン』238頁）。株主等は、提出した動議を撤回することもできます。

実質的動議（会社304条本文）と、形式的動議のうち議長の不信任または交代の動議、調査者選任の動議（会社316条）、株主総会の延期・続行の動議（会社317条）、会計監査人の出席要求動議（会社398条2項）は、議長の裁量によって決することができない必要的動議と呼ばれ、株主総会に諮って決議する必要があります。

なお、必要的動議であっても権利の濫用に該当する場合には株主総会に諮って決議する必要はないとする裁判例がありますが（東京高判平22.11.24資料版商事322号180頁）、権利の濫用に該当するか否かは一義的に判断できないので、実務的には、権利の濫用であることが明白な場合を除き、株主総会に諮るのが適当であると考えられます。

これ以外の動議は、議長が、株主総会に付議するかどうか裁量で決することができ、裁量的動議と呼ばれています。

なお、一度審議されて採決された動議については、事情の変更がない限り、同一内容の動議が再度提出されても、一事不再理の原則に基づき却下してよいと解されます（東弁『ガイドライン』243頁）。

2　動議の提出時期

動議の提出は、原則として株主総会が開会すればいつでもこれを提出することができますが、議長は、議事整理権（会社315条）に基づいて動議の提出時期を指定できます（東弁『ガイドライン』240頁）。そのため、総会の冒頭で、議事進行の留意点として、動議の提出の時期を、たとえば決議事項の説明の後、採決をする前までと指定し、株主等からの動議の提出時期をこの期間に限定することができます。この場合、議長は、当該指定期間の前に提出された動議や、当該指定期間の後に提出された動議を議場に諮ることなく却

[動議の種類]

必要的動議		裁量的動議
実質的動議	形式的動議	
全実質的動議	議長の不信任または交代 調査者選任 延期・続行 会計監査人の出席要求	左記以外の形式的動議

下することができます。実際の総会では、総会の開会宣言の後、間もなくして議長不信任動議が提出されることがありますが、この場合、議長は、その場で動議の提出時期を指定することで当該動議を却下することができます。

また、実質的動議、形式的動議のうち討議の打切り・続行、検査役選任の動議などは、その性質上、議案の審議に入った後でなければ提出できません（大隅『株主総会』117頁）。

3 株主の発言が動議であるか不明瞭な場合の対応

株主の発言が動議であるか意見であるかが不明瞭である場合において、議長がこれを株主総会に諮らなかった場合には、提出された発言が意見であれば問題ありませんが、動議が必要的動議などであった場合には株主総会の決議取消事由になりえます。そこで、議長は、株主の発言が動議であるか否かが不明瞭な場合には、株主に対してそれが動議であるか否かを確認する必要があります。株主がこれを明確にしなかった場合には、不適法な動議として議長はこれを却下することができます（仙台地判平5.3.24資料版商事109号64頁）。

なお、動議でなく意見が述べられたにすぎない場合には、意見を述べた株主に対して意見を承ったことについてお礼を申し述べて終わらせたり、当該意見に対する会社の考えを述べて終わらせてもさしつかえありません。

実際の総会では、動議を提出する意向までもっていない株主が多いですが、たとえば一般の株主から「そろそろ休憩を入れてほしい」「配当を会社提案より10円上げてほしい」といった発言があっても、まずは意見または質問として対応し、さらに当該株主から動議として取り扱うことを求められた場合にのみ動議対応をするという対応をしても適法であると解されます。

（高谷裕介・榎木智浩）

145 動議対応② 実質的動議

実質的動議（修正動議）に対して、どのように対応したらよいですか。

ポイント

実質的動議（修正動議）は、その適法性の判断を慎重に行う必要があります。

適法な実質的動議については、事前に取得した議決権行使書や委任状により原案を可決できる場合には、原案を先に可決し、これによって実質的動議は否決したものとみなす取扱いをすることができます。

解説

1 実質的動議の限界

(1) 取締役会設置会社について

実質的動議とは、株主総会に提出された議案に関する動議であり、「修正動議」とも呼ばれています。

この点、取締役会設置会社においては、招集通知に記載された議題以外の事項について決議することができません（会社309条5項）。そのため、株主は、招集通知に記載された議題をみて、株主総会の出席の要否を判断するところ、もし招集通知に記載された議題から一般的に予見できない修正案が提出され、決議されることがあれば、欠席した株主に不意打ちとなりその議決権が侵害されます。そこで、取締役会設置会社では、招集通知に記載され、株主総会の目的事項となっている「議題」を追加、変更する実質的動議の提出は不適法となり、あくまで「議題」に関する具体的な提案内容である「議案」について、「議題」の範囲内で修正することのみが許されます。

このように取締役会設置会社では実質的動議には限界があり、具体的には、以下の場合には実質的動議を却下することができます（会社304条、福岡『実務相談』276頁参照）。

① 株主が議決権を行使することができない事項について実質的動議を提出する場合（会社304条本文カッコ書）

② 実質的動議の内容が、法令または定款に違反する場合（分配可能額を超える剰余金の配当を求める修正動議や、欠格事由のある取締役候補者の選任を求める修正動議など）（会社304条ただし書）

③ 実質的動議が実質的に同一の議案につき株主総会において総株主の議決権の10分の1以上の賛成を得られなかった日から3年を経過していない場合（会社304条ただし書）

④ 実質的動議が修正の許容範囲を超える場合

他方、上記以外の実質的動議については、適切な時期に提出される限り、必要的動議として議場に諮らなければなりません。実際に実質的動議が問題となる典型的な場面としては、(ア)敵対的な株主から実質的動議が提出される場合、(イ)会社側がなんらかの事情で会社提案議案の内容を修正しなければならない場合（株主提案に対する大株主の同意を得られない場合や、役員候補が招集通知発送後に就任承諾を撤回した場合など）に、総会当日、株主の協力を得て実質的動議を提出する場合の2つがあげられます。(ア)のケースでは、取り上げるべき修正動議を取り上げなければ、手続の違法として決議取消事由になるおそれがあり、(イ)のケースでも、取り上げてはならない違法な実質的動議を取り上げて可決してしまうと決議無効事由や決議取消事由になるおそれがあり、いずれにしても実質的動議の

取扱いには、十分な注意を払う必要があります。

(2) 取締役会非設置会社について

取締役会設置会社以外の会社の株主総会では、招集通知への記載の有無にかかわらず、いっさいの事項について決議が可能なため、実質的動議にも上記(1)④のような制限はありません。ただし、事前の通知のない議題について決議したことが、著しく不公正な決議の方法であるとして決議取消事由（会社831条1項1号）になる可能性は残ります（江頭『株式会社法』352頁注(1)）。また、上記(1)①～②の限界は、取締役会設置会社以外の会社にも存在します。

2 取締役会設置会社における実質的動議の修正の許容範囲

「議題」の範囲内の実質的動議であっても、上記1のとおり、取締役会設置会社においては、株主は、招集通知に記載された議題をみて、株主総会の出席の要否を判断するところ、もし招集通知に記載された議題から一般的に予測できない修正案が採決されることがあれば、欠席した株主に不意打ちとなり、その議決権が侵害されます。そのため、取締役会設置会社における実質的動議には、①株主総会の目的事項（議題）の追加、変更が許されないという許容範囲（会社309条5項）に加え、②株主総会の目的事項（議題）に関するものでも、招集通知の記載から株主が一般に予見しうる範囲においてのみ提出できるという許容範囲があり、この許容範囲を超えるものは、不適法として却下されます（大隅『株主総会』119頁、東弁『ガイドライン』245頁）。特に、株主にとって不利な方向に議案を修正する実質的動議については、株主が一般に予見できず、不意打ちとなるおそれがあるため、許されないものと解されています（東弁『ガイドライン』245頁）。

以下では、具体的な議題ごとに、実質的動議の許容範囲を検討します。

(1) 取締役および監査役の選任議案

議題として人数のみを表示したとき（たとえば「取締役5名選任の件」など）は、人員を増員する動議は株主の予見の範囲を超えるため、許されません。他方、減員する動議は株主が一般に予見できるといえるため許容されます。また、招集通知に表示された候補者にかえて他の候補者を推薦する動議も、株主総会参考書類に特定の候補者の氏名・略歴等が記載されていたとしても、議場において役員候補者としてだれを推薦するかは、会社、株主いずれからであれ、本来自由なはずであり、株主も予見可能といえるため、許容されると解されます（河村貢＝山上一夫『会社法実務ハンドブック』（中央経済社、1984）203頁、東弁『ガイドライン』246頁）。

同様の趣旨から、招集通知に表示された社内役員候補者にかえて社外役員

候補者を推薦する修正動議や、招集通知に表示された社内役員候補者について社外性に疑義があるとして社内役員とする修正動議も、株主は一般に予見可能といえ、可能であると解されます（ただし、後者においては、社外役員としての候補者が、社内役員として選任された場合に就任承諾をするかは別問題です）。

他方、「Aを取締役として選任する件」という議題（候補者を特定した議題）について、動議でAをBに変更することは、議題の同一性を失うもので許されないと解されています。

(2) 取締役および監査役の解任議案

取締役および監査役の解任議案は、選任議案と同様に考えることができ、解任者の増員は許されない一方、解任者の減員や、他の取締役または監査役の解任を提案することは許されると解されます。また、「Aを取締役から解任する件」という議題について、動議でAをBに変更することは、議題の同一性を失うもので許されないと解されます。

(3) 役員報酬議案

増額動議は、株主に不利益であり、その予見の範囲を超えるため許されません。

他方、減額動議は許されると解されています。これは、取締役の報酬として招集通知および株主総会参考書類に記載された額は、一般にその最高額、上限を定めたものであるため、減額する場合には株主の予見すべき範囲に属すると解されるからです（東弁『ガイドライン』246～247頁）。

(4) ストック・オプションその他業績連動型報酬に関する議案

ストック・オプションに関する報酬決議を経る場合など、業績連動型の報酬に関する議案について、報酬を得るための要件（たとえば、3期連続して営業利益前年比10％増加を達成したら新株予約権を行使できるといった要件）を加重する修正動議は、株主にとって有利な修正で、予見できるといえ許されると解されます。他方、報酬を得るための要件を緩和する動議は、株主の予見の範囲を超えるため、許されないと解されます。

(5) 計算書類の承認

計算書類の承認については、株主総会の承認を経て確定するものについては（会社438条2項）、株主にとって予見しうる範囲内のものであれば許されると解されます（東弁『ガイドライン』247頁）。

(6) 減　　資

資本金の額は、分配可能額算定の基礎になるものであるとともに（会社461条2項1号参照）、大会社の基準となり（会社2条6号イ）、一定額以上の資本金が各種許認可等の要件になるなど、会社の信用を図る1つの基準として機能するものであって大幅な減資は会社経営に悪影響を与えうるものです。そのため、招集通知記載の減少額

[実質的動議の限界]

・議題（株主総会の目的事項）を別個の議題に変更 ・議題（株主総会の目的事項）の追加		許されない。
・議題の範囲内での議案の修正		
①	取締役および監査役の選任議案	・人員の増員は許されない。 ・人員の減員は許される。 ・人員の増加を生じない範囲内で、他の候補者の推薦は許される。
②	取締役および監査役の解任議案	同上
③	取締役、監査役の報酬議案	・増額は許されない。 ・減額は許される。
④	計算書類の承認	・株主総会の決議を経て確定する計算書類（会社438条2項）については、株主が予見しうる範囲で許される。
⑤	剰余金の配当	・増額・減額いずれも許される。
⑥	募集株式の有利発行	・第三者により有利な内容に変更することは許されない。
⑦	ストック・オプションその他業績連動型報酬に関する議案	業績に関する要件を加重する動議は許され、緩和する動議は許されない。
⑧	役員の員数等の増減の定款変更	・新旧定款の内容が員数等の増減である場合には、その枠内での修正は許される。
⑨	本店所在地の変更、商号変更の定款変更等	・旧規定と新規定が対立関係にある場合は択一関係に立つため、第三の選択肢を示す修正は許されない。 ・本店所在地をA市からB市に移転するという原案に対し、B市ではなくC市にする旨の修正は許されない。 ・商号AをBに変更するという原案に対し、BではなくCにする旨の修正は許されない。
⑩	事業目的変更の定款変更	・事業目的にA、BおよびCを追加するという提案に対し、AおよびBのみを追加する旨の修正の提案は許される。 ・A、BおよびCに加えてDを追加する旨の修正の提案は許されない。
⑪	複数の定款変更を1つの定款変更議案で提案する場合	・A、B、Cという定款変更案をA、Bのみの定款変更案に修正する動議は許される。
⑫	「定款一部変更の件」としてA（たとえば商号変更）の定款変更を提案したことに対し、B（たとえば事業目的の変更）の定款変更を修正動議として提出すること	許されない。
⑬	合併契約書、株式交換契約書	許されない。

	の承認	
⑭	新設分割計画、株式移転計画の承認	許されない。

を超える減資は、株主の予見の範囲を超え許されないものと解されます。他方、招集通知記載の資本金の減少額の範囲内で減少額を変更する動議は、株主も予見できるといえ、許されると解されます。

(7) 剰余金の配当

剰余金の配当については、減額動議および増額動議のいずれも株主にとって一般に予見できるものであるため、許されると解されています（東弁『ガイドライン』247頁）。

(8) 募集株式や募集新株予約権の有利発行

払込金額の減額など、募集事項を第三者にとって、より有利に変更する動議は、株主の予見の範囲を超えるため許されず、他方、不利に変更する動議は許されると解されています（東弁『ガイドライン』248頁）。

(9) 定款変更

新旧定款の内容が員数の増減等であれば、その枠内での修正動議は許されます。たとえば、取締役員数の上限を5名から7名に増加させる原案に対し、6名を上限とする動議を提出することは許されます（東弁『ガイドライン』248頁）。

他方、本店所在地をA市からB市に移すことを内容とする定款変更議案など、旧規定と新規定が対立関係にある場合には、本店を移転するか移転しないかという択一の選択を株主に提案するものであるため、さらに選択肢を増やすC市に移す修正案は、株主の予見の範囲を超え、許されないと解されます。同様に、商号AをBに変更するという原案に対し、BではなくCにする旨の修正の提案は株主の予見の範囲を超え、許されないと解されます（東弁『ガイドライン』248頁）。

また、事業目的にA、BおよびCを追加するという提案に対し、AおよびBのみを追加する旨の修正の提案は許されますが、A、BおよびCに加えてDを追加する旨の修正の提案は株主の予見の範囲を超え、許されないと解されます。

さらに、たとえば、商号変更、事業目的の追加、発行可能株式総数の増額の3つの定款変更を内容とする1つの定款変更議案について、事業目的の追加および発行可能株式総数の増額のみの定款変更を内容とする動議を提出することは、株主の予見の範囲を超えず、許されると解されます。ただし、このような動議は、3つの定款変更が相互に関連性を有し一体として決議されなければその目的を達成することができないような場合（たとえば、事業

［実質的動議の処理］

1　意見として処理する場合
ただいま、株主様より、＿＿＿＿＿＿＿に関するご意見を頂戴いたしました。
【その後、意見に対する回答など】
2　動議か否か判然としない質問がなされた場合の確認
株主様、ただいまのご発言は第＿＿号議案に対する修正動議として、採決をお求めになるご趣旨とお受けしてよろしいでしょうか。
それとも、ご意見として承ることで、よろしいでしょうか。
【意見の場合は1へ。動議の場合は3または4へ】
3　違法な内容の動議
ただいまの株主様からのご提案につきましては、法令上、本総会で採決することができませんので、却下させていただきたいと存じます。
なにとぞ、ご了承願います。
ほかの株主様、何かご発言はございませんか。
4　修正動議の場合
ただいま株主様より、第＿＿号議案につきまして、修正動議が提出されました。
この修正動議につきましては、原案と一括して審議のうえ、後ほど、原案とともに採決したいと存じますが、よろしいでしょうか。
ご賛成の方は、拍手をお願いいたします。
　（株主）［拍手］
ありがとうございました。
それでは、ただいまの修正動議は、後ほど原案とともに採決することとし、このまま議事を続けさせていただきます。
それではほかの株主様、ほかに何かご質問はございませんか。

目的の追加と関連して商号を変更する場合など）を除き、単に各定款変更の個別採決と、商号変更への反対、事業目的の追加および発行可能株式総数の増額への賛成、という議決権行使であると取り扱うことが適切であると解されます。

　他方、たとえ「定款一部変更の件」という議題であっても、商号変更議案に対し、事業目的の追加や発行可能株式総数の増加の定款変更議案を実質的動議として提出することは、株主の予見の範囲を超え、許されないものと解されます（福岡『実務相談』291頁）。

⑽　合併契約書、株式交換契約の承認

　合併契約書、株式交換契約の承認については、合併契約の当事者間で合併契約を締結した時点で、その内容は確定しているため、いっさいの修正動議は許されないものと解されます。

⑾　新設分割計画、株式移転計画の承認

　新設分割計画や株式移転計画の承認については、これらの計画について株主総会の承認を得なければならない場合、総会日の2週間前に事前備置手続がとられ、株主・債権者の閲覧に供されます。それにもかかわらず、総会当日、これらの計画が変更されると、株

主の株式買取請求権や債権者の異議申述権を適切に行使することが困難になってしまうため、その修正は許されないものと解されます（福岡『実務相談』292頁）。

3 実質的動議が提出された場合の具体的な実務対応

株主から実質的動議とも受け取れる発言があった場合、議長において、その発言が実質的動議であるのか意見であるのか、実質的動議であるとしてどのように対応するのか、その場ですべて的確に判断することは困難です。そこで、実務的には、事務局が上記のカードを用意しておき、実質的動議とも受け取れる発言があった場合に議長に適宜差し入れ、議長がそのカードを読み上げて対応することが適切です。

なお、違法な実質的動議を議場に諮って否決したとしても、適法な原案が承認可決されていれば、決議取消事由に該当するリスクは少なく、他方、適法な実質的動議を議場に諮らなかった場合には、決議取消事由に該当するリスクが高くなります。そのため、実質的動議としての適法性について判断に迷う場合には、念のため議場に諮って否決するという実務対応も合理性が認められるものと解されます（福岡『実務相談』293頁）。

4 実質的動議の採決

議場に諮らなければならない実質的動議が提出された場合、どのように採決するべきでしょうか。この点については、その動議を議場に諮るか否かについて採決するべきという説と、動議そのものを採決するべきという説がありますが、前説ですと、二度の採決が必要となりますので、後説を採用するのが一般的です（福岡『実務相談』277頁）。

また、修正案の採決の方法についても、見解が分かれています。修正案は、原案と一括して審議することが可能で、また、原案を、修正案よりも先に採決することが認められています（仙台地判平5.3.24資料版商事109号64頁）。この場合、原案が修正案と両立しない場合には、原案の成立をもって修正案を否決したと取り扱うことができます。実務的には、会社があらかじめ原案に賛成の議決権行使書や大株主からの包括委任状を取得し、これらにより原案可決とすることができる場合には、原案を先に議場に諮って可決し、これにより修正案を否決したとみなし、特に修正案についてはあらためて議場に諮らない取扱いをすることが一般的です。もっとも、実質的動議の採決の方法については議論のあるところですので、原案を修正案よりも先に採決することについては、あらかじめ議場に諮って承認を得ておくことが適切です。

なお、修正案の採決にあたって、どのように議決権数および賛否を集計す

第9章 株主総会の議事運営 265

ればよいかについても見解が分かれています。議決権行使書面および電磁的方法による議決権行使については、議決権数は含めつつも、①原案賛成の書面の場合には修正動議に反対としてカウントし、それ以外の場合には棄権として取り扱う見解と、②いずれの場合でも棄権として取り扱うべきとする見解があります。　　（高谷裕介・榎木智浩）

146　動議対応③　形式的動議

形式的動議に対して、どのように対応したらよいですか。

ポイント

形式的動議のうち、議長の不信任または交替の動議、調査者選任の動議、株主総会の延期・続行の動議、会計監査人の出席要求動議は、必ず株主総会に諮る必要がありますが、そのほかは議長の裁量によって株主総会に諮るか否かを選択できます。

形式的動議に対応するためには、出席する株主の過半数の議決権を確保しておくことが必要となります。

解説

形式的動議の場合、議長の不信任または交替の動議、調査者選任の動議（会社316条）、株主総会の延期・続行の動議（会社317条）、会計監査人の出席要求動議（会社398条2項）は、議長の裁量によって決することができませんので、必ず株主総会に諮る必要があります。議長の不信任または交替の動議については、会社法上、必要的動議として明確に規定されているわけではありませんが、当事者である議長の裁量的判断に採否を委ねることが適切ではないため、必要的動議と解されています。

これ以外の形式的動議については、裁量的動議ですので、議長の裁量によって株主総会に諮るか否かを選択します。

形式的動議については、出席株主の議決権の過半数の承認が決議要件となります。なお、議決権行使書は、議案に対する賛否を示すものであり、形式的動議の決議でカウントできません。そのため、議決権行使書によって会社提案議案に対する多数の賛成を確保していても、総会当日出席した株主の議決権を基準にして敵対的な株主の議決権が過半数の場合には、議長不信任動議などの形式的動議が可決されてしまうリスクがあります。そのため、会社は、あらかじめ大株主から形式的動議についての委任を含む包括委任状を得て議決権の過半数を確保しておくか、それが困難な場合には、書面投票制度に基づき株主に対して議決権行使書を送付するのではなく（会社298条2項ただし書）、委任状勧誘規制に基づいて形式的動議についての委任を含む委任状を株主に送付し、委任状を取得して

[カードの例]

※事務局で①〜⑥に○をつけるか⑦にコメントして議長に差し入れます。
ただいま、株主様から
① 株主総会の延期を求める動議
② 議長不信任の動議
③ 提出書類等を調査する者の選任を求める動議
④ 会計監査人の出席を求める動議
⑤ 休憩　／　黙とうを求める動議
⑥ 候補者ごとの個別採決を求める動議
⑦ ［　　　　　　　　　　　　　　　　　を求める動議］
が提出されました。
私としては、その動議に反対です。
① 総会を開会し、議事を進めることに、ご異議はございませんか。
② 私がこのまま議長を続けることに、ご異議はございませんか。
③ 提出書類等を調査する者を選任しないことにご異議はございませんか。
④ 会計監査人の出席を求めないことにご異議はございませんか。
⑤ このまま議事を進めることにご異議はございませんか。
⑥ 一括採決を行うことに、ご異議はございませんか。
⑦ ［　　　　　　　　　　　　　　　　　］
異議のない方は、拍手をお願いいたします。
　（株主）［拍手］
ありがとうございました。
ただいまの動議は否決されましたので、このまま議事を続行します。
ほかにご発言のある株主様がいらっしゃいましたら、挙手をお願いいたします。

おくのが一般的です。

形式的動議についても、議長が適切に対応することは困難な場合が想定されるため、事務局が形式的動議の対応に関するカードを用意し、議長に対して当該カードを差し入れて対応することが考えられます。カードの記載例は、上図のとおりです（久保利『株主総会』248頁参考）。**(高谷裕介・榎木智浩)**

147　採　決

株主総会の採決はどのように行えばよいですか。

ポイント

定款に別段の定めのない限り、出席株主の議案に対する賛否の判定が可能な方法であれば、拍手、挙手、起立、投票その他いずれの方法でも行うことができます。採決の方法は、議長が決めます。実務的には、多くの会社が拍手の方法で採決を行っています。

ただし、議決権行使書面および電磁的方法による議決権による賛否が拮抗しており、議案の賛否の判定が微妙な場合には、各出席株主の賛否が明確に確認できる方法、たとえば記名投票によって行うべきです。

解説

1 採決の方法

会社法上、株主総会の採決方法について特に規定はありません。「総会の討議の過程を通じて、その最終段階にいたって、議案に対する各株主の確定的な賛否の態度がおのずから明らかとなって、その議案に対する賛成の議決権数がその総会の決議に必要な議決権数に達したことが明白になった……時において評決が成立」します（最判昭42.7.25）。そのため、定款に別段の定めのない限り、出席株主の議案に対する賛否の判定をなしうる方法であれば足り、拍手、挙手、起立、投票その他いずれの方法によってもさしつかえありません（大隅『株主総会』120頁）。

採決の方法は、議長が、議事整理権に基づいて決めます（東京地判平14.2.21判時1789号157頁）。公益社団法人商事法務研究会の調査によれば、平成28年において、96.7％の会社が拍手の方法で採決を行っています（『株主総会白書2016年版』102～103頁）。

実務的には、包括委任状や議決権行使書面で総会の決議に必要な議決権数に達していることが多く、採決の場面で、株主が拍手をして賛否の数を確定および明示せずに議案が可決することが多いです。

ただし、議長は、株主の意思を正確に総会に反映させる善管注意義務を負うので、議決権行使書面および電磁的方法による議決票による賛否が拮抗しており、議案の賛否の判定が微妙な場合には、各出席株主の賛否が確認できる方法、たとえば記名投票によって行なわなければなりません（東弁『ガイドライン』265～266頁）。このような場合、総会の決議に必要な議決権数に達したことが明白にならない以上は決議が成立しませんので、議長が誤って決議が成立したものと取り扱えば、株主総会の決議取消事由になります（大阪地判平16.2.4資料版商事240号104頁）。

2 採決の結果の宣言および賛否の数の明示の必要性の有無

議長は、裁決の結果を確認し、これを総会に宣言する職務を負うので、結果を確認してこれを宣言しなければなりません。もっとも、「議案に対する各株主の確定的な賛否の態度がおのずから明らかとなって、その議案に対する賛成の議決権数がその総会の決議に必要な議決権数に達したことが明白になった……時において評決が成立」する以上、議長の宣言は決議成立の要件ではありません。また、採決にあたって、賛否の数を確定する必要はありませんし、賛否の数を明示する必要もありません（数の明示について、広島高岡山支判昭35.10.31・岡山地決昭34.8.22）。採決が投票の場合において、採決の結果が出席株主によって直ちに確認することができない場合に

は、議長がその結果を報告し、株主総会においてこれを確認したときに決議の成立が認められると解されます。また、投票された時点において、決議が客観的に成立し、ただその詳細な結果が不明である場合には、やむをえない場合に限り、総会の決議をもって閉会後に議長および立会人に開票させてもさしつかえないと解されます（大隅『株主総会』122頁）。

3　得票数のカウント方法その他留意点

二重投票に関しては、電磁的方法または議決権行使書面と、総会における議決権行使の二重投票の場合には、総会の議決権行使を有効と取り扱います。電磁的方法と議決権行使書面の二重投票の場合には、原則として後の議決権行使を有効なものと取り扱いますが（郡谷大輔「平成13年改正商法（11月改正）の解説〔Ⅸ・完〕」商事1664号38頁）、定款や株主総会の招集決定においてこれらの優先順位等の取扱いを定めた場合には（相澤『論点解説』476～477頁）、それに従います。

記名投票の場合において、氏名の不正確ないし誤記があるときに関しては、他の証拠により投票者を明確にしうる限り、その投票を無効とするべき理由はなく、投票中わずか1票の無効投票があったり、二重投票または持株数を超過した投票無資格者の投票があっても、単にその投票が無効なだけ

にすぎないとされています（大判明34.10.28民録7輯175頁）。

可否同数で過半数が得られない場合、株主総会における一株一議決権の原則との関係上議長に議決権は与えられていないので決議は成立しません。なお、議長が株主である場合において、「可否同数なるときは議長これを決す。ただしこの場合には議長は可否の権に加わることをえない」との定款がある場合、議長は可否同数のときに採決権を行使するかわりに株主として議決に加わりえない旨を定めるものですので、議長が株主である場合には違法です（宮城控判昭6.8.13、大隅『株主総会』121頁。反対、松田二郎＝鈴木忠一『条解株式会社法(上)』（弘文堂、1951）213頁）。

（榎木智浩）

148　賛否の集計

集計はどのように行えばよいですか。また、集計結果を臨時報告書にどのように記載すればよいですか。

ポイント

各社の実情に応じて集計すれば足ります。前日までの議決権行使書面および電磁的方法による議決権行使による出席のほか、当日出席した役員および大株主まで含めて計算する会社が多く、全株主を集計する会社は少ないです。臨時報告書には、投資家に誤解が

生じないように、記載の前提条件とともに集計結果を記載すれば足ります。

> 解　説

1　会社法上の集計の義務

　会社法上、賛否の集計は要求されていなかったため、わざわざ株主総会当日の出席株主の議決権数を集計する必要はありません。

　なお、後記2のとおり、金商および開示府令に基づいて、臨時報告書に議決権の集計結果を記載することになりましたが、開示府令は、株主総会当日の議決権行使の集計を義務化する内容ではありません。株主総会の出席株主の議決権の集計は、従前どおり、会社法にのっとって行うものと解されています（谷口義幸「上場会社のコーポレート・ガバナンスに関する開示の充実等のための内閣府令等の改正」商事法務2010号26～27頁）。

2　金商および開示府令に基づく臨時報告書

(1)　臨時報告書への議決権行使結果の集計の記載

　上場会社等の株主総会において決議事項が決議された場合、臨時報告書を遅滞なく内閣総理大臣に提出する必要があります（金商24条の5第4項、開示府令19条2項9号の2）。この「遅滞なく」については、日数については特段明示されておらず、株主総会における議決権行使結果の開示に係る臨時報告書は、議決権の集計および当該集計をふまえた臨時報告書の作成に要する実務的に合理的な期間内に提出すれば、「遅滞なく」の要件を満たすと考えられています（平成22年3月パブコメ回答15）。

　記載事項は、①株主総会が開催された年月日、②決議事項の内容、③決議事項（役員の選任または解任に関する決議事項である場合は、当該選任または解任の対象とする者ごとの決議事項）に対する賛成、反対および棄権の意思の表示に係る議決権の数、当該決議事項が可決されるための要件ならびに当該決議の結果、④③の議決権の数に株主総会に出席した株主の議決権の数（株主の代理人による代理行使に係る議決権の数ならびに議決権行使書面および電磁的方法による議決権を含みます）の一部を加算しなかった場合におけるその理由とされており（開示府令19条2項9号の2）、また、株主総会において議案として取り上げ、決議した任意的な記載事項についても含めて記載する必要があります（谷口「上場会社のコーポレート・ガバナンスに関する開示の充実等のための内閣府令等の改正」26頁）。

(2)　集計方法

　前記のとおり、開示府令は、株主総会当日の議決権行使の集計を義務化する内容ではありません。もっとも、臨時報告書を提出する関係で、事実上、一定の範囲で集計をする必要がありま

す。各社は、本人出席、委任状による代理出席、議決権行使書面による議決権行使による出席、電磁的方法による議決権行使による出席のうち、各社の実情に応じてこれらの全部または一部を集計します。集計の範囲は、大別すると、①事前行使分のみ、②事前行使分および当日出席株主の一部、③事前行使分および当日出席の全株主の3つがあります。集計の範囲について、②または③の方法をとる場合、実務的には、議決権行使書面および電磁的方法による議決権行使による出席は、総会直近営業日の終了日までに到着したものを集計し、本人または代理人の出席については総会の開会予定時間の5～10分程度前に締め切って集計する方法(その後受け付けたものは締後扱いとします。東弁『ガイドライン』259～260頁)、出口調査を行う方法(あらかじめ株主に確認用紙を配布し、総会終了後に議決権行使の内容を記入してもらって回収し、賛否の議決権の数を集計する方法)、投票による方法があります。全株集計する場合、投票用紙を株主に渡して投票させる方法のほかにも、コンピュータ端末を各株主に渡してコンピュータで集計する方法、出席株主が少ない場合には、採決の際に議長が反対株主に挙手をさせて事務局員が挙手をした株主の出席番号をメモするという簡便な方法もあります(中村『ハンドブック』427～428頁)。

(3) 集計結果の記載方法

臨時報告書に記載する賛否の数の記載についても各社に一定の裁量が与えられています。各社の実情に応じ、記載の前提条件、たとえば、議決権数の確認方法や臨時報告書への記載の基準を、投資家に誤解が生じないよう注記などの方法で開示すればさしつかえありません(三井秀範「座談会上場会社の新しいコーポレート・ガバナンス開示と株主総会対応(上)」商事法務1989号11頁)。

なお、公益社団法人商事法務研究会の調査によれば、平成28年において、臨時報告書の記載に関し、前日までの議決権行使書面および電磁的方法による議決権行使による出席のみ計算しているのが全体の5.8%、当日出席の役員・大株主まで含めて計算しているのが全体の59.5%、当日出席株主全員まで計算しているのが全体の11.1%となっています(『株主総会白書2016年版』140～141頁)。

(榎木智浩)

149 延会・継続会

延会・継続会について説明してください。

ポイント

延会は、総会の成立後、議事に入ることなく、別の会日に変更された場合における株主総会をいい、継続会は、総会の成立後、議事に入って、審議を

中断し、審議を継続して別の会日に変更された場合における株主総会をいい、両方とも当初の株主総会との間に同一性があります。

議題は共通でなければならず、当初の株主総会で取り上げられていない議題は決議できません。

解　説

1　意　義

株主総会において、その延期または続行について決議をすることができます（会社317条）。

延期は、総会の成立後、議事に入ることなく、別の会日に変更することをいい、後日開催された株主総会を「延会」といいます。続行は、総会の成立後、議事に入って、審議を中断して別の会日で継続して審議をすることをいい、後日開催された株主総会を「継続会（続会）」といいます。

なお、株主総会の終了後に延期または続行の決議をした場合には、延期・続行ではなく、新たな株主総会の招集と取り扱われます。

2　延会および継続会を行うための手続

延期または続行は、株主総会の普通決議で行います（会社309条1項）。決議事項に特別決議事項が含まれていても普通決議で足ります（大隅＝今井『会社法論中』45頁）。議長が株主総会の決議なしに延期または続行を宣言しても、効力は生じません（大隅＝今井『会社法論中』45頁、東京地判昭38.12.5判時364号43頁）。また、延期または続行の決議に瑕疵がある場合には延会および継続会の決議にも瑕疵が生じます（水戸地下妻支昭35.9.30下民集11巻9号2043頁）。決議の成立は、出席株主または代理人が行使した議決権の数を基礎として判断します。書面または電磁的方法によって行使された議決権の数は算入されません（『コンメ7』290頁〔前田重行〕）。また、延期または続行の決議を行う場合には期日および場所を定めなければなりません。日時については、延会または続行が当初の株主総会との間に同一性が認められなければならないことから時間的近接性が要求され、招集のための通知期間内（公開会社であれば2週間以内）に定める必要があります（通説）。なお、2週間以内でなくとも、著しくこれを超えない期間であればよいとする見解もあります（山口幸五郎「株主総会の議事」大隅『株主総会』127頁）。これらの決定については、議長に一任する決議を行って議長に一任することができます（『新注会(5)』249頁〔菅原菊志〕）。いったん決められた日時および場所は変更することができません（東京地判昭30.7.8判タ50号57頁）。

3　延会および継続会の特徴

延期または続行について決議があっ

た場合には、会社法298条および299条の規定、すなわち、株主総会の招集の決定および通知に関する規定が適用されません（会社317条）。これは、当初の株主総会との間に同一性があることが理由です。

また、当初の株主総会と同一性があるため、議題は共通しなければなりませんし、当初の株主総会で取り上げられていない議題は決議できません。

議決権を行使できる株主も共通です。当初の株主総会について基準日を定めていた場合においては、基準日後に株式を取得した株主が議決権行使できる定めがない限り（会社124条4項本文）、基準日現在に株主名簿に記載されている株主に限られます。基準日を定めていた場合において、延会または継続会の日が基準日の効力期間である3カ月を超えても違法ではありません（『新注会(5)』252頁〔菅原菊志〕）。基準日が設定されていない場合には、当初の株主総会当日において株主名簿に記載されている株主は議決権を行使できます。議決権の行使方法について、当初、議決権行使書面または電磁的方法による議決権行使を認めていた場合には、延会および継続会でもこれらは認められます。

（榎木智浩）

150　お土産

株主に対してお土産を渡すことは認められますか。また、渡す場合には、どの程度のものを渡すのが一般的ですか。

ポイント

株主総会に出席する株主に対して株主総会まで来場したことの謝礼としてお土産を交付することは社会通念から許容される範囲であればこれを行うことができると解されています。

その範囲について具体的な線引きをすることは困難ですが、実態調査の結果からすると、少なくとも、2,000円以内であれば社会通念から許容される範囲であると考えてよいと思われます。

近年では、お土産を交付するのが主流となっており、その金額は500〜1,000円以内にする会社が多く、2,000円を超えない会社が8割超です。

解　説

株式会社は、株主および適格旧株主の、株主の権利の行使に関し、財産上の利益の供与をしてはなりません（会社120条1項）。役職員がこれを行えば3年以下の懲役または300万円以下の罰金に処せられます（会社970条1項）。

この点について、株主総会に出席する株主に対して株主総会まで来場したことの謝礼としてお土産を交付することは、社会通念から許容される範囲である限り禁止されませんが（稲葉威雄『改正会社法』（金融財政事情研究会、

[お土産の金額]

～500円	～1,000円	～1,500円	～2,000円	～2,500円	～3,000円	～3,500円	3,500円超	無回答
4.8%	39.6%	29.2%	14.2%	5.1%	2.9%	1.6%	1.9%	0.6%

1982）184頁）、この範囲を超えて高額なお土産を交付すると、利益供与に該当する懸念があります（中村『ハンドブック』363頁）。また、大株主懇談会に出席した株主に対して昼食やお土産を提供する行為は、株主への利益供与に該当する可能性が否定できないとされています（福岡『実務相談』241頁）。

社会通念から許容される範囲がどの程度であるか具体的な線引きをすることは困難ですが、公益社団法人商事法務研究会の調査によれば、平成28年において、お土産の金額については、別表のとおり、40％程度の会社が500～1,000円、75％近い会社が1,500円以内としています（『株主総会白書2016年版』45～46頁）。1,500～2,000円の範囲のお土産を交付している会社が1割超存在し、500円を区分としてみても1,500～2,000円の範囲でお土産を交付しているのは上から3番目の順位に当たりますので、少なくとも、2,000円以内のお土産であれば、社会通念から許容される範囲であると考えてよいのではないかと思われます。

なお、同調査によれば、平成28年においては、お土産を出していない会社は全体の25.2％、お土産を出している会社が78.3％（自社製品22.6％、他社製品54.7％。複数回答含む）とされていますので、8割近い大半の会社がお土産を用意しており、お土産を交付するのが実務的に主流となっています（『株主総会白書2016年版』45～46頁）。

(榎木智浩)

151 災害による定時株主総会の開催日に関する留意点

災害により、予定していた日に定時株主総会が開催できず、開催日を変更する場合、どのようなことに留意する必要がありますか。決算日から3カ月経過した後に定時株主総会を開催する場合も含めて留意点を説明してください。

ポイント

定款の定めにかかわらず、決算日から3カ月経過後に定時株主総会を招集することができます。もっとも、決算日から3カ月経過後に定時株主総会を招集する場合には、あらためて基準日を設定する必要があります。また、定款に剰余金の配当の基準日を定めている場合にその基準日から3カ月経過後に定時株主総会を開催する場合、基準日株主に対する剰余金の配当はできないので、無配とするか、新たな基準日

設定が必要となります。

解説

1 定時株主総会の開催時期に関する会社法や定款の規定との関係

定時株主総会の開催日より前に、災害などの不測の事態が生じたとしても、その程度が定時株主総会の日程の変更を要するほどのものでなければ、予定どおり開催します。

東日本大震災のような大規模災害が生じ、予定していた日に定時株主総会が開催することができない状況がある場合には、日程を変更しなければなりません。

この日程の変更との関係で問題となるのは、実務上、多くの上場会社が定時株主総会の開催時期について、「毎年○月」（3月決算の会社であれば6月とするのが一般的です）に招集する、または「決算期の翌日より3ヶ月以内に招集する」といった規定を定款に設けており（全国株懇連合会『全株懇モデルⅠ—定款・株式取扱規程モデルの解説、自己株式の理論と実践』（商事法務、2016）26頁参照）、これを遵守できないという状況が生じうることです。

この点に関して考える前提として、まず、会社法上は、定時株主総会は、毎事業年度の終了後一定の時期に招集しなければならないものと規定されているため（会社296条1項）、災害により当初予定した時期よりも遅れて定時株主総会を開催することが、この会社法の規定に反しないかが問題となりえます。しかしながら、当該会社法の規定は「一定の時期」に開催することを規定しているにすぎず、「一定の時期」をいつにするかについて、具体的な定めを置くことは求められておらず（全国株懇連合会『全株懇モデルⅠ—定款・株式取扱規程モデルの解説、自己株式の理論と実践』26頁）、事業年度の終了後3カ月以内に必ず定時株主総会を開催しなければならないとするものではないと考えられます。そして、災害により、当初予定した時期に定時株主総会を開催することができない状況が生じている場合には、そのような状況が解消され、開催が可能となった時点で定時株主総会を開催することとすれば、上記の会社法の規定に違反することにはならないと考えられています（法務省ホームページ「定時株主総会の開催時期について」）。

次に、日程の変更により、上記のような定款の定めに反することとなってしまわないかが問題となりえます。しかしながら、このような定款規定については、天災のようなきわめて特殊な事情によりその時期に定時株主総会を開催することができない状況が生じた場合にまで形式的・画一的に適用して、その時期に定時株主総会を開催しなければならないものとする趣旨ではないと考えるのが、合理的な意思解釈であると指摘されています。そして、

災害により、定款所定の時期に定時株主総会を開催することができない状況が生じた場合には、会社法296条1項に従い、事業年度の終了後一定の時期に定時株主総会を開催すれば足り、その時期が定款所定の時期よりも後になったとしても、定款に違反することにはならないと考えられています（法務省ホームページ「定時株主総会の開催時期に関する定款の定めについて」、河合芳光「定時株主総会の開催時期に関する法務省のお知らせについて」商事1928号5頁）。

したがって、災害により、予定していた日に定時株主総会を開催することができず、定款所定の時期を経過した後に、開催することとなったとしても適法であると考えられます。

2 定時株主総会の開催日を変更する場合の基準日に関する事項

(1) 議決権の基準日

多くの上場会社では、定時株主総会の開催時期に関する上記1で触れたような定款規定とあわせて、定時株主総会における議決権の基準日を定款に定めており、具体的な基準日として、事業年度末日の日、すなわち決算日としています（全国株懇連合会『全株懇モデルⅠ―定款・株式取扱規程モデルの解説、自己株式の理論と実践』27頁）。この点に関し、会社法では、基準日を定める場合において、基準日株主が行使することができる権利は、当該基準日から3カ月以内に行使するものに限られるものとされています（会社124条2項）。そのため、定款に定められた定時株主総会の議決権の基準日から3カ月を経過した後の日に定時株主総会を開催する日程に変更した場合においては、定款の定時株主総会の議決権の基準日に関する規定を利用することはできません。そこで、当該定時株主総会に関する議決権行使の基準日を定めるためには、基準日の2週間前までに、あらためて、当該基準日および基準日株主が行使することができる権利の内容を公告する必要があります（会社124条3項本文）。

(2) 剰余金の配当の基準日

また、多くの上場会社では、剰余金の配当（期末配当）の基準日を定款に定めており、具体的な基準日として決算日を定めていることが一般的です（全国株懇連合会『全株懇モデルⅠ―定款・株式取扱規程モデルの解説、自己株式の理論と実践』64頁）。そして、上記(1)のとおり、基準日を定める場合において、基準日株主が行使することができる権利は、当該基準日から3カ月以内に行使するものに限られるものとされています（会社124条2項）。

ここで、定款で定めた基準日株主に剰余金の配当を行うための要件としては、効力発生日を基準日から3カ月以内とする決議を行う必要があるとする説（法務省ホームページ「定時株主総会の開催時期について」）と、基準日から

3カ月以内に剰余金の配当の決議を行えば、効力発生日は基準日から3カ月以内である必要はないとする説（山下友信編『会社法コンメンタール3』（商事法務、2013）283頁〔前田雅弘〕、東京地判平26．4．17資料版商事362号174頁）があります。しかしながら、いずれの説にしても、定時株主総会の開催時期を決算日から3カ月経過後の日とするような場合は、定款で定めた基準日株主に対する剰余金の配当を行うことはできませんので留意が必要となります。この場合には、無配とすることや、新たに剰余金の配当のための基準日を設定したうえで実施するということが考えられるところです。

3　その他の問題点──役員の任期

(1)　役員の任期

なお、定款に特定の期間内に定時株主総会を開催すべき旨を定めている場合において、当該期間の満了日までに定時株主総会を開催することができなかった場合、改選期にある役員および会計監査人の任期については、定款所定の定時株主総会が開催されるべき期間の満了の日に退任となるのが原則です（昭33．12．23民事甲2655号民事局長回答、昭38．5．18民事甲1359号民事局長回答）。しかしながら、災害のような特殊な事情により定時株主総会が定款所定の時期に開催されなかった場合でも、事業年度の終了後一定の時期に定時株主総会が開催される限り、実際に定時株主総会を開催した日が任期満了の退任日となります（山川都資＝山森航太「東日本大震災に伴う商業登記の実務に関するQ&A」商事法務1933号10頁）。

（水川聡・榎木智浩）

152　株主総会当日に発生した緊急事態の対応

株主総会の開催日に、役員または議長の欠席、交通機関の遅れなどによる多数の株主の遅刻、想定以上の株主の来場、災害が発生した場合は、どのように対処すればよいですか。

ポイント

役員が欠席した場合、運営（説明義務を尽くすこと）に問題がなければ定刻どおり株主総会を開催できます。

議長が遅刻・欠席した場合、議長が来場するまで待つか、定款に従って次順位の者が議長に就任するか、または株主総会の場で別の議長を選任します。

多数の株主が遅刻した場合、定足数を満たしていれば株主総会を開催してもかまいませんが、状況に応じて開催時刻を遅らせる、延期の決議をすることも考えられます。

想定以上の株主が参加して会場に入らない場合には、椅子を会場に搬入する、立ち見、第2会場の用意などをします。

災害が起きた場合には、株主を避難

させる必要がありますが、その場で採決まで行うことが望ましいです。

> 解　説

1　事前準備の必要性

株主総会の開催日に、火事や地震などの不測の事態が発生することがありえます。このような不測の事態に適切に対処できない場合、再度株主総会を開催することになり不要なコストが生ずることを余儀なくされることや、株主総会の決議に瑕疵があるとして決議取消事由が生ずることが考えられます。

そこで、起こりうる不測の事態を念頭に、あらかじめ対処の方法を検討および準備する必要があります。

2　役員または議長の遅刻

まず、議長以外の取締役等が欠席した場合ですが、説明義務（会社法314条）を根拠に、取締役等の株主総会への出席義務を肯定する見解もありますが、(稲葉威雄『改正会社法』（金融財政事情研究会、1982) 139頁)、たとえば、他社の株主総会の出席や病気、業務上の理由などの正当な事由があるときは株主総会を欠席することができます（【139】）。また、取締役等の出席は、株主総会決議の成立要件ではないと解されています（山口幸五郎「株主総会の議事」大隅健一郎編『株主総会』（商事法務研究会、1969) 110頁)。そこで、正当な事由があればやむをえませんし、また、欠席しても、これにより説明義務を尽くすことが困難になるなどの運営上の問題がなければ、定刻どおり株主総会を開催してよいでしょう。

議長が遅刻した場合は、状況に応じて、社会通念上許容される時間内（たとえば30分程度）待ってもらうことが考えられるほか、定款に従って次順位の者が議長に就任し、定款に議長に事故がある場合の規定がない場合には、株主総会の場で別に議長を選任しなければなりません。議長が到着した場合には、議事進行のタイミングを見計らってその者が議長になります（東弁『ガイドライン』76～77頁）。

議長が欠席した場合も、定款に従って次順位の者が議長に就任し、定款に議長に事故がある場合の規定がない場合には、株主総会の場で別に議長を選任します。

3　交通機関の遅れなどの理由による株主大勢の遅刻

交通機関の遅れなどの理由により多数の株主が遅刻し、来場株主数が例年に比べて極端に少ない場合、常識的な程度（たとえば、30分～1時間程度）であれば開催時刻を遅らせることはさしつかえありません。2時間以上遅れるような場合には延期の決議が必要と解されます（中村『ハンドブック』349頁）。

4 想定以上の株主が参加し会場に入らない場合

狭い会場を選択し、会場に入りきれない株主がいた場合において、たとえ、従前の株主の参加実績から十分収容可能であると設営した会場であったとしても、入りきれない株主を参加させないまま決議をすれば株主総会の決議取消事由になりえます（東弁『ガイドライン』48頁、大阪地判昭49．3．28判時736号20頁・最判昭58．6．7民集37巻5号517頁）。

会社としては、来場株主数を多めに見積もり、会場に収容できないほどの株主が来場するなどの事態が生じないようにするべきですが、万一、想定以上の株主が来て会場に収容できない場合には、椅子を会場に搬入するなり、立ち見をお願いすることが考えられます（中村『ハンドブック』349〜350頁）。

また、第2会場を設けることも考えられますが、第1会場および第2会場いずれに対しても十分な質問の機会を与え、会場の一体性が損なわれていなければ、決議は適法となりうることにかんがみれば（大阪地判平10．3．18資料版商事169号111頁。第2会場について、【126】参照）、株主に十分な質問の機会を与えて審議に参加できるようにしなければなりません。

5 総会当日に災害が生じた場合

株主総会の開会直前または開会中に災害が生じ、株主総会を続行できない場合には、株主を適切に避難させることが必要となることは当然です。それに加えて、状況に応じてということにはなりますが、可能であれば報告事項の報告や議案の採決（特に議案の採決）をしておくのが望ましいといえます。

そこで、議長は、議事を継続することができそうであれば、継続し（場合によっては、時間短縮のために、質問等を重要な事項に限ることや、さらなる災害の発生に備えて、先に決議事項の採決をしたうえで、報告事項の報告等を行うといった対応も考えられます）、それもむずかしいようなら、延期・続行の決議を行うことも考えられます。さらには、直ちに決議事項を一括して採決したうえで、避難させることも考えられます。十分審議もせずに、かつ、一括して決議事項を採決してしまうと、決議取消事由とされるおそれはあります。しかしながら、再度の株主総会開催の手間や剰余金の配当の支払事務など株主総会の可決を前提として準備を進めている事項について取り止めることが事実上不可能な場合もありうること（特に剰余金の配当の支払が問題となるものと思われます）などを勘案すると、このような取扱いが望ましいといえるでしょう。株主総会決議取消しの訴えは決議から3カ月以内に提起する必要があるので（会社831条1項）、その期間内に提訴されなければ問題は顕在化しないことになります。また、仮

に決議取消しの訴えを提起されたとしても、裁量棄却となる可能性もありますし、敗訴するとしても、1年以内に判決が確定することは想定しにくいので、翌年の定時株主総会で追認の決議をするということでも対応できます。

したがって、できるだけ採決を行うのが望ましいといえるでしょう（中村直人『大震災と株主総会の実務』（商事、2011）106頁）。参考として、シナリオの例を示します。

(1) そのまま議事進行できる場合のシナリオ例

（緊急地震速報がありました。）
少々お待ちください。地震のようです。席を立つと危険ですので、株主の皆様は、そのままお席にてお待ちください。避難する必要がある場合は係員が誘導致します。また、退避する場合は私の指示に従ってください。
ただいま、ビルの管理者の指示を確認いたしますので、お席に着いたまま、揺れが収まるまでお待ちください。
〔事務局が確認し、議長に報告する。〕
比較的大きな地震でしたが、とりあえず揺れは収まったようです。特に避難の必要はないようですので、このまま議事を再開させていただきます。地震に関しまして、緊急を要する情報等が入りましたら、株主の皆様にご報告申し上げます。
なお、先ほどの地震の震源は○○で、東京都23区は震度○、現在まで特に大きな被害は報告されていないとのことです。

(2) 議事進行できるものの、先に採決を行うシナリオ例

（緊急地震速報がありました。）
少々お待ちください。地震のようです。席を立つと危険ですので、株主の皆様は、そのままお席にてお待ちください。避難する必要がある場合は係員が誘導致します。また、退避する場合は私の指示に従ってください。
ただいま、ビルの管理者の指示を確認いたしますので、お席に着いたまま、揺れが収まるまでお待ちください。
〔事務局が確認し、議長に報告する。〕
比較的大きな地震でしたが、とりあえず揺れは収まったようです。特に避難の必要はないようですので、このまま議事を再開させていただきます。なお、地震に関しまして、緊急を要する情報等が入りましたら、株主の皆様にご報告申し上げます。
なお、先ほどの地震の震源は○○で、東京都23区は震度○、現在まで特に大きな被害は報告されていないとのことです。
余震発生の可能性もございますので、決議事項の採決を先に行わせていただきたく存じます。各議案の内容は、お手元の招集ご通知○頁から○頁に記載のとおりでございます。
審議の方法ですが、余震の可能性も考慮し、株主様からのご発言につきましては、特に重要なものに限ってお受けしたいと存じますが、よろしいでしょうか。ご賛同いただける株主様は拍手をお願いいたします。
（拍手）
ありがとうございます。
過半数のご賛同をいただきましたので、この方法で進めさせていただきます。
それではご発言をご希望の株主様は挙手をお願いします。
（質疑応答）

それでは、緊急性にもかんがみ、ここで各議案の採決に移らせていただきたく存じます。
〔採決手続自体は通常のシナリオどおりに行う。採決後、報告事項等を行う。〕

(3) **緊急事態が発生するおそれがあるため、直ちに一括して決議事項を採決のうえ、避難誘導するシナリオ例**

ただいま非常に大きな地震がありました。地震の大きさから緊急事態が発生するおそれがありますので、決議事項を採決したうえ、散会することといたしたいと存じます。
それでは、本日の全議案について、採決させていただきたいと存じます。
いずれも原案にご賛成ということでよろしいでしょうか。ご賛成の方は拍手をお願いします。
(拍手)
ありがとうございます。本日の議案はすべて原案どおり承認可決されました。それでは、これからご退出いただきますが、株主の皆様が一斉に退出されますとかえって危険ですので、落ち着いて、係員の誘導に従って、出入口に近い方から押し合わずに退出いただきますようお願いいたします。それでは係員は、誘導を開始してください。

(4) **延期・続行の決議を行うシナリオ例**

(緊急地震速報がありました。)
少々お待ちください。地震のようです。席を立つと危険ですので、株主の皆様は、そのままお席にてお待ちください。避難する必要がある場合は係員が誘導致します。また、退避する場合は私の指示に従ってください。
ただいま、ビルの管理者の指示を確認いたしますので、お席に着いたまま、揺れが収まるまでお待ちください。
〔事務局が確認し、議長に報告する。〕
先ほどの地震の震源は○○で、東京都23区は震度○のようです。
この地震により、このまま総会を継続することはむずかしい状況となりましたので、本総会は続行(延期)することとし、後日継続会(延会)を開催したいと存じますが、いかがでしょうか。
また、継続会(延会)の日時・場所については、議長にご一任いただきたく存じます。
以上、あわせてご賛同いただける株主様は拍手をお願いします。
(拍手)
過半数のご賛同を得ましたので、本総会を続行(延期)することとし、後日あらためて継続会を開催いたします。
なお、継続会(延会)の日時・場所につきましては、あらためて皆様にご連絡いたします。
また、会場からの退出は当社の係員が誘導いたします。株主の皆様が一斉に退出されますとかえって危険ですので、落ち着いて、係員の誘導に従って出入口に近い方から押し合わずに退出いただきますようお願いいたします。それでは係員は、誘導を開始してください。

(5) **総会の継続が不可能で、直ちに避難させるシナリオ例**

ただいま非常に大きな地震があり、これ以上本総会を継続するのは危険と判断しますので、株主の皆様には退出していただきます。
会場からの退出は当社の係員が誘導いたします。株主の皆様が一斉に退出されますとかえって危険ですので、落ち着いて、係員の誘導に従って、出入口に近い方から押し合わずに退出いただきますようお願いいたします。それでは係員は、誘導を開始してください。

(水川聡・榎木智浩)

153 会計不祥事発覚時の定時株主総会

上場会社において、重大な会計不祥事が発覚した際の定時株主総会のスケジュール・運営上の留意点について教えてください。

ポイント

重大な会計不祥事が発覚した場合、詳細を調査したうえで、あらためて、事業報告や計算書類の確定手続を行う必要があるため、株主総会の日程を変更する、延会・継続会を開催する、定時株主総会とは別に株主総会を開催し計算書類の報告を行うなどの対応を行うことにより、スケジュールを変更する必要が生ずる場合があります。

また、株主総会の運営においては、来場数の増加を見越した会場変更、総会のシナリオや想定問答への会計不祥事の説明の追加、過年度の計算書類に関する報告議案の追加や財源規制を受ける議案の変更等や延会・継続会開催の決議などの各種対応を検討することになります。

解説

1 会計不祥事が発覚した場合の法的問題点──計算書類の確定手続

近年、大規模な上場会社を含め利益の水増しや資産の過大計上などさまざまな手法による粉飾決算が発覚する事例が後を絶ちません。いずれの方法による場合でも過年度から行っていたものであれば、過年度の計算書類の内容に影響を与えうる事象ということになります。

この点、計算書類の内容に法令違反が存在する場合、当該計算書類の承認決議は無効とされています（大判昭4．7．8民集8巻707頁）。粉飾決算が行われるなどして計算書類の内容に重要な誤謬がある場合、当該計算書類は「一般に公正妥当とみとめられる企業会計の慣行」（会社431条）に反する法令違反が存在することになります。そのため当該計算書類の承認に係る株主総会決議（会社438条2項）または取締役会決議（会社439条2項、会社則116条5号、会社計算135条）は無効になり、当該計算書類は未確定となります。他方で、計算書類の承認決議が取り消された場合の後続期の計算書類に与える影響について、「株主総会における計算書類等の承認決議がその手続に法令違反等があるとして取消されたときは、たとえ計算書類等の内容に違法、不当がない場合であつても、右決議は既往に遡つて無効となり、右計算書類等は未確定となるから、それを前提とする次期以降の計算書類等の記載内容も不確定なものになると解さざるをえず、したがつて、……（中略）……あらためて取消された期の計算書類等の承認決議を行わなければならないことになる」とする判例もあります（最三

判昭58.6.7民集37巻5号517頁［チッソ株主総会決議取消事件］)。この判例を前提にすると、過年度の計算書類について粉飾決算等により重要な誤謬があることにより、当該計算書類が未確定となる場合は、それ以降の期の計算書類についても、未確定となる可能性があります。そうすると、過年度において会計不祥事が発生した場合、会計不祥事が発生した期までさかのぼって、すべての計算書類の確定手続を経なければ、当期の計算書類を確定させることができないようにも考えられます。しかしながら、この判例は、手続的瑕疵に関する事案に関するものであり、また、過年度の財務諸表に重要な誤謬がある場合の訂正方法について定めている「会計上の変更及び誤謬の訂正に関する会計基準」が適用される（会計上の遡及処理の会計慣行が成立する）前のものであるため、当該会計基準に従って「誤謬」を修正再表示することにより、過年度の計算書類の確定手続を経なくても当期の計算書類を確定させることができるものと解されます（小松岳志ほか「会社法における過年度事項の修正に関する若干の整理」商事1866号21頁、弥永真生編著『過年度決算訂正の法務』(商事法務、2011）16頁、水川聡「判批」金商1333号2頁以下）。

ただし、過年度にわたる会計不祥事が発覚した場合には、当期分のみならず、過年度分も含めて確定手続を行っておくべきでしょう。

なお、重要な誤謬に該当しない会計不祥事であれば、該当する期の計算書類の承認決議に違法性はなく、無効・未確定の問題までは発生しないため、当期の計算書類において適切に反映すれば足りるものと考えられます。

2 定時株主総会のスケジュールへの影響

上場会社において重要な誤謬に該当するような会計不祥事が判明した場合には、その内容を明らかにして、過年度の決算内容を訂正したうえで、当期の決算に反映していく作業を行うことになります。具体的なプロセスとしては、会計不祥事の疑義が判明した場合には、直ちに事実関係を確認し、必要に応じて第三者委員会等を設置して本格的に調査を実施し、その結果を決算に反映させます。この調査の流れとしては、会計不祥事の疑義が判明した時点や第三者委員会等の設置の時点で適時開示を行い、調査結果（再発防止策や関係者の処分などを含みます）についても別途適時開示を行うことが想定されます（日本取引所自主規制法人「上場会社における不祥事対応のプリンシプル（2016年2月24日）」参照）。本格的な調査を実施する場合には数カ月程度の期間を要する場合も少なくありません。

他方で、定時株主総会に関しては、事業報告や計算書類の作成、監査、承認手続（通常は取締役会決議による承認になります。会社436条）を経て、招集

通知として印刷して株主に対して少なくとも株主総会の会日の2週間前までには発送しなければなりません（会社299条1項）。

そのため、定時株主総会の直前に会計不祥事が発覚した場合は、事業報告や計算書類等を作成ずみであればあらためて作成しなおさなければならず、また、招集通知を印刷し直すこと、さらに、すでに招集通知を発送ずみであれば、訂正した内容を反映したものをあらためて発送し直す必要が出てきます。また、過年度の計算書類等についてもあわせて報告事項とするかどうかといったことも検討することになります。

この際、会計不祥事の内容を反映した計算書類の訂正だけではなく、他の書類についても変更等の検討が必要な事項があります。たとえば、事業報告には、会計不祥事の概要や再発防止策について触れることを検討する必要があります。また、社外役員の不祥事の防止や不祥事発生後の対応についても記載する必要があり（会社則124条4号ハ）、この点は株主総会参考書類の社外取締役・社外監査役選任議案でも同様です（会社則74条4項3号、76条4項3号）。加えて、監査報告においても会計不祥事を関して記載をすることを検討する必要があります。その他会計不祥事の発生に対応して報告事項・決議事項の内容の変更等も検討する必要が出てくるものと考えられ、その場合、狭義の招集通知や株主総会参考書類を変更する必要も出てきます（後記3(3)参照）。

こうしたプロセスを経ていると、適切な内容の招集通知を期限までに発送できないことや株主総会当日までに調査が未了で適切な報告ができないことが想定されます。そうした場合には、あらかじめ、株主総会の日程の変更を行う、株主総会は予定どおり開催しつつ、延期または続行の決議を行って延会・継続会を開催する（会社317条。なお、延会・継続会の詳細については【149】参照）、当該株主総会において、計算書類等の報告または承認決議を経ることを諦め、別途計算書類の報告または承認決議のための株主総会を開催するようにする、などの対応が考えられます。

なお、会計不祥事が発生した場合には、過年度分も含め、有価証券報告書等の訂正が必要となることも想定されます。有価証券報告書については、原則として期末から3カ月以内に提出する必要があり（金商24条1項）、提出期限から1カ月以内に提出しない場合（提出期限の延長の承認を得た場合には、承認を得た期限から8日目の日までに提出しない場合）には、上場廃止になります（有価証券上場規程601条1項10号、有価証券上場規程施行規則601条10項）。したがって、計算書類の確定手続も、上場廃止にならないスケジュールで行うことが想定されます。

3　定時株主総会の運営上の影響

会計不祥事発覚後に、定時株主総会を行う場合、上記2のとおりスケジュールに影響があるほか、定時株主総会の運営上も必要な対応を行う必要があります。

(1)　会場の変更

会計不祥事というトピックが発生することにより株主が多数来場することが予想されるような場合であれば、株主総会の会場の変更を検討する必要があるでしょう。これは、招集通知において、会場が変更することについてわかりやすく告知しておくべきでしょう（会社則63条2号参照）。

(2)　シナリオ・想定問答への反映

会計不祥事に関する調査結果等について、適時開示するのが通常ですが、株主総会においても、その内容や発生原因・再発防止策等を含めて株主に説明をすべきであると考えられますので、株主総会のシナリオや想定問答に、そうした内容を盛り込むことが考えられます。

重大な会計不祥事であれば、総会の冒頭や会計不祥事に関する説明をする箇所に株主への謝罪をシナリオに入れることも考えられます。この際に、他の役員も起立したうえで礼をするのか、座ったまま礼をするのか、といったこともあわせて決めておくべきでしょう。

また、会計不祥事については、役員の責任が問題となりえますので、会社として法的責任についてどう考えるのかのスタンスを決めたうえで、想定問答に反映する必要があります。たとえば、法的責任と道義的責任・経営責任をしっかり区別して、どこまでの内容を回答するかといった点は慎重に検討する必要があります。加えて、業績や株価への影響も株主の関心事である一方で、法的責任につながる事項なので、どのように回答するかは慎重に考慮する必要があります。

その他、総会当日の対応として、株主からの質問で、監査役や社外取締役を指名して質問をしてくる場合もあるので、だれが答弁するのかという点を整理しておく必要もあります。昨今のコーポレートガバナンスの強化の流れからすると、監査役や社外取締役も充実した回答をできることが望ましいといえます。

(3)　議案の追加・変更・撤回等

a　計算書類関連

会計不祥事により過年度分の計算書類等の再確定手続を行った場合は、株主総会の議案に過年度の計算書類等の報告議案を盛り込むことが考えられます。

会計不祥事の影響で、計算書類の承認手続として取締役会決議による確定手続ができないとして、計算書類について報告事項（会社439条）としていたものを株主総会における承認を経る決議事項（会社438条2項）に変更するこ

ともありえます。

また、第三者委員会の調査に長期間を要する等の事情により、当初予定していた定時株主総会において、事業報告や計算書類等の報告が不可能になる場合は、事業報告や計算書類等の報告議案を撤回することも考えられます。

b 財源規制を受ける議案

剰余金の配当など財源規制（会社461条）を受ける事項に関する議案の決議を予定した場合、会計不祥事を反映した計算書類においては分配可能額に影響が生じる可能性があるため、財源規制に抵触しないかという観点から議案の内容変更や撤回が必要ないか確認することになります。

c その他の議案

そのほかに、たとえば会計不祥事を主導した役員がいるような場合で、当該役員に関する退職慰労金支給議案があるような場合、関係者の処分の一環として、当該議案を撤回するといった対応も必要に応じて検討することになるものと考えられます。

(4) 延会・継続会の開催の決議

上記2で触れたように、会計不祥事の影響で、延会・継続会を開催する場合は、延会・継続会の開催について、手続的動議として上程したうえで、決議する必要があります（会社317条）。

なお、計算書類等の株主への提供や備置（会社437条、442条）を怠った場合に計算書類の承認議案以外の議案（取締役選任議案等）についても決議取消の対象となるかどうかについては、これを否定する事例（東京地判平27.10.28判時2313号109頁、東京地判平19.12.17 Westlaw Japan 2007 WLJPCA 12178005）と、肯定する事例（東京地判平22.3.24 Westlaw Japan 2010 WLJPCA 03248005）があります。そこで計算書類等の提供・備置が当初の総会までに間に合わない場合は、決議事項の決議を当初の総会と延会・継続会のいずれで行うのかについては慎重に検討する必要があります。

4 シナリオのサンプル

以上をふまえ、定時株主総会直前に会計不祥事が発覚したことから、計算書類の作成が間に合わなくなったため、当初の総会で決議事項の決議のみを行い、継続会で報告事項の報告を行うシナリオ案を示します。

［当初の総会のシナリオ］

議長就任宣言

【議長】　代表取締役社長の○○でございます。
　　　　　本日は、大変ご多忙中のところ、多数ご出席いただきまして、誠にありがとうございます。
　　　　　当社定款第○条の定めによりまして、私が、本総会の議長を務めさせていただきますので、よろしくお願いいたします。

> 開会に先立ちお詫び

【議長】　開会に先立ちまして、株主の皆様にお詫び申し上げます。
　　［役員起立］
【議長】　当社は、創業以来、コンプライアンス経営を重視し、社会的責任を果たす企業であり続けることを社是として、事業に邁進してまいりました。
　　しかしながら、このたび、過年度にわたり、不適切な会計処理が行われていたことが発覚いたしました。
　　詳細は後程ご説明いたしますが、まずは、株主をはじめとした関係者の皆様に多大なご迷惑とご心配をおかけいたしましたことを、お詫び申し上げます。
　［役員、礼（3秒）］　　［役員、着席］

> 開会宣言

【議長】　それでは、ただいまから、株式会社〇〇第〇期定時株主総会を開会いたします。
　　本総会の議事の運営につきましては、議長である私の指示に従っていただきますよう、ご出席の皆様のご理解とご協力のほど、よろしくお願い申し上げます。
　　また、議事の秩序を保つため、株主様のご発言は、不適切な会計処理に関する説明、議題の上程、決議事項の議案の内容説明が終了いたしました後に、お受けいたしますので、ご協力のほどお願い申し上げます。

> 定足数充足宣言

【議長】　それでは、ご出席株主数および議決権数等を事務局よりご報告いたします。
【事務局】　本総会におきまして、議決権を有する株主数は〇名、その議決権数は、〇個でございます。
　　本総会におきまして、議決権を行使されます株主数の合計は、議決権行使書をご提出いただいた方を含め〇名、その議決権数は〇個でございます。
　　したがいまして、本総会のすべての議案を審議するのに必要な定足数を満たしております。

> 不適切な会計処理の説明

【議長】　それでは、本日の会議の目的事項に入ります前に、私のほうから、このたび発覚しました不適切な会計処理につき、第三者委員会の中間報告をふまえご説明させていただきます。
　　　　（概要説明）
　　以上のとおりでございますが、株主の皆様には多大なご心配およびご迷惑をおかけしてしまったことをあらためてお詫び申し上げます。
　［役員、着席したまま、礼（3秒）］

> 続行の決議

【議長】　それでは、ただいまから、本総会の目的事項を上程したいと存じますが、お手許の招集ご通知1頁に記載のうち、報告事項につきましては、先ほどご説明申し上げましたとおり、不適切な会計処理の発覚により、株主の皆様へ計算書類などの提供書類のご提供ができておりませんので、本日は上程をせずに、後日、継続会を開催してご報告申し上げたいと存じます。
　　継続会の日時は、平成〇年〇月〇日金曜日午前〇時、場所は、〇〇といたしたいと存じます。

したがいまして、本日は、決議事項のみを上程して、ご審議いただきたいと存じます。
以上、ご異議ございませんでしょうか。ご賛同の方は拍手をお願いいたします。

【株主】　［了解］［異議なし］［拍手］
【議長】　ありがとうございました。過半数のご賛同を得ましたので、そのように取り扱わせていただきます。

> 決議事項の上程と議案の内容説明

【議長】　それでは、決議事項として、お手許の招集ご通知に記載のとおり、上程いたします。
第1号議案は○○の件でございます。
お手許の招集ご通知○頁に記載のとおり、……ものであります。
次に、第2号議案○○の件でございます。
お手許の招集ご通知○頁に記載のとおり、……ものであります。

> 審議

【議長】　それでは、決議事項について、ご出席の株主様からご質問、ご意見、動議を含めた審議に関するすべてのご発言をお受けします。
その終了後は、決議事項につき採決のみをさせていただきたいと存じますが、いかがでしょうか。
ご賛同の方は拍手をお願いいたします。

【株主】　［了解］［異議なし］［拍手］
【議長】　ありがとうございました。過半数のご賛同を得ましたので、この方法で行わせていただきます。

……（略）……

> 審議の終了

【議長】　本日上程しました目的事項に関し、十分審議を尽くしましたので、これをもって質問および動議の提出を含めたすべての審議を終了し、議案の採決に移らせていただきたいと存じますが、いかがでしょうか。
ご賛同の方は拍手をお願いいたします。

【株主】　［了解］［異議なし］［拍手］
【議長】　ありがとうございました。過半数のご賛同を得ましたので、質問・審議を終了し、採決に入らせていただきます。

> 採決

……（略）……

> 当初の総会の終了宣言

【議長】　以上をもちまして、本日上程しました目的事項は、すべて終了しましたので、本総会は、いったん散会とさせていただきます。
残りの目的事項である報告事項につきましては、先ほどご承認いただきましたとおり、○月○日午前○時から、○○において開催する継続会において、上程いたしますので、再度、ご出席を賜りますよう、お願い申し上げます。
最後に、今回、このように株主の皆様にご迷惑をおかけしたことを深くお詫び申し上げます。

[継続会のシナリオ]

[議長就任宣言]

【議長】　代表取締役社長の○○でございます。
　　　　　本日は、大変ご多用中のところ、多数ご出席いただきまして、誠にありがとうございます。
　　　　　当社定款第○条の定めによりまして、私が、本総会の議長を務めさせていただきますので、よろしくお願いいたします。

[再会に先立ちお詫び]

【議長】　再会に先立ちまして、株主の皆様にお詫び申し上げます。
　［役員起立］
　　　　　去る○月○日の当社株主総会におきましても、その概略につきご説明申し上げましたとおり、当社において、不適切な会計処理が行われていたことが発覚しました。
　　　　　詳細につき、第三者委員会の最終報告をふまえ、本総会において、ご説明させていただきます。
　　　　　株主の皆様その他の関係者の方々にご迷惑とご心配をおかけしたことをあらためてお詫び申し上げます。
　［役員、礼（3秒）］　　［役員、着席］

[再会宣言]

【議長】　それでは、ただいまから、○○株式会社第○期定時株主総会を再会いたします。
　　　　　本継続会の目的事項としまして、お手許の継続会開催のご案内に記載のとおり上程いたします。
　　　　　本継続会の議事の運営につきましては、議長である私の指示に従っていただきますよう、ご出席の皆様のご理解とご協力のほど、よろしくお願い申し上げます。
　　　　　また、議事の秩序を保つため、株主様のご発言は、不適切な会計処理に関する説明、監査役会の報告、報告事項の報告が終了いたしました後に、お受けいたしますので、ご協力のほどお願い申し上げます。

[不適切な会計処理の説明]

【議長】　それでは、本日の会議の目的事項に入ります前に、不適切な会計処理について第三者委員会の調査結果や当社として取り組む再発防止策などをご説明させていただきます。
　　　　　第三者委員会の調査結果につきましては、「○○」と題するプレスリリースで、すでに開示したとおりでございますが、あらためてその概要をご説明申し上げます。
……（略）……
　　　　　以上のとおりでございます。
　　　　　株主の皆様には、多大なご心配およびご迷惑をおかけしてしまったことを、あらためてお詫び申し上げます。
　［役員、着席したまま、礼（3秒）］
　　　　　（続いて、監査役会の監査報告　〜略〜）

[報告事項の報告]

【議長】　それでは、ただいまから、報告事項の報告を行います。

　　　　　お手許の「継続会開催のお知らせ」〇頁から〇頁に記載のとおりご報告いたしますが、あらためて、その概要について、ご説明申し上げます。
……（略）……
　　　　　以上報告事項につき、ご報告申し上げました。
　［議長：一呼吸おいて］

審議
【議長】　それでは、ただいまから、本総会の目的事項について、ご出席の株主様からご質問、ご意見、動議を含めた審議に関するすべてのご発言をお受けします。
……（以下略）……

（水川　聡）

第 10 章

株主総会後の対応

154　株主総会議事録の作成

株主総会議事録について説明してください。

ポイント

株主総会議事録は、その決議に関する証拠としての意義や、登記手続における添付資料としての意義を有しています。そして、取締役は、株主総会の終了後遅滞なく、株主総会議事録を作成する必要があります。

議事録の記載事項については会社則72条3項に定めがあります。これに関する罰則として、議事録に記載しまたは記録すべき事項について、記載もしくは記録せず、または虚偽の記載もしくは記録をしたときは、議事録作成の職務を行った取締役は、100万円以下の過料に処せられます。

解　説

1　議事録を作成する意義

議事録は証拠文書であって、株主総会決議効力に影響を及ぼすものではないため（大隅『株主総会』132頁）、議事録が存在することによって、存在しない決議が存在することになったり、無効な決議が有効な決議になったりすることはありません。

もっとも、議事録は、議事の経過および結果を示す記録であり、特に決議の成否を知るうえで、重要な記録となります。したがって、議事録は、株主総会の決議に関する証拠として重要な意義を有しています。

また、商業登記法は、登記すべき事項につき株主総会決議を要するときは、申請書にその議事録を添付しなければならないと定めていますので（商業登記法46条2項）、その意味でも、議事録の作成は重要な意義を有しています。

2　作成時期

議事録の作成時期について、明文の定めはありません。

会社法は、議事録を「株主総会の日から」（会社318条2項・3項）備え置くよう定めているため、条文の文言上は、株主総会の日に議事録を作成することを義務づけているようにみえます。

しかし、株主総会における質疑応答を議事録に反映する作業を考慮すると、株主総会当日に議事録の作成を終えて押印をすませ、備置きを開始するのは、現実的には困難です。

したがって、議事録は、株主総会の終了後「遅滞なく」作成すべきものとされています。

この点に関しては、1週間程度が議事録の作成に要する合理的期限の最大限であるとする考え方があります（稲葉『実務相談2』997頁〔鳥本喜章〕）。実務上も、総会当日に議事録の作成を

完了した会社が21.5％、翌日に完了した会社が22％、3日目に完了した会社が16.9％と、約6割の会社が総会終了後3日以内に議事録を完成させています（『株主総会白書2016年版』135頁）。

また、変更登記をする必要がある場合、実際には、登記期限（会社915条1項）との関係上、遅くとも総会日から2週間以内には議事録を作成する必要があると考えられます。

3 作成者

(1) 通常の総会の場合

会社則では、「議事録の作成に係る職務を行った取締役の氏名」が議事録の記載事項として定められていますが（会社則72条3項6号）、会社法上、議事録の作成者について、明文の定めはありません。

そして、議事録の作成は、会社の業務執行には当たらないことから（相澤『論点解説』495頁）、代表取締役の権限に属するものではなく、代表取締役以外の取締役がこれを行うこともさしつかえないと解されます。

『株主総会白書2016年版』136頁によれば、議事録を代表取締役社長が作成する場合が60.2％であり、代表取締役が作成する場合が比較的多いといえます。

なお、具体的にどの取締役が議事録を作成するかについては、会社の自治に委ねられており、必ずしも取締役会の決議により定める必要はないとされています（相澤『論点解説』495頁）。

(2) 少数株主が招集した総会の場合

少数株主が招集した総会（会社297条）の議事録の作成者については、通常の総会と相違があるわけではないとする見解（『新注会(5)』259頁〔関俊彦〕）と、第一次的には招集者が作成し、招集者が作成しないときは業務執行者が作成すると解するほかないとする見解（酒巻俊雄＝龍田節編『逐条解説会社法第4巻機関・1』（中央経済社、2008）181頁〔浜田道代〕）があります。

4 記載事項

株主総会議事録は、書面または電磁的記録をもって作成されなければなりません（会社則72条2項）。

その記載事項は、以下のとおりです。

① 株主総会が開催された日時および場所（当該場所に存しない取締役、執行役、会計参与、監査役、会計監査人または株主が株主総会に出席した場合における当該出席の方法を含む）（同条3項1号）

② 株主総会の議事の経過の要領およびその結果（同項2号）

③ 監査役や会計監査人等が株主総会において述べた意見または発言があるときは、その意見または発言の内容の概要等（同項3号）

④ 株主総会に出席した取締役、執行役、会計参与、監査役または会計監査人の氏名または名称（同項4号）

⑤ 株主総会の議長が存するときは議長の氏名（同項5号）
⑥ 議事録の作成に係る職務を行った取締役の氏名（同項6号）

株主総会議事録に記載もしくは記録すべき事項を記載もしくは記録せず、または虚偽の記載もしくは記録をしたときは、100万円以下の過料に処せられます（会社976条7号）。これらの過料に処せられるのは、第一次的には議事録作成の職務を行った取締役と解されています（中村『ハンドブック』453頁）。

なお、議事録は日本文字により作成される必要があり、外国文字を使用して作成された議事録は、会社法上の議事録には該当しないものと考えられています（稲葉『実務相談2』1073頁〔醍醐隆〕）。

5 議事録の具体的な様式

株主総会議事録の具体的な様式については、特に定めはありません。

もっとも、書面をもって登記申請を行う場合、申請書の記載を横書きとすることが義務づけられていること（商業登記規則35条1項）や、申請書はA4判を使うことが好ましいとされていること等から、実務上、書面で議事録を作成する場合は、A4判（またはA3判の2つ折り）の用紙に横書きで記載し、これに表紙を付す（または1枚目が表紙を兼ねる）のが一般的な様式となっています。

また、議事録には株主総会招集通知を合綴し、それを参照する方法をとることが多いとされています（三井住友信託銀行証券代行コンサルティング部『株主総会・取締役会・監査役会の議事録作成ガイドブック〔第2版〕』（商事法務、2016）10頁）。

議事録が複数枚に及ぶ場合は、これを袋綴じの方法で綴じ、綴じ目に契印を押すのが一般的です。平成17年改正前商法と異なり、会社法は、株主総会に出席した取締役に署名義務を課していないことから、契印も、署名義務を負う取締役全員ではなく、議事録の作成に係る職務を行った取締役のみが行えば足りると解されています。

6 記載上の留意点

(1) 議事の経過の要領（上記4の②）

株主総会議事録には、議事の経過の要領を記載する必要があります（会社則72条3項2号）。

議事の経過とは、株主総会の開始から終了までの間の審議のプロセスのことを指しており、具体的には、株主総会の成立に関する事項ならびに決議事項についての審議の内容、報告事項についての報告内容およびそれらに関する質疑応答等の発言を指します。

株主総会の成立に関する事項としては、出席株主数、委任状・議決権行使書面・電子投票の数、決議事項に関する事項としては、議題について提案された議案の内容、提案者名（取締役・

取締役会か株主か)、提案についての趣旨説明および質疑応答を含む発言事項、報告事項に関する事項としては、報告内容および質疑応答を含む発言事項があげられます。

なお、旧商法下においては、株主総会議事録には、議決権のない株式も含めた発行済株式の総数をも記載しておくのが望ましいとする見解があったため(稲葉『実務相談2』1001頁〔木村みど子〕)、会社法下においても発行済株式総数を記載する例がありますが、必須ではありません。

また、「要領」とあることから明らかなとおり、株主との質疑応答については、やりとりのすべてを一言一句記載する必要はありませんし、自己の発言と説明者の回答を議事録に記載するよう株主から要求されたとしても、これに応じる義務はありません。また、株主総会が株主全員で構成される会議体であることから、特別の場合を除いて、発言した株主の氏名を記載する必要もありません。

個別の質問をどこまで記載するかは会社の裁量に委ねられますが、議事の経過に重要な影響を及ぼしたかどうかを目安とするのが相当であり、具体的には、たとえば、取締役等の説明義務(会社314条)の有無を判断基準とすることが考えられます(中村『ハンドブック』461頁)。そのような観点からすると、質問はあったものの、重要性のないもののみであれば、これを記載しないか、または「重要な質問はなかった」旨を記載することで足りるものと考えられます。

(2) **議事の結果**(上記4の②)

議事の結果とは、どのような議案につき、どのような賛否があって、その議案が可決されたか否決されたかをいいます(東弁『ガイドライン』294頁)。

議事録に議事の結果を記載するにあたっては、決議要件が満たされていることを明確に記載する必要があります。具体的には、普通決議の場合は「賛成多数」や「大多数の賛成」などの表現でかまいませんが、特別決議の場合には「大多数」ではなく、「3分の2以上の賛成」と、特別決議の要件を備えた決議がされたことを明確に記載する必要があります。そのような記載がないと、議事録上、適法な決議がされたかどうかが判明しませんので、登記申請が受理されません。

一方、株主提案議案を否決した場合は、「賛成少数により否決された」等と記載することになります。この点に関して、株主提案議案が10分の1以上の賛成を得られなかった場合には、否決された時から3年を経過するまで、同一議案は招集通知に記載しなくてもよいため(会社305条4項)、この規定の適用を受けようとする場合には、賛成票数を把握するか、反対票が9割を超えたことを確認し、これを議事録上明記しておく必要があります。

また、議案に反対することが、その

株主の有する株式の買取りを会社に請求するための要件となる議題の採決については、当該株主を特定するに足りる必要最小限の事項（住所、氏名、議決権数）を記載する必要があります。

もっとも、株式買取請求をするためには、総会において議案に反対の議決権を行使するだけでなく、総会に先立って会社に対して書面をもって議案に反対の意思を通知しなければなりませんので（会社116条2項1号イ等）、この通知をしていない株主については、議事録にも記載する必要はないことになります。

(3) 出席取締役等の署名・記名押印

平成17年改正前商法では、議事録に議長および出席取締役が署名することが要求されていましたが（会社244条）、会社法では、これらの記載は要求されていません。

もっとも、実務上は、旧商法での実務慣行に倣い、出席した取締役等が記名押印をする会社が多いとされています（記名押印の際の印鑑は、認印でもさしつかえありません（稲葉『実務相談2』1041頁〔直答会社の法律相談〕））。『株主総会白書2016年版』137頁によると、上場会社の9割を超える会社が、記名押印を行っていると回答しています。

この点に関しては、議事録の原本性を明らかにし、改ざんを防止するという観点から、議事録の作成の職務を行った取締役が署名または記名押印す

るのが望ましいでしょう（松井信憲『商業登記ハンドブック〔第3版〕』（商事法務、2015）145頁）。

なお、定款上、署名または記名押印の義務を規定している会社もありますが、そのような会社においては、定款の定めに従い、出席取締役等が署名等をしなければなりません。

もっとも、定款の定めに反して、出席取締役等が署名等を行わなかったとしても、法律上、これらの署名または記名押印は要求されていませんので、議事録が有効であることには変わりはありません（相澤『論点解説』496頁）。

(4) 登記手続との関係での留意点

　a　議事録原本の還付を求める場合

登記の際に添付した株主総会議事録の原本の還付を求める場合は、そのかわりに、登記所に提出する謄本に、「この謄本は原本と相違ありません」と記載し、日付および代表取締役の記名押印をした認証文言を付すことが求められます（商業登記規則49条2項）。

　b　役員選任議案についての記載

役員選任議案については、重任・新任の別および補欠選任である場合は、株主総会議事録にその旨を記載する必要があります。

また、総会で役員選任が決議されたとしても、本人の就任承諾がなければ就任の法律効果は生じません。したがって、登記実務上は、各役員の就任承諾書面を取得するか、当該役員が株主総会の議場に出席している場合には

就任承諾書面にかえて、株主総会議事録に総会の席上で即時就任を承諾した旨の記載をすることになります（なお、議事録に、被選任者からあらかじめ就任について内諾を得ている旨を記載したとしても、就任を承諾したことを証する書面としては認められないとされています（稲葉『実務相談2』1012頁〔堀恩恵〕）。

ここで、新たに就任する取締役・監査役・執行役の就任に関する登記を申請する際に提出する就任承諾書等には、当該取締役等の氏名に加え、住所を記載するとともに、当該氏名・住所が記載された本人確認書類（住民票の写し等）を添付することが必要です（商業登記規則61条5項）。

そのため、議事録に即時就任を承諾した旨の記載をする場合も、当該取締役の氏名・住所を議事録に記載することが必要となります。　　　　（村松　亮）

155　取締役会の開催

定時株主総会終結後に開催される取締役会について説明してください。

ポイント

定時株主総会終結後には、取締役会が開かれることが通例です。その一般的な議題としては、代表取締役の選定、業務執行取締役・役付取締役の選定等があげられます。

その招集手続については、定款で定めた招集者が招集する場合もありますが、関係者全員の同意を経て招集手続を省略する場合や、全員が出席することにより取締役会を開催する場合もあります。

解　説

1　一般的な議題

定時株主総会終結後には、取締役会構成員が一堂に会して必要な決議等を行うため、取締役会が開かれることが通例です。

その一般的な議題としては、①代表取締役の選定、②業務執行取締役・役付取締役の選定、③代表取締役に事故があるときの他の取締役の職務代行順位の決定、④執行役員・使用人への職務の委嘱、⑤取締役の報酬等の決定（代表取締役に一任するときはその旨の決議）、⑥競業取引・利益相反取引の承認、⑦役員賠償責任保険の付保の同意、⑧株主総会の承認が要件となっている事項についての事後処理（たとえば、本店所在地についての定款変更を受けての、具体的な移転先・移転時期の決定など）が考えられます。

なお、代表取締役の選定（①）に関して、代表取締役を選定する際における当該代表取締役は、特別利害関係取締役（会社369条2項）に該当しないと解されています。したがって、当該代表取締役は決議に参加することができ

ます（江頭『株式会社法』416頁）。

2　招集手続

(1)　招集者

取締役会の招集者については、定款に定めを置いているのが一般的ですので、当該招集者が定時株主総会直後の取締役会を招集することになります。

定時株主総会において取締役全員が改選されると、代表取締役の任期も、定時株主総会の終結時に取締役の任期満了とともに終了しますが、代表取締役を招集者と定めている場合において、代表取締役が取締役に再任されたときには、会社法351条1項により、その者が、代表取締役の権利義務を有する者として取締役会を招集することができるものと考えられています（中村『ハンドブック』430頁）。

一方、取締役会長や取締役社長などの役職によって招集者を定めている場合には、会社法351条1項は、代表取締役の欠員の場合の規定ですので、同項が適用される余地はありません。そこで、各取締役が招集者となります（会社366条1項）。その結果、取締役会長や取締役社長が定時株主総会で取締役に再任される限り、その者が取締役として招集してさしつかえないことになります。

(2)　招集手続の省略・全員出席取締役会

取締役および監査役の全員の同意があれば、招集の手続を経ることなく取締役会を開催することができます（会社368条2項）。同意を得る方法については、書面や電磁的方法によることまでは要求されておりませんが、後日の紛争防止の観点からは、全員の同意を得て開催する旨を取締役会議事録に記載しておくことが望ましいと考えられます。

また、定時株主総会には、現任の取締役および監査役に加えて新任の取締役および監査役も候補者として出席していることが多いため、その場合には、直後の取締役会にも取締役および監査役の全員が出席することによって、いわゆる全員出席取締役会として取締役会を開催することができます。

もっとも、取締役および監査役の全員が出席することが困難な場合も考えられます。そのおそれがある場合、招集の手続の省略（同2項）を適法に行うには、定時株主総会直後の取締役会に出席困難な取締役および監査役（いずれも新任候補者を含みます）から、取締役会の招集手続の省略の同意（新任候補者については、選任を停止条件とする同意）を事前に取得しておくことが考えられます（東弁『ガイドライン』45頁）。

（村松　亮）

156　臨時報告書による議決権行使結果の開示

臨時報告書による議決権行使結果の開示について説明してください。

ポイント

　上場会社は、株主総会において決議事項が決議されたときは、遅滞なく、臨時報告書により議決権行使結果を開示しなければなりません。実務上は、総会の日から4日以内に臨時報告書を開示している会社が9割を超えています。

　記載事項は、企業内容等の開示に関する内閣府令（以下「開示府令」といいます）19条2項9号の2で定められており、記載の際は、金融庁の示す考え方等に従って記載する必要があります。

解　説

1　総　説

　上場会社は、株主総会において決議事項が決議されたときは、遅滞なく、臨時報告書により議決権行使結果を開示しなければなりません（開示府令19条2項9号の2）。

　株主総会とは、定時株主総会のみならず臨時株主総会や種類株主総会も含みます（金融庁「コメントの概要及びコメントに対する金融庁の考え方」№11、32（平成22年3月31日））。株主総会の延期や続行の決議をした場合は、延会または継続会において決議事項が決議された後に開示を行うことになります（宝印刷総合ディスクロージャー研究所編『臨時報告書作成の実務Q&A』（商事法務、2015）174頁）。

　また、「遅滞なく」とは、議決権の集計および当該集計をふまえた臨時報告書の作成に要する実務的に合理的な時間内を指すと考えられています（金融庁「コメントの概要及びコメントに対する金融庁の考え方」№15）。実務上も、総会の日から4日以内に臨時報告書を提出している会社が9割を超えています（『株主総会白書2016年版』140頁）。

2　記載事項

　臨時報告書には、①当該株主総会が開催された年月日、②当該決議事項の内容、③当該決議事項に対する賛成、反対および棄権の意思の表示に係る議決権の数、当該決議事項が可決されるための要件ならびに当該決議の結果、④③の議決権の数に株主総会に出席した株主の議決権の数の一部を加算しなかった場合にはその理由を記載する必要があります（開示府令19条2項9号の2）。

　以下では、これらを記載するにあたっての留意事項を説明します。

(1)　**決議事項の内容**（上記②）

　臨時報告書の記載事項である決議事項の内容については、基本的には議題を記載することで足りますが、他の議題と区別がつかなくなる場合には、当該他の議題と明確に区別ができる記載を行うことが必要です。たとえば、複数の候補者に係る取締役選任議案を「取締役〇名選任の件」等として1つ

の議案にまとめている場合は、取締役選任の件であることに加え、候補者の氏名を記載する必要があります（金融庁「コメントの概要及びコメントに対する金融庁の考え方」No.16、開示府令19条の2第9号の2ハカッコ書）。

また、議題が剰余金処分議案である場合は、剰余金の配当の議案であることなど、その内容を明確にする必要があります。そして、剰余金の配当については、少なくとも配当額が「1株につき〇円」程度の事項について記載する必要があります（宝印刷総合ディスクロージャー研究所編『臨時報告書作成の実務Q&A』181頁）。

決議事項には、修正動議が含まれますが、手続的動議は、議案そのものに対する動議ではないことから、含まれないとされています（金融庁「コメントの概要及びコメントに対する金融庁の考え方」No.27、28）。また、買収防衛策の導入等、会社法や定款の定めに基づかない任意的な決議事項である、いわゆる勧告的決議は、投資家にとって重要な決議であることから、決議事項に含まれます（宝印刷総合ディスクロージャー研究所編『臨時報告書作成の実務Q&A』176頁）。

修正動議が提出された場合、原案を採決する際にあわせて採決を行い、先議の原案が可決されれば、論理的に両立しない修正案については、採決することを要せずに、自動的に否決されたものとして取り扱うことが可能とされています。この場合、臨時報告書には、原案についての議決権行使結果を記載したうえで、修正案については、原案が可決されたことに伴い、否決されたものとして取り扱った旨を注記し、反対票の数などは記載しないことも許容されると考えられています（福岡『実務相談』311頁）。

また、議題・議案の上程が撤回されたときについては、決議事項が決議されていないので、臨時報告書への記載を要しないと考えられますが、議題・議案の上程が撤回されたので議決権数は集計していない旨を注記するのが望ましいといえます。

(2) **決議事項に対する賛否等に係る議決権数**（上記③）

株主総会の決議は、その議案に対する賛成の議決権数がその決議に必要な数に達したことが明白になったときに成立します。実務上は、書面投票や電子投票などの事前行使分を集計した時点で、あるいは事前行使分に当日出席の大株主の議決権数を加えると、各議案に対する賛成の議決権数が決議に必要な数に達したことが明白になることも往々にしてあります。この場合は、株主総会における採決は拍手等の簡便な方法で行い、総会当日の来場株主全員の賛否の数までは集計しません。

したがって、臨時報告書に記載する賛成、反対、棄権の議決権の数も、決議の結果が明らかになったと判断した時点での賛成等の議決権の数を記載す

ることで足ります。

　一方、会社提案に反対する大株主がいる場合など、議案の賛否が拮抗し、総会当日の来場株主の議案に対する賛否の意思を集計しなければ、議案の承認可決が明らかにならないときは、投票等の方法により来場株主全員の賛否の意思を確認せざるをえず、この場合には、臨時報告書にも投票等により集計された賛成等の議決権の数が記載されることになります。

(3) **決議事項が可決されるための要件および決議の結果**（上記③）

　「決議事項が可決されるための要件」とは、定足数および議案の成立に必要な賛成数に関する要件のことを指すとされています。具体的には「議決権を行使することができる株主の議決権の過半数を有する株主が出席し、出席した当該株主の議決権の過半数」といった記載（金融庁「コメントの概要及びコメントに対する金融庁の考え方」No.17）や、定足数の議決権個数と可決要件の議決権個数（○○個以上）を記載（宝印刷総合ディスクロージャー研究所編『臨時報告書作成の実務Q＆A』189頁）することが考えられます。

　「決議の結果」には、決議事項が可決されたのか否決されたのかを記載します。なお、定足数を満たさなかった場合、定足数を満たさなかったために可決がされなかった旨を記載することが考えられます（宝印刷総合ディスクロージャー研究所編『臨時報告書作成の

実務Q＆A』189頁）。

　そして、「決議の結果」については、可決か否決かとあわせて、その根拠となる賛成または反対の議決権数の割合を記載しなければなりません（金融庁総務企画局「企業内容等の開示に関する留意事項について（企業内容等開示ガイドライン）」基本ガイドライン24の5-30（平成23年8月））。

　一般的には、賛成率を記載することになるところ、賛成の議決権数を出席株主の議決権数（事前行使分＋当日出席分）で除して算出することとなります。当日出席分の株主の議決権数の算定にあたって、特に途中退場の株主を勘案する必要はありません（金融庁「コメントの概要及びコメントに対する金融庁の考え方」No.191）。

　他方、当日出席した株主の議決権数を集計していない場合は、賛成の議決権数を、総株主の議決権数で除して算出することになります（宝印刷総合ディスクロージャー研究所編『臨時報告書作成の実務Q＆A』191頁）。

　賛成率は百分率で記載するのが一般的ですが、小数点以下についてどこまで記載すべきかは規定されていないので、会社の裁量に委ねられています。もっとも、たとえば、決議事項が50.004％で可決されたような場合には、50.00％という割合では可決されたかどうかがわからないため、小数点以下第3位まで記載する必要があります（宝印刷総合ディスクロージャー研究

所編『臨時報告書作成の実務Q&A』191頁）。

⑷ 議決権の数に出席株主の議決権の一部を加算しなかった場合の理由
（上記④）

議決権の数に出席株主の議決権の一部を加算しなかった場合の理由としては、来場株主全員の賛否の意思を確認しなくても、各議案の可決または否決が明らかであるということを記載することで足ります。

具体的には、「本総会前日までの事前行使分（及び当日出席の一部の株主から各議案の賛否に関して確認ができたもの）を合計したことにより、各議案の可決要件を満たし、会社法上適法に決議が成立したため、本総会当日出席株主のうち、賛成、反対及び棄権の確認ができていない議決権数は加算しておりません」などの記載が考えられます（宝印刷総合ディスクロージャー研究所編『臨時報告書作成の実務Q&A』195頁）。

(村松 亮)

157 決議通知の送付

定時株主総会終結後における決議通知の送付について説明してください。

ポイント

決議通知は、会社法に定めがある書面ではありませんが、実務上、株主総会後に、配当金関係書類や報告書を同封して、株主に対して送付することが通例となっている書面です。

決議通知は法定の書面ではありませんので、決議通知を作成して送付するかどうかや、その体裁、誤りの修正方法等については、会社の裁量に委ねられています。

解説

1 総説

会社法に定めはありませんが、実務上、株主総会における報告事項や決議事項の概要、配当金の支払、代表取締役や役付取締役の選定、常勤監査役の選定等の案内を目的とした株主宛ての通知物として、決議通知を株主に対して送付することが定着しています。

決議通知には、配当金関係書類や報告書（事業報告や計算書類と同じような内容が含まれる書面であり、「株主通信」などの名称の場合もあります）を同封することが多いため、総会終了後に、封書形式により送付するのが通例です。

もっとも、剰余金の配当を取締役会決議で決定することができる会社については、配当金関係書類は、総会終了後ではなく、招集通知に同封し、または招集通知とは別に総会日の前に送付することもできます。

その場合、決議通知には配当金関係書類が同封されないため、あわせて報告書の同封も省略することで、決議通

知のみを株主に対して送付することもできます。決議通知に同封する書類がない場合は、決議通知をはがき形式にし、報告事項および決議事項を簡潔に記載する例もあります。

　なお、決議通知は、株主総会において議決権を有する単元株主だけでなく、議決権を有しない単元未満株主に対しても送付されるのが一般的です。

　単元未満株主は総会における議決権を有しないものの、自益権として配当金を受け取る権利を有していますので、総会で剰余金の配当の決議がなされた場合には、配当金関係書類の送付が必要になります。そこで、その送付機会を利用して、単元未満株主に対しても、配当を含め、どのような事項が株主総会で報告・決議されたかを知らせるのが便宜であると考えられるからです。

　以下では、決議通知の作成にあたって留意すべき点について述べます。

2　作　成　者

　決議通知は法律上の要請に基づくものではありませんが、招集通知が代表取締役によって作成されていることから、決議通知も代表取締役によって作成されるのが一般的です（福岡『実務相談』501頁）。

　この点に関して、株主総会において代表取締役が交代した場合に、前任の代表取締役と後任の代表取締役のいずれが決議通知を作成すべきか問題となりますが、決議通知は株主総会の終了後に作成されるものですので、新任の代表取締役が作成することが適切であると考えられています（稲葉『実務相談2』1079頁〔直答会社の法律相談〕）。

3　記載内容に誤りがあった場合

　決議通知は法定の文書ではないため、記載内容に誤りがあった場合は、任意の方法により修正することができます。

　訂正箇所の告知方法としては、たとえば、全株主に正誤表など、訂正箇所を示した文書を送付することや、ウェブサイトに訂正箇所を掲載することなどが考えられます（福岡『実務相談』501頁）。

4　会社提案議案が否決される可能性がある場合

　会社提案議案が否決された場合であっても、事前に決議通知を印刷・封入してしまっていることから、配当金関係書類の送付を優先し、やむをえず、全議案可決の決議通知を株主に対して送付する事例もあるといわれています。

　しかし、否決される可能性がある議案を会社が提出する場合は、決議通知を複数パターン用意しておいて、結果が明白になったところで封入作業を開始するとか、決議通知の同封を見送って、株主宛ての送付物は配当金関係書類等に限定し、決議通知は別途会社の

ホームページに掲載するなどの対応（近年はこのような対応をとる会社も増えています）を検討する必要があると思われます。　　　　　　（村松　亮）

158　株主総会議事録の備置き

株主総会終結後における総会議事録の備置きについて説明してください。

ポイント

株主総会議事録については、総会の日から10年間、その原本を本店に、5年間、その写しを支店に備え置く必要があります。そして、株主および会社の債権者は、会社の営業時間内であれば、いつでも議事録の閲覧または謄写を求めることができ、会社の親会社の社員は、権利を行使するために必要があるときは、裁判所の許可を得て、閲覧・謄写を求めることができます。

会社法の規定に反して株主総会議事録を備え置かなかったり、正当な理由なしに株主総会議事録の閲覧・謄写請求を拒んだりした場合は、それぞれ100万円以下の過料に処せられます。

解説

1　総説

株主総会議事録については、総会の日から10年間、その原本を本店に、5年間、その写しを支店に備え置く必要があります（会社318条2項・3項）。

もっとも、議事録を電磁的方法で作成している場合で、原本を本店のサーバー等に記録し、これをインターネット等の電気通信回線を通じて支店のパソコンから閲覧できるようにする方法をとったときは、支店で写しを備え置く必要はありません（同条3項ただし書）。上記の方法とは、具体的には、支店において使用するパソコンから議事録をダウンロードして閲覧できる状態にすることを指します（弥永真生『コンメンタール会社法施行規則・電子公告規則〔第2版〕』（商事法務、2015）1068頁）。

また、保存場所の省スペース化を図る観点から、総会議事録の保存にかえて、総会議事録に係る電磁的記録の保存を行うこともできます（会社則232条10号・11号）。したがって、書面で作成した総会議事録をスキャナー等で読み取ってPDFファイル等を作成し、これをフロッピーディスク、CD-ROM、DVD-ROM等に保存しておくことによって閲覧等に応じることも可能です。

なお、議事録の原本を紛失した場合は、謄本を原本にかえて備え置くこともやむをえないとされています（森・濱田松本法律事務所編『新・会社法実務問題シリーズ・7会社議事録の作り方〔第2版〕—株主総会・取締役会・監査役会・委員会』（中央経済社、2016）71

頁)。

2 支店への備置き

上記のとおり、支店には総会議事録の写しを備え置くこととされています。写しは原本をそのままコピーしたものでかまいませんが、通常は、本当に正確な写しかどうかについて疑義が生じることを避けるため、原本と同様のものをプリントアウトしたうえで、原本と相違ない旨の認証文言を記載し、代表取締役等が記名押印したものを用います。

以下では、支店に写しを備え置く際の留意点について述べます。

(1) 総会議事録を備え置くべき「支店」の意義

本店とは、すべての営業活動を統括する営業所のことをいい、支店とは、本店に従属し、本店と異なる場所に設けられ、一定の範囲の営業についてある程度の独立性をもって営業活動を営むことができる人的および物的な組織が存在する営業所のことをいいます（最判昭39．3．10判時369号39頁）。支店に該当するかどうかは、支店登記をしているかどうかや、支社・営業所等名称のいかんを問いません（稲葉『実務相談1』490頁〔吉越満男〕）。

したがって、本社とは独立したかたちで対外的な取引活動を営んでいる拠点については、支店に該当するものとして、写しを備え置く必要があります。

(2) 新しく支店を設置した場合の議事録の備置き

旧商法の昭和56年改正前は、備置期間に関する規定がなかったため、新しく設置した支店にも会社設立当初にさかのぼって議事録を備え置くべきであると解すると、会社の事務負担が大きいため、むしろ支店設置以後の議事録だけ備え置けばよいという解釈がされていました。

しかし、昭和56年の商法改正により、支店での備置期間が5年間と限定されたため、新設支店についても、5年間の議事録の謄本を備え置くことが容易となり、また、株主・債権者の便宜を考えると、その備置きを要求するのが相当であると解されるようになりました。

そのため、旧商法下の解釈において、新しく支店を設置した場合は、設置以後のものだけではなく、過去5年間にさかのぼって株主総会議事録の写しを備え置くべきであると考えられていました（稲葉『実務相談2』1048頁〔町田弘文〕）。

会社法のもとでも支店の備置期間は5年間と限定されていることからすると、同様に、過去5年間にさかのぼって株主総会議事録の写しを備え置くべきであると解されます（森・濱田松本法律事務所編『新・会社法実務問題シリーズ・7会社議事録の作り方〔第2版〕—株主総会・取締役会・監査役会・委員会』69頁）。

3　閲覧・謄写請求

株主および会社の債権者は、会社の営業時間内であれば、いつでも議事録の閲覧または謄写を求めることができます（会社318条4項）。また、会社の親会社の社員は、権利を行使するために必要があるときは、裁判所の許可を得て、閲覧・謄写を求めることができます（同条5項）。

株主や債権者からのこれらの閲覧請求に応じられるようにするため、備置きにあたっては、保管責任者を定めておくことが必要とされています（森・濱田松本『株主総会』382頁）。

以下では、閲覧・謄写請求への対応にあたっての留意点について述べます。

(1)　閲覧等に応じるべき「営業時間」の意義

会社法が閲覧・謄写請求を営業時間内に限定した趣旨は、会社が営業活動を行っている時間帯でないと、閲覧・謄写を請求されても、これに応じるのは困難であるという点にあります。したがって、営業時間内かどうかは、原則として、議事録を管理している部門の営業活動時間を基準にして考えるべきであるとされています（森・濱田松本法律事務所編『新・会社法実務問題シリーズ・7 会社議事録の作り方〔第2版〕─株主総会・取締役会・監査役会・委員会』78頁）。

なお、営業時間外であっても、会社が任意に株主の便宜を図って閲覧・謄写させることはさしつかえありませんが、特定の株主・債権者には営業時間外の閲覧・謄写請求に応じたにもかかわらず、他の株主・債権者には合理的な理由もないのに拒否するというような扱いは、株主平等原則等との関係で適切ではないと考えられます。

(2)　コピーの交付を求められた場合

「閲覧」とは、議事録を見ることであり、「謄写」とは、議事録を自分の手で書き写すか、コピー、写真撮影等をすることを指します。

したがって、会社が、議事録の閲覧・謄写にかえてそのコピーの交付を要求された場合、任意にこれに応じることはさしつかえありませんが、必ずしもこれに応じる必要はないとされています（森・濱田松本法律事務所編『新・会社法実務問題シリーズ・7 会社議事録の作り方〔第2版〕─株主総会・取締役会・監査役会・委員会』81頁）。

なお、その対応について、事務負担および発生費用等を勘案して、相当な手数料を受領することはさしつかえありません（三井住友信託銀行証券代行コンサルティング部『株主総会・取締役会・監査役会の議事録作成ガイドブック〔第2版〕』（商事法務、2016）13頁）。

(3)　名義書換え後の株主による閲覧・謄写請求への対応

議決権行使の基準日における株主で、所有する株式をすでにほかに譲渡し、名義書換えもすませている者か

ら、自分が議決権を有する株主総会における議決権行使のために必要な情報・資料を収集するという目的で、過去の株主総会議事録の閲覧・謄写請求がなされた場合、これを拒むことはできるのかが問題となります。

会社法318条4項は、「株主及び債権者」が閲覧・謄写の請求をすることができると定めているところ、上記請求者は、実質上のみならず、名簿上も株主でない以上、同条の規定を文言どおりに解すると、閲覧・謄写請求権を有しないことになります。

しかし、当該請求者は、株主総会における議決権を有しているため、それに付随するかたちで議決権行使のために必要な情報を収集する権利を有していると考えるのが妥当です。

また、株主が議決権を有する株主総会における議決権行使のために必要な情報・資料を収集するという目的は正当なものと解されます。

したがって、会社は、現に株主でないという理由で、上記請求者の閲覧・謄写請求を拒むことはできないと考えられます（稲葉『実務相談2』1027頁〔亀田雅子〕）。

(4) **閲覧・謄写請求を拒否できる場合**

株主総会議事録の閲覧・謄写請求については、株主名簿や会計帳簿の閲覧・謄写請求のような拒絶理由（会社125条3項、433条2項）は定められていません。

しかし、議事録の閲覧請求権は、株主や債権者の利益保護を目的とするとともに、会社機関を監視することによって、間接的には会社の利益を保護することを目的とするものですので、請求することについて正当の目的があることが必要であるとされています（東京地判昭48.10.1判時772号91頁）。

したがって、営業を妨害する目的をもってする等権利の濫用に該当する場合は、閲覧・謄写の請求を拒むことができるとされています（酒巻俊雄＝瀧田節編『逐条解説会社法第4巻機関・1』（中央経済社、2008）182頁〔浜田道代〕）。具体的には、株主名簿等の閲覧における拒絶事由を参考にして、拒絶の拒否を判断することになります。

もっとも、権利の濫用に該当することについては会社側に立証責任があることをふまえると、実際は、特段の事情がない限り、株主からの閲覧・謄写請求を拒むことは困難と考えられます（森・濱田松本法律事務所編『新・会社法実務問題シリーズ・7会社議事録の作り方〔第2版〕——株主総会・取締役会・監査役会・委員会』73頁）。

4　備置期間経過後

(1) **備置期間経過後の保存期間**

備置期間が終了した後、議事録をどのくらいの期間保存すべきかについて、明文の規定はありません。

この点については、①旧商法の昭和56年改正によって、本店での備置期間が10年と定められたことにより、保存

期間も同様と解してよいとの考え方（酒巻俊雄＝龍田節編『逐条解説会社法第4巻機関・1』182頁〔浜田道代〕）、②会社432条2項は、株式会社は、会計帳簿の閉鎖の時から10年間、その会計帳簿およびその事業に関する重要な資料を保存しなければならない旨を定めており、それとのバランスから考えると、原本を、本店の備置期間経過後、最低10年間は保存しておくべきであるとの考え方（森・濱田松本法律事務所編『新・会社法実務問題シリーズ・7 会社議事録の作り方〔第2版〕—株主総会・取締役会・監査役会・委員会』71頁）、③定款および会社の存立の基本に関する事項を内容とする株主総会議事録の保存期間は永久と解すべきであるが、単に営業に関する事項を内容とする議事録は10年間保存すれば足りるとする考え方（稲葉『実務相談2』1056頁〔村上惺〕）、④議事録のうち、定款変更の決議に関する部分は無期限に保存するのが相当であるとの考え方（稲葉『実務相談2』1062頁〔元木伸〕）などがあります。

(2) 備置期間経過後になされた閲覧・謄写請求への対応

会社が10年間の備置期間経過後に保存している取締役会議事録について、閲覧・謄写の対象にならないとした裁判例があります（東京地判平18.2.10判時1923号130頁）。

したがって、「備置き」とは、単なる「保存」とは異なる概念であり、閲覧・謄写の対象となるのは、「備置き」された議事録に限られるということになります。

よって、備置期間経過後に保存している議事録について、閲覧・謄写の請求に応じる義務はないとされています（森・濱田松本法律事務所編『新・会社法実務問題シリーズ・7 会社議事録の作り方〔第2版〕—株主総会・取締役会・監査役会・委員会』71頁）。

5 罰　則

会社法の規定に反して株主総会議事録を備置しなかったり、正当な理由なしに株主総会議事録の閲覧・謄写請求を拒んだりした場合、それぞれ100万円以下の過料に処せられます（会社976条8号・4号）。

これらの場合に過料に処せられるのがだれかが問題となりますが、第一次的には議事録作成の職務を行った取締役と解されます（東弁『ガイドライン』292頁、中村『ハンドブック』453頁）。

〔村松　亮〕

159　委任状、議決権行使書の備置き

株主総会終結後における委任状や議決権行使書の備置きについて説明してください。

ポイント

会社は、委任状および議決権行使書

を株主総会の日から3カ月間、会社の本店に備え置き、株主の閲覧・謄写に供すべきとされています。備置きの始期については、株主総会の日に備え置くことまでは求められておらず、「遅滞なく」備え置くことで足りると解されます。

解説

会社は、委任状および議決権行使書を、株主総会の日から3カ月間、会社の本店に備え置き、株主の閲覧・謄写に供すべきとされています（会社310条6項・7項、311条3項・4項）。

また、委任状が電磁的方法により提供された場合は、その事項が記録された電磁的記録を、電磁的方法により議決権が行使された場合は、電磁的方法により提供された事項を記録した電磁的記録を備え置き、株主の閲覧・謄写に供すべきものとされています（会社310条6項・7項、312条4項・5項）。

備置きの始期については、株主総会の日に備え置くことまでは求められておらず、「遅滞なく」備え置くことで足りると解されます。

なお、備え置くべき委任状または議決権行使書は、いずれも議決権行使のために使用されたものを指し、出席当日、出席表がわりの資格確認書類として提出されたものは含みません。

備置きの方法については、株主が委任状および議決権行使書に記載すべき事項を電磁的方法により提供した場合は、電磁的記録に記録された事項を紙面または映像面に表示する方法によって、閲覧または謄写に対応することになります（会社則226条）。

また、保存場所の省スペース化等の観点から、委任状および議決権行使書の原本の保存にかえて、これらの書面に係る電磁的記録の保存を行うこともできます（会社則232条8号・9号）。具体的には、委任状および議決権行使書をスキャナー等で読み取ってPDFファイル等を作成し、これを保存しておいて、閲覧等に応じることが可能です。

（村松　亮）

160 株主懇談会

株主総会終結後に行われる株主懇談会について説明してください。

ポイント

会社によっては、株主総会終了後に、株主懇談会として、自社の商品の展示や会合などを催すことがあります。

株主懇談会はあくまで株主とのコミュニケーションを図る場にすぎず、そこで飲食物等を提供することは、その代金等を勘案して日常儀礼の範囲といえるものであれば、会社法上禁止される利益供与には該当しません。

解説

会社によっては、株主総会終了後に、株主懇談会として、自社の商品の展示や会合などを催すことがあります。

株主懇談会は、その開催のための費用がかかるものの、取引先株主が多い場合には、株主との情報交換の場として機能しますし、その場で株主から質疑応答を受け付ける場合には、総会における質問が減り、総会が円滑に進む効果も期待できます。

『株主総会白書2016年版』(47頁)によれば、総会後に株主懇談会を開催している会社は18％であり、その内容は、立食パーティーが45.3％、自社商品展示が32.6％、質疑応答が35.1％、経営報告が34.8％となっています。

なお、株主懇談会において飲食物や粗品を提供することが、会社法で禁止される、株主の権利の行使に関する利益供与（会社120条1項・2項）に該当しないかどうかが問題となります。

この点については、株主懇談会において飲食物や粗品を提供することは、あくまで株主と会社とのコミュニケーションの問題であり、株主の権利の行使に関するものではないとされています（稲葉『実務相談2』1098頁〔元木伸〕）。

また、株主総会に出席した株主に対するお土産や、大株主に対する中元・歳暮などは、社会通念から許容される範囲である限り、禁止されないとされています（稲葉威雄『改正会社法』（金融財政事情研究会、1982）184頁）。したがって、株主懇談会においても、そこで提供される飲食物や粗品の代金等を勘案して、社会通念上許容される日常儀礼の範囲内のものであれば、利益供与として禁止されることはありません（稲葉『実務相談2』1098頁〔元木伸〕）。

（村松　亮）

161　監査役会の開催

定時株主総会終結後に開催される監査役会について説明してください。

ポイント

定時株主総会直後に開催される監査役会においては、主に常勤監査役の選定、特定監査役の選定などについて協議されることになります。

その招集手続については、通常、再任される監査役が監査役会を招集することになると考えられますが、監査役全員の同意があれば、招集手続なしに監査役会を開催することもできます。

解説

1　主な議題

定時株主総会直後には監査役会が開催されることが多く、その議題としては、①常勤監査役の選定、特定監査役

（事業報告およびその附属明細書に係る監査役会の監査報告の内容の通知をすべき監査役（会社則132条5項）および計算関係書類に係る会計監査報告の内容の通知を受ける監査役（会社計算130条5項））の選定、監査役議長や監査役会の招集権者の選定、②監査の方針や監査計画等に関する事項の決定、変更、③監査役の報酬等の協議等があげられます。

2 招集者および招集手続

定時株主総会直後の監査役会の招集者については、監査役会の招集は各監査役が行うのが原則である（会社391条）ことから、再任される監査役がいれば、その者が監査役会を招集することになります。仮に監査役全員が入れ替わる場合、通常の招集者である退任予定の監査役が、退任前に、新任の監査役候補者全員に対して、定時株主総会での選任を停止条件とした招集通知を発することになると考えられます。

なお、監査役全員の同意があれば、招集手続なしに監査役会を開催することもできます（会社392条2項）。

（村松　亮）

162 有価証券報告書、確認書、内部統制報告書の提出

定時株主総会前後における、有価証券報告書、有価証券報告書の記載内容に係る確認書および内部統制報告書の提出について説明してください。

ポイント

有価証券報告書の提出義務を負う会社は、原則として、毎事業年度経過後3カ月以内に、有価証券報告書、有価証券報告書の記載内容に係る確認書および内部統制報告書を内閣総理大臣に提出しなければなりません。有価証券報告書は総会前に提出することもできますが、会社の負担が増大することから、実際にそのようにしている会社はごく少数にとどまります。

解説

有価証券報告書の提出義務を負う会社は、原則として、毎事業年度経過後3カ月以内に、有価証券報告書、有価証券報告書の記載内容に係る確認書および内部統制報告書を内閣総理大臣に提出しなければなりません（金商24条1項、24条の4の2第1項、24条の4の4第1項）。これらについては、証券取引所にもその写しを提出する必要がありますが（金商24条7項、24条の4の2第5項、24条の4の4第5項で準用する同法6条）、実際は、EDINETを通じた提出により、開示書類の写しの提出にかえて通知（金商27条の30の6第1項）がされたものとみなされます。

なお、有価証券報告書に添付する計算書類および事業報告については、こ

れから定時株主総会で承認を受け、または報告することを予定するものでもさしつかえないものとされていますので（開示府令17条1項1号ロ）、有価証券報告書を定時株主総会前に提出することも可能です。

もっとも、その場合、有価証券報告書などの作成スケジュールが前倒しになることや、それに伴って内容に誤りが生じやすくなり、虚偽記載の責任を負うリスクがあること、総会前に提出された有価証券報告書などの内容の記載事項について総会当日に質問される可能性があることから想定問答での対応が必要になること、議案が修正または否決された場合には、臨時報告書を提出する必要があること（開示府令19条の2第9号の3）などの理由から、株主総会前の提出を行っている会社は、数パーセントとごく少数にとどまっています。　　　　　　（村松　亮）

163 コーポレート・ガバナンス報告書の提出

定時株主総会終結後におけるコーポレート・ガバナンス報告書の提出について説明してください。

ポイント

有価証券上場規程419条2項により、上場会社は、同規程で規定されている事項について変更が生じた後に最初に到来する定時株主総会以後、遅滞なく報告書を提出することになります。

解説

東京証券取引所等の各金融商品取引所は、投資者に上場企業のコーポレート・ガバナンスの状況をより明確に伝えるため、上場会社に対し、「コーポレート・ガバナンスに関する報告書」の作成および提出（TDnetへの登録）を求めています（有価証券上場規程204条、211条、419条、436条の3、445条の3等）。

上記報告書では、①コーポレート・ガバナンスに関する基本的な考え方および資本構成、企業属性、その他の基本情報、②経営上の意思決定、執行および監督に係る経営管理組織その他のコーポレート・ガバナンス体制の状況、③株主その他の利害関係者に関する施策の実施状況、④内部統制システム等に関する事項、⑤独立役員の確保の状況等の項目について、各企業の状況に応じた記載が求められています（有価証券上場規程施行規則211条、226条、229条の10、415条等）。

上記報告書の記載内容に変更が生じたときは、遅滞なく、開示内容の変更を報告する必要があるとされています（有価証券上場規程419条1項）。

もっとも、記載内容の変更が有価証券上場規程施行規則で定める事項に関するものである場合は、その変更が生じた後に最初に到来する定時株主総会

日以後、遅滞なく報告書を提出すれば足りるとされていますので（有価証券上場規程419条2項）、この規定に従い、上場企業は、定時株主総会終了後に上記報告書を提出することになります。

(村松　亮)

164　決算公告

定時株主総会終結後に行うべき決算公告について説明してください。

ポイント

株式会社は、定時株主総会の終結後、遅滞なく貸借対照表（大会社の場合は貸借対照表および損益計算書）を公告しなければなりません。もっとも、インターネット上における開示を行うことにより、決算公告を省略することができます。また、有価証券報告書を提出しなければならない会社も、決算公告を省略することができます。

解説

株式会社は、定時株主総会の終結後、遅滞なく貸借対照表（大会社の場合は貸借対照表および損益計算書）を公告しなければなりません（会社440条1項）。貸借対照表および損益計算書は、単体のもののみが対象であり、連結貸借対照表および連結損益計算書の公告は求められていません。

公告方法は、定款で定める、官報、時事に関する事項を掲載する日刊新聞紙または電子公告のいずれかによらなければなりません（会社939条1項）。公告方法は定款の任意的記載事項であり、定款に公告の方法を規定しない場合、公告方法は官報となります（同条4項）。

そして、公告の方法を官報または時事に関する日刊新聞紙としている会社は、決算公告は要旨の公告で足ります（会社440条2項）。

また、公告方法を官報または時事に関する日刊新聞紙としている場合、定時株主総会の終結後遅滞なく、貸借対照表（大会社の場合は貸借対照表および損益計算書）の内容を、定時株主総会の日後5年を経過する日までの間、継続してインターネットのホームページ上で開示することにより、決算公告自体を省略することもできます（同条3項）。この場合、当該内容を開示するURLを登記し、公示する必要があります（会社911条3項26号）。

上記のとおり、会社法は、会社の規模にかかわらず、すべての株式会社に決算公告を義務づけていますが、有価証券報告書を提出しなければならない会社（継続開示会社）は、決算公告を省略することができます（会社440条4項）。有価証券報告書はEDINETによって電子開示されており、このなかで株式会社の財産、損益の状況はより詳細に開示されているため、重ねて決算公告を義務づける必要がないからで

第10章　株主総会後の対応

す。

なお、決算公告をすべきにもかかわらずこれを怠った場合には、100万円以下の過料に処せられます（会社976条2号）。

（村松　亮）

165　登記申請

株主総会終結後の登記申請について説明してください。

ポイント

株主総会決議により登記事項に変更が生じた場合には、本店所在地において2週間以内に変更の登記を申請する必要があります。なお、役員等の変更登記については、平成27年の商業登記規則の改正により、添付資料などの点について変更がされています。また、平成28年の同規則の改正により、①登記すべき事項につき株主総会の決議または種類株主総会の決議を要する場合、②登記すべき事項につき株主全員の同意または種類株主全員の同意を要する場合には、株主リストを添付資料として提出する必要があります。

解説

株主総会の決議により登記事項に変更が生じた場合には、本店所在地において2週間以内に変更の登記を申請しなければなりません（会社915条1項）。

登記を要する主な株主総会決議事項には、以下のようなものがあります（会社911条3項）。

・役員等の変更
・事業目的の変更
・商号の変更
・本店の移転
・公告方法の変更
・発行可能株式総数の変更
・発行する株式の内容の変更（種類株式の定め）
・単元株式数の変更

なお、役員改選の登記については、平成27年の商業登記規則の改正により、戸籍上の氏名とともに婚姻前の氏を記載することが可能となりました（商業登記規則81条の2）。

また、同改正では、取締役・監査役・執行役の就任登記（再任を除く）の際の添付資料として、本人確認書類（住民票の写しや運転免許証のコピーなど）が必要となったほか（商業登記規則61条5項）、代表取締役の辞任登記の際の添付資料として、辞任した代表取締役の印鑑証明書が必要となりました（同条6項）。

さらに、平成28年4月20日に公布され、同年10月1日から施行されている商業登記規則等の改正によって、同日以降の株式会社の登記の申請にあたっては、添付書面として、「株主リスト」が必要となる場合があります（商業登記規則61条2項・3項）。

具体的には、①登記すべき事項につき株主総会の決議または種類株主総会

の決議を要する場合（決議を省略する場合を含む）、②登記すべき事項につき株主全員の同意または種類株主全員の同意を要する場合には、株主リストを添付資料として提出する必要があります。

　この株主リストは、上記①の場合には、(a)議決権数上位10名の株主か、(b)議決権割合が3分の2に達するまでの株主のいずれか少ないほうの株主について、次の(ｱ)～(ｵ)の事項を記載し、代表者が証明したものである必要があります。また、上記②の場合には、株主全員について次の(ｱ)～(ｴ)の事項を記載し、代表者が証明したものである必要があります。

(ｱ)　株主の氏名または名称
(ｲ)　住所
(ｳ)　株式数（種類株式発行会社は、種類株式の種類および数）
(ｴ)　議決権数
(ｵ)　議決権数割合

（村松　亮）

第 11 章

少数株主による株主総会の招集手続

166 少数株主による株主総会の招集手続①

少数株主が株主総会を招集する手続の制度趣旨と要件、手続の概要は、どのようなものですか。

ポイント

株主総会は、取締役が招集することが原則ですが、株主において、取締役による株主総会開催の不当な遅滞または不開催に対処できるようにし、また、株主に株主総会における意思決定のイニシアティブをとる機会を与える趣旨から、少数株主による株主総会招集制度が認められています。

少数株主が株主総会を招集するためには、①一定の持株要件を満たした株主が、②取締役に対し、株主総会の目的である事項および招集の理由を示して、株主総会の招集を請求し、③これに対し、取締役が遅滞なく招集の手続を行わない場合、または招集請求があった日から原則8週間以内の日を株主総会の日とする招集通知が発せられない場合で、④裁判所の招集許可を得ることが必要です。

解説

1 少数株主による株主総会招集制度の趣旨

株主総会は、原則として、以下の手続に基づき、取締役によって招集されます。

① 取締役会設置会社のケース（会社296条3項、298条4項）
　ア　取締役会が株主総会の招集決定
　イ　代表取締役（指名委員会等設置会社では代表取締役執行役）が業務執行として招集を行う（江頭『株式会社法』319頁、東京地裁『類型別非訟』12頁）
② 取締役会設置会社以外の会社のケース（会社296条3項、298条1項）
　ア　取締役が株主総会の招集決定を行う。なお、取締役が2名以上ある場合には取締役の過半数で決定する（会社348条2項）
　イ　取締役が業務執行として招集を行う

しかし、例外的に、一定の株主にも少数株主権として、取締役が株主総会を招集しない場合に、裁判所の許可を得て株主総会を招集することが認められています（会社297条4項）。この制度の趣旨は、取締役または取締役会が株主総会の招集を決定せず、取締役が株主総会を招集しないことがあるため、株主が取締役による株主総会開催の不当な遅滞または不開催に対処できるようにし、また、株主に株主総会における意思決定のイニシアティブをとる機会を与える点にあります（『コンメ7』55頁〔青竹正一〕）。

2 少数株主による招集手続の要件

少数株主が自ら株主総会を招集する

ためには、以下の4つの要件を充足する必要があります。

① 持株要件（会社297条1項〜3項、【167】参照）

少数株主による株主総会の招集請求を行うためには、公開会社では、㋐総株主の議決権の100分の3（これを下回る割合を定款で定めた場合にあっては、その割合）以上の議決権を、㋑6カ月（これを下回る期間を定款で定めた場合にあっては、その期間）前から引き続き有する株主であることが必要とされています。また、公開会社ではない会社については、㋐の要件のみが必要とされています。

② 取締役への招集請求（会社297条1項、【168】参照）

そのうえで、少数株主は、まずは取締役に対し、株主総会の目的である事項（当該株主が議決権を行使することができる事項に限ります）および招集の理由を示して、株主総会の招集を請求することが必要です。

③ 取締役による株主総会の招集遅滞（会社297条4項、【169】参照）

少数株主による招集請求の後、取締役によって、遅滞なく招集の手続が行われない場合、または招集請求があった日から8週間以内（これを下回る期間を定款で定めた場合にあっては、その期間）以内の日を株主総会の日とする株主総会の招集の通知が発せられない場合には、少数株主は、裁判所に株主総会招集許可の申立てをすることができます。

④ 裁判所の許可（会社297条4項、【170】参照）

裁判所の招集許可がされた場合、少数株主は、その許可の範囲内で、自ら株主総会を招集することができます。

（高谷裕介）

167 少数株主による株主総会の招集手続②

少数株主による株主総会招集請求における持株要件（保有期間要件と持株数要件）に関する論点としては、どのようなものがありますか。

ポイント

少数株主による株主総会招集請求を行うための持株要件として、公開会社では、①総株主の議決権の100分の3（これを下回る割合を定款で定めた場合にあっては、その割合）以上の議決権を、②6カ月（これを下回る期間を定款で定めた場合にあっては、その期間）前から引き続き有する株主であることが必要とされており、公開会社ではない会社については、①の要件のみが必要とされています。

この点については、共同請求の可否、持株数要件を充足すべき期間、6カ月の保有期間要件の起算点などの論点があります。

解　説

1　持株要件

少数株主による株主総会招集請求における持株要件は、公開会社や公開会社でない会社、有限会社ごとに、以下のようになっています。

(1)　**公開会社**

① 総株主の議決権の100分の3（これを下回る割合を定款で定めた場合にあっては、その割合）以上の議決権を（持株数〔議決権数〕の要件）、

② 6カ月（これを下回る期間を定款で定めた場合にあっては、その期間）前から引き続き有する株主であること（保有期間要件）

が必要です（会社297条1項）。

上記「議決権」には、招集を求める株主総会の目的事項について議決権を行使することができない株主の議決権は、含まれません（会社297条3項）。

このような持株要件が定められた趣旨は、会社荒し等が臨時に僅少の株式を取得して総会招集請求権を濫用するようなことを防止する点にあります（大隅『株主総会』40頁）。

(2)　**公開会社でない会社**

公開会社とは異なり、①の保有割合の要件のみで足り、②の保有期間の要件が不要となります。

(3)　**特例有限会社**

原則、特例有限会社の総株主の議決権の10分の1以上を有する株主（会社整備法14条1項本文）が招集請求をすることができます。ただし、定款の定めにより持株要件の変更が可能です（同項但書）。この定款の定めにより、法定要件以上に少数株主の請求権を制約したり、請求権を排除することも可能であると解されています（江頭『株式会社法』321頁注(6)）。

2　論　点

(1)　**共同請求の可否**

①の持株数（議決権数）の要件について、複数の株主の有する株式の議決権を合算して3％以上になる場合でも、共同して請求をすれば、この要件を満たします（大隅『株主総会』40頁）。

(2)　**持株数要件を充足すべき期間**

①の持株数（議決権数）の要件は、(ｱ)請求時からさかのぼって6カ月間のいかなる時期においても、その時々における総株主の議決権の100分の3以上を保有していなければならないとされていますので（大隅『株主総会』40頁）、増資などによって発行済株式総数に変動が生じた場合には注意が必要です。

また、(ｲ)裁判所の許可を得て少数株主が株主総会を招集する場合には、株主による権利行使を妨害する目的で増資が行われた等の特段の事情がない限り、招集許可決定までの期間においても持株数の要件を満たしていなければならないと解されます（平成17年改正前の商法294条に基づく検査役選任申立

事件に関する最決平18．9．28民集60巻7号2634頁・判時1950号163頁参照）。

さらに、㈦招集許可決定後、招集した株主総会の終結時までに持株数の要件が欠けた場合は、招集権限を有しない者により招集された株主総会となるため、その決議は不存在になると解されます（東京地裁『類型別非訟』15頁）。

(3) 6カ月の保有期間要件の起算点

②の6カ月間の保有期間の要件は、少数株主の総会招集の請求時からさかのぼって算定されます（『コンメ7』59頁〔青竹正一〕）。そのため、株式を取得し、会社に対する対抗要件を備えた時点と、請求時との間に中6カ月を要することになります（中村『ハンドブック』590頁）。

（高谷裕介）

168 少数株主による株主総会招集請求における招集請求の手続

少数株主による株主総会招集請求における招集請求の手続と、これに関する論点について説明してください。

ポイント

少数株主による株主総会の招集請求は、「取締役」に対し、①株主総会の目的である事項および②招集の理由を示して行う必要があります。

この点については、「取締役」の範囲、定時株主総会の招集請求の可否、計算書類等の承認や報告を目的事項とすることの可否、定時株主総会が開催されない場合に役員改選を目的事項とすることの可否、役員権利義務者の解任を目的事項とすることの可否などの論点があります。

解説

1 招集請求の相手方

少数株主による株主総会の招集請求は、「取締役」に対し、①株主総会の目的である事項および②招集の理由を示して行う必要があります（会社297条1項）。

この「取締役」が代表取締役に限られるのか、取締役で足りるのかは争いがありますが、招集請求の適法性について無用な争いが生ずることを避けるため、代表取締役に対して招集請求をするのが妥当です（東京地裁『類型別非訟』16頁）。委員会設置会社においては、代表執行役が取締役を兼任しないときに、そのような代表執行役が招集請求の相手方である「取締役」に該当するかが問題となりますが、執行役は取締役会の招集請求権限があり（会社417条2項）、この権限を行使して取締役会の判断を促すことができるため、不適法とするまでもないとされています（東京地裁『類型別非訟』16頁）。

2 招集請求の方法

招集請求は、口頭または書面で行え

ば足りますが、後に予想される株主総会招集許可申立事件の疎明資料（会社869条参照）とするため、通常は内容証明で行います。

なお、株式取扱規程により、招集請求を署名または記名押印した書面によることを義務づけている会社もありますので、この点は事前に確認をしておく必要があります（平成21年4月10日全国株懇連合会理事会決定「株式取扱規程モデル」11条参照（全国株懇連合会編『全株懇モデル〔新訂3版〕』（商事法務、2011）92頁））。

また、上場会社の株主など振替株式の株主が招集請求を行う場合には、招集請求に先立ち、証券会社等の口座管理機関に対して、個別株主通知の申出の手続をとり、振替機関から会社に対して個別株主通知がなされた後（通常は、株主による個別株主通知の申出から個別株主通知がなされるまで原則として4営業日かかります）、4週間以内に招集請求を行う必要があります（振替法154条2項、同法施行令40条）。

3　株主総会の目的事項

(1)　定時株主総会の招集の可否

少数株主が定時株主総会を招集できるかについては争いがありますが、定時株主総会は、毎事業年度の終了後、一定の時期に招集する必要があり（会社296条1項）、現在、多くの会社では、毎年6月（3月末決算の会社）や毎事業年度終了後3ヵ月以内に招集することとしています（全国株懇連合会編『全株懇モデル〔新訂3版〕』37頁）。この定款所定の期間中、定時株主総会をいつ開催するかについては、取締役または取締役会に裁量が認められており（会社298条1項1号・4項）、この裁量は尊重されるべきであると解されますから、招集株主は、定時株主総会の招集請求はできないものと解されます（『コンメ7』56頁以下〔青竹正一〕、東京地裁『類型別非訟』16頁以下）。

なお、会社法は株主総会の招集時期によって定時株主総会と臨時株主総会を区別していると解されますので、定款所定の時期を経過した場合、その後に開催される株主総会は、たとえ計算書類の承認や役員の改選等が目的事項になっていたとしても臨時株主総会になるものと解されますので（『コンメ7』57頁〔青竹正一〕）、結局、定款に定時株主総会の招集時期に関する規定がある限り、少数株主は定時株主総会の招集請求ができないことになります。

(2)　計算書類等の承認や報告を目的事項とすることの可否

計算書類の株主総会での承認（会社438条2項）や、事業報告および計算書類の株主総会への報告（同条3項、439条）を総会の目的事項とするためには、その前提として、これらが代表取締役等によって作成され（会社435条2項、348条1項、363条1項、418条）、監査役の監査を受け（会社436条

1項）、会計監査人設置会社においては会計監査人の監査を受けなければなりません（同条2項）。

もっとも、すでに代表取締役等が計算書類等を作成して監査を受けていたり、代表取締役等が少数株主の招集請求を契機に、計算書類の作成等の手続をとる可能性もありますので、少数株主に計算書類等の作成権限がないことのみをもって、取締役が株主総会の招集を拒否することはできないと解されます（『コンメ7』57頁〔青竹正一〕）。

ただし、東京地裁における少数株主による株主総会招集許可申立事件の審理実務では、招集通知の発送日までに、計算書類等が作成される見込みや監査を受ける見込みがない場合には、計算書類の承認を目的事項とする意味がありませんので、申立人に対し、計算書類の承認を目的事項から削除するよう求めることも多いようです（東京地裁『類型別非訟』16頁）。

(3) 定時株主総会が開催されない場合に、役員改選を目的事項とすることの可否

役員改選を議題とする場合、役員の任期は、原則として、取締役は選任後2年以内、監査役は4年以内に終了する事業年度のうち最終のものに関する定時株主総会の終結の時までとされていますので（会社332条1項本文、336条1項）、定時株主総会が開催されない場合、取締役の任期は満了せず、取締役の任期満了に伴う新取締役の選任（役員改選）を目的事項とする招集請求も認められないのではないかが問題となります。

この点、定時株主総会が定款所定の期間に開催されない場合には、役員の任期は、役員の任期を限定した会社法または定款の趣旨に照らし、その定款所定の期間を超えて伸長されない（当該期間の経過により終了する）と解するのが通説（大隅＝今井『会社法論中』163頁）、裁判例（東京高判平7.3.30金判985号20頁等）です。

そのため、定款上、本来、定時株主総会が開催されるべき時期以降においては、株主は、役員改選を目的事項とする招集請求を行うことができるものと解されます（『コンメ7』57頁以下〔青竹正一〕、東京地裁『類型別非訟』17頁）。

(4) 役員権利義務者の解任を目的事項とすることの可否

少数株主による総会招集請求では、役員解任が目的事項とされることも多いのですが、解任しようとする役員の任期がすでに満了していることがあります。この場合、任期満了や辞任により退任した役員は、役員の員数を欠ける場合には、なお役員としての権利義務を有しますが（会社346条1項）、退任した役員を解任することはできませんので（役員権利義務者に対する解任の訴えを不適法とした判例として最三小判平20.2.26民集62巻2号638頁・判タ1267号169頁）、役員権利義務者を対象とする役員解任を目的事項として請求

[招集請求書の書式例]

株主総会招集請求書

[本店所在地]
株式会社○○
代表取締役　○○　殿

平成○年８月10日
[少数株主の住所]
請求人　[少数株主の氏名]

冠省
　請求人は、株式会社○○（以下「貴社」といいます。）の総株主の議決権の100分の３以上の議決権を６カ月前から引き続き有する株主です。請求人は、本書をもって、会社法297条１項に基づき、下記のとおり、本書面到達の日から８週間以内の日を開催日とする臨時株主総会を招集することを請求します。なお、請求人は、平成○年８月５日に、社債、株式等の振替に関する法律154条３項に基づき振替機関に対し個別株主通知の申出を行っており、すでに同通知が貴社に到達しているものと思われますが、仮に本書到達時に同通知が貴社に到達していない場合は、同通知が貴社に到達することを停止条件として本書をもって株主総会の招集を請求します。
　なお、貴殿は、貴社代表取締役として、本書面による臨時株主総会招集請求に対して遅滞なく招集の手続を行う義務がございますので、本書面到達後１週間以内に、当職らに対して書面により臨時株主総会開催のための取締役会の開催予定日をご回答ください。また、同取締役会開催後３日以内に、同じく書面により、臨時株主総会の発送予定日、臨時株主総会の開催予定日をご回答ください。
　これらについて、ご回答がない場合、遅滞なく臨時株主総会の招集手続が行われていないものとみなし、請求人は、裁判所に対して臨時株主総会の招集許可申立てを行う予定であることを申し添えます。
　また、下記３の議案の要領および提案の理由は、貴社の事務負担を考慮し、その分量はすでに最小限のものとさせていただいておりますので、省略または内容を改変することなく下記に記載のとおりに株主総会招集通知およびその参考書類に記載してください。

記

１．株主総会の目的である事項
　　(1)　Aの取締役解任の件
　　(2)　取締役２名選任の件
２．招集の理由
　　Aは、当社の代表取締役の地位を利用して、自己の経営する会社に対して、当社資産を不当に廉価で売却するなど、当社を私物化している。また、Aは自己と考えのあわない多数の従業員を不当に退職に追い込んでいる。この結果、株主、取引先、従業員など当社のステーク・ホルダーに無用な混乱を与え、当社の企業価値に多大な悪影響を及ぼした。
　　また、当社には、現在、社外取締役がおらず、ガバナンスの確保の観点から必ずしも適切な取締役会構成ではない。公正中立かつ客観的な視点で当社の企業価値の向上に資する助言等を行うことができる社外の有識者が当社の社外取締役を務めることが必要である。
　　そこで、速やかにAを取締役から解任し、新たに２名の社外取締役を選任すべく、臨時株主総会の開催を請求する次第である。
３．議案の要領および提案の理由

(1) 「Aの取締役解任の件」について
【議案の要領】
　Aを取締役から解任する。
【提案の理由】
　Aは、当社の代表取締役の地位を利用して、自己の経営する株式会社に対して、当社資産を不当に廉価で売却するなど、当社を私物化している。また、Aは、自己と考えのあわない多数の従業員を不当に退職に追い込んでいる。この結果、株主、取引先、従業員など当社のステーク・ホルダーに無用な混乱を与え、当社の企業価値に多大な悪影響を及ぼした。そこで、Aの取締役解任を提案するものである。

(2) 「取締役2名選任の件」について
【議案の要領】
　以下の取締役候補者2名を取締役として選任する。

候補者番号	氏　　名 (生年月日)	略歴、地位、担当および重要な兼職の状況	所有する当社株式の数
1	○○ (昭和○年○月○日生)	昭和○年　…… 平成○年　……	―
2	○○ (昭和○年○月○日生)	昭和○年　…… 平成○年　……	―

【提案の理由】
　当社においては、現在、社外取締役がおらず、ガバナンスの確保の観点から必ずしも適切な取締役会構成ではない。そこで、公正中立かつ客観的な視点で当社の企業価値の向上に資する助言等を行うことができる社外の有識者が当社の社外取締役を務めることが必要である。そこで、上記2名の社外取締役選任を提案するものである。

することは、不適法になると解されます（東京地裁『類型別非訟』17頁）。

　そのため、この場合には、単に後任の取締役の選任を目的事項（たとえば、「取締役Aの任期満了による後任取締役選任の件」）にすればよいことになります。

4　招集請求書の記載

　上場会社を想定した招集請求書の書式は、別表のとおりです。なお、より具体的な記載については、大塚和成＝高谷裕介「サンコー株主による総会招集請求の事例」（資料版商事326号20頁以下）を参照してください。

　また、株式会社の招集請求書の書式については、東京地方裁判所のホームページ（http://www.courts.go.jp/tokyo/vcms_lf/201404hisho-26.pdf）や、大阪地方裁判所のホームページ（http://www.courts.go.jp/osaka/saiban/minji4/dai2_7/#syouji_42）にも掲載されています。

（高谷裕介）

169　少数株主からの株主総会の招集請求

少数株主から株主総会の招集請求を受けた取締役の対応と義務について説明してください。

> **ポイント**

少数株主から株主総会の招集請求を受けた取締役は、これを適法と判断した場合には、通常の株主総会と同じく、取締役会決議等に基づき株主総会の招集手続を開始する必要があり、正当な理由なくこれを怠ると、取締役の任務懈怠責任を生じる可能性があります。

> **解　説**

1　少数株主から招集請求を受けた会社の招集手続

少数株主から株主総会の招集請求を受けた会社は、これを適法と判断した場合には、臨時株主総会の招集手続を開始することになります。

取締役会設置会社において、少数株主の招集請求に応じて株主総会の招集を決定する場合にも、取締役会決議を要します（会社298条1項・4項、大隅『株主総会』42頁）。

そして、招集請求に基づいて株主総会を招集する場合、取締役は請求を受けた目的事項以外の目的事項も追加することができます（大隅『株主総会』42頁）。

また、取締役が取締役会決議等に基づき株主総会を招集した以上、後に招集請求株主の持株要件の不充足などが判明しても、総会決議の瑕疵とはならないものと解されています（大隅＝今井『会社法論中』19頁）。

2　招集通知および参考書類の記載事項

少数株主の請求に基づき株主総会を招集する場合においても、株主の数が1,000人以上の株式会社など、書面投票制度を認める会社（会社298条2項）では、招集通知に際して株主総会参考書類（会社301条）の作成・交付を要します。

この点、請求株主から会社に対し、議案の内容など参考書類に記載すべき事項が通知されている場合には、その内容を取締役会において決定することになります（会社298条1項5号、会社則63条3号イ）。そして、請求株主から通知された当該事項に不備がある場合には、取締役は、請求株主に合理的な協力を求め、不備を是正する必要があります。

取締役の真摯な要請にもかかわらず、請求株主から合理的な協力が得られずに不備が是正できない場合（たとえば取締役選任議案の候補者の略歴等が不明な場合など）、この不備が重大であれば決議取消事由になりえますが、取締役が任務懈怠責任を負うことはないものと解されます（大隅＝今井『会社法論中』20頁）。

招集通知に招集株主の請求に基づく招集である旨や、招集株主から通知された「招集の理由」を記載する必要はありませんが、記載してもさしつかえ

ありません。少数株主の主張に対する会社側の主張や反論を記載することも、それが客観的にみて著しく公正を欠くものでない限り、許されるものと解されます（『新注会(5)』114頁〔河本一郎〕、大隅＝今井『会社法論中』20頁）。

3 少数株主の招集請求に対する取締役の招集義務

もし、取締役が招集株主から適法な招集請求を受けたにもかかわらず、当該請求が権利濫用と認められる事情があるなどの正当な理由もなく、招集手続を怠った場合には、取締役の任務懈怠責任の問題を生じるものと解されます（東京地判昭7.7.6評論21巻上315頁参照）。

少数株主が招集した株主総会で決議が成立した場合の招集費用など、会社にとって有益な費用については、少数株主は会社に対して合理的な額を求償できるとされていますが（民法702条、江頭『株式会社法』322頁注(8)）、適法な招集請求に対し、取締役が招集手続を行えば必要でなかった招集費用等については、取締役は任務懈怠に基づく損害賠償義務（会社423条）を負うものと解されます。

（高谷裕介）

170 少数株主による株主総会招集許可申立事件の手続

少数株主が株主総会招集許可申立てを行うための要件である招集手続の遅滞とは、どのような状況を示すのか説明してください。また、少数株主による株主総会招集許可申立事件の手続についても説明してください。

ポイント

少数株主が株主総会招集許可申立てを行うための要件である招集手続の遅滞とは、招集手続の各段階のすべてについて判断され、株主総会の招集決定のための取締役会の開催の遅滞、基準日公告や総株主通知の手続の遅滞、招集通知の発送の遅滞などがこれに当たります。

許可申立ての手続では、株主権（持株数）や申立権の濫用が論点になることが多いといえますが、申立権の濫用が認められる場面はきわめて限定的に解されています。

そして、許可決定があったときは、裁判所が期限を定めた場合にはその期限までの間、定めなかった場合でも招集の許可があった時から相当な期間内は、株主が許可を得た事項と同一の議題について、取締役は株主総会の招集権限を失うものと解されています。

解説

1 招集手続の遅滞等

少数株主による招集請求の後、取締役によって、①遅滞なく招集の手続が

行われない場合、または、②招集請求があった日から8週間以内（これを下回る期間を定款で定めた場合にあっては、その期間）の日を株主総会の日とする株主総会の招集の通知が発せられない場合には、少数株主は、裁判所に株主総会招集許可申立てをすることができます（会社297条4項）。

①の招集手続の遅滞は、必要な招集手続の各段階のすべてについて判断されるべきと解されており、招集通知の発送だけではなく、株主総会の招集決定のための取締役会の開催に遅滞がある場合も、この要件を満たすものと解されます（大隅＝今井『会社法論中』21頁、東京地裁『類型別非訟』18頁）。さらに、基準日公告や、総株主通知（振替法151条7項、社債、株式等の振替に関する命令23条1項）に遅滞がある場合も、①の要件を満たすものと解されます。

また、②の要件は、招集手続は遅滞なく行われたとしても、その開催日を遠い将来まで引き延ばすことによって、少数株主による権利行使を無意味なものとする事態を防ぐ趣旨で設けられた要件です（大隅＝今井『会社法論中』21頁）。

2 招集許可申立事件の審理

(1) 管　轄

少数株主による総会招集許可の裁判は、会社の本店所在地の地方裁判所の管轄に属します（会社868条1項）。

(2) 疎明対象、審問期日

株主総会の招集許可の申立てをする場合、申立人である招集株主は、①持株要件、②招集請求の事実（会社297条1項）、③当該招集請求に対し、(ア)遅滞なく招集の手続が行われないこと、または(イ)招集請求があった日から8週間以内（これを下回る期間を定款で定めた場合にあっては、その期間）の日を株主総会の日とする株主総会の招集の通知が発せられなかったことを疎明する必要があります（会社869条）。裁判所は、職権をもって事実の探知および必要と認める証拠調べをすることができます（会社非訟規11条）。

招集許可申立ての審理では、会社関係者の陳述の聴取は法令上は要求されていませんが（会社870条参照）、裁判実務では、通常、会社の代表取締役等を呼び出して審問期日を行い、会社の意見を聴取する機会を設けています（東京地裁『類型別非訟』19頁）。この際に裁判所が会社に対して株主総会の開催を事実上勧告し、会社が任意に株主総会を開催し、その後申立ての取下げで終わる事例が多いとされています（東京地裁『類型別非訟』19頁）。

3 株主権（持株数）に争いがある場合

株主権（持株数）に争いがある場合において、その確定にある程度の困難が伴うときは、仮に招集許可をしても、株主総会決議に瑕疵が生ずる可能

性があるため、東京地裁の実務では、まず株主権確認の訴え等によって、株主権（持株数）を確定することを求め、確定がされるまでの間申立てに対する決定を留保するか、いったん申立てを取り下げるよう勧告することが少なくないとされています（東京地裁『類型別非訟』19頁）。

株主権に争いがあるなか、申立人が判断を求める場合、裁判所は株主権（持株数）について提出された資料に基づき疎明で判断をすることになりますので（会社869条）、申立人としては、自己の株主権（持株数）については、あらかじめ十分な資料を準備しておくことが重要になります。

4　申立権の濫用の判断基準

裁判所は、申立人である株主が株式数（議決権数）要件および保有期間要件を満たし、株主総会の目的である事項が株主総会の権限に属し、かつ、申立人が議決権を行使することができる事項であって、取締役が申立人による請求後遅滞なく招集の手続を行わないときは、原則として、申立てを許可しなければならないと解されています（『コンメ7』63頁〔青竹正一〕）。これは、裁判所は、申立人が申立ての形式的要件を満たしていれば、一般に株主総会の目的事項の適否について審査することはできないと解されるためです（『コンメ7』64頁〔青竹正一〕）。

例外的に、申立てが権利濫用と認められる場合には、裁判所は申立てを却下することができます。そのため、少数株主による招集許可申立事件では、申立てが権利の濫用に当たるかが争われることが多くなります（東京地裁『類型別非訟』19頁）。

もっとも、株主総会において会社の重要な事項に関する意思決定がなされる以上、その前段階である株主総会の招集許可申立てが権利の濫用であると解される場合は、限定的に解されており（東京地裁『類型別非訟』19頁）、その立証責任は会社側にあります。

この点、学説においては、客観的にみて株主総会を招集することに実益がないばかりか、かえって有害なことが明らかな場合でなければならず、申立人の主観的目的・動機が不当であることのみでは足りず、株主総会の目的事項も会社の利益に適合せず、決議が成立する見込みのないことが客観的に明らかな場合でなければならないと解されています。そのため、たとえば、取締役に対する嫌がらせや、買い占めた株式の買取りを強要するなど不当な目的に出た招集請求の場合でも、招集請求における総会の目的事項が客観的にみて不法または不当なものでなく、これにつき総会の審議を求めることが一概に無益ないし無意味といえないときは、その請求を権利濫用として排斥することはできないと解されています（大隅＝今井『会社法論中』21頁以下、龍田節「株主の総会招集権と提案権(2)」

論叢71巻2号32頁、荒谷裕子「少数株主の株主総会招集権」福岡大学法学論叢37巻1号289頁)。

裁判実務でも、同様に株主総会招集許可申立てが権利濫用に該当する場合はきわめて限定的に解されており、①株主総会を招集することに実益がなく、または有害な場合であり(客観的要件)、かつ、②申立人に会社の信用を害することや取締役を困惑させること等についての故意があること(主観的要件)が必要であると解されています(山口和男編『裁判実務大系21会社訴訟・会社非訟・会社整理・特別清算』(青林書院、1992)198頁〔佐賀義史〕、東京地裁『類型別非訟』19頁)。

①の客観的要件については、取締役側が株式の過半数を有していることから、決議成立の可能性がないことを理由として、株主総会許可申請が権利濫用に当たるとした裁判例がありますが(神戸地裁尼崎支決昭61.7.7商事1084号48頁)、それだけの理由で招集許可申請が権利の濫用に当たるということはできないと解されています(『コンメ7』63頁〔青竹正一〕、東京地決昭63.11.2判時1294号133頁)。客観的要件を欠く例として、剰余金がないことが明らかなのに、剰余金配当を議題とする場合が考えられます(東京地裁『類型別非訟』20頁)。そのほか、株主総会を招集することにより会社の信用が害される場合、経営が混乱に陥る場合等もその例であるとされています

が、その認定は慎重にすべきものと解されます(東京地裁『類型別非訟』20頁)。

②の主観的要件については、総会屋が取締役に対する嫌がらせをする場合や、グリーンメーラーが買い占めた株式の買取りを強要する場合などが考えられます(大隅=今井『会社法論中』23頁注(10))。

5 許可申立て後に会社が株主総会を招集した場合の取扱い

(1) 許可申立て後に会社が招集した株主総会の日が招集請求から8週間以内の場合

この場合には、招集許可申立ての要件を満たさなくなりますので(会社297条4項2号)、裁判所は許可申立てを却下することになります。

(2) 許可申立て後に会社が招集した株主総会の日が招集請求から8週間を超える場合

この場合、会社法287条の趣旨は、取締役による不当な株主総会開催の遅滞を防止する点にもありますので、裁判所が少数株主による株主総会招集を許可したとしても、会社の招集した株主総会より前に株主総会を開催できる見込みがない等の特別の事情が認められる場合に限り、株主総会の招集許可申立ては、申立ての利益が失われると解されます(前掲東京地決昭63.11.2参照、東京地裁『類型別非訟』20頁)。

さらに、このような特別の事情が認

められる場合であっても、直ちに申立てを却下すると、却下後会社が実際には株主総会を開催しない危険もあるため、裁判実務上、会社が株主総会を実際に開催して決議がされるまで審理、判断を留保し、総会開催後、総会議事録が提出されてはじめて、申立ての利益が失われたとして却下するか、取下げを勧告するものとされています（東京地裁『類型別非訟』20頁）。

6 裁判とその効力

(1) 許可決定の場合

許可決定の場合、理由を付す必要はなく（会社871条2号）、許可決定に対する会社側の不服申立ては許されません（会社874条4号）。

許可決定において期限を定める必要はありませんが、裁判実務では6週間程度の招集期限を定める場合が多いとされています（東京地裁『類型別非訟』21頁）。もっとも、上場会社の招集実務では、6週間は会社の協力が得られても、手続上ぎりぎりの期間であるため（【171】参照）、必要に応じて当該招集期限を長期に設定するよう裁判所に上申書を提出するなどの対応が必要になります。

また、許可決定に期限の定めのない場合でも、招集株主は相当な期間内に招集の手続を行う必要があると解されます（大隅＝今井『会社法論中』24頁、鹿児島地決昭42.5.18判時489号72頁）。

(2) 却下決定の場合

却下決定の場合、理由が付されます（会社871条本文）。却下決定に対しては、申立人のみが通常抗告をすることができます（会社非訟規20条2項）。

(3) 裁判費用

申立費用は、原則として申立人負担ですが（会社非訟規26条本文）、特別の事情があるときは、裁判所は関係人に費用の全部または一部の負担を命じることができるとされています（会社非訟規28条）。

(4) 許可決定の効力

許可決定があったときは、裁判所が期限を定めた場合にはその期限までの間、定めなかった場合でも招集の許可があった時から相当な期間内は、株主が許可を得た事項と同一の議題について、取締役は株主総会の招集権限を失うものと解されています（『コンメ7』66頁〔青竹正一〕、東京地裁『類型別非訟』21頁）。そのため、当該議題について会社が株主総会を招集した場合、無権限者による招集となり、その決議は不存在と解されます（東京地裁『類型別非訟』21頁）。

（高谷裕介）

171 少数株主による株主総会の開催手続

少数株主による株主総会の開催手続とこれに関する論点について説明してください。

> **ポイント**

　少数株主が裁判所の許可を得て総会を招集する場合、少数株主は会社の機関的地位に立ち、①基準日公告、②総株主通知の手続、③会社法298条1項の事項の決定、招集通知、参考書類および議決権行使書（または委任状）の発送、④総会の運営、⑤議事録の作成などについて、イニシアティブをとることになります。もっとも、少数株主が招集した株主総会において決議ができるのは、裁判所に招集を許可された議題の範囲内に限られます。

　これら手続のため少数株主が支出した費用は、当該株主総会で決議が承認されるなど会社にとって有益な費用であったときは、合理的な範囲で会社に対して求償することができます。

> **解説**

1　株主総会の招集手続

　少数株主が裁判所の許可を得て総会を招集する場合、その招集に関する限り、少数株主は会社の機関的地位に立ちます。そのため、①会社に対し基準日公告を行うよう求め、公告が行われない場合には自ら基準日公告をし、②会社に対し総株主通知の手続を行うよう指示を行い、③会社法298条1項の事項を決定し、自己の名義で株主総会の招集通知、参考書類および議決権行使書（または委任状）を発送することとなります（会社298条1項柱書、299条、301条、302条）。そして、④総会の運営も少数株主が行い、⑤議事録の作成は株主総会議長が行うことになります。

　そして、これらの際、少数株主は、会社の使用人に対し、必要な協力を求めることもできると解されます（大隅＝今井『会社法論中』22頁）。

　なお、取締役がこの株主による招集手続を妨害した場合には、重要な株主権の侵害として、善管注意義務違反の問題を生じると解されます。

2　①基準日公告

　上場会社など、株主の異動が見込まれる会社では、株主総会において議決権を行使する株主を確定するため、基準日公告をする必要があります。少数株主による招集手続では、少数株主自ら基準日を設定し、基準日公告を行うことも認められるものと解されます（『コンメ7』59頁〔青竹正一〕、中村『ハンドブック』595頁）。

　この基準日公告では、基準日の2週間前までに当該基準日および基準日株主が行使することができる権利の内容を公告する必要があります。この点、公告方法については、上場会社であれば通常、定款に規定があり（会社939条1項・3項）、定款の規定がなければ官報公告とされ（同条4項）、また、定款の定めの有無にかかわらず登記がされています（会社911条3項27号～29

号)。

そのため、少数株主としては、まずは招集許可決定が出た日において、会社に対し直ちに基準日公告をするよう求めることになります。会社の公告方法が電子公告であれば、公告文をあらかじめ会社に通知し、決定日に電子公告をするよう求めることになります。

これに対し、会社が公告掲載を拒否した場合には、定款規定に基づき（定款に公告方法の規定がない場合には上記のとおり官報公告となります）、自ら公告を行うことができます。会社の公告方法が電子公告であった場合に、会社が電子公告を拒否したときは、登記された公告ホームページのURL（会社911条3項29号イ）に公告を掲載することができません。

この場合、事故その他やむをえない事由によって電子公告による公告をすることができない場合の公告方法の定め（会社939条3項）がある場合には、当該定めに従い、株主自ら、官報や日刊新聞に基準日公告を掲載することになります。この点、官報公告や新聞公告の代理店に対し公告文をあらかじめ送付しておくなどの対応が必要になります。

3　②総株主通知の手続

少数株主が株主総会を招集するためには、少数株主自ら会社法298条1項の事項を決定し、基準日時点の株主名簿に基づき、基準日株主に対して招集通知を発送する必要があります（会社298条1項カッコ書、299条)。

この点、基準日の設定は、振替機関が総株主通知を行う事由に該当し（振替法151条1項1号）、少数株主は、当該総株主通知に基づく基準日時点の株主名簿を用いて招集通知を発送する必要があります。

しかし、総株主通知の前提となる振替機関への基準日設定の通知について、発行者に関する規定は存在するものの（振替法151条7項）、裁判所から臨時株主総会の招集許可決定を得た株主の通知権限については、明文の規定はありません。また、総株主通知を受領する点についても、発行者について規定が存在するのみで（振替法151条1項）、裁判所から臨時株主総会の招集許可決定を得た株主について明文の規定は存在しません。

そのため、株主が裁判所の許可を得て株主総会を招集するため、基準日を設定した場合、当該株主は、総株主通知の前提となる振替機関への通知（振替法151条7項）をし、また総株主通知（同条1項）を受領することができるかが問題となります。

この点、株主が裁判所の許可を得て株主総会を招集する際の、当該株主の地位については、旧商法時代から、「株主が裁判所の許可を得て総会を招集する場合には、その招集に関するかぎり会社の機関的地位に立つのであって、自己の名をもって招集の通知をな

すことはもとより、株主名簿の閉鎖をなすことをえ、会社の使用人に対して必要な協力を求めることができる」と解されており（大隅＝今井『会社法論中』22頁）、会社法下でも、このような解釈が妥当するものと解されます。

一般に、「会社の機関」とは、一定の自然人または会議体のする意思決定や一定の自然人のする行為が、会社の意思や行為とされる場合の当該自然人または会議体を指すものと解されています（神田秀樹『会社法〔第18版〕』（弘文堂、2016）176頁）。すなわち、株主が裁判所の許可を得て総会を招集する場合、当該株主は、株主総会の招集に関する限りにおいて、このような会社の機関と類似する地位に立ち、その行為が会社の行為とみなされることになると解されます。この点、基準日設定や基準日公告を行うのは、会社法上、「株式会社」が予定されているのに（会社124条）、上記のとおり、裁判所の許可を得て株主が株主総会を招集する際には、当該株主が基準日設定や基準日公告を行いうると解されているのも、株主のこのような会社の機関的地位に基づくものであるといえます。

そのため、総株主通知の前提となる基準日設定の通知（振替法151条7項）および総株主通知の受領（同条1項）も、振替法の条文上は、「発行者」（株式会社）と規定されているとしても、株主が裁判所の許可を得て株主総会を招集する際には、当該株主が「発行者」の機関的地位に立つ以上、「発行者」として総株主通知の前提となる通知をし、また、総株主通知を受領することができると解されます。

また、実際、このように解さないと、上場企業においては、取締役が総株主通知の前提となる基準日の通知（振替法151条7項）を怠る限り、株主が株主総会を開催することは不可能となり、株主に株主総会招集権を認めた会社法297条は空文化してしまいます。

したがって、少数株主が裁判所の許可を得て株主総会を招集するため、基準日を設定した場合、当該株主は、総株主通知の前提となる振替機関への通知をし、また総株主通知を受領することができるものと解されます。

4　③招集通知の発送

上場会社など振替株式の発行会社では、基準日の設定は、振替機関が総株主通知を行う事由に該当し（振替法151条1項1号）、少数株主は、このような振替機関からの総株主通知に基づく基準日時点の株主名簿を用いて、株主総会の招集通知を発送する必要があります。具体的には、振替機関（ほふり）からの総株主通知に基づき、株主名簿管理人（いわゆる証券代行）が株主名簿を作成し、当該株主名簿の住所に招集通知を発送することになります。

通常、印刷会社（たとえば、株式会社プロネクサスや宝印刷株式会社）が、

招集通知、株主総会参考書類および議決権行使書（または委任状）の印刷を行い、株主名簿管理人（いわゆる証券代行）がこれら招集通知等の発送業務を行いますが、会社と少数株主が対立している場合には、印刷会社や株主名簿管理人がこれら業務に協力してくれない可能性もあります。

この場合には、少数株主は、自ら招集通知等を作成・印刷して封筒に封入し、基準日株主に発送する業務を行う必要があります。

5　④株主総会の運営

(1)　会　　場

株主総会の運営も、少数株主が主導することになります。

まず、株主総会の会場も少数株主が用意する必要があるため、適切な会場を予約する必要があります。

(2)　議　　長

また、総会当日は、定款における、代表取締役社長その他の取締役が議長となる旨の定めは、少数株主の招集した株主総会では適用されず、議長は株主総会であらためて選任されるべきと解されています（大隅＝今井『会社法論中』82頁、江頭『株式会社法』353頁、広島高岡山支決昭35.10.31下民集11巻10号2329頁、横浜地決昭38.7.4下民集14巻7号1313頁）。

そのため、少数株主は、総会の初めに議場に議長選任議案を諮り、出席株主の過半数をもって議長を決定してから議事を進めることになります。上場会社であれば、あらかじめ少数株主から総会の専門家である弁護士に株式譲渡をしておき、当該弁護士を総会当日に議長に選任して議事を進めることも考えられます。

その他の手続は、通常の株主総会と異なりません。

6　⑤議事録の作成

株主総会議事録（会社316条）の作成義務者については、代表取締役等の業務執行取締役か、株主総会議長かに争いがありますが、少数株主が裁判所の許可を得て招集した総会については、議事録の作成は第一次的には株主総会議長の義務であり、議長が作成しない場合には業務執行取締役または執行役が作成しなければならないものと解されます（『コンメ7』298頁〔前田重行〕）。

7　決議可能な事項

少数株主が招集した株主総会において決議ができるのは、裁判所に招集を許可された議題の範囲内に限られます（大判昭4.4.8民集8巻5号269頁、金沢地判昭34.9.23下民集10巻9号1984頁、大隅＝今井『会社法論中』22頁）。

もっとも、許可された議題に含まれておらず、かつ、招集通知に記載がない場合でも、会社の業務および財産の状況を調査する者を選任することができます（会社316条2項、東京地裁『類型別非訟』22頁）。

許可された議題の範囲を超える決議については、招集権限がない者により招集された株主総会として決議不存在になると解されます（大判昭4.4.8民集8巻5号269頁、東京地裁『類型別非訟』22頁）。

8 費用負担

少数株主が株主総会の招集および開催に要した費用は、当該株主総会で決議が承認されるなど会社にとって有益な費用であったときは、少数株主は合理的な範囲で会社に対して求償することができると解されます（民法702条、江頭『株式会社法』322頁注(8)）。

（高谷裕介）

第12章

種類株主総会

172　種類株主総会

種類株主総会とは、どのような機関ですか。

ポイント

株式会社は、剰余金の配当その他の会社法108条1項各号に掲げる事項について権利の内容の異なる二以上の株式を発行することができます（会社108条1項）。会社がこのような株式を発行した場合の各株式を種類株式といいますが、種類株主総会とは、種類株式を発行している会社において、ある種類の株式の株主（種類株主）により構成される株主総会をいいます。

また、定款に剰余金の配当や株主総会の議決権等について定款で株主ごとに異なる取扱いを行う旨の規定（属人的定め）がある会社の場合、その株主が有する株式を内容の異なる種類の株式とみなして種類株主総会の規定が適用されます。

解説

1　種類株式、種類株式発行会社、種類株主総会

株式会社は、剰余金の配当その他の会社法108条1項各号に掲げる事項について権利の内容の異なる二以上の株式を発行することができます（会社108条1項）。会社がこのような株式を発行した場合の各株式を種類株式といいますが、「種類株主総会」とは、種類株式を発行している会社において、ある種類の株式の株主（種類株主）により構成される株主総会をいいます。

また「種類株式発行会社」とは、種類株式を発行する株式会社をいいます（会社2条13号）。この場合の「株式を発行する」とは、二以上の種類の株式について定款に定めを設けていれば足り、当該定款規定があれば、実際に二以上の種類の株式を発行していなくても種類株式発行会社になります（相澤『論点解説』50頁）。

種類株式制度が認められた趣旨は、株式会社における多様な経済的なニーズや、会社支配のニーズに対応する点にあります。すなわち、株式会社では、株主を保有する株式の内容および数に応じて、平等に取り扱わなければなりません（会社109条1項。株主平等の原則）。そして、株主は、その持株数に応じて、議決権を行使し（会社308条1項）、配当を受け取り（会社454条3項）、会社が解散するときには残余財産の分配を受ける（会社504条3項）のが原則です。しかし、この原則を貫くと、たとえば、資金不足のベンチャー企業が、外部から増資資金を受け入れようと思うと、創業メンバーの株主としては、「資金は欲しいけど、株式を発行して議決権の過半数を第三者にとられてしまうのは困る」というジレンマに陥ることになります。他方

で、ベンチャー企業に出資したいという投資家のなかには、「出資をして、配当や株価の上昇益は得たいが、会社を支配するつもりはない」という人がいるかもしれません。このような株式会社における多様な経済的なニーズや会社支配のニーズに対応するために、内容の異なる複数の種類の株式の発行を認める制度が、種類株式の制度です。

2　9つの種類株式

　種類株式として定めることができる内容として、会社法は、別表の内容の種類株式を認めています（会社108条1項）。これらを組み合わせて1つの種類株式をつくることができますが、これら以外の内容の種類株式を発行することはできません（相澤『論点解説』55頁）。

　種類株主総会は、ある種類の株式の株主（種類株主）により構成される株主総会ですので、別表①～⑨の種類株式それぞれについて種類株主総会が構成され、また、たとえば同じ①の優先株式でも、優先配当額が異なれば別の種類株式となり、別個の種類株主総会を構成することになります。

3　属人的定め

　公開会社ではない株式会社は、会社法105条1項各号に掲げる権利（①剰余金の配当を受ける権利、②残余財産の分配を受ける権利、③株主総会における議決権）に関する事項について、株主ごとに異なる取扱いを行う旨を定款で定めることができ（会社109条2項）、この定めを属人的定めといいます。

　これは、閉鎖型のタイプの会社においては、剰余金の配当、残余財産の分配および株主総会の議決権等の株主権について、株主の持株数にかかわらない属人的な権利の配分を行うニーズがありうるため、全株式譲渡制限会社に限って、株主平等原則の例外として認められたものです（江頭『株式会社法』133頁）。具体的には、持株数にかかわらず剰余金の配当を全員同額にしたり、特定の株主の所有株式について一株複数議決権を認めたりするケースなどがあります。

　なお、上記①～③の法定事項以外にも、属人的定めを定めることは可能と解されますが、具体的な強行法規もしくは株式会社の本質に反し、または公序に反するものであってはならず、かつ、株主の基本的な権利を奪うものであってはならないと解されます（江頭『株式会社法』134頁）。

　そして、属人的定めがある場合、その株主が有する株式を剰余金の配当請求権、残余財産分配請求権および議決権に関する事項等について、内容の異なる種類の株式とみなして、種類株主総会の規定など会社法第二編・第五編規定が適用されます（会社109条3項）。そのため、属人的な定めとして複数人に同じ権利内容が認められた場合に

[種類株式]

株式の種類	内容、具体例
①剰余金の配当	配当を普通株式より優先的に配当する優先株式や、逆に普通株式に劣後して配当を受ける劣後株式などの設計ができます。
②残余財産の分配	残余財産の分配についての優先株式や劣後株式などの設計ができます。たとえば、A社とB社が共同出資して合弁会社を設立し、A社関係者が経営を行い、B社は出資だけすることとし、3年間事業を行って赤字の場合には解散することが予定されている場合に、経営を行わないB社には、残余財産の分配を優先的に行う種類株式を発行するケースなどです。
③議決権制限株式	株主総会の決議事項の全部（完全無議決権）または一部について、議決権を行使することができない株式設計ができます。たとえば、ベンチャー会社で、ベンチャーキャピタル株主には剰余金の配当についての議決権のみを与え、他の事項については議決権を認めない議決権制限株式を発行するケースなどがあります。
④譲渡制限株式	株式譲渡について会社の承諾を必要とする株式です。会社にとって望ましくない者が株式の譲渡を受け株主になることを防止するための制度です。わが国の非上場会社の大部分は全株式譲渡制限会社です。
⑤取得請求権付株式	株主が会社に対し、自己の株式を取得すること（そして、対価として金銭、株式、新株予約権、社債などを支払うこと）を求めることができる、オプション付株式です。たとえば、経営が悪化した会社が無議決権の配当優先株を発行しつつ、経営が正常化した場合に、株主からの請求で普通株式への転換を認めるケースなどに使われます。
⑥取得条項付株式	会社が株主に対し、一定の事由が発生したことを条件として、これを取得することができる株式です。たとえば、経営が悪化した会社が配当優先株を発行して資金調達をしつつ、業績が回復して配当負担が重くなったときに備えて、取得条項をつけておくケースなどです。
⑦全部取得条項付種類株式	会社が株主総会の決議によって、その全部を取得することができる株式です。もともと経営が悪化した会社の100％減資（既存株主からの株式取得と、その後の増資による株主の全入替え）のため導入された種類株式でしたが、実際には、MBO（マネジメント・バイアウト）などのため、支配株主が少数株主をキャッシュアウトする手段として使われることが多かった制度です。ただし、平成26年会社法改正後は、キャッシュアウトの手段としては、株式併合が利用されることが多くなっています。
⑧拒否権付種類株式	株主総会や取締役会で決議すべき事項について、これら決議のほか、この種類株式の種類株主総会の決議があることを必要とする（つまり拒否権を有する）株式です。ベンチャーキャピタルが少数株主となりつつ、新株発行やM&Aなど一定の重要事項のみ拒否権をもつケースが典型例です。いわゆる「黄金株」として、買収防衛策に利用されることもあります。
⑨取締役・監査役の選任に関する種類株式	この種類株主の種類株主総会決議で、取締役または監査役を選任することができる株式です。合弁会社で、少数株主である出資者も、一定数の取締役・監査役を選任したい場合に発行されるのが典型例です。

（注）　指名委員会等設置会社および公開会社は、上記⑨に掲げる事項についての定めのある種類株式を発行することができません（会社108条1項ただし書）。

は、当該複数人で種類株主総会を構成し、1人だけ異なる権利内容が定められた場合には、当該1人で種類株主総会を構成することになります。また、属人的な定めがある場合で、当該属人的な定めの適用を受けない、権利内容を共通とする株主に損害が及ぶおそれがあるときは、当該株主により種類株主総会が構成されることになります（『コンメ7』330頁〔山下友信〕）。

（高谷裕介）

173 種類株主総会の決議要件

種類株主総会は、どのような場合に必要となりますか。また、その決議要件はどのようになっていますか。

ポイント

種類株主総会は、会社法に規定する事項および定款で定めた事項に限り、決議をすることができます。会社法に規定する事項については、①種類株式の権利内容を実現するためのものと、②種類株主に不利益が生じるおそれがある場合において当該種類株主を保護するためのものに分類することができます。

種類株主総会の決議要件については、会社法324条で普通決議事項、特別決議事項および特殊決議事項が定められています。

解説

1 種類株主総会が必要となる場合

種類株主総会は、会社法に規定する事項および定款で定めた事項に限り、決議をすることができます（会社321条）。そして、この会社法が規定する種類株主総会の決議事項は、以下のとおり、①種類株式の権利内容を実現するための決議事項と、②会社の行為から種類株主を保護するための決議事項および、③その他定款で定めた事項の3つに分類することができます（相澤『論点解説』102頁、『コンメ7』323頁〔山下友信〕参照）。

①種類株式の権利内容を実現するための決議事項
㈠拒否権付種類株式の発行会社における、当該拒否権の対象事項（会社323条、108条1項8号） 　拒否権付種類株式の拒否権の対象事項については、本来の決定機関の決定に加え、拒否権付種類株式の株主で構成される種類株主総会の決議がなければ、効力を生じません（会社323条本文）。
㈡取締役・監査役の選任に関する種類株式の発行会社における、取締役・監査役の選解任（会社347条、108条1項9号） 　取締役・監査役の選任に関する種類株式の発行会社では、たとえば、取締役の定数3名の会社で、取締役選任権付株式の内容として、2名の取締役を選任するとした場合には、当該株式の種類株主総会で2名を選任し、それ以外の株主により構成される種類株主総会において1名を選任することになり

第12章　種類株主総会

ます（相澤『論点解説』286〜287頁）。

②会社の行為から種類株主を保護するための決議事項	
㋐ある種類の株式の内容として譲渡制限または全部取得条項を付す場合における定款変更（会社111条2項）	
㋑譲渡制限株式または譲渡制限株式を目的とする新株予約権の募集（会社199条4項、200条4項、238条4項、239条4項）	
㋒合併等の組織再編の対価として譲渡制限株式等が割り当てられる場合組織再編契約の承認（会社783条3項、795条4項、804条3項）	
㋓会社法322条1項各号に列挙された行為をする場合において、ある種類の種類株主に損害を及ぼすおそれがある場合の当該行為の承認（会社322条）	
③定款で定めた決議事項	

2 種類株主に損害を及ぼすおそれがある場合

(1) 会社法322条1項各号の定め

会社法322条1項各号に列挙された行為をする場合において、ある種類の種類株主に損害を及ぼすおそれがある場合には、種類株主総会の決議が必要となります（会社322条1項本文）。当該決議は特別決議です（会社324条2項4号）。ただし、種類株式発行会社であっても、いまだ種類株式を発行していない場合や、ある種類の株式がすべて自己株式であるなど、種類株主総会において議決権を行使することができる種類株主が存在しない場合には、当該決議は不要です（同項ただし書）。

会社法324条2項4号の列挙事由は、以下のとおりです。

① 次に掲げる事項についての定款の変更（会社111条1項・2項に規定するものを除く）
　ア 株式の種類の追加
　イ 株式の内容の変更
　ウ 発行可能株式総数または発行可能種類株式総数の増加
①の2 特別支配株主の売渡請求（会社179条の3第1項）の承認
② 株式の併合または株式の分割
③ 株式無償割当て（会社185条）
④ 株式会社の株式を引き受ける者の募集（会社202条1項各号に掲げる事項を定めるものに限る）
⑤ 当該株式会社の新株予約権を引き受ける者の募集（会社241条1項各号に掲げる事項を定めるものに限る）
⑥ 新株予約権無償割当て（会社277条）
⑦ 合併
⑧ 吸収分割
⑨ 吸収分割による他の会社がその事業に関して有する権利義務の全部または一部の承継
⑩ 新設分割
⑪ 株式交換
⑫ 株式交換による他の株式会社の発行済株式全部の取得
⑬ 株式移転

(2) 会社法322条1項各号は限定列挙か、例示列挙か

以上の列挙事項については、これが限定列挙か、例示列挙かについて争いがあります。

この点、立案担当者は、種類株主総会決議が必要な範囲を明確化するために規定されたものであるから、会社法322条1項各号に掲げる行為については、限定列挙と解すべきであるとしています（相澤『論点解説』103頁）。

他方で、上記列挙事項以外にも、自己株式の取得など、ある種類の種類株主に損害を及ぼすおそれがある場合には、同条項を準用ないし類推適用して種類株主総会の決議が必要な場合を認める例示列挙説も存在します（『コンメ7』353頁〔山下友信〕）。

この点については、確立した判例があるわけではなく、種類株主総会決議が必要であるにもかかわらず決議を経なかった場合には行為が無効となるおそれがあるため（【174】参照）、種類株式発行会社においては、個別の事案ごとに慎重な検討を要するといえます。

(3) 「損害を及ぼすおそれ」の意義

会社法322条1項の「損害を及ぼすおそれ」の意義については、ある種類の株主の割合的権利が抽象的な権利としてみたとき、変更前よりも不利益になる場合をいい、なんらかの具体的実害が生ずることまでは必要ないとする見解が通説です（上柳克郎ほか編集代表『新版注釈会社法(12)』〔有斐閣、1991）34頁〔山下友信〕）。

(4) 種類株主総会の決議を要しない旨の定款規定

種類株式発行会社は、ある種類の株式の内容として、会社法322条1項の規定による種類株主総会の決議を要しない旨を定款で定めることができます（会社322条2項）。ただし、①に規定する定款の変更（単元株式数についてのものを除く）を行う場合は、この限りではありません（同条3項）。また、ある種類株式を発行した後に、同項の規定による種類株主総会の決議を要しない旨を定款で定める場合には、当該種類の種類株主に不測の不利益を与えないよう、当該種類の種類株主全員の同意を得なければなりません（同条4項）。

3 定款で定めた種類株主総会の決議事項

種類株主総会の決議事項は、定款に定めることによって拡張することもできます（会社323条）。もっとも、定款による種類株主総会の決議事項の拡張は無制限にできると解すると、会社全体の利益を代表しているわけでもない一部の種類株主により構成される種類株主総会により、会社全体の意思決定を無制限に行うことができることとなってしまい、合理性を欠きます。そのため、一部の種類株式の種類株主総会に会社の意思決定を委ねてよい事項は、当該種類株主の利害に密接な関係

がある事項という法律上の限定が存在し、それ以外を定款で種類株主総会の決議事項と定めても無効であると解されます（江頭『株式会社法』319頁）。

(高谷裕介)

174 種類株主総会の決議に瑕疵がある場合の行為の効力

種類株主総会決議を経るべきであったのに、これを経なかった場合や、種類株主総会の決議に瑕疵がある場合の会社の行為の効力について教えてください。

ポイント

種類株主総会の決議を経るべきであったにもかかわらず、これを経なかった場合の会社の行為については、「効力を生じない」ものとされていますが（会社322条1項本文）、①種類株主総会の決議を経るべきであったにもかかわらず、これを経なかった場合、②種類株主総会が不存在または無効の場合、③種類株主総会決議に取消事由がある場合のそれぞれについて、個別に検討する必要があります。

解説

1　総　　論

種類株主総会の決議を経るべきであったにもかかわらず、これを経なかった場合の会社の行為については、「効力を生じない」ものとされています（会社322条1項本文）。この「効力を生じない」の意義については、必ずしも明確ではないため、個別に検討する必要があります（『コンメ7』356頁〔山下友信〕）。

2　各　　論

(1) 種類株主総会の決議を経るべきであったにもかかわらず、これを経なかった場合

種類株主総会の決議を経るべきであったにもかかわらず、これを経なかった場合、「効力を生じない」ことを確認するためには、以下のとおり、当然に無効と解するか、または一定の手続を経る必要があると解されます。

①定款変更については、特に無効を確認する手続が用意されているわけではありませんので、当然に無効となると解されます（『コンメ7』356頁〔山下友信〕）。

②新株発行または新株予約権の発行は、法的安定性を図る見地から新株発行無効の訴えまたは新株予約権発行無効の訴えの制度が用意されている以上、これら訴えによらなければならないものと解されます（『コンメ7』356頁〔山下友信〕）。

③株式分割についても、新株発行無効の訴えの類推適用を認める見解（江頭『株式会社法』295頁）を前提に、当該訴えの類推適用による訴えを提起

し、無効を確認すべきと解されます（『コンメ7』356頁〔山下友信〕）。

④株式併合については、無効の訴えの制度が用意されていない以上、当然に無効になるものと解されます（酒巻俊雄ほか編集代表『逐条解説会社法第4巻』（中央経済社、2008）〔黒沼悦郎〕214頁、『論点体系(2)』555頁〔野田耕志〕）。

⑤合併その他の組織再編行為については、法的安定性を図る見地から合併無効の訴えその他の組織再編行為無効の訴えの制度が用意されている以上、これら訴えによることになります（酒巻ほか編集代表『逐条解説会社法第4巻』〔黒沼悦郎〕214頁）。

(2) **種類株主総会が不存在または無効の場合**

この場合、株主総会に関する訴訟手続を経なくても、種類株主総会の不存在または無効を主張できますので、上記(1)の種類株主総会決議を経るべきであったにもかかわらず、これを経なかった場合と同じような方法で、会社の行為の無効を主張すべきことになります（『コンメ7』356頁〔山下友信〕）。

(3) **種類株主総会決議に取消事由がある場合**

この場合、種類株主総会の決議が取り消されるまでは、当該決議は有効ですので、まずは、種類株主総会決議の取消しの訴えにより、当該決議を取り消したうえで、上記(1)と同じ方法で、会社の行為の無効を主張すべきことになります（『コンメ7』356頁〔山下友信〕）。なお、種類株主総会が取り消されれば当該決議事項について効力が生じないこととなり、当該種類の株主以外の株主の利害にも影響を与えますので、原告適格は全株主に認められています（会社831条1項）。　　　（高谷裕介）

175　種類株主総会の具体的な手続

種類株主総会の具体的な手続について説明してください。

ポイント

種類株主総会には、通常の株主総会に関する規定が広範に準用されています。通常の株主総会と種類株主総会を同時に開催する場合には、基準日設定、審議および表決の方法、株主総会議事録の作成方法などについて論点があるため、注意を要します。

解説

1　総論——種類株主総会に準用される株主総会に関する規定

種類株主総会の手続については、別表のとおり、原則として株主総会に関する規定が準用されています（会社325条）。

2　種類株主総会の基準日

種類株主総会における議決権も株主の権利であるところ、種類株主が多数

[準用される規定]

条文	規定内容および補足説明
会社295条3項	株主総会決議事項を、それ以外の機関が決定することができる旨の定款規定を無効とする旨の規定
会社296条3項	総会招集は株主による招集の場合を除き、取締役が招集する旨の規定
会社297条	少数株主による株主総会の招集に関する規定
会社298条	株主総会の招集の決定に関する規定
会社299条	株主総会の招集の通知に関する規定
会社300条	招集手続の省略に関する規定
会社301条	書面による議決権行使を認めた場合の株主総会参考書類および議決権行使書面の交付等に関する規定。なお、書面による議決権行使によらなければならない株主数が1,000人以上の場合とは、当該種類株主数が1,000人以上の場合をいう
会社302条	電磁的方法による議決権行使を認めた場合の株主総会参考書類および議決権行使書面の交付等に関する規定
会社303条	株主総会前の株主の議題提案権に関する規定
会社304条	修正動議に関する規定
会社305条	株主総会前の株主の議案提案権に関する規定
会社306条	総会検査役に関する規定
会社307条	総会検査役の報告に基づく裁判所による総会招集等の規定
会社308条	議決権の数、相互保有株式および自己株式の議決権に関する規定
会社310条	議決権の代理行使に関する規定
会社311条	書面による議決権行使に関する規定
会社312条	電磁的方法による議決権行使に関する規定
会社313条	議決権の不統一行使に関する規定
会社314条	取締役等の説明義務に関する規定
会社315条	議長の権限に関する規定
会社316条	株主総会に提出された資料等の調査に関する規定
会社317条	延期または続行の決議に関する規定
会社318条	株主総会議事録に関する規定。なお、種類株主総会の決議の効力については全株主が利害関係を有するため、種類株主総会の議事録の閲覧請求権等についても、全株主が行使することができます（会社318条4項、319条3項の準用）。
会社319条	株主総会の決議の省略に関する規定
会社320条	株主総会への報告の省略に関する規定

（注1） 会社則の株主総会に関する規定の一部についても、同規則95条により種類株主総会に準用されています。

（注2） 株主総会の決議の瑕疵を争う方法については、種類株主総会にも決議不存在または無効確認の訴え（会社830条）および決議取消訴訟（会社831条1項）が認められています。いずれも当該種類株主以外の株主にも原告適格が認められます。

[準用されない規定]

条文	規定内容および準用されない理由
会社296条1項・2項	定時株主総会および臨時株主総会の招集に関する規定。種類株主総会には、定時種類株主総会および臨時株主総会という概念はないため（『コンメ7』374頁〔山下友信〕）。
会社309条	株主総会の決議要件に関する規定。種類株主総会の決議要件については、会社324条で独自に規定がされているため（『コンメ7』374頁〔山下友信〕）。

いてその変動が見込まれる場合などには、種類株主総会についても基準日を設定し、当該基準日の種類株主を種類株主総会において議決権を行使することができる者と定めることができます（会社124条）。

もっとも、種類株式発行会社の定款上、「第○条の規定（定時株主総会の基準日に関する規定）は、定時株主総会と同日に開催される種類株主総会についてこれを準用する」といった規定が設けられている場合には、新たに種類株主総会のために基準日を設定する必要はなく、定時株主総会の基準日における種類株主が種類株主総会で議決権を行使することができることとなります。

この点、全部取得条項付種類株式を用いたスクイズアウトの場面において、①種類株式発行会社となる定款変更決議を定時株主総会において行い、②当該定款変更決議により、あわせて定時株主総会の基準日に関する規定を、定時株主総会と同時に開催される種類株主総会に準用する旨の規定を設け、種類株主総会については独自に基準日の2週間前までに基準日公告を行

わなかった事例において、裁判所は、種類株主総会の基準日についても、別途、基準日の2週間前までに公告をすることを要すると判断しています（東京高判平27．3．12金商1469号58頁［アムスク事件］）。そのため、種類株式発行会社となる前の段階で、種類株式発行会社となることを条件として、種類株主総会についての基準日設定および基準日設定公告を行う必要があるため、注意を要します。

3　種類株主総会の招集手続

種類株主総会の招集手続についても、通常の株主総会の規定が広く準用されています。種類株主総会と通常の株主総会を同時に開催する場合、両者の招集通知を1通の招集通知で兼ねても、議題および議案が両総会ごと区分して明示され、両総会の招集通知として記載事項が網羅されている限り、問題はないものと解されます（『コンメ7』376頁〔山下友信〕参照）。

4　種類株主総会の議事運営

種類株主総会の議事運営についても、通常の株主総会の規定が広く準用

されます。

　通常の株主総会と種類株主総会を同時に開催する場合、両者の審議および表決を分離して行う分離方式であれば、特段問題は生じませんが、両者の審議および表決を並行して行う並列方式を採用する場合には、これが許されるかについては、議論があります。

　一般的に、株主総会に議決権を有しない者が参加し、この者の質問・発言や出席自体によって、議決権を有する株主の質問・発言や議決権行使に不当な影響が及んだ場合には、当該総会の決議取消しのリスクが生じえます（『新注会(5)』321頁〔岩原紳作〕、最判昭30.10.20民集9巻1038頁等）。そのため、通常の株主総会と種類株主総会は、審議および表決を分離する分離方式によることが原則として望ましいと解されます（上柳克郎ほか編集代表『新版注釈会社法(12)』（有斐閣、1991）37頁〔山下友信〕）。

　もっとも、通常の株主総会と種類株主総会の審議を同時並行で行い、表決の際に種類株主総会の構成員以外の者を退席させ、種類株主総会で議決権を行使できる者に対し、すでに行われた議案の説明内容等に異議がないかどうかを確認し、異議がなければ表決し、異議があればその事項について再審議をするという方法であれば、種類株主総会の非構成員からの不当な影響は相対化されるため、許容されるものと解されます（河本一郎＝今井宏『鑑定意見　会社法・証券取引法』（商事、2005）76〜80頁〔今井宏〕、『コンメ7』378頁〔山下友信〕）。

　また、通常の株主総会と種類株主総会とで、議決権を行使できる株主が完全に重複する場合には、非構成員からの不当な影響の問題は生じえなくなりますから、並列方式によっても問題はないものと解されます（『コンメ7』378頁〔山下友信〕）。

5　種類株主総会の議事録

　種類株主総会の議事録についても、通常の株主総会の規定が広く準用されます。

　この点、並列方式により、通常の株主総会と種類株主総会を並列的に開催した場合であっても、両総会は別個の総会ですから、議事録も別々に作成するのが原則ですが、ある株主らの発言や質問が、いずれの株主総会について行われたものであるか判然としないこともありえます。そのため、両総会について1つの議事録にまとめて作成することも許容されるものと解されます（中村『ハンドブック』648頁）。

（高谷裕介）

第 13 章

株主総会をめぐる裁判手続

176 株主総会をめぐる裁判手続の全体像

株主総会をめぐる裁判手続の全体像について説明してください。

ポイント

株主総会決議の効力を争う訴訟として、会社法上、株主総会決議不存在確認の訴え、株主総会決議無効確認の訴えおよび株主総会決議取消しの訴えが定められています。

また、瑕疵のある株主総会決議がなされることを防ぐための事前の手段として、株主総会開催禁止の仮処分、株主総会決議禁止の仮処分、議決権行使禁止・許容の仮処分、株主総会決議効力停止の仮処分等さまざまな仮の地位を定める仮処分が認められています。

解説

1 株主総会決議の効力を争う訴訟

(1) 訴訟類型

株主総会は、会社法に規定する事項および株式会社の組織、運営、管理その他株式会社に関するいっさいの事項（取締役会設置会社の場合は、会社法および定款に規定する事項）について決議をすることができることとされていますが（会社295条1項・2項）、その決議事項は株式会社にとって重要な事項であることから、決議の内容や手続に瑕疵がある場合には、事後的にこれを是正する手段が必要です。他方、株式会社においては、株主総会決議を前提としてさまざまな法律関係が形成されているため、これを法律関係ごとに個別に否定することができるとすると、株主その他の利害関係人に重大な影響を与えることになってしまいます。

そこで、会社法は、株主総会決議の効力を争う訴訟として、株主総会決議不存在確認の訴え（会社830条1項）、株主総会決議無効確認の訴え（同条2項）および株主総会決議取消しの訴え（会社831条1項）を設け、当事者（同項、834条16号・17号）、裁判管轄（会社835条1項）、提訴期間（会社831条1項）、判決の対世効（会社838条）等の特別の規定を設けています。

(2) 各訴訟類型の差異

株主総会決議の効力を訴訟で争う場合、瑕疵の内容によって、株主総会決議不存在確認の訴え、株主総会決議無効確認の訴え、株主総会決議取消しの訴えのうちのどの訴えによるべきかを選択することになりますが、同様の瑕疵であっても、瑕疵の程度によって、決議取消しの事由となったり、決議不存在の事由となったり、決議無効の事由となったりすることがあります（東京地裁『類型別訴訟Ⅰ』349頁）。

また、これらの訴訟類型には、だれが原告適格を有するか、いつまでに訴訟提起しなければならないのか（提訴期間）等について差異があります。

そのため、株主総会決議の効力を争う場合には、瑕疵の種類、程度、争う目的等に応じてどの訴訟類型を選択するかを検討する必要があります。

2　仮の地位を定める仮処分（民事保全法23条2項）

(1)　仮処分を認める必要性

上記1のとおり、株主総会決議の効力を争う場合には、株主総会決議不存在確認の訴え、株主総会決議無効確認の訴えおよび株主総会決議取消しの訴えを検討することになりますが、これらの訴訟の判決の確定を待っていたのではその目的を達成できない場合があります。また、瑕疵のある株主総会決議でも、いったん決議がなされた後は、有効であるとの外観を呈し、これに基づいて法律関係が形成されていきますので、その後にこれを覆すと混乱が生ずることを免れませんし、あらかじめ瑕疵のある株主総会決議がなされることが予測されることもありますので、瑕疵のある株主総会決議がなされることを阻止するための事前の手段を認める必要があります。

そこで、このような場合に備えて、株主総会に関して、さまざまな仮の地位を定める仮処分（民事保全法23条2項）が認められています。

(2)　仮処分の種類

株主総会に関する仮処分としては、株主総会開催禁止の仮処分、株主総会決議禁止の仮処分、議決権行使禁止・許容の仮処分、株主総会決議効力停止の仮処分のほか、特に株式会社が行うものとして、裁判例において、株主総会出席禁止の仮処分（京都地決平12.6.28金商1106号57頁）および特定の株主に対する所持品検査を認める仮処分（岡山地決平20.6.10金法1843号50頁・金商1296号60頁）等が認められています。

特に役員選任決議の場合には、職務執行停止の仮処分や職務代行者選任の仮処分のほか、役員の地位を仮に定める仮処分が認められています。

（小林隆彦）

177　株主総会決議の効力を争う訴訟の管轄

株主総会決議の効力を争う訴訟は、どの裁判所に提起したらよいですか。

ポイント

株主総会決議の効力を争う訴訟の管轄は、被告の株式会社の「本店の所在地」を管轄する裁判所に認められます。「本店の所在地」の意義については、争いはありますが、実務上は、定款によって定めて登記をした本店の所在地と考えてさしつかえありません。

解説

1 株主総会決議の効力を争う訴訟の管轄

株主総会決議の効力を争う訴訟である株主総会決議不存在確認の訴え（会社830条1項）、株主総会決議無効確認の訴え（同条2項）および株主総会決議取消しの訴え（会社831条1項。以下「株主総会決議不存在確認の訴え等」といいます）は、被告となる株式会社の本店の所在地を管轄する地方裁判所の管轄に専属するものとされています（会社835条1項、834条16号・17号）。

この「本店の所在地」の解釈については、裁判例では、①定款で定め、登記をした本店の所在地と解するもの（東京高決平11.3.24判タ1047号289頁）と、②会社の事業活動の全体を統括する場所的中心である営業所の所在地、すなわち、実質的な営業の本拠地と解するもの（東京高決平10.9.11判タ1047号289頁）があり、結論が分かれています。

この点について、裁判実務では、管轄裁判所は形式的・画一的に定める必要があることから、「本店の所在地」は、会社法の定款の絶対的記載事項（会社27条3号）かつ登記事項であるところ（会社911条3項3号）、同一の法律内の同一の文言は同一の意味に解釈されるべきであること、および民事訴訟法4条4項の法人の普通裁判籍については②の解釈が多数説ですが、同項においては「主たる事務所又は営業所」と定められており、会社法とは異なる文言が使われていること等から、「本店の所在地」については①のように解するのが相当であるとされています（東京地裁『類型別訴訟Ⅰ』5頁）。

2 本店を移転する定款変更の株主総会決議について株主総会決議不存在確認の訴え等が提起された場合の管轄の所在

上記のとおり、「本店の所在地」は、会社法の定款の絶対的記載事項（会社27条3号）、かつ、登記事項（会社911条3項3号）であることから、その変更には株主総会の特別決議（会社466条、309条2項11号）が必要ですが、変更決議自体について、株主総会不存在確認の訴え等が提起された場合には、その管轄がどの裁判所に認められるかが問題となります。

(1) 株主総会決議取消しの訴えの場合

株主総会決議取消しの訴えは形成の訴えであり、その取消判決が確定するまでは、一応有効なものとして扱われます（江頭『論点6』152頁〔品谷篤哉〕）。

そのため、本店所在地を変更する定款変更の株主総会決議に取消事由が存在し、その取消しの訴えを提起する場合には、訴訟提起時点では、当該定款変更は有効なものとして存在していることになりますから、変更後の登記簿

上の本店所在地に管轄があると解されます（東京地裁『類型別訴訟Ⅰ』357頁）。

(2) **株主総会決議不存在確認の訴えおよび株主総会決議無効確認の訴えの場合**

株主総会決議不存在確認の訴えおよび株主総会決議無効確認の訴えは確認の訴えの一種であり、株主総会決議は当初から存在しなかったか、またはその効力は無効であったことが前提とされています（江頭『論点6』144頁〔品谷篤哉〕）。

この点について、裁判例（東京地判昭37.11.13判タ139号118頁）は、上記1において②の見解（「本店所在地」とは実質的な営業の本拠地と解する）を採用したものですが、本店を移転する定款変更決議が不存在であると認定し、本店所在地は、変更前の旧所在地にあるものと認めました。また、本店を変更する定款変更および役員選任等を行った株主総会決議不存在確認の訴えを本案訴訟として提起した取締役・監査役の職務執行停止および職務代行者選任の仮処分の申立事件において裁判所が行った移送決定に対して抗告を行った事案において、裁判例（東京高決平10.9.11判タ1047号289頁）は、上記1において②の見解（「本店所在地」とは実質的な営業の本拠地と解する）を採用しつつ、本店を変更する定款変更の株主総会決議が存在すれば、変更後の本店所在地が実質的な営業の本拠地といえるとの前提のもとで、当該決議の不存在が争われている場合には、管轄を判断するためには当該決議の存否を判断しなければならないとして、そのための審理を尽くさせるために原審に差し戻しました。

これに対して、別の裁判例（東京高決平11.3.24判タ1047号289頁）は、上記1において①の見解（「本店所在地」とは定款によって定めて登記をした本店の所在地と解する）を採用したものですが、本店を移転する定款変更の株主総会決議の不存在が争われている場合には、変更後の本店所在地が登記されている場合でも、審理がなされていないのに当該決議が存在するものと扱うことはできないことから、本店所在地は旧本店所在地にあるものと解するほかないとしました。

以上からすれば、株主総会決議不存在確認の訴えおよび株主総会決議無効確認の訴えの場合については、上記1において①の見解をとる場合、変更前の旧本店所在地について管轄を認めることになろうかと思われます。

もっとも、有力な実務書は、実務上きわめてむずかしい問題であり、今後の裁判例の集積が待たれるとしつつ、株主総会決議不存在確認の訴えおよび株主総会決議無効確認の訴えにおいて本店所在地が専属管轄とされた趣旨が、弁論や裁判を併合して行うことによって判断が異なることを防ぐことにある点を重視して、管轄はあくまでも形式的に定め、訴訟においては登記簿

上の本店所在地に管轄があると取り扱うのが相当であるとしています(東京地裁『類型別訴訟Ⅰ』357〜358頁)。

(小林隆彦)

178 株主総会決議の効力を争う訴訟の原告適格

株主総会決議の効力を争う訴訟の原告適格は、だれに認められますか。

ポイント

株主総会決議不存在確認の訴えおよび株主総会決議無効確認の訴えは、確認の訴えの一種であることから、民事訴訟の一般原則に従い、何人でも、確認の利益が存する限り、提起することが認められます。

他方、株主総会決議取消しの訴えについては、会社法に定めがあり、株主、取締役、指名委員会等設置会社における執行役、監査役設置会社における監査役または清算人のほか、決議の取消しにより取締役、監査役または清算人となる者(取締役、監査役または清算人としての権利義務を有する者を含みます)が、提起することができることとされています。

もっとも、具体的事案によって、株主総会決議を争う訴訟の原告適格が認められるかどうか、またいったん認められた原告適格が失われるかどうかについて争いのあるものがありますので、個別に検討することが必要です。

解 説

1 株主総会決議を争う訴訟の原告適格の原則

(1) 株主総会決議不存在確認の訴えおよび株主総会決議無効確認の訴え

株主総会決議不存在確認の訴え(会社830条1項)および株主総会決議無効確認の訴え(同条2項)は、確認の訴えの一種であることから、民事訴訟の一般原則に従い、何人でも、確認の利益が存する限り、提起することができると解されています(大隅＝今井『会社法論中』123頁、東京地裁『類型別訴訟Ⅰ』359頁)。

そして、株主、取締役、指名委員会等設置会社の執行役および監査役設置会社の監査役等については、原則として、確認の利益があるといえることから、株主総会決議不存在確認の訴えおよび株主総会決議無効確認の訴えの原告適格が認められるものと解されています。

なお、監査の範囲を会計に関するものに限定する旨の定款の定めがある場合(会社2条9号カッコ書)の監査役は、組織上、取締役の選任に関与する等その地位に影響を及ぼすべき立場になく、また自らが取締役によって任免される立場にもないため、取締役選任決議については、確認の利益を有しないのではないかといわれています(東京地裁『類型別訴訟Ⅰ』359頁)。

(2) 株主総会決議取消しの訴え

株主総会決議取消しの訴え（会社法831条1項。以下株主総会決議不存在確認の訴えおよび株主総会決議無効確認の訴えとあわせて「株主総会決議不存在確認の訴え等」といいます）については、会社法に定めがあり、株主、取締役、指名委員会等設置会社における執行役、監査役設置会社における監査役または清算人のほか、決議の取消しにより取締役、監査役または清算人となる者（取締役、監査役または清算人としての権利義務を有する者を含みます）が、提起することができることとされています（同項1号）。

他方、監査の範囲を会計に関するものに限定する旨の定款の定めがある場合の監査役については、原告適格が認められていません。これは、監査役が株主総会決議取消しの訴えを提起することが認められているのは、その職務たる業務監査の一環としてであることから（大隅＝今井『会社法論中』122頁）、これが認められていない、監査の範囲を会計に関するものに限定する旨の定款の定めがある会社の監査役には、原告適格が認められません（東京地裁『類型別訴訟Ⅰ』358頁）。

2 具体的場合における原告適格の有無

以上が株主総会決議の効力を争う訴訟の原告適格の原則ですが、具体的事案により、原告適格が認められるかどうか、またいったん認められた原告適格が失われるかどうか争いがあるものがありますので、個別に検討することが必要です。そこで、以下【179】～【188】において、具体的事案における原告適格をめぐる論点について検討します。
　　　　　　　　　　　　（小林隆彦）

179 株主総会決議の効力を争う訴訟の原告適格の有無① 従業員・一般債権者

株主総会決議不存在確認の訴えおよび株主総会決議無効確認の訴えについて、従業員や一般債権者に原告適格が認められますか。

ポイント

原告適格を否定する裁判例がありますが、一概に否定するのではなく、株主総会決議不存在確認の訴えおよび株主総会決議無効確認の訴えの対象となった株主総会決議の内容が、原告の権利利益を侵害するかどうか等、その他の個別事情に照らして検討する必要があるものと考えられます。

解説

株主総会決議不存在確認の訴えおよび株主総会決議無効確認の訴えは、確認の訴えの一種であることから、民事訴訟の一般原則に従い、何人でも、確認の利益が存する限り、提起すること

ができると解されていますが、従業員や一般債権者にこれらの訴えの原告適格が認められるかが問題となります。

　この点、裁判例には、まず、従業員に関するものとして、従業員が、会社の解散決議に対して、当該決議が労働組合を壊滅させる意図のもとになされたものであるとして株主総会決議無効確認の訴えを提起した事案において、解散自体が従業員の権利を侵害するという問題はなく、会社の解散決議に対して、当該決議が労働組合を壊滅させる意図のもとでなされたとしても、従業員には原告適格が認められないとしたものがあります（東京地判昭36.11.17判タ125号70頁）。また、従業員と労働組合が、会社の清算結了承認の株主総会決議に対して株主総会決議無効確認の訴えを提起した事案において、当該決議は会社内部の意思決定にすぎず、これにより直ちに第三者に法律上の効果を及ぼすものではないことおよび会社に対して、雇用契約上の地位確認や賃金支払の請求を行う場合でも、当該請求に係る訴訟手続の先決問題として当該決議が無効であることを争えば足り、当該決議の無効確認を特に抽出してその無効確認を求めることは迂遠であり通常その必要性はないことを理由に、原告適格は認められないとしたものがあります（和歌山地決昭48.2.9判タ292号303頁）。

　また、債権者に関するものとして、会社との間で、その所有する土地の賃貸借および解除の成否等について係争中であり、会社に対して建物収去土地明渡請求訴訟を提起している者、実際には株主総会は開催されていないものの、会社の新役員を選任したとする株主総会決議（当該決議に基づく登記も完了している）に対して、当該訴訟について会社を代表して訴訟追行する者がだれであるかを明らかにするために必要であるとして、株主総会決議不存在確認の訴えを提起した事案において、当該決議は、会社において役員を選任するもので会社の内部機関構成に関するものであり、その決議内容自体、第三者である原告のなんらかの権利、利益を侵害するものとはいえず、株主総会決議不存在確認の訴えを提起する法律上の利益を有する者とはいえない等として、原告適格を否定したものがあります（名古屋地決昭61.10.27判時1251号132頁）。

　もっとも、以上の裁判例については、株主総会決議不存在確認の訴えおよび株主総会決議無効確認の訴え一般について、従業員・債権者の原告適格を否定したものと解すべきではないとされています（中島弘雅「判批」ジュリ964号127頁）。

　そのため、株主総会決議不存在確認の訴えおよび株主総会決議無効確認の訴えの原告適格については、一概に否定するのではなく、その対象とされた株主総会決議の内容が原告の権利利益を侵害するかどうか等その他の個別事

情に照らして、検討する必要があるものと考えられます。　　　　（小林隆彦）

180　株主総会決議の効力を争う訴訟の原告適格の有無②　株主総会決議時点で株主たる地位を有しない者

株主総会決議が行われた時点で株主でなかった者に、株主総会決議の効力を争う訴訟の原告適格が認められますか。

ポイント

株主総会決議の効力を争う各訴訟の趣旨から、株主総会決議不存在確認の訴えおよび株主総会決議無効確認の訴えについては確認の利益が認められる限りで原告適格が認められ、また、株主総会決議取消しの訴えについても原告適格が認められるものと解されています。

解説

1　株主総会決議不存在確認の訴えおよび株主総会決議無効確認の訴え

まず、株主総会決議不存在確認の訴えおよび株主総会決議無効確認の訴えについては、確認の訴えですので、株主総会決議が行われた時点で株主でなかった者であっても、確認の利益が存する限り、原告適格が認められるものと解されています（東京地裁『類型別訴訟Ⅰ』360頁）。

2　株主総会決議取消しの訴えの効力

また、株主総会決議取消しの訴えについても、株主総会決議が行われた時点で株主でなかった者も、提起することができると解されています（大隅＝今井『会社法論中』120頁、山口『会社訴訟非訟』327頁）。これは、株主総会決議取消しの提訴権が株主に認められたのは、株主に共益権の一種としての監督是正権を与える趣旨であることから、会社が正常に運営されていない場合にはそれを正常に運営するよう是正することについては、すべての株主が主張できることであるためとされています（奥島孝康ほか編『新基本法コンメンタール会社法3〔第2版〕』（日本評論社、2015）381頁〔小林量〕）。

（小林隆彦）

181　株主総会決議の効力を争う訴訟の原告適格の有無③　議決権を有しない株主

議決権を有しない株主に株主総会決議の効力を争う訴訟の原告適格が認められますか。

ポイント

株主総会決議を争う訴訟の趣旨から、株主総会決議不存在確認の訴えおよび株主総会決議無効確認の訴えについては、確認の利益が認められる限りで原告適格が認められ、他方、株主総会決議取消しの訴えについては、原則として、原告適格が認められないものと解されています。

解説

1 株主総会決議不存在確認の訴えおよび株主総会決議無効確認の訴えについて

まず、株主総会決議不存在確認の訴えおよび株主総会決議無効確認の訴えについては、確認の訴えですので、議決権を有しない株主であっても、確認の利益が存する限り、原告適格が認められるものと解されています（東京地裁『類型別訴訟Ⅰ』362頁）。

2 株主総会決議取消しの訴えについて

他方、株主総会決議取消しの訴えについては、株主総会決議取消しの提訴権は、議決権があることを前提とする共益権であることから、議決権を有しない株主には原告適格が認められないとするのが通説です（江頭『株式会社法』366頁注2）。もっとも、このような株主であっても、株式譲渡を制限する旨を定める定款変更の株主総会決議（会社73条2項）等、議決権を有するものと認められる場合には、株主総会決議取消しの訴えの原告適格を有するものとされています（北沢正啓『会社法〔第6版〕』（青林書院、2001）181～182頁）。

これに対して、株主総会決議取消しの提訴権は議決権ではなく社員権の一内容であること等から、法令・定款に従った会社経営を求める株主の権利実現のため、議決権を有しない株主も、決議内容が定款に違反する場合や特別利害関係を有する者が議決権を行使したことにより著しく不当な決議がなされた場合には、株主総会決議取消しの訴えを提起することができるとする見解もあります（『新注会(5)』329頁〔岩原紳作〕、弥永真生『リーガルマインド会社法〔第14版〕』（有斐閣、2015）148頁）。

（小林隆彦）

182 株主総会決議の効力を争う訴訟の原告適格の有無④ 自らに対する招集手続に違法がない株主

自らに対する招集手続に違法性がない株主に株主総会決議の効力を争う訴訟の原告適格が認められますか。

ポイント

株主総会決議の効力を争う訴訟の趣旨から、株主総会決議不存在確認の訴

えおよび株主総会決議無効確認の訴えについては確認の利益が認められる限りで原告適格が認められます。株主総会決議取消しの訴えについては、判例・通説は、原告適格が認められるものと解しています。

解説

1 株主総会決議不存在確認の訴えおよび株主総会決議無効確認の訴えについて

株主総会決議不存在確認の訴えおよび株主総会決議無効確認の訴えについて、自己に対する株主総会の招集手続に違法がなくても、他の株主に対する招集手続等に瑕疵がある場合に、決議の成立によって自己の権利が侵害される株主には、確認の利益が認められ、原告適格が認められるものと解されています(東京地裁『類型別訴訟Ⅰ』361頁)。

2 株主総会決議取消しの訴えについて

株主総会決議取消しの訴えについては、自己に対する株主総会の招集手続に違法性がなくても、他の株主に対する招集手続に瑕疵がある場合、株主に訴えの提起を認めるのが判例(最一判昭42.9.28民集21巻7号1970頁・判タ213号103頁)・通説(江頭『株式会社法』366頁注2)です。

なお、これに対して、株主総会決議取消しの訴えは、個人の利益を保護する訴訟であると解して、訴えの提起を認めない見解もあります(鈴木竹雄=竹内昭夫『会社法〔第3版〕』(有斐閣、1994)125頁)。　　(小林隆彦)

183 株主総会決議の効力を争う訴訟の原告適格の有無⑤　株式を(準)共有する株主

株式を(準)共有する株主について、だれに株主総会決議の効力を争う訴訟の原告適格が認められますか。

ポイント

権利行使者の指定・通知がある場合は当該権利行使者に原告適格が認められます。

他方、権利行使者の指定・通知がない場合は、会社による権利行使の同意の有無と関連して、会社法106条本文および同条ただし書の解釈が問題となります。

具体的には、会社の権利行使の同意がないときには、会社において、その原告適格を争うことが訴訟上の防御権を濫用し著しく信義則に反して許されないといった特段の事情がある場合を除き、当該共有株式の株主には、株主総会決議不存在確認の訴え(会社830条1項)、株主総会決議無効確認の訴え(同条2項)および株主総会決議取

第13章　株主総会をめぐる裁判手続

消しの訴え（会社831条1項。以下総称して「株主総会決議不存在確認の訴え等」といいます）の原告適格は認められません。

　他方、会社の権利行使の同意があるときは、共有株式の株主による株主総会決議不存在確認の訴え等の提起が民法上の共有規定におけるいかなる行為に該当するものと解するかによって異なることになり、保存行為と解される場合には、会社の権利行使の同意を得た株主に原告適格が認められますが、管理行為と解される場合には、会社の権利行使の同意に加えて、共有者の持分の価格の過半数による決定がなければ、会社の権利行使の同意を得た株主に原告適格は認められません。

解　説

　会社法106条は、株式が共有に属するときは、共有者は、当該株式についての権利行使者1人を定め、会社に対して、その者の氏名または名称を通知しなければ、当該会社が同意した場合を除き、当該株式についての権利を行使することができないものと定めています。

　そこで、会社法106条との関係で、株式を（準）共有している株主の株主総会決議不存在確認の訴え等の原告適格をどのように考えるかが問題となります。

1　権利行使者の指定・通知がある場合

　まず、会社法106条本文に基づいて権利行使者が定められ、会社に通知された場合には、その権利行使者が、当該株式の権利者として株主権を行使することができることになります。そのため、株主総会決議不存在確認の訴え等の原告適格についてもその権利行使者について認められるものとされています（最二小判昭53.4.14民集32巻3号601頁・判タ364号189頁）。

2　権利行使者の指定・通知がなされていない場合

(1)　会社による権利行使についての同意がないとき

　他方で、会社法106条本文に基づく共有株式についての権利行使者の指定・通知がなされておらず、かつ、会社による権利行使についての同意がない場合はどう解すべきでしょうか。

　この点、判例（最三小判平2.12.4民集44巻9号1165頁・判タ761号160頁、最三小判平3.2.19裁判集民事162号105頁・判タ761号160頁）は、共有株式についての権利行使者の指定・通知がなされていない場合には、「特段の事情」がない限り、共有株式の株主については、原告適格が認められないものと解しています。この「特段の事情」に関して、①判例は、株式の共同相続人の一部の者が、その他の共同相続人

を役員に選任する株主総会決議に対して株主総会決議不存在確認の訴えを提起した場合において、共有に係る株式が会社の発行済株式の全部に相当し、共同相続人のうちの1人を取締役に選任する旨の株主総会決議がされたとしてその旨登記されているときは、「特段の事情」が存在するものとし、他の共同相続人は、右決議の株主総会決議不存在確認の訴えにつき原告適格を有すると解しています（前掲最三小判平2.12.4）。その理由について、判例は、会社としては、発行済株式の全部に相当する株式の共同相続人が存在するなかで株主総会決議を行った以上、本来、会社は、共同相続人により権利行使者の指定・通知が履践されたことを前提として株主総会の開催およびその総会における決議の成立を主張・立証すべき立場にあるにもかかわらず、それら手続の欠缺を主張して、訴えを提起した共同相続人の1人の原告適格を争うことは、同一訴訟手続内で旧商法203条2項（会社106条）の趣旨を恣意的に使い分けるものとして、訴訟上の防御権を濫用し著しく信義則に反して許されないことをあげています。

また、②判例は、株式の共同相続人が合併契約書の承認決議の不存在を理由として合併無効の訴えを提起した事案において、その共有に係る株式が合併当事会社の双方または一方の会社の発行済株式総数の過半数を占めているにもかかわらず合併契約書の承認決議がなされたことを前提として合併登記がなされている場合には、「特段の事情」が存在するものとし、共同相続人は、当該合併無効の訴えについて原告適格を有するものと解しています（前掲最三小判平3.2.19）。その理由について、判例は、会社としては、共有に係る株式が合併当事会社の双方または一方の発行済株式の過半数を占めているなかで合併契約書の承認決議を行った以上、本来は、共同相続人により権利行使者の指定・通知が履践されたことを前提として株主総会の開催およびその総会における決議の成立を主張・立証すべき立場にあるにもかかわらず、それら手続の欠缺を主張して、訴えを提起した共同相続人の原告適格を争うということは、同一訴訟手続内で旧商法203条2項（会社106条）の趣旨を恣意的に使い分けるものとして、訴訟上の防御権を濫用し著しく信義則に反して許されないことをあげています。

以上からすれば、会社法106条本文に基づく共有株式についての権利行使者の指定・通知がなされていない場合には、原則として、当該共有株式の株主には株主総会決議不存在確認の訴え等の原告適格が認められませんが、例外的に、会社において、その原告適格を争うことが訴訟上の防御権を濫用し著しく信義則に反して許されないといった特段の事情がある場合には、原告適格が認められるものと解されま

す。

(2) 会社による権利行使についての同意があるとき

　a　会社法106条ただし書の意義

会社法106条ただし書は、共有株式についての権利行使者の指定・通知がないとしても、会社が権利行使に同意した場合には、当該共有株式についての権利行使が許される旨規定しています。そこで、共有株式についての権利行使者の指定・通知を欠くものの権利行使について会社の同意がある場合、共有株式の株主が提起した株主総会決議不存在確認の訴え等について原告適格が認められるかが問題となります。

この点、③判例（最一小判平27．2．19民集69巻1号25頁・判タ1414号147頁）は、会社法106条本文は、共有に属する株式の権利の行使の方法について、民法の共有に関する規定に対する「特別の定め」（民法264条ただし書）を設けたものであり、会社法106条ただし書は、その文言に照らせば、会社が権利行使について同意をした場合には、共有に属する株式についての権利の行使の方法に関する特別の定めである同条本文の規定の適用が排除されることを定めたものと解されるとして、「共有に属する株式について会社法106条本文の規定に基づく指定及び通知を欠いたまま当該株式についての権利が行使された場合において、当該権利の行使が民法の共有に関する規定に従ったものでないときは、会社が同条ただし書の同意をしても、当該権利の行使は、適法となるものではないと解するのが相当である。そして、共有に属する株式についての議決権の行使は、当該議決権の行使をもって直ちに株式を処分し、又は株式の内容を変更することになるなど特段の事情のない限り、株式の管理に関する行為として、民法252条本文により、各共有者の持分の価格に従い、その過半数で決せられるものと解するのが相当である」と判示して、過半数の持分を有しない共同相続人による議決権の行使について、たとえ会社が権利行使に同意をしていたとしても、民法の共有に関する規定に従ったものではないとして、不適法と判示しました。

この判例の判示内容からすれば、たとえ、会社が権利行使に同意していたとしても、当該権利行使が民法の共有の規定に従ったものではない場合には、当該権利行使は許されないことになります。

　b　共有株式の株主による株主総会決議不存在確認の訴え等の提起は、民法上の共有規定におけるいかなる行為に該当するか

そこで、次に、共有株式の株主による株主総会決議不存在確認の訴え等の提起は、民法の共有規定における、共有者全員の同意が必要な処分行為（民法251条）、共有者の持分の価格の過半数を有する共有者の同意で行うことのできる管理行為（民法252条本文）およ

び共有者が単独で行うことのできる保存行為（同条ただし書）のいずれに該当するかが問題となります。

この点に関して、株式については、会社との関係でさまざまな法律関係が存在するため、そこで個別・具体的に問題となる権利・行為を検討する必要があるとし、原則として、株式の財産的価値を維持する行為は保存行為と、他方、株式の本質的変更に関する行為は処分行為と、そしてこれ以外の株式の収益および管理に関する行為は管理行為と解する見解があります（山田攝子「株式の共同相続」判タ789号4頁）。そして、この見解は、たとえば、上記①の判例の事案のように、共同相続人の一部の者が自らを取締役その他の役員に選任する等、共同相続の結果、共同管理に置かれた株式を利用して会社の管理を現実に自らの掌中に収めた行為を行った場合は、いわば共同相続開始前の状況を変更した違法な処分行為ともいうべきであって、当該選任等を根底から覆すために株主総会決議不存在確認の訴えを提起することは、違法な処分行為を是正し以前の状態に復するものであるとして保存行為ととらえるべきである一方、当該事案のように共同相続人の一部の者が取締役に就任する等といった会社行為にかかわっていた場合は別として、これ以外の株主総会決議の決議取消事由等については、会社訴訟を提起する行為は、会社の運営に間接的に関与する行為となる

から、むしろ管理行為と考えるべきとしています（山田「株式の共同相続」8～9頁注31）。

この見解によれば、共有株式の株主による株主総会決議不存在確認の訴え等の提起は、原則として管理行為であり、例外的に、共有株式の共有者の一部の者が違法に権利行使を行って株主総会決議がなされ、当該決議に対して他の共有者が株主総会決議不存在確認の訴え等を提起するような特別の事情がある場合には、保存行為と考えることになります。

これに関して、上記③の判例は、共有者による議決権の行使については、共有者の持分の価格の過半数の決定が必要であると判示しているところ、株主総会決議取消しの訴えについては、議決権を有しない（行使できない）株主には原告適格が認められないと解されていることからすれば（【181】参照）、共有株式の株主による株主総会決議不存在確認の訴え等の提起が原則として管理行為に該当するとする上記見解は、上記③の判例にも整合的と考えられます。他方で、株主総会決議不存在確認の訴えおよび株主総会決議無効確認の訴えについては、議決権を有しないとしても原告適格が否定されるものではありませんが（【118】参照）、確認の利益がない場合には原告適格が認められないと解されていますので、共有者の持分の価格の過半数の決定がない場合には、確認の利益が認められ

ないと解釈することができれば、上記③の判例に反するものではないと考えられます。　　　　　　（小林隆彦）

184　株主総会決議の効力を争う訴訟の原告適格の有無⑥　訴訟継続中に原告である株主が死亡した場合

訴訟係属中に株主である原告が死亡した場合、だれに株主総会決議の効力を争う訴訟の原告適格が認められますか。

ポイント

株主の有する株式の持分を取得した相続人に原告適格が認められます。もっとも、当該株式が共同相続された場合には、【183】で述べた問題点が生じることに注意が必要です。

解説

株主総会決議不存在確認の訴え（会社830条1項）、株主総会決議無効確認の訴え（同条2項）および株主総会決議取消しの訴え（会社831条1項。以下「株主総会決議不存在確認の訴え等」といいます）の係属中に株主である原告が死亡した場合、相続により当該株主の有する株式の持分を取得した相続人が、株主総会決議不存在確認の訴え等の原告たる地位を承継するものと解されています（最大昭45.7.15民集24巻7号804頁・判タ251号152頁）。これは、会社の経営に関与し、不当な経営を防止しまたはこれについて救済を求めることを内容とする共益権は、会社から直接に財産的利益を受けることを内容とする自益権の価値の実現を保障するために認められたもので、自益権と密接不可分の関係において全体として株主の法律上の地位に包含されるものであることから、共益権が一身専属的な権利であるとして相続の対象となりえないと解する理由はないためです。

したがって、株主総会決議不存在確認の訴え等の係属中に株主である原告が死亡した場合には、当該株主の有する株式の持分を取得した相続人が原告適格を承継することになります。

もっとも、原告たる株主の有していた株式が共同相続された場合、当該株式は共同相続人の準共有となりますので（最一小判昭45.1.22民集24巻1号1頁・判タ244号161頁）、その場合の共同相続人間の権利関係については、【183】で述べた問題点が存在することになります。　　　　　　（小林隆彦）

185　株主総会決議の効力を争う訴訟の原告適格の有無⑦　株式譲渡をめぐる問題

株式譲渡における以下の者について、株主総会決議の効力を争う訴訟の原告適格は認められますか。

① 株券発行会社において、株券の交付を受けることなく株式の譲渡を受けた譲受人および株券発行前に株式の譲渡を受けた譲受人
② 譲渡制限のある株式について、譲渡承認を欠いて株式の譲渡を受けた譲受人
③ 株式の譲渡を受けたが、名義書換未了の株式の譲受人および架空名義・他人名義を用いて名義書換えを行った譲受人
④ 訴訟係属中に株式を譲渡した株主である原告

ポイント

株主が株主総会決議不存在確認の訴え（会社830条1項）、株主総会決議無効確認の訴え（同条2項）および株主総会決議取消しの訴え（会社831条1項。以下「株主総会決議不存在確認の訴え等」といいます）を提起できるのは、株主たる地位に基づくものです。そのため、株主たる地位を有しないか、当該地位を対抗できない場合には、株主総会決議不存在確認の訴え等の原告適格も認められません。

解　説

1　株券発行会社において、株券の交付を受けることなく株式の譲渡を受けた譲受人および株券発行前に株式譲渡を受けた譲受人の原告適格

(1) 株券の交付を受けることなく株式の譲渡を受けた譲受人

株券発行会社における株式の譲渡は、株券を交付しなければ効力を生じません（会社128条1項本文）。そうすると、株券の交付を受けることなく株式の譲渡を受けた譲受人は、株式譲渡を有効に受けていないことになり、当該譲受人は株主であるとは認められません。

したがって、株券の交付を受けることなく株式の譲渡を受けた譲受人について、株主総会決議不存在確認の訴え等の原告適格は認められません（東京地裁『類型別訴訟Ⅰ』367頁）。

(2) 株券発行前に株式の譲渡を受けた譲受人

上記(1)のとおり、株券発行会社において、株券発行前に行った株式の譲渡は、株券発行会社に対し、効力を生じません（会社128条2項）。そうすると、株券発行前に株式の譲渡を受けた譲受人は、株式の譲渡を有効に受けていないことになり、当該譲受人は株主であるとは認められず、当該譲受人について、株主総会決議不存在確認の訴え等

の原告適格は認められないのが原則です。

しかしながら、会社法128条2項（旧商法204条2項）の趣旨は、会社が株券を遅滞なく発行することを前提として、その発行が円滑かつ正確に行われるようにするために、会社に対する関係において株券発行前における株式の譲渡の効力を否定するところにあると解すべきであり、当該趣旨からすれば、会社が株券の発行を不当に遅滞している場合には、信義則に照らして株式の譲渡の効力を否定することは相当ではないと解されています（最大判昭47.11.8民集26巻9号1489頁・判タ285号150頁）。そのため、このような事情がある場合には、例外的に、株券発行前に株式の譲渡を受けた譲受人についても、株主総会決議不存在確認の訴え等の原告適格が認められるものとされています（東京地裁『類型別訴訟Ⅰ』367頁）。

2 譲渡制限のある株式について、譲渡承認を得ずに株式の譲渡を受けた譲受人の原告適格

譲渡制限のある株式を譲渡しようとする場合、定款に別段の定めがある場合を除き、会社の承認機関である株主総会（取締役会設置会社の場合には取締役会）の承認を得る必要があります（会社136条、137条1項、139条1項）。

この点、承認機関の承認を得ることなく行われた株式譲渡は、当事者間では有効ですが（最二小判昭48.6.15民集27巻6号700頁・判タ299号301頁）、会社との関係では無効であり、会社は従前の株主を株主として取り扱う義務があり、その半面として、譲渡人が会社に対してなお株主たる地位を有するものとされています（最三小判昭63.3.15裁判集民事153号553頁・判タ665号144頁等）。

そうすると、譲渡制限のある株式について、譲渡承認を欠いて株式譲渡を受けた譲受人は、株主であることを会社に対して主張できないことになりますので、株主総会決議不存在確認の訴え等の原告適格が認められないものとされています（東京地裁『類型別訴訟Ⅰ』367～368頁）。

もっとも、譲渡承認を欠くとしても、以下のように、譲受人が会社に対して株主たる地位を主張できる場合には、当該譲受人には原告適格が認められるものと解されます。

すなわち、株主が1人である一人会社において、一人株主がその保有する株式を譲渡した場合には、譲渡承認を欠いていても、会社に対する関係で、当該譲渡は有効と解されています（最三小判平5.3.30民集47巻4号3439頁・判タ842号141頁）。この場合、譲受人は株主たる地位を会社に対して主張できることになりますので、当該譲受人に原告適格が認められるものと考えられます（東京地裁『類型別訴訟Ⅰ』368頁）。

また、株式の譲渡について、承認機

関の承認がない場合でも、株主全員の承認があるときは、会社に対する関係で、当該譲渡は有効と解されています（東京高判平2.11.29判時1374号112頁）。この場合も、譲受人は株主たる地位を会社に対して主張できることになりますので、当該譲受人に原告適格が認められるものと考えられます（東京地裁『類型別訴訟Ⅰ』368頁）。

3 株式の譲渡を受けたが、名義書換未了の株式の譲受人および架空名義・他人名義を用いて名義書換えを行った譲受人の原告適格

(1) 名義書換未了の株式の譲受人

会社法上、株式譲渡は、株式を取得した者の氏名または名称および住所を株主名簿に記載し、または記録（名義書換え）しなければ、会社その他の第三者に対抗することができません（会社130条1項。なお、株券発行会社においては、株式譲渡を会社に対抗することができません。同条2項）。そうすると、名義書換未了の譲受人は、会社に対して株主たる地位を対抗できないことになり、会社に対して株主たる地位を主張できることが確認の利益を基礎づけるものと解されるため、当該譲受人には、株主総会決議不存在確認の訴えおよび株主総会決議無効確認の訴えの原告適格が認められないものとされています（東京地裁『類型別訴訟Ⅰ』369頁）。また、会社に対して株主たる地位を対抗できない以上、株主総会決議取消しの訴えの原告適格も認められないものとされています（東京地裁『類型別訴訟Ⅰ』368～369頁）。

もっとも、名義書換えが未了であるとしても、以下のように、譲受人が会社に対して株主たる地位を主張できる場合には、当該譲受人には原告適格が認められるものと解されます。

すなわち、会社は、特に株式譲渡を認めて譲受人を株主として扱うことが許されるところ（最一小判昭30.10.20民集9巻11号1657頁・判タ196号1頁）、この場合、譲受人は株主たる地位を会社に対して主張できることになりますので、当該譲受人に原告適格が認められるものと考えられます（東京地裁『類型別訴訟Ⅰ』369頁）。

また、株式会社が名義書換えを不当に拒絶した場合（最一小判昭41.7.28民集20巻6号1251頁・判タ195号83頁）、実質上の株主が株主名簿の名義書換請求をしたとしても会社がこれを拒絶することが明らかで、会社において、当該株主が実質上の株主である事実を認識しており、かつ、その事実を容易に証明しうる状態にある場合（名古屋高判平3.4.24高民集44巻2号43頁）、株主権確認および株主名簿名義書換請求についての認諾調書が作成されている場合（東京地判昭46.8.16判タ269号227頁）等にも、名義書換えが未了であるとしても株主たる地位を会社に対抗することができるとされていますので、譲受人に原告適格が認められるものと

考えられます（東京地裁『類型別訴訟Ⅰ』369頁）。

(2) 架空名義・他人名義を用いて名義書換えを行った譲受人

株主名簿に記載すべき株主の氏名または名称の記載は、原則として戸籍上の氏名、または例外的に通称をいい、株主総会決議不存在確認の訴え等を提起しうる株主は、原則として、株主名簿上の株主であることを要するものと解されています（最二小判平3.12.20資料版商事1299号1692頁、大阪地判昭35.5.19下民集11巻5号1139頁、大隅＝今井『会社法論上』483頁等）。

そうすると、架空名義・他人名義を用いて名義書換えを行った譲受人について、株主総会決議不存在確認の訴え等の原告適格は認められないものと考えられます（東京地裁『類型別訴訟Ⅰ』369～370頁）。

なお、これに対しては、譲渡制限のない公開会社においては、家族の名など他人名義を使用する名義書換えが広範に行われている実態にかんがみると、当人が名義書換えをしたことが立証される限り、戸籍上の氏名または通称以外の氏名を使用した者でも、その権利行使を否定することはできないと解すべきであるとする反対説（江頭『株式会社法』205頁注1）もあります。

4　訴訟係属中に株式を譲渡した株主である原告の原告適格

(1)　株主総会決議不存在確認の訴えおよび株主総会決議無効確認の訴えについて

まず、株主総会決議不存在確認の訴えおよび株主総会決議無効確認の訴えについては、訴訟係属中に株主である原告が株式を譲渡した場合には、もはや確認の利益が認められないことから、訴訟追行することは認められないものと解されています（東京地裁『類型別訴訟Ⅰ』361頁）。

(2)　株主総会決議取消しの訴えについて

また、株主総会決議取消しの訴えについても、株主総会決議取消しの提訴権は、株主の有する共益権に基づくものであることから、訴訟係属中に株式を譲渡して株主でなくなった場合には、原告適格を失うとするのが通説（江頭『株式会社法』366頁注2、『新注会(5)』328頁〔岩原紳作〕、大隅＝今井『会社法論中』120頁）・裁判例（東京地判昭37.3.6判タ128号126頁）です（なお、設立無効に関する判例として、大判昭8.10.26大民集12巻23号2626頁）。もっとも、株主は同一の株式を保有し続ける必要はなく、株主としての資格を継続している限り原告適格が認められるものと解するのが通説（大隅＝今井『会社法論中』120頁）です。

この訴訟係属中の意義については、

取消判決確定時までとする見解（前掲大判昭8.10.26）と口頭弁論終結時と解する見解（大隅＝今井『会社法論中』120頁、『新注会(5)』328頁〔岩原紳作〕）とがあります（東京地裁『類型別訴訟Ⅰ』362頁）。これに関して、裁判例（東京地判平16.10.14判タ1221号294頁）には、株主総会決議取消しの訴えおよび新株発行無効の訴えについて、当該訴えが株主たる地位に基づいて提起されている場合には、株主たる原告は、訴えの提起時から口頭弁論終結時まで株主たる地位を継続して有していなければならないと解すべきであるとし、民事再生手続に伴い100％減資手続を内容とする民事再生計画が認可され、原告が株主たる地位を喪失した場合には、原告適格を欠くことになるとして、訴えを却下したものがあります。

(3) 譲渡について名義書換えが行われていない場合

上記(1)(2)からすれば、訴訟係属中に株主である原告が株式を譲渡した場合、当該株主には原告適格が認められないことになりますが、この場合に、当該株式の譲渡について名義書換えが行われず、株主名簿には、なお従前の株主が記載・記録されている場合はどう解すべきでしょうか。

この点、上記3(1)のとおり、名義書換未了の譲受人は、会社に対して株主たる地位を主張できませんが、このことは、同じく名義書換未了の譲渡人である従前の株主が、株式譲渡を行ったにもかかわらず、なお自らが株主であると主張することを認めるものではないことから、譲渡人である従前の株主の原告適格は失われると解すべきであるとされています（東京地裁『類型別訴訟Ⅰ』363頁）。

そして、このことは、会社が名義書換えを不当に拒絶している場合であっても、その場合には、上記3(1)のとおり、名義書換未了の譲受人に原告適格を認められるため、譲渡人である従前の株主に原告適格を認める必要がないことから、同様であると解されています（東京地裁『類型別訴訟Ⅰ』363頁）。

（小林隆彦）

186 株主総会決議の効力を争う訴訟の原告適格の有無⑧　訴訟の係属中の組織再編行為により株主である原告が株主でなくなった場合

株主総会決議の効力を争う訴訟の係属中に会社が株式交換、株式移転または合併を行ったことにより、当該訴訟を提起した株主である原告が当該会社の株主でなくなった場合、当該株主にはなお原告適格が認められますか。

ポイント

会社法に明文の規定はなく、株主代表訴訟に関する会社法851条1項を類

推適用するかどうかについて見解の対立があります。

解説

株主総会決議の効力を争う訴訟の係属中に、会社が株式交換、株式移転または合併（会社が消滅会社となる場合。以下これらを総称して「株式交換等」といいます）を行い、当該訴訟を提起した株主である原告が当該会社の株主でなくなった場合の当該株主の原告適格について、会社法に明文の定めはありません。

他方、株主代表訴訟により責任追及等の訴え（会社831条1項・3項）を提起した株主（および会社849条1項の規定により共同訴訟人として責任追及等の訴えに訴訟参加した株主）については、会社の訴訟係属中に株主でなくなった場合でも、以下の場合には、なお訴訟追行することができるものとされ（会社851条1項）、原告適格が認められています。
① その者が当該会社の株式交換または株式移転により当該会社の完全親会社の株式を取得したとき
② その者が当該会社が合併により消滅する会社となる合併により、合併により設立する株式会社または合併後存続する株式会社もしくはその完全親会社の株式を取得したとき

そこで、この株主代表訴訟に関する会社法851条1項を株主総会決議不存在確認の訴え（会社830条1項）、株主総会決議無効確認の訴え（同条2項）および株主総会決議取消しの訴え（会社831条1項。以下「株主総会決議不存在確認の訴え等」といいます）に類推適用できるかが問題となります。

この点については、会社法851条1項は当然の事理を定めたものであり、株主であることが原告適格の要件である会社の組織に関する訴え（会社828条1項）や株主総会決議取消しの訴え（会社831条1項）等について類推適用されると解すべきであるとする学説（江頭『株式会社法』491～492頁注8）のほか、吸収合併によって吸収合併消滅会社の地位を失った株主が株主総会決議取消訴訟を提起した事案において、株主総会決議後に会社に組織再編があって、これを原因として会社が消滅したり、株主が組織再編前後の会社の株主資格を失ったりする場合には、当該株主の決議取消訴訟に関する利害関係は、組織再編の効力を適法に争っているかどうかをはじめとして、種々の事情により千差万別であるから、一律に原告適格を失うものと扱うのは適当でないとして、原告適格を認め、個別の事案に即して当該株主にとっての訴えの利益の有無を検討するのが適当であるとしたうえで、訴えの利益を否定した裁判例（東京高判平22.7.22金商1357号2頁）があります。同項が株主総会決議不存在確認の訴え等に類推適用することができるかについては、このように見解が対立していますの

で、今後議論が深められることが期待されます（東京地裁『類型別訴訟Ⅰ』364頁）。

なお、会社法851条1項は株主代表訴訟の係属中に株式交換等により原告が株主たる地位を失った場面を想定した規定ですが、平成26年改正会社法により、株主代表訴訟の係属前に株式交換等により原告が株主たる地位を失った場合でも、一定の要件を満たせば、従前の株主がなお原告適格を有するものと定められました（会社847条の2第1項）。この規定についても、株主総会決議不存在確認の訴え等に類推適用することができるかについては今後議論されていくものと考えられます。

(小林隆彦)

187 株主総会決議の効力を争う訴訟の原告適格の有無⑨　見せ金による出資の履行によって株主とされている者

見せ金による出資の履行によって株主とされている者に株主総会決議の効力を争う訴訟の原告適格が認められますか。

ポイント

見せ金によって出資の履行を行った者の当該出資は有効な払込みとはいえず、その者は株主とはいえないことから、株式会社における株主総会決議の瑕疵を争う訴訟である株主総会決議不存在確認の訴え（会社830条1項）、株主総会決議無効確認の訴え（同条2項）および株主総会決議取消しの訴え（会社831条1項。これらの訴えを以下「株主総会決議不存在確認の訴え等」といいます）の原告適格は認められません。

解説

会社の設立に際して行う出資の履行は定められた期日までに行う必要があり（会社36条1項、63条1項）、当該期日までに出資の履行がなされない場合、出資の履行をすることによって株主となる権利を失うものと定められています（会社36条3項、63条3項）。

この点、見せ金とは、払込取扱金融機関以外から払込相当額の金銭を借り入れて払込みに充てたうえ、会社の設立後に当該金銭を引き出して、当該借入金の返済に充てるものをいうところ（江頭『株式会社法』82頁注3）、見せ金は、外見上出資の履行の形式を整えただけであり、有効な払込みがあったものとは解しえないものとされています（最二小判昭38.12.6民集17巻12号1633頁・判夕159号89頁、江頭『株式会社法』82頁注3）。

そうすると、見せ金によって出資の履行を行った者の当該出資は有効な払込みとはいえず、当該者は株主とはいえないことになるので、株主総会決議不存在確認の訴え等の原告適格は認め

第13章　株主総会をめぐる裁判手続

られないものとされています（東京地裁『類型別訴訟Ⅰ』370～371頁）。

(小林隆彦)

188 株主総会決議の効力を争う訴訟の原告適格の有無⑩　株主の破産管財人

株主の破産管財人に株主総会決議の効力を争う訴訟の原告適格が認められるか教えてください。

ポイント

株主総会決議の効力を争う訴訟が破産財団に関する訴えに含まれるかどうかが問題となります。見解は分かれていますが、当該訴訟の対象となっている決議の内容いかんによっては、株主の破産管財人に原告適格が認められる場合があるものとされています。

解　説

破産手続開始決定があった場合、破産財団に属する財産の管理および処分をする権利は、裁判所が選任した破産管財人に専属し（破産法78条1項）、破産財団に関する訴えについては、破産管財人が原告または被告となるものとされていますが（破産法80条）、そうでない場合については定めがありません。

そこで、株式会社における株主総会決議の効力を争う訴訟である、株主総会決議不存在確認の訴え（会社830条1項）、株主総会決議無効確認の訴え（同条2項）および株主総会決議取消しの訴え（会社831条1項。以下「株主総会決議不存在確認の訴え等」といいます）が破産財団に関する訴えに含まれるかどうかが問題となります。

これについては、株主総会決議不存在確認の訴え等は会社の組織に関する訴えであるため破産財団に関する訴えには含まれないとする見解と株主総会決議不存在確認の訴え等の対象となっている決議の内容によって判断すべきとする見解があります（大阪地判昭32.12.6金法179号5頁、大隅＝今井『会社法論中』124頁、東京地裁『類型別訴訟Ⅰ』376～377頁）。

この後者の見解からすれば、株主総会決議不存在確認の訴え等の対象となっている決議の内容いかんによっては、株主の破産管財人に株主総会決議不存在確認の訴え等の原告適格が認められる場合があるものとされています（東京地裁『類型別訴訟Ⅰ』377頁）。

(小林隆彦)

189 株主総会決議の効力を争う訴訟の被告適格

株式会社の株主総会決議の効力を争う訴訟においては、だれを被告にすべきですか。

ポイント

株式会社の株主総会決議の効力を争う訴訟の被告適格は、当該株式会社に認められます。当該株式会社をだれが代表するかについては、原告の属性、株式会社の機関設計その他株式会社の置かれている状況に応じて判断することになります。

解説

1 株主総会決議の効力を争う訴訟の被告適格

(1) 会社法の定め

株主総会決議の効力を争う訴訟である株主総会決議不存在確認の訴え（会社830条1項）、株主総会決議無効確認の訴え（同条2項）および株主総会決議取消しの訴え（会社831条1項。これらの訴えを以下「株主総会決議不存在確認の訴え等」といいます）において被告となるべき者（被告適格）については、会社法に定めがあり、「当該株式会社」に被告適格が認められています（会社834条16号・17号）。

本条は、被告適格を「当該株式会社」に限定する趣旨の規定であると解されています（最二小判昭36.11.24民集15巻10号2583頁・ジュリ236号89頁、江頭『論点6』172頁〔得津晶〕）。

また、株式会社を解散する株主総会決議（会社471条3号）の不存在確認訴訟については、当該解散に基づく清算結了登記（会社929条）がなされた後でも、当該訴訟においては、株式会社に当事者能力が認められ、被告適格があるとされています（東京高判昭56.11.25判タ459号132頁）。

(2) 取締役の被告株式会社の共同訴訟参加の可否

上記のとおり、株主総会決議不存在確認の訴え等の被告適格は株式会社のみに認められていますが、取締役選任決議に対する株主総会決議不存在確認の訴え等が提起された場合において、当該取締役が、被告となる株式会社に共同訴訟参加（民事訴訟法52条1項）できるかが問題となります。

この点、共同訴訟参加が認められるためには、訴訟に参加する第三者が原告適格または被告適格を有することが必要ですが、上記のとおり、株主総会決議不存在確認の訴え等の被告適格は当該株式会社にのみ認められ、取締役には認められませんので、取締役は被告となる株式会社に共同訴訟参加することはできないものとされています（前掲最二小判昭36.11.24）。

他方、株主総会決議不存在確認の訴え等の対象とされた決議の有効・無効によってその地位が左右されることになる役員は、被告となる株式会社に共同訴訟的補助参加することができます（最二小判昭45.1.22民集24巻1号1頁・判タ244号161頁）。

2 被告株式会社を代表すべき者

株主総会決議不存在確認の訴え等において、具体的にだれが株式会社を代表すべきかについては、次のとおりであると考えられます。

(1) 原　則

株式会社を代表する者は、代表権を有する取締役が株式会社の業務に関するいっさいの裁判上および裁判外の行為をする権限を有します（会社349条1項・4項）。そのため、株主が原告として株主総会決議不存在確認の訴え等を提起した場合、被告となる株式会社を代表するのは、代表権を有する取締役です。

他方、原告が取締役である場合には、特別の定めが設けられており、被告となる株式会社を代表する者は、以下の表のとおりです。

(2) 具体的な場合における株式会社を代表すべき者について

a 役員選任の株主総会決議の瑕疵を争う株主総会決議不存在確認の訴え等の場合

役員選任の株主総会決議の瑕疵が争われる場合には、被告となる株式会社を代表する者とされる役員や代表する者を定める株主総会を招集し、または取締役会決議を構成する取締役の地位が争われることになることから、被告となる株式会社をだれが代表すべきかが問題となります。

① 株主総会決議取消しの訴えの場合

株主総会決議取消しの訴えは形成訴訟であり、その取消判決が確定するまでは、一応有効なものとして扱われますので（江頭『論点6』152頁〔品谷篤哉〕）、当該訴えの提起時においては、当該決議で選任された者が役員の地位

[株式会社を代表すべき者]

会社の機関構成	株式会社を代表すべき者	条文（会社法）
監査役設置会社	監査役	361条1項1号
監査等委員会設置会社	【監査等委員である取締役が原告の場合】取締役会が定める者（株主総会が代表者を定めた場合には、その者）	399条の7第1項1号
	【それ以外の場合】監査等委員会が選定する監査等委員	399条の7第1項2号
指名委員会等設置会社	【監査委員である取締役が原告の場合】取締役会が定める者（株主総会が代表者を定めた場合には、その者）	408条1項1号
	【それ以外の場合】監査委員会が選定する監査委員	408条1項2号
上記以外の株式会社	株主総会もしくは取締役会が定める者または代表権のある取締役	353条、364条、349条1項・4項

にあることになります。

また、決議に取消事由があるとする者と、当該決議が有効であると主張して自らに代表権があると主張している者とが当該訴訟の瑕疵を争うのが訴訟経済に資すると考えられます（東京地裁『類型別訴訟Ⅰ』374頁）。

そうすると、株主総会決議取消しの訴えにおいて、被告となる株式会社を代表すべき者は、瑕疵の存在が争われている役員選任の株主総会決議で選任された取締役、監査役、取締役らで構成される取締役会が定めた者、およびその取締役らによって招集された株主総会で定めた者とすべきとされています（東京地裁『類型別訴訟Ⅰ』374頁）。

② 株主総会決議不存在確認の訴えおよび株主総会決議無効確認の訴えの場合

株主総会決議不存在確認の訴えおよび株主総会決議無効確認の訴えは確認訴訟であり、株主総会決議は当初から存在しなかった、またはその効力は無効であったことが前提とされていますので（江頭『論点6』144頁〔品谷篤哉〕）、当該決議で選任された者を取締役、監査役等として被告である株式会社を代表する者とすることはできないとも考えられます。

しかし、上記のとおり、決議に不存在または無効事由があるとする者と、当該決議が有効であると主張して自らに代表権があると主張している者とが当該訴訟の瑕疵を争うのが訴訟経済に

資すると考えられること、当該決議が存在することの外形が存在する場合に、当該決議の存在を前提として取締役、監査役、取締役らで構成される取締役会が定めた者、およびその取締役らによって招集された株主総会で定めた者を被告の代表者として訴訟を担当させることが必ずしも不合理とはいえないことから、瑕疵の存在が争われている役員選任の株主総会決議で選任された取締役、監査役、その取締役らで構成される取締役会が定めた者、およびその取締役らによって招集された株主総会で選ばれた者とするのが相当とされています（東京地裁『類型別訴訟Ⅰ』375～376頁）。

b　代表取締役に対して、職務執行停止・代行者選任の仮処分の決定がなされた場合

取締役に対する職務執行停止・代行者選任の仮処分は、本案判決の確定を待っていては目的を達成することができなくなる場合等に備えて、取締役の職務の執行を停止し、当該職務を代行する者を選任する仮の地位を定める仮処分です（民事保全法23条2項）。

そして、職務執行停止の仮処分決定により職務を停止された取締役が代表取締役である場合、当該代表取締役は、代表権の行使を含めて職務の全部について排除される（山口『会社訴訟非訟』475頁）一方、代行者選任の仮処分決定（民事保全法56条）により、代表取締役の職務代行者として選任され

た者は、仮処分命令に別段の定めがある場合を除き、裁判所の許可を得ない限り、株式会社の常務に属するいっさいの行為を行うことになることから（会社352条1項）、株主総会決議不存在確認の訴え等において被告となる株式会社を代表すべき者は職務代行者であると解されています（最二小判昭59．9．28民集38巻9号1121頁・判タ548号138頁）。

なお、職務執行を停止された代表取締役は、共同訴訟的補助参加することは認められています（東京地裁『類型別訴訟Ⅰ』376頁、垣内『会社訴訟』37頁〔松下貴彦〕）。

c　被告となる株式会社に倒産手続（破産手続、民事再生手続および会社更生手続）が開始した場合

① 破産手続開始決定がなされた場合

株式会社について破産手続開始決定がなされた場合において、破産法は、破産財団に関する訴えについては破産管財人が原告または被告となると定めていますが（破産法80条）、そうでない場合については定めがありませんので、原則どおり、株式会社が被告となります。

そこで、株式会社における株主総会決議の瑕疵を争う訴訟である株主総会決議不存在確認の訴え等が破産財団に関する訴えに含まれるかどうかが問題となります。

これについては、株主総会決議不存在確認の訴え等は会社の組織に関する訴えであるため破産財団に関する訴えには含まれないとする見解と株主総会決議不存在確認の訴え等の対象となっている決議の内容によって判断すべきとする見解があります（大阪地判昭32.12.6金法179号5頁、大隅＝今井『会社法論中』124頁）。

もっとも、いずれにしても、破産会社が訴訟を担当することとなった場合には、株式会社の破産によって取締役と株式会社との委任関係（会社330条）が終了すると規定する民法653条2項は、委任者が破産した結果、できなくなった行為は受任者もまたすることができないため、委任の目的を達しえず終了するという趣旨であり、委任者である会社が破産した場合には、会社がなすべき行為として会社組織上の事項や破産法上の行為もあることから、それらの関係で、なお委任関係は終了していないと解するのが相当として、引き続き従前の代表取締役が被告となる株式会社を代表すべきものとする見解があります（東京地裁『類型別訴訟Ⅰ』377頁）。

裁判例でも、破産者である株式会社の組織変更を否定し株式会社の不成立の確認を求める訴えは、破産財団に関する訴訟ではないことから、代表権を有する取締役が代表すべきとしたものがあります（大判昭14.4.20大民集18巻9号495頁）。

② 民事再生手続開始決定がなされた場合

株式会社について民事再生手続開始決定がなされた場合、再生債務者たる株式会社の財産の管理または処分権限が専属する管財人が選任された場合（民事再生法64条、66条）を除き、従前の代表取締役はなお株式会社を代表することになるため、この場合は、引き続き従前の代表取締役が被告となる株式会社を代表すべきものと解されます（東京地裁『類型別訴訟Ⅰ』377頁）。

他方、再生債務者たる株式会社の財産の管理または処分権限が専属する管財人が選任された場合でも、それ以外の権限は従前の役員に残るものと解されますので、株主総会決議不存在確認の訴え等については、管財人ではなく、株式会社が担当するとする説が有力とされています（東京地裁『類型別訴訟Ⅰ』377～378頁）。他方で、当該決議の内容により、株式会社の管理処分権に含まれるものとして、管財人が被告となると解する見解もあります（東京地裁『類型別訴訟Ⅰ』378頁）。

③　会社更生手続開始決定がなされた場合

株式会社について民事再生手続開始決定がなされた場合、株式会社の事業経営権および財産の管理処分権限は管財人に専属しますが（会社更生法72条）、上記②同様に、それ以外の権限は従前の役員に残るものと解されますので、株主総会決議不存在確認の訴え等については、管財人ではなく、株式会社が担当するとする説が有力とされ ていますが（東京地裁『類型別訴訟Ⅰ』378頁）、当該決議の内容により、株式会社の管理処分権に含まれるものとして、管財人が被告となると解する見解もあります（東京地裁『類型別訴訟Ⅰ』378頁）。

（小林隆彦）

190　株主総会決議の効力を争う訴訟における訴えの利益

株主総会決議の効力を争う訴えの利益はどのような場合に認められますか。

ポイント

　訴えの利益は、株主総会決議不存在確認の訴え（会社830条1項）、株主総会決議無効確認の訴え（同条2項）および株主総会決議取消しの訴え（会社831条1項。これらの訴えを以下「株主総会決議不存在確認の訴え等」といいます）の対象とされた決議の内容や当該決議後になされた決議の内容などの個別具体的な状況によって、その有無が決定されるとともに、場合によっては、当初は認められていた訴えの利益が事後的に否定されることがあることに注意が必要です。

解　説

　一般に、民事訴訟において原告が裁判所に対し原告が主張する請求の当否について審判を求めるためには、訴え

191 株主総会決議の効力を争う訴訟における訴えの利益の有無① 否決決議

ある議案を否定する株主総会決議の効力を争う訴訟に訴えの利益は認められますか。

ポイント

ある議案を否定する株主総会決議は、これにより新たな法律関係を生ずるものではなく、また、これに対する株主総会決議不存在確認の訴え（会社830条1項）、株主総会決議無効確認の訴え（同条2項）および株主総会決議取消しの訴え（会社831条1項。これらの訴えを以下「株主総会決議不存在確認の訴え等」といいます）が認容されても新たな法律関係を生ずるものではないので、株主総会決議不存在確認の訴え等における訴えの利益は認められないものと考えられます。

解説

ある議案を否定する株主総会決議に対して株主総会決議不存在確認の訴え等が提起された場合の訴えの利益については、これまで、裁判例において、株主総会決議不存在確認の訴えにおいて訴えの利益を認めたもの（山形地判平元.4.18判タ701号231頁）と株主総会決議取消しの訴えにおいて訴えの利益を否定したものがありました（東京高

の利益、すなわち、原告が裁判所に審判を求める正当な利益が必要です（兼子一ほか『条解民事訴訟法〔第2版〕』（弘文堂、2011）730頁〔竹下守夫〕）。訴えのうち、確認の訴えにおいては、特に確認の利益が必要とされていますが（秋山幹男ほか『コンメンタール民事訴訟法Ⅲ』（日本評論社、2008）58頁）、株主総会決議不存在確認の訴えおよび株主総会決議無効確認の訴えは、確認の訴えであることから、これらの訴訟を適法に提起するためには、確認の利益が認められる必要があります。

また、形成の訴えにおいては、法律に定める要件を満たしていれば、訴えの利益が認められるのが原則ですが（門口『実務大系11』16頁〔小澤優一〕）、決議の内容等具体的な事案によっては、訴えの利益が認められない場合も考えられます。

そこで、株主総会決議不存在確認の訴え等については、いかなる場合に訴えの利益が認められるかが問題となります。

具体的な場合における訴えの利益の有無については、以下【191】～【195】において具体的に検討しますが、株主総会決議不存在確認の訴え等の対象とされた決議の内容や当該決議後になされた決議の内容などの個別具体的な状況によって、その有無が決定されており、場合によっては、当初は認められていた訴えの利益が事後的に否定される場合もあります。　　　（小林隆彦）

判平23．9．27金法1381号20頁）。

これについて、近時の判例（最二小判平28．3．4民集70巻3号827頁・判タ1425号142頁）は、取締役解任議案を否決する株主総会決議に対して株主総会決議取消しの訴えがなされた事案において、「会社法は、会社の組織に関する訴えについての諸規定を置き（同法828条以下）、瑕疵のある株主総会等の決議についても、その決議の日から3個月以内に限って訴えをもって取り消しを請求できる旨規定して法律関係の早期安定を図り（同法831条）、併せて、当該訴えにおける被告、認容判決の効力が及ぶ者の範囲、判決の効力等も規定している（同法834条から839条まで）。このような規定は、株主総会等の決議によって、新たな法律関係が存在することを前提とするものである。しかるところ、一般に、ある議案を否決する株主総会等の決議によって新たな法律関係が生ずることはないし、当該決議を取り消すことによって新たな法律関係が生ずるものでもないから、ある議案を否決する株主総会等の決議の取り消しを請求する訴えは不適法であると解するのが相当である。このことは、当該議案が役員を解任する旨のものであった場合でも異なるものではない」と説示し、当該訴えを不適法として却下した原判決を是認しました。

したがって、この判例の趣旨からすれば、ある議案を否定する決議に対する株主総会決議不存在確認の訴え等については、訴えの利益は認められないものと考えられます。

（小林隆彦）

192 株主総会決議の効力を争う訴訟における訴えの利益の有無② 法的効力のない決議

法的効力がない株主総会決議の効力を争う訴訟に訴えの利益は認められますか。

ポイント

法的効力がない株主総会決議に対して株主総会決議不存在確認の訴え（会社830条1項）、株主総会決議無効確認の訴え（同条2項）および株主総会決議取消しの訴え（会社831条1項。これらの訴えを以下「株主総会決議不存在確認の訴え等」といいます）が提起された場合の訴えの利益については、原則として、当該決議の法的効力を確定することが、上記紛争を解決し、当事者の法律上の地位ないし利益が害される危険を除去するために必要かつ適切な場合には該当しないと考えられますので、訴えの利益が否定される可能性が高いものと考えられます。

解 説

法的効力がない株主総会決議に対して株主総会決議不存在確認の訴え等が提起された場合の訴えの利益に関し、

裁判例（東京地判平26.11.20金判1457号22頁）には、株主の提案する株式会社の株式の大規模公開買付けに反対し、かつ、当該株主に対して当該大規模公開買付けの中止を要請することを承認する旨の株主総会決議の無効確認の訴えについて、確認の利益を否定し、不適法却下したものがあります。

この裁判例は、その理由について、以下のとおり説示しています。

すなわち、「株主総会の権限外の事項について決議がされた場合であっても、意思決定機関としての株主総会の決議が効力を生じたかどうかを確定することを求める訴えを許容する実益が存する場合があることは否定しがたく、この点について、株主総会の決議が上記の事項についてされたか否かのみをもって、確認の利益の有無を判断することは相当とは解されない」。そして、株主総会「決議の法的効力に関して疑義があり、これが前提となって、当該決議から派生した法律上の紛争が現に存在する場合において、当該決議の法的効力を確定することが、上記紛争を解決し、当事者の法律上の地位ないし利益が害される危険を除去するために必要かつ適切であるときは、確認の利益があるものとして許容されると解するのが相当である」と一般論を述べたうえで、株主の提案する株式会社の株式の大規模公開買付けに反対し、かつ、当該株主に対して当該大規模公開買付けの中止を要請することを承認する旨の株主総会決議（以下「本件決議」といいます）については、「本件決議によって、被告による対抗措置の発動が直接的に容易になっているということはできない」し、「本件決議によって被告による対抗措置の発動が何らかの意味で容易になっているとみる余地があるとしても、それは、多数の被告株主が本件中止要請をすることについて承認を求める旨の議案に賛成した（多数の被告株主が特定の株主意思を表明した）との客観的事実に基づくものであって、当該客観的事実は、本件決議の効力がないことを確認したとしても、何らの影響を受けること」もなく、「本件決議の法的効力がないことを確認したとしても、被告が対抗措置を発動する可能性は消滅ないし減少することはないと解される」ことから、「本件決議の無効確認を求める訴えは、本件決議の法的効力を確定することが、当該決議から派生した現在の法律上の紛争を解決し、原告らの法律上の地位ないし利益が害される危険を除去するために必要かつ適切であるとはいえないから、確認の利益を欠くものというべきである」。

また、株主総会決議自体からはなんら法的な効果を生じない内容の決議であり、それが商業登記簿にも定款にも記載されないような場合には、当該決議の瑕疵を争う訴訟には、訴えの利益がないと考える余地があるとする見解があります（東京地裁『類型別訴訟Ⅰ』

379頁）。

　以上からすれば、法的効力がない株主総会決議に対して株主総会決議不存在確認の訴え等が提起された場合の訴えの利益については、原則として、当該決議の法的効力を確定することが、上記紛争を解決し、当事者の法律上の地位ないし利益が害される危険を除去するために必要かつ適切な場合には該当しないと考えられますので、訴えの利益が否定される可能性が高いものと考えられます。

　なお、これに類似する問題として、たとえば、定款変更決議のように、決議自体には法的効力があるものの、その変更内容そのものには法的効力がない場合について、株主総会決議不存在確認の訴え等における訴えの利益の有無も問題となります。

　この点については、判例（最二小判昭59．3．23裁判集民事141号417頁・判タ524号197頁）は、有限会社の社員の氏名、住所、持分の口数等に関する定款変更決議について、当該定款変更決議がその内容となっている事項の変更そのものについて各別の法的効力を有しないものでも、定款変更そのものの決議に疑義が存在するときは、その決議を推測させる記載のある定款が存在することにより、当該定款変更決議の効力またはそれから生ずる法律関係について種々の紛争が生ずるおそれがあり、当該紛争を抜本的に解決するためには、その基本となる当該定款変更決議自体の存否を確定することが必要で、かつ適切であるとして、訴えの利益を認めています。　　　（小林隆彦）

193 株主総会決議の効力を争う訴訟における訴えの利益の有無③　訴訟係属中に同一内容の株主総会決議がなされた場合

ある株主総会決議について株主総会決議の効力を争う訴訟が提起された後に当該決議と同一内容の株主総会決議がなされた場合、当該訴訟に訴えの利益は認められますか。

ポイント

ある株主総会決議に対して株主総会決議不存在確認の訴え（会社830条1項）、株主総会決議無効確認の訴え（同条2項）および株主総会決議取消しの訴え（会社831条1項。これらの訴えを以下「株主総会決議不存在確認の訴え等」といいます）が提起された後に、当該決議と同一内容の株主総会決議が再度なされた場合、たとえ先行する決議に対する株主総会決議不存在確認訴訟等が認容されても、なお後行の同一内容の決議が存在し続けることになり、ほかに訴えの利益を肯定すべき特別の事情がある場合を除き、先行する決議の効力を否定する実益はないことから、訴えの利益は認められません。

解説

　ある株主総会決議に対して株主総会決議不存在確認の訴え等が提起された後に、当該決議と同一内容の株主総会決議が再度なされた場合、先行する決議に対する株主総会決議不存在確認の訴え等が認容されても、なお後行の同一内容の決議が存在し続けることになるため、原則として、先行する決議に対する株主総会決議不存在確認の訴え等における訴えの利益は失われるものと解されています（東京地裁『類型別訴訟Ⅰ』382頁）。

　判例においても、計算書類等承認決議に対する株主総会決議取消しの訴えの係属中に、その後の決算期についての計算書類等が株主総会で承認された場合でも、先行する計算書類等承認の株主総会決議と同一内容の再決議が行われたなどの特別の事情がない限り、当該株主総会決議取消しの訴えについての訴えの利益が失われることはないとしたもの（最三小判昭58．6．7民集37巻5号517頁・判タ500号111頁）、退職慰労金を贈呈する旨の決議に対する株主総会決議取消しの訴えの係属中に、当該決議が取り消されたときは、さかのぼって効力を生じるものとされた当該決議と同一内容の後行の決議がなされ、これが確定した場合には、先行の決議の取消しを求める実益はなく、ほかに訴えの利益を肯定すべき特別の事情があるものとは認められないとして、訴えの利益を否定したものがあります（最三小判平4．10.29民集46巻7号2580頁・判タ802号109頁）。

　また、裁判例（名古屋高判昭42.11.20判タ216号152頁）においても、特別利害関係を有する株主が議決権を行使してなされた株主総会決議の後に特別利害関係を有する株主が議決権を行使しないで同一内容の決議がなされ、当該決議が提訴期間の経過により取り消されることがなくなった場合には、先行する株主総会決議に対する株主総会決議取消しの訴えは、訴えの利益を有しないとしたものがあります。

　なお、本設問の事例とは別に、株主総会決議に対する株主総会決議不存在確認の訴え等における訴えの利益が失われたと判断されたものとして、株式の発行に関する株主総会特別決議の取消しの訴えの係属中に当該決議に基づく株式の発行が行われた場合（最二小判昭37．1．19民集16巻1号76頁・ジュリ296の2号128頁）、役員選任決議の取消しの訴えの係属中に当該決議に基づいて選任された当該役員が任期満了により退任し、その後の株主総会において新たな役員が選任された場合（最一小判昭45．4．2民集24巻4号223頁・判タ248号126頁。【194】参照）等があります。

（小林隆彦）

194 株主総会決議の効力を争う訴訟における訴えの利益の有無④ 選任された役員が任期満了により退任した場合

役員選任の株主総会決議の効力を争う訴訟の係属中に、当該決議に基づいて選任された役員すべてが任期満了により退任し、その後、株主総会で新たな役員が選任された場合、当該訴訟に訴えの利益は認められますか。

ポイント

判例によれば、後行の役員選任の株主総会決議の効力が否定される場合には、先行の株主総会決議に対する株主総会決議不存在確認の訴え（会社830条1項）、株主総会決議無効確認の訴え（同条2項）および株主総会決議取消しの訴え（会社831条1項。これらの訴えを以下「株主総会決議不存在確認の訴え等」といいます）における訴えの利益は失われるものではなく、他方、後行の役員選任の株主総会決議の効力が否定されない場合には、訴えの利益が認められないものと解されます。しかし、例外的に、後行の役員選任の株主総会決議の効力が否定されない場合でも、特別の事情がある場合には、少なくとも、先行の株主総会決議に対する株主総会決議取消しの訴えの利益は失われないものと解されます。

解説

1 株主総会決議不存在確認の訴えおよび株主総会決議無効確認の訴えについて

株主総会決議不存在確認の訴えについて、判例（最三小判平2.4.17民集44巻3号526頁・判タ732号190頁）は、取締役を選任した株主総会決議が不存在である場合に、当該決議によって選任された取締役を構成員とする取締役会で選定された代表取締役がその取締役会の招集決定に基づき招集した株主総会において取締役選任決議がなされたときは、全員出席総会においてなされたなどの特段の事情がない限り、当該取締役選任決議は不存在であると判示しました。

また、その後も、判例は、役員選任の株主総会決議に対する株主総会決議不存在確認の訴えに、当該決議が存在しないことを理由として後任の役員を選任する別の役員選任の株主総会決議に対する株主総会決議不存在確認の訴えが併合されている場合、全員出席総会においてなされたなどの特段の事情がない限り、先行する役員選任決議について訴えの利益（確認の利益）が認められるとし（最三小判平11.3.25民集53巻3号580頁・判タ999号221頁）、また、取締役選任の株主総会決議に対する株主総会決議不存在確認の訴えに、当該決議が存在しないことを理由とす

る当該取締役の重任等の選任決議に対する株主総会決議不存在確認の訴えが併合され、後行の決議が不存在であるとされた場合には、特段の事情が認められない限り、先行の決議に対する株主総会決議不存在確認の訴えの利益（確認の利益）が欠けるものではないとしています（最三小判平13.7.10金法1638頁40頁）。

　以上からすると、判例は、株主総会決議不存在確認の訴えについて、後行の株主総会決議が不存在である場合には、先行の株主総会決議に対する株主総会決議不存在確認の訴えの利益を肯定し、後行の株主総会決議が不存在とはいえない場合には訴えの利益を否定しています。

2　株主総会決議取消しの訴えについて

　判例（最一小判昭45.4.2民集24巻4号223頁・判タ248号126頁）は、株主総会決議取消しの訴えは、形成訴訟であり、形成訴訟は法律の規定する要件を満たす限り訴えの利益が存在するのが通常であるものの、その後の事情の変化により、訴えの利益を欠くことに至る場合があるところ、役員選任の株主総会決議に対する株主総会決議取消しの訴えの係属中に、当該決議に基づいて選任された取締役ら役員すべてが任期満了により退任し、その後、株主総会で新たに取締役らが選任されたときは、まさに当該場合に該当するものであり、当該株主総会決議取消しの訴えの利益は欠くに至るのが原則であるが、当該株主総会決議取消しの訴えが、当該決議に基づいて選任された取締役の在任中の行為について会社の受けた損害を回復することを目的とする場合等といった特別の事情が立証された場合には、訴えの利益は失われないと判示しました。

　この特別の事情の有無については、肯定した裁判例として、会社自体の利益のために株主総会決議の取消しの訴えの対象とされた役員選任決議により選任され、退職した取締役らの在任中の法令・定款違反行為の責任を追及する行為の一環として、当該役員選任決議に取り消されるべき違法が存在することを明らかにすることによって、役員たりえない者が役員として行為したことにより会社に与えた損害の回復（役員報酬等）を図ることを目的として株主総会決議の取消しの訴えを提起した場合があります（東京高判昭60.10.30判時1173号140頁）。一方、否定した裁判例として、株主総会決議の取消しの訴えの対象とされた役員選任決議により選任され、退職した役員らに在任中に支給した報酬や交際費等の返還を求めることができることについては意義がないとはいえないものの、当該役員らの行為によって会社（ひいては株主）が損害を被り、かつ、その損害を回復するためには、当該役員選任決議を取り消し、当該役員らの地位を否定

する以外に方途がない場合であることを要すると解すべきであるとして、結論として、特別の事情を認めなかったものがあります（東京高判昭57.10.14判タ487号159頁）。

3 まとめ

以上のとおり、判例によれば、後行の役員選任の株主総会決議の効力が否定される場合には、先行の株主総会決議に対する株主総会決議不存在確認の訴え等の訴えの利益は失われるものではなく、他方、後行の役員選任の株主総会決議の効力が否定されない場合には、訴えの利益が認められないものと解されます。しかし、例外的に、後行の役員選任の株主総会決議の効力が否定されない場合でも、特別の事情がある場合には、少なくとも、先行の株主総会決議に対する株主総会決議取消しの訴えの利益は失われないものと解されます。

（小林隆彦）

195 株主総会決議の効力を争う訴訟における訴えの利益の有無⑤ 組織に関する行為の無効確認の訴え

会社法に定める組織に関する行為の無効確認の訴えとの関係で、当該行為を承認する株主総会決議の効力を争う訴訟における訴えの利益はどう考えるべきですか。

ポイント

会社法に定める組織に関する行為の効力発生前については株主総会決議不存在確認の訴え（会社830条1項）、株主総会決議無効確認の訴え（同条2項）および株主総会決議取消しの訴え（会社831条1項。これらの訴えを以下「株主総会決議不存在確認の訴え等」といいます）を、他方、効力発生後は組織に関する行為の無効の訴え（会社828条1項各号）を提起すべきであり、前者の訴えの提起後にこれらの行為の効力が発生した場合には、訴えの変更（民事訴訟法143条）の手続により後者の訴えに変更することができると解する（吸収説）のが通説です。

解説

資本金の額の減少、組織再編行為（合併、会社分割、株式移転および株式交換）および新株発行等の組織に関する行為についての無効主張は、会社法上、訴えをもってのみ主張できるとされています（会社828条1項各号）。

他方で、これらの組織に関する行為については、その前提としてこれらの行為を承認する株主総会決議がなされているところ、当該決議に対し株主総会決議不存在確認の訴え等を提起することができるかどうかについては、訴えの利益が認められるかどうかが問題となります。

以下、具体的な場面に即して検討し

ます。

1　資本金の額の減少ならびに組織再編行為を承認する株主総会決議に対して株主総会決議不存在確認の訴え等が提起され、当該訴訟係属中に、資本金の額の減少および組織再編行為が効力を生じた場合

　資本金の額の減少ならびに組織再編行為（合併、会社分割、株式移転および株式交換）についての無効の訴えとこれらの行為を承認する株主総会決議に対する株主総会決議不存在確認の訴え等との関係については、これらの組織に関する行為の効力発生前については株主総会決議不存在確認の訴え等を、効力発生後は組織に関する行為の無効の訴えを提起すべきであり、前者の訴えの提起後にこれらの行為の効力が発生した場合には、訴えの変更（民事訴訟法143条）の手続により後者の訴えに変更することができると解する説（吸収説）が通説です（江頭『株式会社法』369頁注7）。

　なお、決議取消事由をこれらの組織に関する行為の無効の訴えの無効事由として主張するには、これらの組織に関する行為の無効の訴えの提訴期間（会社828条1項各号）よりも短い、株主総会決議取消しの訴えの提訴期間である3カ月（会社831条1項）以内に提訴することを要するものとされています（江頭『株式会社法』369頁注7）。

　通説である吸収説によった場合に

は、資本金の額の減少ならびに組織再編行為の効力発生後は、これらの行為を承認する株主総会決議に対する株主総会決議不存在確認の訴え等の訴えの利益は失われるものと解されます。

　これに対して、これらの組織に関する行為の効力発生後は遡及効のない（会社839条）組織に関する行為の無効の訴えしか提起できないとすると、これらの組織に関する行為の効力を、これを承認する株主総会決議の翌日に発生させると、これらの組織に関する行為の効力を停止する仮処分が不可能な事例が生じる現行法下においては、株主等になんら救済がないことになってしまうことや、会社分割および株式交換・株式移転のように効力発生により会社が複数存在することになる場合に、組織に関する行為の無効確定前に株主等を排除した側の会社において行った行為については、株主等はなんら手を打つことができないことを理由に、組織再編行為の効力発生後も、なお遡及効を有する株主総会決議不存在確認の訴え等を提起することができると解すべきとする見解（併存説）もあります（江頭『株式会社法』369頁注7）。

2　株主以外の者に対する新株発行の株主総会決議に対する株主総会決議不存在の訴え等の係属中に当該新株発行が効力を生じた場合

　判例（最二小判昭37.1.19民集16巻1号76頁・ジュリ296の2号128頁）は、株

主以外の者に対する新株発行を承認する株主総会決議に対する株主総会決議取消しの訴えの係属中に当該新株発行が効力を生じた事案において、株主総会決議取消しの訴えは、形成の訴えであり、法律の規定する要件を満たす場合には訴えの利益の存在するのが通常であるものの、その後の事情の変化により訴えの利益を欠くに至る場合がないわけではないとしたうえで、株主以外の者に新株引受権を与える株主総会決議に対する株主総会決議取消しの訴えの係属中に当該決議に基づいて新株発行の効力が生じたときは、まさにこの場合に当たると解すべきであるとして、株主総会決議取消しの訴えの利益は失われると判示しました。また、判例（最三小判昭40.6.29民集19巻4号1045頁・判時415号39頁）は、新株発行が効力を生じた後に、当該新株発行の株主総会決議に対して株主総会決議無効確認の訴えを提起した事案において、当該新株発行が効力を生じた後は、新株発行無効の訴えを提起しない限り、当該新株発行を無効とすることはできず、当該株主総会決議無効確認の訴えには確認の利益がないと判示しました。

したがって、株主以外の者に対する新株発行の株主総会決議に対する株主総会決議不存在確認の訴え等の係属中に、当該新株発行が効力を生じた場合の当該株主総会決議不存在確認の訴え等については、訴えの利益が失われるものと解されます。

3 取締役等の解任または選任を内容とする株主総会決議不存在確認の訴え等の係属中に株式会社が破産手続開始決定を受けた場合

判例（最二小判平21.4.17裁判集民事230号395頁・判タ1297号124頁）は、取締役等の解任または選任を内容とする株主総会決議不存在確認の訴えの係属中に株式会社が破産手続開始決定を受けた事案において、株式会社の破産によって取締役と株式会社との委任関係（会社330条）が終了すると規定する民法653条2項は、委任者が破産した結果、できなくなった行為は受任者もまたすることができないため、委任の目的を達し得ず終了するという趣旨であると解され、株式会社が破産手続開始決定を受けた場合、破産財団についての管理処分権限は破産管財人に帰属するものの、役員の選任または解任のような破産財団に関する管理処分権限と無関係な会社組織に係る行為等は、破産管財人の権限に属するものではなく、株式会社がなお権限を行使することができるというべきで、破産開始決定当時の取締役らは、なお会社組織に係る行為等については取締役らとしての権限を行使することができると解するのが相当であるとして、上記株式会社の取締役等の解任または選任を内容とする株主総会決議不存在確認の訴えの利益は当然には消滅しないと判示し

ました。

したがって、この判例によれば、株式会社の取締役等の解任または選任を内容とする株主総会決議不存在確認の訴え等の係属中に当該株式会社が破産手続開始決定を受けた場合でも、当該株主総会決議不存在確認の訴え等における訴えの利益は当然には消滅しないものと解されます。　　　（小林隆彦）

196　訴権の濫用

株主総会決議の効力を争う訴えが訴権の濫用となるのはどのような場合ですか。

ポイント

株主総会決議の効力を争う訴えの提起が権利の濫用と評価される場合には、一般に不適法として却下されます（判例・通説）。どのような場合が訴権の濫用となるかについては、裁判所は、具体的な事実関係について、訴訟の提起に至るまでの原告の従前の行動、瑕疵があると主張する株主総会決議に対する原告の態度（決議内容の了承・承認の有無等）、訴訟提起の目的その他諸般の事情を考慮して、信義則上、株主総会決議の効力を争う訴えの提起が訴権の濫用に当たるかどうかを判断しているものと考えられます。このような場合について、権利の濫用と判断し、請求棄却とする裁判例もありますが、判断基準は、権利の濫用と判断する場合とおおむね同様であると考えられます。

解説

1　訴権の濫用

権利侵害を受けた者は、裁判所に対し、被害の救済を求めて訴えを提起することができます。この権利を訴権と呼びますが、一般に、権利の濫用は許されませんので（民法1条3項）、訴えの提起が権利濫用と評価される場合には、訴権の濫用に該当し（谷口安平＝石田喜久夫『新版注釈民法(1)総則(1)〔改訂版〕』（有斐閣、2002）214頁〔安永正昭〕）、訴えの提起自体が不適法なものとして、却下されます（判例・通説）。もっとも、一部には、却下ではなく、請求棄却とする裁判例もあります。

そこで、いかなる場合に株式会社における株主総会決議の瑕疵を争う訴訟である株主総会決議不存在確認の訴え（会社830条1項）、株主総会決議無効確認の訴え（同条2項）および株主総会決議取消しの訴え（会社831条1項。以下これらの訴えを「株主総会決議不存在確認の訴え等」といいます）が、訴権の濫用に該当するかが問題となります。

2　訴権の濫用についての裁判例

訴権の濫用について具体的な事例をみますと、まず、判例には、有限会社の経営の実権を握っていた者が、第三

者に自らその有する社員持分全部を相当の代償を受けて譲渡し、会社の経営を事実上当該第三者に委ね、その後相当期間（約3年）を経過しており、さらに、当該社員持分の譲渡の当時、社員総会を開催して当該譲渡についてその承認を得ることがきわめて容易であった等の事案において、当該譲渡について承認する社員総会決議およびこれを前提とする役員選任等に関する社員総会決議の不存在確認の訴えを提起することは、訴権の濫用として許されないとし、不適法なものとして却下したものがあります（最小判昭53.7.10民集32巻5号888頁・判タ370号66頁）。

このほか下級審の裁判例としては、以下のものがあります。
① 鹿児島地判昭62.7.29判タ651号223頁

名義株主かつ取締役の権利義務を有する者であった者が、実際には第1回の株主総会以後はまったく株主総会を開催した事実がないのに、あたかも株主総会が開催され役員選任決議等が行われたように仮装することに加担し、決議の内容についていったんは了承したにもかかわらず、自らにとって都合の悪いと考える決議だけを取り上げて、株主総会決議不存在確認の訴えを提起した事案において、訴権の濫用として不適法却下しました。
② 東京地判平23.5.26判タ1368号238頁

ある株主に対する会社の過去の不動産売却に係る利益について、会社が特別利益として計上してはならないのにこれを計上する会計処理を行い、これを計上して作成された貸借対照表等に基づいて行われた平成4～21年の定時株主総会における利益処分案の承認決議が無効であるとして、その株主が株主総会決議無効確認の訴えを提起した事案において、その不動産売却については同株主と会社等との間で紛争となった後、裁判上の和解が成立しており、会社等は当該和解に基づく義務を履行ずみであること、同株主の訴えの提起は上記会計処理から約18年後であり、その間も上記会計処理を容易に争いうる立場にあったにもかかわらず上記会計処理に疑問を呈したことはないこと、同株主は、上記不動産売却について感謝し、また、株主として利益配当を受け続けてきたこと等の事情を認定し、上記訴えの提起は、いったん解決をした上記過去の不動産売却についての紛争を蒸し返そうとするものであって、信義則上、訴権の濫用に該当するとして不適法却下しました。

また、以上のほか、訴権の濫用ではなく、権利の濫用と認めて、不適法却下ではなく、請求棄却をしたものとして、以下のものがあります。
③ 広島高判昭43.12.17金商230号5頁

従前より、株主総会や取締役会を開催したことはなく、随時相談して決めていたことを、これらの決議があったことにしてその議事録を作成していた同族会社において、自らも取締役であった株主が、当該会社において行われた役員選任の株主総会決議に対し、当該決議において自らも取締役に選任され、これを承諾して訴訟提起までの約7年間その職務を執行していながら、その間、当該決議の効力について異議を唱えることなく、訴訟提起後もその職務を続行していたにもかかわらず、実際に株主総会を開催した事実はないとして、当該決議に対して株主総会決議無効確認の訴えを提起した事案において、上記株主は役員として責任を負う立場にありながら、親族間における遺産分割に関する紛争において自らを有利な立場に導こうとする等の動機で上記訴えを提起したものと認定し、権利の濫用に該当するとして、請求棄却しました。

④　高知地判平3.12.24判時1424号119頁

有限会社を設立して代表取締役となった社員が、その有限会社における資金調達の便宜を図ってもらうために、別会社の代表取締役が選ぶ者をその有限会社の代表取締役として招聘し、上記別会社およびその代表取締役等に有限会社における経営を委ねる等していたところ、その後、対立が表面化したため、上記別会社の代表取締役の選ぶ者をその有限会社の取締役に選任する等した社員総会決議に対し、実際には社員総会が開催されていないこと等を理由として、その決議の不存在確認の訴えを提起した事案において、あらかじめ当該決議の内容について承認しており、社員としてその内容の決議をなすべき義務を負っていたにもかかわらず、社員総会が現実に開催されていないことのみを理由として当該決議の不存在を主張するのは、当該有限会社における経営権の争いの道具とするものであり、社員の従前の行動から著しく信義に反するものであって、権利の濫用として許容しがたいとして、請求棄却しました。

3　まとめ

以上のとおり、訴権の濫用が実際に認定された例は多くなく、また、一般的な判断基準を示したものはないようですが、上記2の裁判例の事案からすると、おおむね、裁判所は、具体的な事実関係について、訴訟の提起に至るまでの原告の従前の行動、瑕疵があると主張する株主総会決議に対する原告の態度（決議内容の了承・承認の有無等）、訴訟提起の目的その他の事情を考慮して、信義則上、株主総会決議不存在確認訴訟等訴訟提起が訴権の濫用に当たるかどうかを判断しているものと考えられます。また、権利の濫用と

判断する場合の判断基準についても、同様であると考えられます。

(小林隆彦)

197　担保提供命令

担保提供命令とはどのような制度ですか。

ポイント

株主および債権者による会社の組織に関する訴えの提起は、一定の要件を具備する場合には、被告である株式会社に対する不法行為（民法709条）に当たることがあります（最判昭63．1．26民集42巻1号1頁・判タ671号119頁）。担保提供命令は、このような場合に備えて、これにより会社が被る損害を担保するため、被告である会社の申立てにより原告に担保を立てさせる制度であり、これにより、濫用的な訴訟提起を防止することができます。担保提供命令の申立てをした被告は、応訴を拒むことができ、原告が裁判所の担保提供命令に応じない場合には、原告の訴えが却下されることになりますので、株主および債権者による会社の組織に関する訴えの提起に対する被告である株式会社側の対抗手段といえます。

担保提供命令の申立てには、「原告の訴えの提起が悪意によるものであること」という要件の疎明が必要ですが、この「悪意」とは、一般に、害意をいうものと解されています。害意が認められるかどうかについて、裁判例は、①会社の組織に関する訴えの請求が事実的・法律的根拠を欠き、成り立ちえないであろうことおよびそのことについて株主がある程度認識していたこと（請求の成否）と、②訴えの提起が株主としての正当な利益ではなく、会社への嫌がらせ目的、株主個人の満足目的等の手段として用いられていること（濫用目的）という2つの要素で判断しており、判断の中心となる要素は②であり、①は②の事実を立証するための重要な間接事実となるものと解されています。

解説

1　担保提供命令とは

(1)　意義および制度の趣旨

会社法は、株主総会決議の効力を争う訴訟である株主総会決議不存在確認の訴え（会社830条1項）、株主総会決議無効確認の訴え（同条2項）および株主総会決議取消しの訴え（会社831条1項。これらの訴えを以下「株主総会決議不存在確認の訴え等」といいます）等の会社の組織に関する訴えのうち、株主および債権者が提起することができるものについて、裁判所が、被告の申立てにより、被告が当該訴えを提起した原告が悪意であることを疎明したときは、原告に対して相当の担保を立てることを命ずることができるとし

第13章　株主総会をめぐる裁判手続　391

て、担保提供命令の制度を定めています（会社836条）。

担保提供命令の制度の趣旨は、会社の組織に関する訴えの提起が被告である株式会社に対する不法行為（民法709条）に当たる場合に備えて、被告の損害を担保し、濫用的な訴訟提起を抑制することにあると解されています（東京高決昭51．8．2判時833号108頁、東京地裁『類型別訴訟Ⅰ』382頁、江頭『論点６』176～177頁〔得津晶〕）。そのため、濫用的な訴訟提起のおそれの少ないと考えられる、取締役、執行役、監査役、清算人が訴えを提起した場合は除外されています。

(2) **担保提供命令の手続**

担保提供命令の申立ては、書面または口頭で行うことができ（民事訴訟規則１条１項）、申立ては、訴訟の審級にかかわらず行うことができるものとされています（大判昭６．７.31民集10巻10号759頁等）。

裁判所は、被告の担保提供命令の申立てについて理由があると認める場合、決定で、担保の額および担保を立てるべき期間を定めて担保の提供を命じます（民事訴訟法81条、75条１項・５項）。この決定に対しては、即時抗告をすることができます（民事訴訟法81条、75条７項）。

担保の額は、被告が将来不当訴訟に基づく損害賠償請求訴訟を提起したとすれば認容される額が主要な基準となり、提訴株主の悪意の態様等も考慮さ

れうると解されています（江頭「株式会社法」491頁）。

担保の提供は、担保提供命令の決定をした裁判所の所在地を管轄する地方裁判所の管轄区域内の供託書に金銭または裁判所が相当と認める有価証券を供託する方法その他最高裁判所規則で定める方法によらなければなりませんが（民事訴訟法81条、76条本文、民事訴訟法規則29条１項）、当事者が特別の契約をしたときは、その契約によることができます（民事訴訟法81条、76条ただし書）。

(3) **担保提供の時期および担保不提供の効果**

裁判所は、裁判所の定める担保を立てるべき期間内に原告が担保を提供しない場合には、判決前に担保を提供した場合を除いて、判決で、口頭弁論を経ることなく、訴えを却下することができます（民事訴訟法81条、78条）。ただし、担保を立てるべき期間を経過した後であっても、判決で訴えを却下する前に担保を提供した場合には、却下することができないものと解されます。

(4) **担保提供命令の使い方**

担保提供命令の制度により、被告である株式会社は、株主・債権者から会社の組織に関する訴えの提起を受けたときは、担保提供命令を申し立て、これが認められた場合には、原告が担保を立てるまでは応訴を拒むことができます（民事訴訟法81条、75条４項）。

また、原告が裁判所が定めた期間内に担保を提供しない場合には、裁判所は、訴えを却下することができるものとされています（民事訴訟法81条、78条）。

2 担保提供命令の要件である「原告の訴えの提起が悪意によるものであること」について

(1) 意義

担保提供命令が認められるためには、申立てを行う被告である株式会社において、株主および債権者である「原告の訴えの提起が悪意によるものであること」を疎明する必要があります。

この「悪意」の意義については、多数の裁判例がありますが、「悪意」とは「害意」、すなわち、会社の組織に関する訴えを手段として不当な利益を得る意図で訴えを提起したような場合を含め、株主としての正当な利益を擁護するという目的以外の商法が許容しない目的により訴えを提起した場合（大阪地決平10.7.7判タ1002号253頁）や株主の正当な権利行使としてではなく、いわゆる会社荒らしのように株主の権利を濫用してことさらに会社を困らせる目的で訴えを提供した場合などをいうものと解されています（東京高決昭51.8.2判時833号108頁）。

そして、請求原因の重要な部分に主張自体失当の点があり、主張自体を大幅に補充または変更しない限り請求が認容される可能性がない場合、請求原因事実の立証の見込みが低いと予測すべき顕著な事由がある場合、申立人の抗弁が成立して請求が棄却される蓋然性が高い場合等において、原告がこのような事情を認識しつつあえて訴えを提起したものと認められるときには「悪意」の存在が一応疑われるものとされています（前掲大阪地決平10.7.7）。

これらの裁判例における「悪意」の判断の動向は、①会社の組織に関する訴えの請求が事実的・法律的根拠を欠き成り立ちえないであろうことおよびそのことについて株主がある程度認識していたこと（請求の成否）と、②訴えの提起が株主としての正当な利益ではなく会社への嫌がらせ目的、株主個人の満足目的等の手段として用いられていること（濫用目的）という2つの要素で判断しているところ、判断要素の中心は②であり、①は②の事実を立証するための重要な間接事実となるものと解されています（江頭『論点6』179頁〔得津晶〕）。

これに対して、いわゆる総会屋の提訴など、提訴株主が代表訴訟を不法不当な利益を得る手段として利用する場合には、不当訴訟かどうかにかかわらず悪意が認められるとする見解もあります（江頭「株式会社法」491頁）。

(2) 具体的な事案における判断について

株主総会決議不存在確認の訴え等に

[「悪意」を認定した裁判例]

No.	日付	判断理由
①	名古屋高決昭46.8.9下民集22巻7～8号87頁	合併を承認する株主総会決議に対して、株主総会決議取消しの訴えを提起したが、原告は、当該決議後2回にわたり、会社を訪問し、会社が第三者に評価させた適正価格と認められる価格よりも著しく高い価格で保有する株式の買取りを申し入れており、また、決議に反対する株主に認められる株式買取請求権を行使していないことから、訴訟提起は悪意のもとになされたと認められるとした。
②	福岡高決昭47.11.7判タ289号219頁	合併に関する事項の報告を承認する株主総会決議に対して、合併の相手方である合併消滅会社の貸借対照表を参考資料として交付しなかったとして、株主総会決議無効確認の訴えを提起した事案において、無効事由に当たる瑕疵はなく、原告がそのことを認識しながらも、あえて訴えを提起したことは推認するにかたくないことから、株主としての正当な利益を擁護する目的のもとに本訴を提起したものであるか否かきわめて疑わしいばかりでなく、総会屋と目されるような言動に及んでいることがうかがわれるとして、悪意を認定した。
③	東京地決昭53.7.14判タ370号156頁	定時株主総会における各決議に対して、株主が発言の機会が与えられなかった等として株主総会決議無効確認の訴えを提起した事案において、(ア)同株主は発行済株式総数7,438万株のうち1株を有する株主にすぎないが、訴え提起後に1,000株を買い増したこと、(イ)同株主は前年の定時株主総会における各決議に対しても、株主総会決議取消しの訴えを提起したが、棄却判決が確定していること、(ウ)発言の機会が与えられなかったとする発言の内容は明らかではなく、当時、当該株主が定時株主総会の決議事項について株主としての利益保護のための発言の必要から、発言を予定してこれを求めたものとは認められないこと、(エ)同株主は他の会社に対しても株主総会決議取消しの訴えを提起し、数件が訴訟係属中であること、(オ)同株主自身、被告である会社が反省しない限り今後も同様の訴訟を続けると抽象的に主張し、目的はもっぱら判例をつくることにあると公言していることから、訴えの提起は、株主としての正当な利益を保護する目的を有せず、ことさらに申立会社を困らせる意図のもとになされたものと推認することができるとし、悪意を認定した。
④	東京地決昭62.11.27金法1268号137頁	定時株主総会における各決議に対して、株主の質問権を奪い著しく不公正で十分審議を尽くさないまま決議を行ったことおよび総会議場へのテープレコーダーの持込みを認めなかったことを決議取消事由として、株主が株主総会決議取消しの訴えを提起した事案において、(ア)同株主は、会社から購入した商品に関する個人的な苦情の申出を株主総会の場において質問の名を借りて再現しようとしたものと推認することができること、(イ)同株主がすでに会社以外の三社を被告として株主総会決議取消しの訴えを提起しいずれも敗訴していること、(ウ)決議取消事由と主張する「株主の質問権が奪われた」という点は、結局、株主が上記のような質問をする権利を奪ったということに帰すること、(エ)「株主総会へのテープレコーダーの持込みの禁止」という決議取消事由とは到底なりえないことを取消事由としてあげていることから、訴えの提起は、株主としての正当な権利利益を擁護・確保するという目的からではなく、これによって申立人を困惑させることを意図するとともに、百貨店業を営む著名な申立人を被告とする訴訟の提起とその遂行により自己の個

		人的心理的満足を得るために行ったものと推認することができるとし、悪意を認定した。
⑤	仙台地決平3.12.16金商904号12頁	定時株主総会における定款変更決議に対して、議長が株主の発言、質疑を不当に制限した著しく不公正な議事運営をした結果、得られたものである等と主張して、株主が株主総会決議取消しの訴えを提起した事案において、同株主は被告である銀行の元従業員で、自己に対する処遇に対する不満から銀行の経営陣に対して不穏当な誹謗中傷を繰り返し、転勤命令を不服として退職した者であること、同株主は退職後開始した不動産業において取得した銀行の支店に隣接する土地を銀行に買い取らせようとしたものの条件が折り合わず、銀行が適正価格を提示するように求めた翌日に訴えを提起したことから、訴え提起の目的は、株主の正当な利益を保護するための権利行使ではなく、銀行を困惑させて在職中の処遇に対する不満や土地取引をめぐる相手方の態度に対する不満を晴らすことにあったことが推認できるとし、悪意を認定した。
⑥	東京地決平5.3.24判時1473号135頁	定時株主総会における各種決議に対して、株主が株主総会において会社の経営者の適格性等について質問をしようとしたが、会社の総務部長から質問をしないように執拗に強要され、質問を断念せざるをえなかったから株主の議決権を妨害したものとして株主総会決議取消しの訴えを提起した事案において、(ア)同株主は、十数社の株主総会に出席して積極的に発言し、いわゆる特殊株主としての活動をしていたと認められるところ、仮に会社の総務部長が同株主の主張するような言動をしても、そのことにより同株主が予定していた質問を断念せざるをえなかったとは到底認められないこと、(イ)会社に電話をかけ、同株主の母親を、入院している同株主の父親のもとに送迎するための車を用意するように要求し、この要求を拒絶されると、数日の間に5、6回にわたって、会社に電話をして役員を電話口に出すように要求したこと、(ウ)会社の専務に同株主の父親の見舞いに来るよう要求し、これを拒絶されると、会社の人事部長や総務担当の取締役等を電話に出すように執拗に要求したこと、(エ)当該株主の姉を会社の社員として採用することを要求し、この要求が拒絶されると、人事部長や人事担当取締役等を電話に出すように執拗に要求したことから、訴訟の提起は、同株主の正当な利益を保護するための権利行使として行ったものではなく、被告である会社に対する理不尽な要求が拒絶されたことに関連して会社を困惑させる意図のもとに行ったものであると推認することができるとし、悪意を認定した。

関し、裁判例において、「悪意」を認定したものとしては、394〜395頁の表のものがあります。 （小林隆彦）

198 株主総会決議の効力を争う訴訟の判決の効力

株主総会決議の効力を争う訴訟の判決には、どのような効力が認められますか。

ポイント

株主総会決議不存在確認の訴え、株主総会決議無効確認の訴えおよび株主総会決議取消しの訴えにおいて請求を認容する確定判決には、対世効が認め

られています（会社838条）。

解説

民事訴訟の確定判決の効力は、①当該訴訟の当事者、②当事者が他人のために原告または被告となった場合のその他人、③①および②の口頭弁論終結後の承継人、および、④①〜③のために請求の目的物を所持する者にのみ生じることとされています（民事訴訟法115条1項各号）。

しかし、株主総会決議の瑕疵を争う訴訟である株主総会決議不存在確認の訴え（会社830条1項）、株主総会決議無効確認の訴え（同条2項）および株主総会決議取消しの訴え（会社831条1項。これらの訴えを以下「株主総会決議不存在確認の訴え等」といいます）において請求を認容する確定判決の効力は第三者に対しても生じるものとされ、いわゆる対世効が認められています（会社838条）。

このように対世効が認められた趣旨は、株式会社においては、株主総会決議を前提としてさまざまな法律関係が積み重ねられているため、これを否定する株主総会決議不存在確認の訴え等の認容判決が当事者間でのみ生じることとすると、法律関係の混乱を招くことから、例外的に第三者に対しても効力を生じることを認めることにより、法的安定性を図ることにあります（江頭『論点6』181頁〔得津晶〕）。

そのため、このような対世効が認められるのは、株主総会決議の効力を否定する株主総会決議不存在確認の訴え等において請求を認容する確定判決についてであり、請求を棄却する確定判決には対世効は認められていません。

（小林隆彦）

199 株主総会決議の効力を争う訴訟の手続

株主総会決議の効力を争う訴訟の手続について、次の点はどのように考えたらよいですか。

① 株主総会決議の不存在、無効および取消事由を訴え以外に主張することの可否
② 主張立証責任の所在
③ 請求の認諾または和解の可否
④ 自白の拘束力の有無
⑤ 認容判決確定後の手続
⑥ 訴額

ポイント

① 決議取消事由は訴えによって主張しなければなりませんが、不存在および無効の事由については、訴えによることができるほか、訴えによらなくとも、株主総会決議の不存在または無効を主張することができるものとされています。
② 株主総会決議無効確認の訴えおよび株主総会決議取消しの訴えについては、原告適格や無効事由・取消事由については原告に主張立証責任が

あるとされています。

他方、株主総会決議不存在確認の訴えについては、決議不存在の事由として、㋐招集手続等の違法が著しいため法律上の意義における株主総会決議が存在するとは認められない場合と㋑株主総会を開催した事実がなく、株主総会決議が存在するとは認められない場合がありますが、㋐の場合には、原告が不存在事由を主張立証し、他方、㋑の場合には、被告が当該決議が存在することを主張立証する必要があるとされています。

③　株主総会決議の効力を争う訴訟である株主総会決議不存在確認の訴え、株主総会決議無効確認の訴えおよび株主総会決議取消しの訴え（これらの訴えを以下「株主総会決議不存在確認の訴え等」といいます）については、請求の認諾または和解をすることはできないものとされています。

④　株主総会決議不存在確認の訴え等における自白の拘束力については、裁判例では、これを肯定するものと否定するものがあります。株主総会決議不存在確認の訴え等において当事者の処分権が認められないという理由で請求の認諾を認めないのであれば、自白の拘束力についても認められないものと考えることになると解されています。

⑤　株主総会決議不存在確認の訴え等の認容判決が確定した場合、効力が否定された決議についての登記が存在するときは、裁判所書記官が、その登記の抹消登記を登記所に嘱託することにより、登記を抹消することになります。

⑥　株主総会決議不存在確認訴訟等の訴額は1つの決議ごとに160万円とするものと定められています。なお、訴額が160万円である場合の訴訟提起に伴う手数料は1万3,000円です。

解　説

1　株主総会決議の不存在、無効および取消事由を訴え以外に主張することの可否

株主総会決議取消しの訴え（会社831条1項）は形成の訴えであることから、その認容判決が確定するまで株主総会決議は一応有効なものとして扱われ（神田秀樹『会社法〔第18版〕』（弘文堂、2016）197頁、江頭『論点6』152頁〔品谷篤哉〕）、その認容判決が確定することによってはじめて決議が取り消されたという法律関係が形成されることになります。

したがって、株主総会決議の取消事由については、訴えをもってのみ主張することができるものとされています（江頭『株式会社法』364頁、大隅＝今井『会社法論中』128頁）。

他方、株主総会決議不存在確認の訴

え（会社830条1項）および株主総会決議無効確認の訴え（同条2項）の訴えの性質は確認の訴えですので、これらの訴えによらなくとも、株主総会決議の無効を主張することができます（最一小判昭35.12.1裁判集民事47号73頁、神田『会社法〔第18版〕』200頁、大隅＝今井『会社法論中』138頁）。

2 主張立証責任の所在

(1) 株主総会決議無効確認の訴えおよび株主総会決議取消しの訴えについて

株主総会決議無効確認の訴えについては、原告において原告適格や無効事由を主張するものとされています（東京地裁『類型別訴訟Ⅰ』387頁）。

また、株主総会決議取消しの訴えについては、法律の要件を満たす場合に提起することができる形成の訴えであることから、原告において原告適格や取消事由を主張すべきとされています（東京地裁『類型別訴訟Ⅰ』387頁）。

もっとも、実際の訴訟においては、訴訟資料が被告側に偏在していることから、被告となる株式会社としても、株主総会決議が適法になされていることを基礎づける事実を反証として積極的に主張立証すべきであるいわれています（東京地裁『類型別訴訟Ⅰ』387頁）。

(2) 株主総会決議不存在確認の訴えについて

株主総会決議不存在確認の訴えについては、不存在事由として、①招集手続等の違法が著しいため法律上の意義における株主総会決議が存在するとは認められない場合と、②株主総会を開催した事実がなく、株主総会決議が存在するとは認められない場合があります。

このうち、①の場合には、原告がその違法を基礎づける事実を主張立証するする必要があるとされています（東京地裁『類型別訴訟Ⅰ』388頁）。

他方、②の場合には、被告である株式会社において、株主総会決議が存在することを主張する必要があるものとされています（東京地判昭38.2.1判タ141号154頁、今井宏『株主総会の理論』（有斐閣、1987）170頁）。

もっとも、一般的な債務不存在確認訴訟と同様に、争点を明確にするために、原告においても不存在事由に関する事情等は主張すべきとされています（東京地裁『類型別訴訟Ⅰ』388頁）。

3 請求の認諾または和解の可否

民事訴訟においては、一般に、いわゆる処分権主義（民事訴訟法246条）が採用され、当事者の判断による処分権限が認められていますので、請求の放棄・認諾（民事訴訟法266条1項）および和解をすることが認められています。

しかし、株主総会決議不存在確認訴え等における請求を認容する確定判決には、【198】のとおり、対世効（会社838条）が認められているため、当事

者には処分権限が認められませんので、株主総会決議不存在確認の訴え等においては、その認容判決と同内容の請求の認諾および和解をすることはできないものと解されています（東京地判昭46.2.22判時633号91頁、大隅＝今井『会社法論中』132頁）。

また、仮に請求の認諾または和解ができると解したとしても、和解調書または認諾調書（民事訴訟法267条）では請求認容の確定判決を前提とした抹消登記を職権により嘱託することはできないと解されています（東京地裁『類型別訴訟Ⅰ』389頁）。

4　自白の拘束力の有無

上記3のとおり、株主総会決議不存在確認の訴え等においてはその認容判決と同内容の請求の認諾および和解をすることはできないものと解されていますが、同様の問題として、自白の拘束力が認められるかが問題となります。

裁判例においては、自白に拘束力を認めるものが多いのですが（東京地判昭28.11.9新商判集（二）550頁、広島高岡山支判昭33.12.26高民集11巻10号743頁、前掲東京地判昭46.2.22、東京高判昭54.4.26判夕389号141頁等）、否定するものもあります（大阪地判昭28.6.29下民集4巻6号945頁）。この点については、理論的には、上記3のとおり、株主総会決議不存在確認の訴え等については当事者の処分権が認められないという理由で請求の認諾を認めないのであれば、自白の拘束力についても否定することになるものとの指摘がされています（大隅＝今井『会社法論中』132頁、東京地裁『類型別訴訟Ⅰ』388頁）。

5　認容判決確定後の手続

株主総会決議不存在確認の訴え等の認容判決が確定した場合において、効力が否定された決議についての登記が存在するときは、裁判所書記官は、職権で、遅滞なく、被告である会社の本店の所在地を管轄する登記所にその抹消登記を嘱託しなければならないものとされています（会社937条1項1号ト(1)および(2)）。

したがって、必要な抹消登記については、職権で行われることになります。

なお、この場合の登録免許税については、通常、被告となる会社が負担することはないため、認容判決を得た原告が裁判所に登録免許税の予納をすることになることに注意が必要です（東京地裁『類型別訴訟Ⅰ』389頁）。

6　訴　　額

民事訴訟においては、訴えを提起する場合には、訴額に応じて手数料を納めなければならず（民事訴訟費用等に関する法律3条1項）、この手数料は訴状に収入印紙を貼付して納めることになります（民事訴訟費用等に関する法律

8条前段)。そして、この手数料の算出の基礎となる訴額は、民事訴訟法8条1項および9条の規定により算定しますが、財産権上の請求に係る訴えでないものについての訴額は、160万円とみなされています（民事訴訟費用等に関する法律4条2項前段）。

この点、株主総会決議不存在確認の訴え等は、財産権上の請求に係る訴えではないものと解されていますので（裁判所書記官研修所『訴額算定に関する書記官事務の研究〔補訂版〕』（法曹会、2002）107～108頁）、その訴額は1つの決議ごとに160万円とされています（東京地裁『類型別訴訟Ⅰ』386頁）。そのため、仮に、株主総会決議不存在確認訴訟等の対象となる決議が1つであれば、訴額は160万円と算定され、訴訟提起に伴う手数料（収入印紙代）は1万3,000円です（民事訴訟の費用等に関する法律別表第一、一（一）および（二））。

1つの決議かどうかについては、役員の選任、解任、決算承認等決議の回数ごとに数えることとされ、同一の決議で複数の役員が選任された場合でも、それが1回の決議でなされている場合には、1個の決議と数えるものとされています（裁判所書記官研修所『訴額算定に関する書記官事務の研究〔補訂版〕』108頁、東京地裁『類型別訴訟Ⅰ』386頁）。

(小林隆彦)

200 株主総会決議取消しの訴えの出訴期間

株主総会決議取消しの訴えの出訴期間は、どのように定められていますか。また、出訴期間内に株主総会決議取消しの訴えを提起した場合に、出訴期間経過後に新たな取消事由を追加して主張することはできますか。

ポイント

株主総会決議取消しの訴えは、株主総会の決議の日から3カ月以内に提起することが必要です。

株主総会決議取消しの訴えを、株主総会の決議の日から3カ月以内に提起した場合に、出訴期間経過後に、それまでに主張していなかった新たな取消事由を追加して主張することはできません。

解　説

株主総会決議取消しの訴えについては、決議の効力を早期に安定させるため、出訴期間が設けられています。株主総会決議取消しの訴えは、株主総会の決議の日から3カ月の出訴期間内に提起することが必要です（会社831条1項）。この出訴期間の計算は、民法の期間の計算の通則により、株主総会の決議の日である初日を算入せずにその翌日から起算して（民法140条）、3カ月の期間の末日の終了をもって満了し

201 取締役会決議に基づかずに招集された株主総会または無権限者により招集された株主総会の決議の効力

取締役会設置会社において、代表取締役が取締役会決議に基づかないで株主総会を招集した場合や無権限者によって株主総会が招集された場合、株主総会の決議取消事由になりますか。

ポイント

取締役会決議に基づかない代表取締役による株主総会の招集は、原則として、決議取消事由に該当します。

取締役会決議に基づいているものの、無権限者によって株主総会が招集された場合については、決議取消事由ではなく、決議不存在事由に該当するとする見解と決議取消事由に該当するにすぎないとする見解があります。

取締役会決議に基づかずに、かつ、無権限者によって株主総会が招集された場合は、もはや、法律上の意義における株主総会とはいえないため、その株主総会における決議は不存在となります。

ます（民法141条）。ただし、3カ月の期間の末日が日曜日、国民の祝日その他の休日に当たるときは、その翌日に満了します（民法142条）。

株主総会の決議の日から3カ月以内に株主総会決議取消しの訴えを提起した場合でも、出訴期間経過後に、それまで主張していなかった新たな取消事由を追加して主張することはできません（最二小判昭51.12.24民集30巻11号1076頁・判タ345号195頁）。これは、このような取消事由の追加を認めると、決議の効力を早期に安定させるという株主総会決議取消しの訴えの制度の趣旨に反することになるためです。

なお、株主総会決議取消しの訴えの提訴権者が、決議無効確認の訴えを提起し、無効原因として主張していた瑕疵が取消原因に該当し、かつ、その訴えを株主総会決議取消しの訴えの出訴期間経過前に提起していた場合には、決議取消しの主張がなされたのが出訴期間経過後であったとしても、当該株主総会決議取消しの訴えは、出訴期間との関係では株主総会決議無効確認の訴え提起時に提起されたものと同様に取り扱われます（最二小判昭54.11.16民集33巻7号709頁・判タ406号86頁）。

（清野訟一）

解説

1 取締役会決議に基づかない代表取締役による株主総会の招集

株主総会の招集は、株式会社の運営において重要な事項に当たるため、取締役会設置会社では、株主総会を招集する際には、取締役会決議により一定の事項を定める必要があります（会社298条4項・1項）。そして、取締役会の招集決議に基づいて、代表取締役が業務執行として株主総会を招集します。

代表取締役が、取締役会決議に基づかないで株主総会を招集した場合、株主総会の招集が、取締役会決議に基づいているどうかは、株主には明らかではないことが一般的ですので、代表取締役による招集通知は、権限のある代表取締役による招集通知の外観を備えています。そこで、その招集通知によって開催された株主総会は、不存在とまではいえませんが、取締役会決議に基づかないで株主総会を招集したという瑕疵は、会社法298条4項・1項に違反する瑕疵で、軽微な瑕疵ではありませんので、それは決議取消事由に該当するとされています（最一小判昭46．3．18民集25巻2号183頁・判タ263号213頁）。

もっとも、代表取締役が、取締役会決議に基づかないで株主総会を招集した場合で、①代表取締役が会社での自己の支配権を確立し、原告を役員から排除することのみを目的して株主総会を開催した、②株主は原告と代表取締役の2名のみである、③原告は代表取締役に対して株主総会招集を決議した取締役会は無効である旨を通知していた、④会社が典型的な同族会社であり、一度も取締役会も株主総会も招集されたことがない、という特別な事情が認められる事例においては、株主や第三者の信頼の保護を考慮する必要はまったくなく、また、株主総会招集の目的が不当なものであることをあわせて考慮すると、株主総会を取締役会決議に基づくことなく招集したという瑕疵は、決議取消事由ではなく、不存在事由であるとした裁判例もあります（大阪高判平3．9．20判タ767号224頁）。

また、特殊な場面ではありますが、仮処分決定によって選任された代表取締役が、その常務外の行為である臨時株主総会の招集について、裁判所から常務外行為の許可を得なかった場合には、この株主総会は当然に無効（または不存在）になるのではなく、株主総会決議取消しの訴えによってのみ取り消されるにとどまるとされています（最一小判昭39．5．21民集18巻4号608頁・判タ163号77頁）。

2 取締役会決議に基づく代表取締役以外の者による株主総会の招集

上記1で述べたとおり、株主総会は、取締役会決議に基づいて代表取締

役が業務執行として招集しますので、招集権者は、代表取締役であると解されています。では、取締役会決議に基づいているものの、代表取締役以外の取締役によって株主総会が招集された場合に、決議取消事由に該当する招集手続の瑕疵（会社831条1項1号）があるといえるでしょうか。

定款において、株主総会を招集すべき代表取締役についての規定がある場合に、取締役会において代表取締役以外の取締役に特定の株主総会の招集権限を付与することができるかについては、これを認めるべきであるとする見解（大隅＝今井『会社法論中』15頁）と認めるべきでないとする見解（『新注会(5)』33頁〔前田重行〕）があります。

以上からすると、少なくとも、取締役会において代表取締役以外の取締役に招集権限が付与されていない場合、この株主総会の招集通知は無権限者による招集通知であり、瑕疵があることになります。この場合、招集手続の瑕疵は重大であり、決議取消事由ではなく、決議不存在事由に該当するとする見解（高松高判昭40.10.2判タ184号135頁・判時433号44頁、名古屋地判昭46.12.1判タ275号346頁・判時659号88頁）と、適法な取締役会決議に基づいているため、決議取消事由に該当するにすぎないとする見解があります（鈴木竹雄＝大隅健一郎編『総合判例研究叢書（第3）商法(5)』（有斐閣、1959）17頁〔大隅健一郎＝今井宏〕、西原寛一「株主總会の運営」田中耕太郎編『株式会社法講座(3)』（有斐閣、1956）845頁、『新注会(5)』37頁〔前田重行〕）。

3　取締役会決議に基づかない代表取締役以外の者による株主総会の招集

取締役会決議に基づかずに、かつ、代表取締役以外の取締役が招集した株主総会は、もはや、法律上の意義における株主総会とはいえないため、その株主総会における決議は不存在（会社830条1項）となります（最一小判昭45.8.20判タ253号163頁・判時607号79頁。ただし、決議不存在確認請求の類型が認められる以前の裁判例であるため、この事案の結論としては、決議無効確認請求が認容されています）。

また、取締役会決議に基づいて代表取締役が株主総会を招集したような外観がある場合でも、代表取締役の選任決議および取締役会の招集決議に手続規定に違反する重大な瑕疵があるためこれらの決議が無効または不存在であるときは、取締役会決議に基づかずに、代表取締役以外の者が招集したことになりますので、その株主総会の決議は、不存在になると解されます（東京高判昭62.10.28判タ674号190頁、最三小判平2.4.17民集44巻3号526頁、判タ732号190頁）。

（清野訟一）

202 株主に対する招集通知を欠いた場合

株主に対して招集通知がされなかったことは、決議取消事由となりますか。株主に対して招集通知がされなかった場合でも、株主全員が総会に出席したときは、手続の瑕疵は治癒されますか。

ポイント

株主に対して招集通知がされなかったことは、一般に、決議取消事由になりますが、招集通知がされなかった相手方の株式数が多数にのぼる場合には、決議取消事由にとどまらず、株主総会決議が不存在になります。

株主に対して招集通知がされなかった場合でも、株主全員がその開催に同意して出席し（いわゆる全員出席総会）、株主総会の権限に属する事項について決議をしたときは、招集通知未発送の瑕疵は治癒されます。

解説

株主総会は、株式会社の重要な事項についてその所有者である株主が集まって決議をする機会ですので、会社法は、株主に対して事前に、株主総会の日時、場所、株主総会の目的である事項を通知して、出席の機会と議事に参加するための準備の機会を与えなければならないものとしています（会社299条1項・4項）。したがって、株主に対して招集通知がされなかったことは、招集手続が法令に違反することになるため、決議取消事由になります（会社831条1項1号）。

しかしながら、裁判例では、招集通知がなされなかった相手方の株式数が多数にのぼる場合には、その瑕疵が重大であることから、決議取消事由にとどまらず、株主総会決議自体が不存在になるとされています。

ただし、招集通知を欠くなど招集権者による株主総会の招集の手続に瑕疵がある場合であっても、株主全員がその開催に同意して出席した、いわゆる全員出席総会において、株主総会の権限に属する事項について決議をしたときは、当該決議は有効に成立するものとされています（最一小判昭46.6.24民集25巻4号596頁・判タ265号141頁）。

また、株主の作成に係る委任状に基づいて選任された代理人が出席することにより株主全員が出席したこととなる株主総会において決議がされたときには、株主が会議の目的たる事項を了知して委任状を作成したものであり、かつ、当該決議が会議の目的たる事項の範囲内のものである限り、当該決議は、有効に成立するものとされています（最二小判昭60.12.20民集39巻8号1869頁・判タ583号68頁）。

さらに、実際に株主が集まったわけではなくても、株主の全員が実質的にある一定の者に株主総会の決議事項について包括的に委任し、これによって

株主の全員が同意したとみなされる等の特段の事情が認められる場合には、同意されたところに従って株主総会決議が成立するものと解されていますが（大阪地判昭63．3．30判時1313号151頁・商事1272号110頁）、それ以外の場合、すなわち、株主総会開催には同意していたが実際には意図していなかった内容の決議をされたような場合には、当該決議には決議取消事由または決議不存在事由があるということになります。

(清野訟一)

203 口頭による招集通知および法定期間が守られなかった招集通知

招集通知が口頭でなされた場合や、株主総会までの法定期間を守らずにされた場合は、決議取消事由となりますか。

ポイント

取締役会設置会社においては、招集通知が口頭でされた場合、決議取消事由に該当することになります。取締役会非設置会社では、株主総会に出席しない株主が書面等によって議決権を行使することができることとしなかった場合には、招集通知を書面等によらないですることができますので、この場合には、決議取消事由には該当しません。

株式会社が招集通知を発するにあたって、法定期間を守らなかった場合は、決議取消事由に該当するとされています。

解説

1 口頭による招集通知

取締役会設置会社においては、株主総会の招集通知は書面で発するか（会社299条2項2号）、または、株主の承諾を得て電磁的方法によって発する必要があります（同条3項）。したがって、取締役会設置会社において、招集通知が口頭でされた場合、招集手続は、これらの規定に違反しますので、瑕疵があることになり、決議取消事由に該当します（会社831条1項1号）。

取締役会非設置会社においては、株主総会に出席しない株主が書面または電磁的方法によって議決権を行使することができることとしなかった場合には（会社298条1項3号・4号参照）、招集通知を書面または電磁的方法によって発する必要はありません（会社299条2項1号参照）。したがって、この場合には、口頭による招集も適法であるため、招集手続に瑕疵はありませんので、決議取消事由には該当しません。

2 法定期間を置いて発送されなかった招集通知

株式会社は、株主総会を招集するには、株主総会の日の2週間前まで（通知の発信の日は、民法の期間計算の通則

（民法140条）により算入しませんので、発信の日から株主総会まで中14日あることが必要です）に、株主に対して招集通知を発する必要があります（会社299条1項）。

ただし、非公開会社では、株主総会に出席しない株主が書面または電磁的方法によって議決権を行使することができることとしなかった場合には（会社298条1項3号・4号参照）、株主総会の日の1週間前まで（発信の日から株主総会まで中7日あることが必要です）に、株主に対して招集通知を発すれば足ります（会社299条1項カッコ書）。これは、非公開会社では、日頃の会社と株主の間および株主相互間の連絡が緊密なはずであることから、準備期間が短くても問題はないと考えられるためです（江頭『株式会社法』326頁、相澤哲＝細川充「株主総会等」商事1743号20頁）。

さらには、非公開かつ取締役会非設置の株式会社では、株主総会に出席しない株主が書面または電磁的方法によって議決権を行使することができることとしなかった場合には（会社298条1項3号・4号参照）、定款で定めた期間までに、株主に対して招集通知を発すれば足ります（会社299条1項カッコ書）。これは、株式譲渡の承認の決定等、より迅速な株主総会の開催が必要になる場合（会社139条1項、140条5項、145条）もあると考えられるためです。

そして、裁判では、株主総会の招集期限が会社法により定められているのは、株主に出席の機会と準備の機会を与えるためであり、株式会社が招集通知を発するにあたって、招集期限を守らなかった場合は、決議取消事由に該当するとされています（最一小判昭44.12.18裁判集民事97号799頁、最一小判昭46.3.18民集25巻2号183頁・判タ263号213頁）。また、裁判例では、株主総会の招集通知が、法定の招集通知期間に2日足りない期日に発せられた場合、決議取消事由に該当するとされています（東京地判昭54.7.23判タ401号158頁・判時964号115頁）。

一方、株主総会の招集通知がなされなかったとしても、株主が株主総会においてこれについて異議を述べなかった場合は、瑕疵は治癒されたとしている裁判例がありますが（大阪地判昭37.5.23判時316号24頁）、これに対しては、株主が株主総会に出席しただけでは招集手続の瑕疵は治癒されることはなく、また、株主が議案に賛成を投じるなどしても、株主は瑕疵を争えるとする反対説があります（今井宏『株主総会の理論』（有斐閣、1987）138頁）。

（清野訟一）

204 議決権のない株主等への招集通知

議決権のない株主等に対して、招集通知を発する必要がありますか。名

義書換えが未了の株主に対しては、どうですか。

また、これらの株主に対する招集通知を欠いた場合は、決議取消事由になりますか。

ポイント

議決権のない株主等に招集通知を発する必要はありませんので、議決権のない株主等への招集通知を欠いたことが決議取消事由に該当することはありません。

名義書換えが未了の株主に対しては、原則として、招集通知を発する必要はありません。ただし、会社が株主名簿の名義書換えを不当に拒絶しているような場合などには、招集通知を欠いたことが決議取消事由に該当する可能性があります。

解説

会社法上、株主総会において決議をすることができる事項の全部につき議決権を行使することができない株主（議決権のない株主）に対しては、招集通知を発する必要はありません（会社298条2項カッコ書、299条1項）。したがって、議決権のない株主等に対する招集通知を欠くことが決議取消事由に該当することはありません。

また、株式の譲渡は、株式を取得した者の氏名または名称および住所を株主名簿に記載しなければ、株式会社その他の第三者に対抗することができません（会社130条1項）。株式会社は、株主名簿上の株主を株主として取り扱って、株主名簿に記載され、または記録されている株主の住所に宛てて招集通知を発すれば、免責されます（会社126条1項）。したがって、株式会社は、原則として、名義書換えが未了の株主に対して、招集通知を発する必要はありません。

ただし、株式会社が株主名簿の名義書換えを不当に拒絶しているような場合には、名義書換請求者は、名義書換えなしに株主であることを主張することができ（最一小判41.7.28民集20巻6号1251頁・判タ195号83頁）、また、名義書換請求者を株主として扱わなかった株主総会決議には瑕疵があるものとして、株主総会決議取消しの訴えを提起できるとされています（江頭『株式会社法』207頁）。

また、裁判例においては、株式会社は、株主名簿に記載されている者が真実の株主ではないことおよび株主名簿に記載されていない者が真実の株主であると知っている場合には、真実の株主に招集通知を発すべきであり、株主名簿に記載されている者に招集通知を発したことをもって、真実の株主に招集通知を発しなかったことの責任を免除されるものではないとされています（東京地判昭32.5.27判タ70号109頁）。

なお、株式会社は、自己の危険において、株主名簿の名義書換えが未了であっても、基準日以前から株式を取得

していた者を株主と認め、その者に対して、招集通知を発することができます（最一小判昭30.10.20民集9巻11号1657頁・判タ53号41頁、『新注会(5)』43頁〔前田重行〕、江頭『株式会社法』211頁）。ただし、その場合には、株主名簿上の株主に対して招集通知を発した場合に認められる上記の免責は認められません。

以上のとおり、議決権のない株主等に招集通知を発する必要はありませんが、株主名簿の名義書換えを不当に拒絶しているような場合や株式会社が真実の株主であると知っている者に対して、招集通知を発しなかった場合には、決議取消事由に該当する可能性があります。　　　　　　　（清野訟一）

205 招集通知等の記載事項の不備

招集通知等の記載事項に不備がある場合、決議取消事由になるのか教えてください。

ポイント

株主が株主総会に向けた準備ができないような記載事項の不備や、反対株主が株式買取請求権を適切に行使することができないような記載事項の不備は、決議取消事由となります。

解説

1 株主総会の日時および場所の記載不備

株主総会招集通知には、株主総会の日時および場所を記載する必要があります（会社299条4項、298条1項1号）。株主総会の日時および場所の記載がない場合、株主は、株主総会の日時および場所を把握することができず、株主総会に出席するための準備を行うことができませんので、そのような招集通知は不適法となり、決議取消事由に該当します。

旧商法では、株主総会は、定款に別段の定めがある場合を除き、本店の所在地またはこれに隣接する地に招集することが必要でしたが（旧商法233条）、会社法では、株主総会の開催場所は原則として自由に決めることができるようになりました（会社298条1項1号）。したがって、外国会社の100％子会社のように、外国居住の株主しかいない場合にその外国で株主総会を開催することや、出席株主がきわめて多い場合に本店と支店の所在地等複数の場所で株主総会を開催することも可能です（相澤哲＝細川充「新会社法の解説(7)」商事1743号22頁）。ただし、株主総会の場所を過去に開催した株主総会のいずれの場所とも著しく離れた場所と決定した場合（株主総会の場所が定款で定められたものである場合または当該場所で

開催することについて株主総会に出席しない株主全員の同意がある場合を除く）、そのように決定した理由を定める必要があります（会社298条1項5号、会社則63条2号）。

そして、会社法が株主総会の開催場所に制限を設けなかったのは、適切な場所・会場での開催を可能とするためで、株主の出席や議決権行使を妨げることを認めたものではありませんので、株主の出席を困難にするような場所で株主総会を開催した場合、招集手続が著しく不公正なものとして取消事由になるとされています（会社831条1項1号、東弁『ガイドライン』2頁）。

また、招集通知で通知された株主総会の日時および場所の変更については、通説は、やむをえない理由があり、かつ、株主等に対する適切な周知方法がとられれば、許されるとしています（広島高松江支判昭36．3．20下民集12巻3号569頁、江頭『株式会社法』324頁、大隅＝今井『会社法論中』28頁）。もっとも、株主総会当日における会場・開会時刻の変更は、招集手続に瑕疵があることになって決議取消事由になるとした裁判例があります（東京地判昭30．7．8判タ50号57・59頁・判時56号6頁）。

2 株主総会の目的である事項の記載不備

株主総会招集通知には、株主総会の目的である事項（議題）があるときは、当該事項を記載する必要があります（会社299条4項、298条1項2号）。「株主総会の目的である事項があるとき」との定めになっているのは、公開会社ではない非取締役会設置会社について（会社309条5項の反対解釈）、決議事項や報告事項を定めずに株主総会を招集したうえで、株主総会の場で必要に応じて、これらの事項を定めることを想定したものです（相澤哲編著『立法担当者による新・会社法の解説（別冊商事295号）』（商事法務、2006）77頁注5）。

招集通知に議題を記載することが求められているのは、前もって株主に議題を周知し、株主が株主総会のための準備を行うことができるようにするためです。したがって、招集通知における議題の記載は、株主が株主総会のための準備を行うのに十分な記載である必要があり、かつ、それで足りますので、議題は、議案の輪郭を示し、決議事項が何であるかを知りうる程度の記載は必要ですが、それで足り、詳細な内容を示すことは必要ではないとされています（大隅＝今井『会社法論中』30頁、鈴木竹雄＝竹内昭夫『会社法〔第3版〕』（有斐閣、1994）230頁）。

以上より、通常、取締役の選任については「取締役〇名選任の件」、取締役の解任については「取締役〇〇解任の件」と記載されており、その程度の記載で適法であるとされています。

他方、招集通知に「定款の一部変更

の件」との記載があるだけで、具体的な定款変更の内容の記載がない場合には、株主は具体的に議題の内容を知ることができず、また、招集通知の記載から議題の内容を推測することもできませんので、招集手続に違法があり、決議取消事由に当たることになるとされています（名古屋地判昭46.12.27判タ274号212頁・判時660号88頁。鈴木竹雄＝大隅健一郎編『総合判例研究叢書（第3）商法(5)』（有斐閣、1959）45頁〔大隅健一郎＝今井宏〕）。

また、参考書類の記載不備や計算書類の不備も（ただし、取締役会非設置会社では、計算書類等を送付する必要はありません（会社437条））、株主が株主総会のための準備を行うことができませんので、招集通知は不適法であり、決議取消事由になるとされています（大阪地裁支判昭63.9.28判時1295号137頁）。

ただし、招集通知の内容の不備や参考書類等の不備は、その不備の程度によって、招集手続の瑕疵に当たらないとされる場合もありえますし、瑕疵に当たる場合でも、裁判所が、その違反する事実が重大でなく、かつ、決議に影響を及ぼさないものであると認めて、裁量で決議取消請求を棄却（裁量棄却）する余地があります（東京地裁『類型別訴訟Ⅰ』403頁）。また、株主総会の招集通知に添付された貸借対照表とその監査報告書謄本に作成者の署名または署名押印がない場合について、招集手続に瑕疵はないとした裁判例もあります（名古屋地判昭57.6.22判タ477号206頁・判時1057号139頁）。

3　組織再編行為等の議案またはその概要の記載不備

事業譲渡は株主総会決議事項であり（会社467条）、株主に対し、あらかじめ議案に対する賛否の判断をするに足りる情報を提供し、反対株主の株式買取請求権（会社469条1項・2項）を適切に行使することができるようにする必要があります。そこで、事業譲渡に関する決議をするための株主総会の招集通知には、議案（会社299条4項、298条1項5号、会社則63条3号イ、73条1項1号）またはその概要（会社299条4項、298条1項5号、会社則63条7号ホ）を記載しなければならないものとされています。旧商法のもとにおいては、事業譲渡の承認決議をする株主総会の招集通知に事業譲渡の要領が記載されていない場合、招集手続に瑕疵があり、この場合には、その瑕疵が重大ではないといえないため、裁量棄却することはできないとされていました（最一小判平7.3.9判タ877号176頁・判時1529号153頁）。この判例の趣旨からすると、会社法のもとにおいても、事業譲渡の承認決議をする株主総会の招集通知に事業譲渡の内容または概要の記載がない場合には、招集手続に瑕疵があると解されます。また、合併（会社748条、785条、116条）等の組織再編行為または定款変更により株式譲渡

を制限する場合（会社107条2項、116条）などには、反対株主には株式買取請求権が認められているため、招集通知に議案またはその概要の記載（会社則63条3号イ・7号ヘ・ト等）を欠けば、決議取消事由になり、その瑕疵が重大であるために裁量棄却もできないと解されます（東京地裁『類型別訴訟I』404頁）。　　　　（清野訟一）

206　監査手続等の不備

監査役の監査等を受けないで作成された計算書類を承認する定時株主総会決議には、取消事由が認められますか。また、事業年度の途中まで取締役であった者が監査役に選任され、その監査役が当該事業年度の計算書類等の監査を行った場合は、どうですか。

ポイント

監査役の監査等を受けないで作成された計算書類を承認する定時株主総会決議については、現在の裁判例および多数説は、決議の方法に法令違反があり、決議取消事由に該当するとしています。また、事業年度の途中まで取締役であった者が監査役に選任されて、その監査役が当該事業年度の計算書類等の監査を行った場合には、決議取消事由には該当しないとされています。

解説

株式会社においては、機関設計に応じて、計算書類等は、監査役や会計監査人等の監査を受け（会社436条1項・2項）、また、取締役会の承認を受けなければならず（会社436条3項）、監査等を経た計算書類は、定時株主総会の承認を受けなければなりません（会社438条1項・2項。会計監査人設置会社の特則（会社439条）が適用される場合には、取締役が定時株主総会で計算書類の内容を報告すれば足ります）。

監査役の監査等を受けていない計算書類を承認する定時株主総会決議については、現在の裁判例および多数説は、決議の方法に法令違反があり、決議取消事由に該当するとしています（最二小判昭54.11.16民集33巻7号709頁・判タ406号86頁参照、東京地判昭60.3.26金商732号26頁）。ただし、古い裁判例には、取締役が株主総会において計算書類の承認を得られないかもしれないより大きな危険を負担したまま、定時株主総会に臨まなければならないだけで、このような懈怠をもって株主総会の招集または決議の瑕疵ということはできないとしたものもあります（東京地判昭28.3.9下民集4巻3号368頁）。

また、事業年度の途中で招集された株主総会において、それまで取締役であった者が監査役に選任されて（いわゆる「横すべり監査役」）、その監査役

が当該事業年度の計算書類等の監査を行ういわゆる自己監査が生じた場合に、計算書類を承認する定時株主総会決議の効力は影響を受けるでしょうか。

会社法上、監査役は、株式会社もしくはその子会社の取締役もしくは支配人その他の使用人または当該子会社の会計参与もしくは執行役を兼ねることができないとされていますが（会社335条2項）、この規定は、監査役の欠格事由を定めたものではなく、取締役を辞任して監査役となることは否定されていないとされています（最三小判平元.9.19判タ732号194頁・判時1354号149頁参照）。さらに、会社法上、監査役の任期と監査期間の一致は要求されていませんので（会社336条）、会社法は、監査期間の中途で取締役を辞任して監査役になった者による、いわゆる自己監査を許容する趣旨であると考えられますので、自己監査がなされたとしても、自己監査がなされた計算書類を承認する定時株主総会決議の効力には、影響を与えないとされています（最三小判昭62.4.21商事1110号79頁〔原審東京高判昭61.6.26判タ621号179頁・判時1200号154頁〕）。

（清野訟一）

207 議題提案権、議案提案権または議案の通知請求権の行使無視

株主の議題提案権、議案提案権または議案の通知請求権の行使を無視した株主総会決議を行った場合、決議取消事由となりますか。

ポイント

株主が、会社提案に対する修正提案または反対提案として議案を提出し、それが適法な議案の提案であるにもかかわらず、株式会社が議案の要領を招集通知に記載しない場合には、株主提案に対応する会社提案の議案についての決議取消事由になります。

議題提案権の行使に対する不当拒絶については、裁判例・多数説は招集手続全体の瑕疵ではないため、その株主総会における他の決議の瑕疵にはならないとしています。

解説

株主は、一定の要件を満たした場合、一定の事項を株主総会の目的（議題）とすることを請求することができる議題提案権（会社303条）、株主総会において議題につき議案を提出することができる議案提案権（会社304条）および議題につき自己が提出しようとする議案の要領を招集通知に記載することを請求することができる議案の通知請求権（会社305条）を有しています。

株主が、会社提案に対する修正提案または反対提案として議案を提案し、それが適法な議案の提案であるにもかかわらず、株式会社が、これを採用せず、議案の要領を招集通知に記載しな

い場合には、株主提案に対応する会社提案の議案についての決議取消事由になります（通説、江頭『株式会社法』331頁、『新注会(5)』85頁〔前田重行〕、多田晶彦「株主提案権の行使と株主総会の運営」家近正直編『現代裁判法大系⒄会社法』（新日本法規出版、1999）144頁）。

一方、会社提案とは別個の追加提案の拒否に当たるときは、当該追加提案に対応する取り消すべき決議が存在することはないため、決議取消事由の存否の問題にはならないとされていますが（東京地判昭60.10.29金商734号23頁、東京地判平23．4．14資料版商事328号64頁）、例外的に、①当該事項が株主総会の目的である事項と密接な関連性があり、株主総会の目的である事項に関し可決された議案を審議するうえで株主が請求した事項についても株主総会において、検討、考慮することが必要、かつ、有益であったと認められる場合であって、②上記の関連性のある事項を株主総会の目的として取り上げると現経営陣に不都合なため、会社が現経営陣に都合のよいように議事を進行させることを企図して当該事項を株主総会において取り上げなかったときに当たるなど、特段の事情が存在する場合に限り、決議取消事由（会社831条１項１号）に該当すると解されています（東京高判平23.9.27資料版商事333号39頁）。

また、議題提案権の行使に対する不当拒絶については、招集通知もれの場合と同様に、当該株主総会決議の全体に影響を及ぼす共通の手続的瑕疵であることを理由とし、当該株主総会でなされた決議のすべての取消原因となるとする見解もありますが、裁判例・多数説は招集手続全体の瑕疵ではないため、その株主総会における他の決議の瑕疵にはならないとしています（江頭『株式会社法』328頁、北沢正啓『会社法〔第６版〕』（青林書院、2001）312頁、大隅＝今井『会社法論中』44頁、『新注会(5)』85頁〔前田重行〕。東京地判昭60.10.29金商734号23頁、東京高判昭61．5．15判タ607号95頁・商事1079号43頁、東京地判平23．4．14資料版商事328号64頁、東京高判平23．9．27資料版商事333号39頁）。

（清野訟一）

208 その他の招集手続に関する決議取消事由

以上（【201】〜【205】）のほかに、どのような場合に株主総会の招集の手続が法令もしくは定款に違反し、または著しく不公正であるとして、決議取消事由となりますか。

ポイント

適法な招集手続を経ていない場合であっても、全員出席総会であれば、株主総会は適法に成立しますが、委任者である株主が議案の内容がわからないままで議決権行使に関するいっさいの

第13章 株主総会をめぐる裁判手続

権限を代理人に白紙委任し、または株主総会の場でまったく新たに提案された議案について決議されたような場合には、当該株主総会決議には決議取消事由が認められる可能性があります。また、全員出席総会といえども、取締役全員が排除されていた場合には、決議取消事由に該当する可能性があります。

解説

　株主総会の招集は、株式会社の運営において重要な事項に当たるため、取締役会設置会社では、株主総会を招集する際には、取締役会決議により一定の事項を定める必要があります（会社298条4項・1項）。そして、取締役会により招集することが決議された株主総会は、代表取締役が業務執行として招集することになります。しかしながら、このような適法な招集手続を経ていない場合であっても、株主全員が株主総会の開催に同意して出席すれば、全員出席総会として、株主総会は適法に成立します（最一小判昭46．6．24民集25巻4号596頁・判タ265号141頁、最二小判昭60.12.20民集39巻8号1869頁・判タ583号68頁、江頭『株式会社法』326頁）。

　また、委任状に基づいて選任された代理人が出席することでも全員出席総会として株主総会が適法に成立するかについては、株主が会議の目的事項を了知して委任状を作成し、かつ、株主総会での決議が会議の目的事項の範囲内であれば、全員出席総会と認められます（最二小判昭60.12.20民集39巻8号1869頁・判タ583号68頁、江頭『株式会社法』326頁）。裁判例では、少人数の同族株主からなる閉鎖的会社やこれに類似する会社において、株主の全員が株主総会の特定の決議事項について同意し、かつ、その同意されたところを株主総会の決議とすることに異議のない場合やさらに、実質的にある一定の者に株主総会の決議事項について包括的に委任し、これによって株主の全員に同意されたとみなされる等の特段の事情が認められる場合には、株主総会決議が有効に成立するとされています（大阪地判昭63．3．30判時1313号151頁）。

　しかしながら、委任者である株主が議案の内容がわからないままで議決権行使に関するいっさいの権限を代理人に白紙委任し、あるいは株主総会の場でまったく新たに提案された議案について決議されたような場合には、たとえ代理人を含む全株主の出席があったとしても、当然には有効な株主総会とはいえず、当該株主総会決議には決議取消事由が認められる可能性があります（法曹会編『最高裁判所判例解説民事篇昭和60年度』（法曹会、1989）491頁〔篠原勝美〕）。

　もっとも、全員出席総会といえども、取締役全員が排除されていた場合には、決議取消事由に該当するとする説（江頭『株式会社法』326頁、大隅＝

今井『会社法論中』84頁、西原寛一「株主總会の運営」田中耕太郎編『株式会社法講座(3)』(有斐閣、1956) 859頁、近藤弘二「株主総会決議取消・無効確認・不存在確認の訴え」竹下守夫＝藤田耕三編『裁判実務大系(3)会社訴訟・会社更生法〔改訂版〕』(青林書院、1994) 13頁) と、取締役の欠席は当然には株主総会決議の瑕疵にはならないとする説(法曹会編『最高裁判所判例解説民事篇昭和46年度』(法曹会、1972) 482頁〔輪湖公寛〕、東京地裁『類型別訴訟Ⅰ』393頁) があります。したがって、取締役全員が株主総会から排除されていた場合には、株主全員が出席していたとしても、決議取消事由に該当する可能性がありますので、この点に留意が必要です。

(清野訟一)

209 議決権行使に関する代理人資格および代表権の瑕疵

議決権行使に関する代理人資格や代表権の瑕疵により、決議取消事由となることがありますか。

ポイント

株式会社が相当な方法によって代理権または代表権を確認した場合で、かつ、株式会社が当該代理人または代表者等に代理権または代表権がないことについて善意であるときには、代理人または代表者が後になって代理権または代表権がなかったとされたとしても、株式会社は免責され、決議の瑕疵にはならないと考えられます。

解 説

株主総会においては、権限のない者に議決権行使を認めた場合も、または権限のある者に議決権行使を認めなかった場合も、議決権行使についての瑕疵となり、当該株主総会における決議取消事由となります。

以下、議決権行使に関する代理人資格の瑕疵と議決権行使に関する代表権の瑕疵に分けて詳述します。

1 議決権行使に関する代理人資格の瑕疵

(1) 代理権を証明する書面

会社法上、株主は、代理人によって株主総会の議決権を行使することができるとされていますが、この場合には、当該株主または代理人は、代理権を証明する書面を株式会社に提出しなければならないとされています(会社310条1項)。

この規定の趣旨については、代理権授与行為を代理権授与者が委任状に署名または記名押印することによってのみその効力を生ずる書面行為としたものであり、したがって、署名または記名押印のない委任状による代理権授与は無効であると考えられています(田中耕太郎編『株式会社法講座(3)』(有斐閣、1956) 924頁〔大森忠夫〕)。

また、一般的に、株式会社が株主に対して議決権の行使に関する白紙委任状用紙を送付して議決権の代理行使を勧誘することが行われていますが、このような慣行は、会社の役員の地位の維持強化に役立つことになるとの弊害が認められるものの、議決権の代理行使そのものが認められる以上、白紙委任状も有効であると考えられています（大隅＝今井『会社法論中』65頁）。

さらに、代理権を証明する書面として委任状が提出された場合でも、委任者が株主であることが証明されたことにはなりませんので、議決権の代理行使の場合には、委任状に加えて、委任状の委任者が株主であることを証明する本人確認書類の添付も必要となります。

どのような書類を本人確認書類として認めるかについては、全国株懇連合会が公表している「株主本人確認指針」（平成20年12月5日全国株懇連合会理事会決定、平成28年8月26日最終改正）が参考となり、「株主本人確認指針」では、「発行会社が作成し、株主の登録住所宛に送付された書類等」（議決権行使書、配当金領収書）、印鑑の押印と当該印鑑の印鑑証明書、運転免許証、各種健康保険証、国民年金手帳、個人番号カード等が本人確認書類に該当するとされています。

そして、裁判例では、全国株懇連合会が作成したモデル定款等に依拠して、株式取扱規程で代理権の証明方法が規定されている状況において、当該株式取扱規程に基づいて、委任状に本人確認書類の添付を求めることは、違法とはいえないとされています（東京高判平22.11.24資料版商事322号180頁）。

なお、上場会社では、平成21年1月5日に株券電子化制度に移行し、届出印制度が廃止されたため、委任状の印鑑と株主本人の届出印の印鑑照合を行うということはなくなりましたが、非上場会社で届出印制度を採用している場合には、印鑑照合により、委任状の真正を判断することが考えられます（東弁『ガイドライン』38頁）。

(2) **代理権の確認後に代理権がなかったことが判明した場合の取扱い**

株式会社が相当な方法によって代理人の代理権を確認した場合において、株式会社がその代理人に代理権がないことについて善意であるときには、後にその代理人の代理権がなかったとされたとしても、株式会社は免責され、決議の瑕疵にはならないと解されます（大隅＝今井『会社法論中』63頁、東京地裁『類型別訴訟Ⅰ』412頁）。

2 議決権行使に関する代表権の瑕疵

株式会社の株主である法人の代表者がその株式会社の株主総会で議決権を行使した場合において、後にその法人の代表者の代表者選任決議が取り消されたときには、その法人の代表者による議決権行使の影響を受けた株式会社

の株主総会決議が瑕疵を帯びるのかが問題になります。

このような場合には、上記1(2)の場合と同様に、その株式会社が相当な方法によってその法人の代表者の代表権を確認し、かつ、その株式会社が法人の代表者に代表権がないことについて善意であるときには、法人の代表者の代表権の欠缺は、その株式会社の決議の効力には影響を与えないとするのが相当であると考えられます。また、その法人の代表者がその作成した委任状により従業員または職員等に議決権を行使させた場合も、同様であると考えられます（東京地裁『類型別訴訟Ⅰ』413頁）。

（清野訟一）

210 議決権行使の代理人資格の株主への限定

株式会社の議決権行使の代理人資格を定款で株主に限定している株式会社では、どのような者に代理人として議決権の行使を認めた場合に、決議取消事由になりますか。また、議決権の行使を拒絶した場合については、どうですか。

ポイント

法人の従業員等による議決権の代理行使の場合および法定代理人による議決権の代理行使の場合には、原則として決議の瑕疵には該当せず、決議取消事由とはなりません。

弁護士による議決権の代理行使の場合、あらかじめ代理人の氏名および職種が伝えられているなどの事情により、株主総会が攪乱されるおそれがないことを判断できるような場合や、株主総会が攪乱されるおそれがないことを容易に判断できるような場合でない限り、当該弁護士に議決権を行使させなくても決議の瑕疵には該当せず、決議取消事由とはなりません。

病気や老齢等の事情を有する株主にかわる親族による議決権の代理行使の場合には、具体的な事情次第ではあるものの、株主総会が攪乱されるおそれがない場合には、当該親族に議決権の代理行使を認めても、決議の瑕疵には該当せず、決議取消事由とはなりません。

解　説

1　議決権の代理行使を制限する定款の規定

会社法上、株主は、代理人によって株主総会の議決権を行使することができるとされていますが（会社310条）、多くの株式会社では、定款により、代理人資格を他の株主に制限しています。この定款による代理人資格の制限は、株主総会が株主以外の第三者により攪乱されるのを防止し、株式会社の利益を保護しようとする趣旨に出たものと認められ、合理的な理由による相当程度の制限ということができるた

第13章　株主総会をめぐる裁判手続

め、有効であるとされています（最二小判昭43.11.1民集22巻12号2402頁・判タ229号154頁、江頭『株式会社法』340頁注(6)）。

定款による代理人資格の制限の趣旨が以上のようなものであるとすると、株主総会が株主以外の第三者により攪乱されるおそれがなく、かえって代理人による議決権の代理行使を認めないとすれば株主の議決権行使の機会を奪うに等しい不当な結果をもたらすような場合には、会社は、議決権の代理行使を制限する定款の規定により、代理人による議決権の行使を拒むことはできません（江頭『株式会社法』340頁注(6)、奥島孝康ほか編『新基本法コンメンタール会社法2〔第2版〕』（日本評論社、2016）43頁〔高橋英治〕、最二小判昭51.12.24民集30巻11号1076頁・判タ345号195頁・判時841号96頁参照）。

以下、具体的な場面について検討します。

2　法人の従業員等による議決権の代理行使の場合

法人名義の株式について、法人の従業員等が議決権を代理行使しようとする場合には、法人の従業員等は、法人という組織のなかの一員として上司の命令に服する義務を負い、議決権の代理行使にあたって法人である株主の代表者の意図に反するような行動をすることはできないようになっていますので、株主である法人がその従業員等を代理人として株主総会に出席させたうえ、議決権を行使させても、特段の事情がない限り、株主総会が攪乱され、株式会社の利益が害されるおそれはなく、かえって、このような従業員等による議決権の代理行使を認めないとすれば、株主としての意見を株主総会の決議のうえに十分に反映することができず、事実上議決権行使の機会を奪うに等しく、不当な結果をもたらしますので、法人の従業員等に議決権を代理行使させても、定款の規定に反しないとされています（最二小判昭51.12.24民集30巻11号1076頁・判タ345号195頁・判時841号96頁）。

したがって、法人名義の株式について、法人の従業員等が議決権を代理行使したことは、原則として決議の瑕疵には該当しません。また、法人の従業員等が議決権を代理行使することを拒否した場合には、決議方法の瑕疵として、決議取消事由に該当するとされます。

3　弁護士による議決権の代理行使の場合

弁護士による議決権の代理行使を認めるべきかについては、以下のとおり、裁判例が分かれています。

① 弁護士による議決権の代理行使を拒否したことは違法ではないとする裁判例
東京地判昭57.1.26金商650号33頁（裁判例(ア)）

宮崎地判平14.4.25金商1159号43頁（裁判例(イ)）
東京高判平22.11.24資料版商事法務322号180頁（裁判例(ウ)）

② 弁護士による議決権の代理行使を拒否したことは違法であるとする裁判例
神戸地尼崎支判平12.3.28判タ1028号288頁・金法1580号53頁（裁判例(エ)）

裁判例(ア)は、定款規定による代理人資格の制限の理由として、株主総会が株主以外の第三者により攪乱されることを防止する目的のほか、「合議体運営はその構成員のみによって行うとする合議体の本則」にのっとったものであることをあげ、代理人資格の制限の趣旨が上記のような合議体の本則にのっとったものと解される以上、代理人の資格が総会荒らしの所為に出ることのない弁護士であることをもって上記制限規定の効力を否定すべき特別の理由とすることはできないと判示しました。このような考え方により構成員以外の者による議決権の代理行使を否定することは、代理人による議決権行使を認めた旧商法239条2項（会社310条1項）と矛盾することになると考えられます（東京地裁『類型別訴訟Ⅰ』409頁）。

裁判例(イ)は、弁護士が代理人として議決権行使をすることにより株主総会を攪乱するおそれは少ないとしたものの、株主数が多い株式会社の株主総会の受付において代理人がどのような職種の者であり、株主総会を攪乱するおそれの有無を確認しなければならないとすることは、円滑な株主総会の運営を阻害するとして、弁護士である代理人に議決権を行使させなかったことを適法としました。

裁判例(ウ)は、具体的に株主総会を攪乱するおそれのない者については、株主でない者であっても代理人となることを許さなければならないとすれば、株式会社は、株主総会に株主ではない代理人が来場した際には、そのつどその者の職種を確認し、株主総会を攪乱するおそれの有無について個別具体的に検討しなければいけないことになるが、どのような職種の者であれば株主総会を攪乱するおそれがないと信頼することができるのか、また、そのような信頼すべきと考えられる職種に属していながらも、当該来場者に株主総会を攪乱するおそれがあると思料される場合に、どのような要件のもとに出席を拒むことができるのかなど、明確な基準がないままに実質的な判断を迫られ、その結果、受付事務を混乱させ、円滑な株主総会の運営を阻害するおそれがあるなどとしたうえで、このような考慮は、あらかじめ株式会社にとって身元の明らかな弁護士が、議事を攪乱しない旨の誓約書を提出している場合であっても、なお当てはまるとして、議決権行使の代理人資格を株主に限定することは適法であるとしまし

た。

これに対し、裁判例(エ)は、弁護士が代理人として議決権行使をすることにより株主総会を攪乱するおそれはないことを前提に、あらかじめ株主から代理人の氏名および職種が伝えられていた場合に弁護士である代理人に議決権を行使させなかったことを違法とし、裁判例(ウ)とは、逆の判断をしました。

以上のような裁判例のもとで、弁護士による議決権の代理行使を認めるべきかを考えてみますと、裁判例(ア)のように、合議体の本則を理由として議決権の代理行使を否定することは、代理人による議決権行使を認めた旧商法239条2項（会社310条1項）と矛盾することになりますので、採用することはできないものと考えられます。

裁判例(イ)および裁判例(ウ)は、弁護士について代理行使を認めれば、弁護士以外の職種についても同様な点が問題となり、明確な基準がないため、混乱を招くこと、代理人が具体的に株主総会を攪乱するおそれがあるかどうかという実質的な判断基準で代理行使の可否を判断するとすれば、円滑な株主総会の運営（受付事務）を阻害するおそれがあることなどを弁護士による代理行使を否定する理由としてあげており、このような裁判例の考え方は、会社の事務上の負担と取扱いの公平性を考慮すれば、一応の説得力と妥当性を有するものと考えられます（原則的にこの見解を支持するものとして、江頭『論点2』472頁〔松山遙〕）。

ただし、裁判例(エ)のような考え方があることも考慮すれば、あらかじめ代理人の氏名および職種（弁護士であること）が伝えられ、諸般の状況から事前にその代理人による議決権行使によって株主総会が攪乱されるおそれがないことを容易に判断できるような特別の場合でない限り、弁護士による議決権の代理行使を認めなくても、決議の瑕疵に該当することはないものと考えられます（東京地裁『類型別訴訟Ⅰ』410頁）。

4　法定代理人による議決権の代理行使の場合

法定代理人は株主でなくても代理人として議決権を行使できるのであり、これは、未成年者が株主となれることの当然の帰結であるとされています（北沢正啓『会社法〔第6版〕』（青林書院、2001）300頁）。

したがって、株主ではない法定代理人が議決権を行使したことは決議の瑕疵には該当しないことになります。

5　病気や老齢等の事情を有する株主にかわる親族による議決権の代理行使の場合

裁判例では、高血圧かつ難聴であるうえ、人前で話をすることを苦手としていた等の事情を有する株主と、70歳を超える老齢であることに加えて、ガンのため入院中であった等の事情を有

する株主が、前者の株主とは同居の子の関係にあり、また、後者の株主とは隣家に居住する甥の関係にある者を代理人として株主総会に出席させ、議長が有効な資格を有する者としてその者に議決権の代理行使を認めた場合について、両株主が議決権の代理行使を委任した事情に、株式会社が同族会社であり、代理人も株主ではないが同族の１人である点を考慮すると、株式会社において代理人の議決権行使を拒否する実質的な正当理由はなく、また、これを拒否することは株主の議決権行使を不当に制限する結果となることが明らかであるため、議決権行使の代理人資格を株主に限定している定款の規定に拘束力はなく、代理人による議決権行使は適法であるとされました（大阪高判昭41.8.8下民集17巻7～8号647頁・判タ196号126頁）。

6 実質株主による議決権の代理行使の場合

東京証券取引所が策定したCGコードが、平成27年6月1日から施行されていますが、CGコードの原則1-2が、「上場会社は、株主総会が株主との建設的な対話の場であることを認識し、株主の視点に立って、株主総会における権利行使に係る適切な環境整備を行うべきである」としたうえで、補充原則1-2⑤は、「信託銀行等の名義で株式を保有する機関投資家等が、株主総会において、信託銀行等に代わって自ら議決権の行使等を行うことをあらかじめ希望する場合に対応するため、上場会社は、信託銀行等と協議しつつ検討を行うべきである」としています。同補充原則は、実質株主の株主総会への出席・議決権行使を必ず認めなければならないとはしていませんが、同原則および同補充原則の趣旨からすれば、上場会社において、代理人資格を他の株主に制限する定款の定めを理由として、実質株主による議決権の代理行使を一律に認めないこととするのは、不適切といえます。

現状は、実質株主の株主総会への出席について、実務的取扱いが確立しているとはいえませんが、全国株懇連合会が公表した「グローバルな機関投資家等の株主総会出席に関するガイドライン」（平成27年11月13日付）では、実質株主の株主総会出席について論点や手続等を整理しており、実質株主が株主総会に出席する方法の１つとして、実質株主が名義株主の代理人として株主総会で議決権を行使する方法を紹介しています。

この方法では、代理人資格を他の株主に制限する定款の定めがあることを前提としたうえで、判例（最二小判昭51.12.24民集30巻11号1076頁・判タ345号195頁・判時841号96頁）が、①実質株主による議決権の代理行使を認めても株主総会が攪乱され会社の利益が害されるおそれがなく、②議決権の代理行使を認めなければ議決権行使が実質

211 議決権行使の制限または権限なき者への議決権行使の容認等

株主の議決権行使が制限されたり、議決権を行使できない者に議決権行使を認めた場合、決議取消事由となりますか。また、議決権行使について錯誤や詐欺などがあった場合、決議取消事由となりますか。

ポイント

名義書換えをしていない株主について、株式会社が実質的権利者であることを認めて権利行使させたことは、その扱いが平等公平であれば、決議取消事由にはなりません。

①株式譲渡未承認の場合の譲受人による議決権行使の場合、②共有株主の権利行使者が指定されておらず、かつ、各共有者の持分の価格に従い、その過半数で議決権行使が決定されていないにもかかわらず、株式会社が議決権行使の同意をして、議決権行使を認めた場合には、決議取消事由に該当します。

議決権行使について錯誤や詐欺などがあり、議決権行使が無効となり、または取り消されたことにより株主総会決議が必要な可決要件を欠くことになる場合は、決議取消事由に該当することになります。

的に阻害されることとなる等、実質株主による議決権の代理行使を認めるべき「特段の事情」が認められれば、代理人による議決権行使が認められるとしていることをふまえ、適正な議決権行使であることの確保は他の株主の利害にとっても重要なので、「特段の事情」の判定にあたっては適正かつ正確な手続を経る必要があるとしています。

株主総会の決議取消事由への該当性という観点からすれば、当該定款の定めに反して、株主でない者が代理人として株主総会において、議決権を行使したことは、決議取消事由となりえますし（『新注会(5)』321頁〔岩原紳作〕、最二小判昭43.11.1民集22巻12号2402頁・判タ229号154頁）、当該定款の定めによる代理人の資格制限が及ばないことが明確な場合に、代理人による議決権の代理行使を認めなかったことも、決議取消事由となりえますので（東京地判昭61.3.31判タ602号93頁・金商744号19頁、東京高判昭61.7.30資料商事32号52頁）、「特段の事情」の判定は慎重に行う必要がありますが、「グローバルな機関投資家等の株主総会出席に関するガイドライン」なども参考にしながら、実質株主の議決権代理行使に関する証明書を名義株主から取得することにより判定を行うという実務が広がっていくことが見込まれます。

（清野訟一）

解説

1 名義書換未了の株主による議決権行使

　株主名簿の名義書換えをしていない株主であっても、株式会社が株主として認めることができますので（最一小判昭30.10.20民集9巻11号1657頁・判タ53号41頁）、この場合は、株主は、名義書換えをしていなくても株主としての権利行使ができることになります。

　したがって、名義書換えをしていない株主について、株式会社が実質的権利者であることを認めて権利行使させたことは、その扱いが平等公平であれば、決議取消事由にはなりません。

2 株式譲渡未承認の場合の譲受人による議決権行使

　株式の譲渡について会社の承認を要する旨の定款の定めがある株式会社において、株式譲渡が行われた場合、会社の承認があるまでは、株式譲渡は会社との関係では効力が生じませんので、会社は、譲受人を株主として取り扱うことはできず、譲渡人を株主として取り扱わなければなりません（最三小判昭63.3.15判タ665号144頁・判時1273号124頁、最三小判平9.9.9裁判集民事185号199頁・判タ955号145頁）。したがって、会社の譲渡承認がされていない株式の譲受人を株主として議決権を行使させることは違法であり、その議決権数は出席株主の議決権数から除かなくてはなりません（東京地裁『類型別訴訟Ⅰ』407頁）。

　ただし、会社の承認がなくても譲渡が会社に対する関係で有効であると解される場合（たとえば、一人会社の株主がした譲渡の場合（最三小判平5.3.30判タ842号141頁・判時1488号149頁、東京高判平2.11.29判時1374号112頁）、株主全員の承認がある場合（前掲東京高判平2.11.29）には、譲受人に権利行使させても違法にはなりません。

3 共有株主の権利行使者未指定の場合の議決権行使

　株式が二以上の者の共有に属するときは、権利行使者1名を定め、会社に対しその者の氏名または名称の通知が必要になります（会社106条本文）。この会社法の定めは、共有に属する株式の権利の行使の方法について、民法の共有に関する規定に対する同法264条ただし書の「特別の定め」を設けたものであり、株式会社が株主が権利を行使することに同意した場合（会社106条ただし書）には、共有に属する株式についての権利の行使の方法に関する特別の定めである会社法106条本文の規定の適用が排除されることを定めたものとされています（最一小判平27.2.19民集69巻1号25頁・判タ1414号147頁）。

　そうすると、共有に属する株式について会社法106条本文の規定に基づく

指定および通知を欠いたまま当該株式についての権利が行使された場合において、当該権利の行使が民法264条の共有に関する規定に従ったものでないときは、株式会社が会社法106条ただし書の同意をしても、当該権利の行使は、適法となるものではないと解されます（前掲最一小判平27.2.19）。

そして、共有に属する株式についての議決権の行使は、当該議決権の行使をもって直ちに株式を処分し、または株式の内容を変更することになるなど特段の事情のない限り、株式の管理に関する行為として、民法252条本文により、各共有者の持分の価格に従い、その過半数で決せられるものと解するのが相当とされています（前掲最一小判平27.2.19）。

したがって、共有株主の権利行使者が指定されておらず、かつ、各共有者の持分の価格に従い、その過半数で議決権行使が決定されていないにもかかわらず、株式会社が議決権行使の同意をして、議決権行使を認めた場合には、決議の方法が法令に違反するものとして、決議取消事由に該当することになります。

4 議決権行使の錯誤無効、詐欺取消し等

議決権の行使は、株主が議案に対する賛否の意思を表明することを内容とするものですから、理論的に民法上の意思表示そのものであるかどうかは別として、同法の意思表示に準じて取り扱うのが相当であると考えられます（東京地裁『類型別訴訟Ⅰ』414頁）。そうすると、意思表示に関する同法の一般原則が適用または類推適用されることになりますので、未成年者が法定代理人の同意なしにした議決権の行使は取り消すことができますし（民法5条2項）、錯誤による議決権行使は無効となり（民法95条）、詐欺または強迫による議決権行使は取り消すことができます（民法96条）。

そして、議決権行使が無効となり、または取り消されたことにより株主総会決議が必要な可決要件を欠くことになる場合には、当該株主総会決議は株主総会決議取消しの訴えの対象になります（北沢正啓『会社法〔第6版〕』（青林書院、2001）327頁、大隅＝今井『会社法論中』53頁、鈴木竹雄＝大隅健一郎編『総合判例研究叢書（第3）商法(5)』（有斐閣、1959）139頁〔大隅健一郎＝今井宏〕）。

ただし、株主総会決議の内容自体にはなんら法令または定款違反がなく、単に決議をなす動機、目的に公序良俗違反があるような場合には、議決権行使は無効にはなりません（最三小判昭35.1.12商事167号18頁）。　　（清野訟一）

212 議長不信任動議や修正動議の無視

議長不信任動議や修正動議を無視し

た場合、決議取消事由となりますか。

ポイント

議長不信任の動議が合理性を欠くものであることが一見して明白なものであるといった事情がないにもかかわらず、議長不信任の動議を議場に諮らなかった場合には、決議取消事由となります。

他方、修正動議の提出者が、議長の議事整理権や注意を無視し、過激な行動に出ているようなときには、動議を受理しなくても、決議取消事由にはなりません。

解説

1 議長不信任動議の取扱い

議長不信任の動議については、議長としての適格性を問うというその動議の性質上、権利の濫用に当たるなどの合理性を欠いたものであることが、一見して明白なものであるといった事情がない限り、これを議場に諮る必要があるとされています（東京高判平22.11.24資料版商事322号180頁）。したがって、このような事情がないにもかかわらず、議長不信任の動議を議場に諮らなかった場合には、決議の方法が著しく不公正なときに該当し、決議取消事由となります。

なお、議長は、議長不信任動議の審議に際して、議長を交代する必要はないとされています（東京地判平4.12.24判時1452号127頁、東京地判平23.1.26判タ1361号218頁、相澤『論点解説』489頁、中村『ハンドブック』388頁）。

2 修正動議の取扱い

株主は、株主総会において、株主総会の目的である事項（議題）につき議案を提出することができます（議案提案権。会社304条）。取締役会設置会社においては、株主総会は、招集通知に記載された議題以外の事項については、決議をすることができないとされていますので（会社309条5項）、株主による議案提案権の行使は、議題を具体化した議案について、議題の範囲内で修正する実質的動議に限って認められており、実質的動議は実務上「修正動議」と呼ばれることが一般的です（福岡『実務相談』275頁）。

動議らしい発言があったときは、議長は、それが動議であるかどうかを確認する必要があり、また、動議としての提案があったときは、その内容や趣旨が明確でないときは、議事整理権（会社315条1項）に基づき、動議提出者に動議の内容や趣旨の説明を促すことができます（東弁『ガイドライン』239頁）。動議といえるかどうかが不明確であるときおよび動議の内容が不明確であるため議長がその内容を明らかにするように促したにもかかわらず、動議提出者がこれを明確にしなかったときは、趣旨不明確な不適法な動議と

して却下することになります（東弁『ガイドライン』239頁）。

　そして、動議提出者が、議長の注意を無視し、過激な行動に出ているようなときには、公正かつ円滑に運営されるべき株主総会の会議体としての本則を自ら放擲するものであって、自己の株主としての利益を放棄しているものと評価されてもやむをえないところがあり、したがって、動議提出の求めが適式な動議の提出として受理されなかったとしてもやむをえず、当該決議に瑕疵はないとされています（福岡地判平3．5．14判タ769号216頁・判時1392号126頁）。また、株主による修正動議の提出が、その株主の行動から、正当な株主権の行使というよりも、株主総会を混乱させ、株式会社を困らせるための一連の行動の一環といえるときは、その修正動議の提出は権利の濫用であり、株式会社がこれを取り上げなかったとしても決議の方法が著しく不公正であったとはいえないといえる場合もありえます（河本一郎「九州電力総会決議取消事件について」商事1252号7頁）。

　これらの場合以外に議長が適法な修正動議を取り上げなかった場合には、決議の方法が著しく不公正な場合として決議取消事由に該当することもあります。　　　　　　　　　（清野訟一）

213　説明義務違反

説明義務違反が決議取消事由になるのは、どのような場合ですか。

ポイント

　説明義務違反が認められる場合には、決議取消事由に該当することになりますが、説明義務を果たしたかどうかについては、決議事項の内容、質問事項との関連性の程度、その説明内容等に加えて、質問株主が保有する資料等も総合的に考慮して、平均的な株主が議決権行使の前提としての合理的な理解および判断をなしうる状態に達しているか否かによって判断されます。

　また、退職慰労金の支給に関する説明の際には、支給額を具体的に明らかにしなくても、支給基準について、確定された基準の存在、基準の周知性（閲覧可能なこと）およびその内容が支給額を一意的に定めうることを説明すれば、退職慰労金の支給に関する説明義務は尽くされたものとされています。

解　説

　取締役らは、株主総会において、株主から特定の事項について説明を求められた場合には、当該事項について必要な説明をする必要があります（会社314条）。そして、説明義務違反が認められる場合には、決議の方法の法令違

反に該当するとされています（前田庸『会社法入門〔第12版〕』（有斐閣、2009）364頁、鈴木竹雄＝竹内昭夫『会社法〔第3版〕』（有斐閣、1994）244頁、今井宏『株主総会の理論』（有斐閣、1987）76頁、東京地判昭63．1．28判タ658号52頁・判時1263号3頁）。

以下、実務上、説明義務違反の有無が問題になってきた場面ごとに詳述します。

1 説明の程度

取締役らの説明義務は、議題や議案に対する判断の手がかりを提供する点に目的がありますので、説明義務を果たしたかどうかについては、決議事項の内容、質問事項との関連性の程度、その説明内容等に加えて、質問株主が保有する資料等も総合的に考慮して、平均的な株主が議決権行使の前提としての合理的な理解および判断をなしうる状態に達しているか否かが検討されるべきであり、質問株主が平均的な株主よりも多くの資料を有している場合、これを前提に説明義務の内容を判断できるとすべきとされています（東京地判平16．5．13金商1198号18頁）。

また、報告事項である計算書類に関する質問がされた場合、計算書類に記載された内容との関係で、会社の概況を合理的に理解できるような説明ないし取締役の経営に関する状況が合理的に理解できるような説明が必要となります（『新注会(5)』148～149頁〔森本滋〕）。逆にいえば、計算書類は会社の概況把握や取締役に対する監督のための間接的な手段にすぎないことから、その附属明細書も含め、計算書類の法定の記載事項の範囲において、一般的、概括的な説明がされれば足ります（『コンメ7』264頁〔松井秀征〕）。

2 事前の質問状と一括回答

実務上、株主から事前に質問状が送付されている場合に、説明義務者である取締役らが、株主からの具体的な質問を待つことなく、重複する質問をまとめるなどしたうえで一括して質問状に対して回答をすること（いわゆる「一括回答」）が一般的に行われており、これまで一括回答の適法性が問われてきました。

質問状の事前送付の制度（会社則71条1号イ）は、調査を要することを理由に質問事項につき説明を拒絶することができなくなるという効果を生じさせるものですので、株主から質問状が事前送付されていたとしても、その株主が株主総会の場で実際に当該事項について質問をしない限り、取締役らに説明義務は生じません（最一小判昭61．9．25金法1140号23頁、東京地判平元．9．29判時1344号163頁、福岡地判平3．5．14判時1392号126頁、東京地判平4．12.24判タ833号250頁・判時1452号127頁）。したがって、一括回答は、事前送付された質問状によって判明した株主の疑問点について、あらかじめ、

一般的説明をしたものにすぎず、株主の質問に対する説明義務の履行としてなされたものということはできませんので、一括回答自体が説明義務の問題を生じさせることはありません（東京高判昭61.2.19判時1207号120頁、東京地判平元.9.29判時1344号163頁、『新注会(5)』155頁〔森本滋〕）。

取締役らの説明義務は、株主総会の場で実際に事前質問状記載の事項について質問がなされたときに発生しますが、一括回答がなされている場合、これを前提として説明義務を履行することは議事運営の裁量の問題として許され、一括回答の内容と質問後の補充の説明とをあわせて説明義務が履行されたかどうかを判断すべきであるとされています（前掲東京高判昭61.2.19、前掲福岡地判平3.5.14）。

3　退職慰労金の支給に関する説明義務

退職慰労金は、対象となる役員の在職中における職務執行の対価として支給される限り会社法361条が定める報酬に該当するとされています（最二小判昭39.12.11民集18巻10号2143頁）。そして、退職慰労金の支給に関する説明義務については、支給額を具体的に明らかにすれば、それで説明義務は尽くされたことになります（大阪高判平2.3.30判時1360号152頁・金商877号16頁、京都地判平元.8.25判時1337号133頁・金商877号21頁）。

しかしながら、対象となる役員に対する個別の退職慰労金の金額が明らかになるのは避けたいとの実務上の要請から、退職慰労金を支給するということのみが株主総会において決定され、支給金額等の決定については一定の基準に従うことを前提として、取締役会に一任されるのが一般的となっていました。

そして、以上のような慣行をふまえ、裁判例では、株主が退任取締役ごとの具体的な支給金額または支給基準に関して質問したときは、取締役は、支給基準について、確定された基準の存在、基準の周知性（閲覧可能なこと）およびその内容が支給額を一意的に定めうることを説明すれば、退職慰労金の支給に関する説明義務は尽くされたものとされています（東京地判昭63.1.28判タ658号52頁・判時1263号3頁、奈良地判平12.3.29判タ1029号299頁、東京地判平16.5.13金商1198号18頁）。

（清野訟一）

214　定足数不足・決議要件未充足

定足数不足や決議要件を満たしていない場合、決議取消事由となりますか。

ポイント

定足数不足や決議要件を満たしていない場合、決議取消事由に該当しま

す。

解説

定足数不足の株主総会決議は、決議内容の法令違反（会社830条2項）ではなく、決議方法の法令違反（会社831条1項1号）となるため、定足数不足の決議であったとしても当然無効とはなりませんが、株主総会決議取消しの訴えの対象となります（最三小判昭35．3．15裁判集民事40号367頁・判時218号28頁、神戸地判昭31．2．1下民集7巻2号185頁・判時72号20頁）。

また、株主総会の特別決議事項（会社309条2項各号）について、特別決議の要件を満たさない決議は、決議の不存在とは評価できず、決議方法の法令違反として、株主総会決議の取消事由に該当しますが、決議不存在事由にはなりません（大阪地判昭50．1．29判タ323号249頁・金商444号14頁）。

（清野訟一）

215 採決方法の瑕疵

採決の方法が決議取消事由となるのは、どのような場合ですか。

ポイント

採決の方法は、定款に別段の定めがない限り、議案の賛否について判定できる方法であれば、どのような方法によるかは株主総会の円滑な運営の職責を有する議長の合理的裁量に委ねられています。しかし、投票による採決方法が選択された株主総会で、投票を行なわなかった株主の内心を推測して議決権を賛成に算入するなどした場合には、決議取消事由に該当するとされています。

解説

株主総会における議事の方式について、判例は、「株主総会における議事の方式については、法律に特別の規定がないから、定款に別段の定めをしていない限り、株主総会の討論の過程を通じて、その最終段階に至って、議案に対する各株主の確定的な賛否の態度がおのずから明らかとなって、その議案に対する賛成の議決権数がその株主総会の決議に必要な議決権数に達したことが明白になった以上、その時において表決が成立したものと解するのが相当であり、したがって、議長が改めてその議案について株主に対し挙手・起立・投票などの採決の手続をとらなかったとしても、その株主総会の決議が成立しないということはいえない」としています（最三小判昭42．7．25民集21巻6号1669頁・判タ210号154頁）。

また、株主総会における採決の方法についても、定款に別段の定めがない限り、議案の賛否について判定できる方法であれば、いかなる方法によるかは株主総会の円滑な運営の職責を有する議長の合理的裁量に委ねられている

第13章 株主総会をめぐる裁判手続

とされています（東京地判平14.2.21判時1789号157頁）。

そして、出席者の意思を算定するのに適当な方法であれば、拍手による採決方法も直ちに違法とはいえず、議長提案の議事進行に反対の株主において拍手による決議方法について議場において直ちにこれに異議を唱え、賛否の数について厳密に数えることを要求する等の行動に出ておらず、議長提案の議事進行につき過半数の賛成があったことを前提として、その後の議事が進行している場合には、議長提案について賛成の拍手により出席者の過半数の意思を確認できたものと認められ、拍手による採決は違法とはいえないとされています（名古屋地判平11.4.23金商1069号47頁）。

しかしながら、株主総会の議長が投票による採決方法を選択した場合には、投票を行わなかった株主が株式会社の取締役であり、取締役会において当該議案について承認するとの決議に賛成していたため、当該議案に賛成する意思であったものと推認される状況であったとしても、実際に投票によって意思を表明しない者の議決権を、その者の内心を推測して当該議案に賛成する旨投票したものとして扱うことは許されません。したがって、実際に投票によって意思を表明しない者の議決権を議案に賛成したものとして算入し、議案が否決されたにもかかわらず、議案が可決承認された旨を宣言し

た場合には、決議の方法が法令に違反したものといえ、決議取消事由に該当するとされています（大阪地判平16.2.4金商1191号38頁）。　　（清野訟一）

216　議長の選任手続

議長の選任手続が決議取消事由となるのは、どのような場合ですか。

ポイント

　定款の定めまたは株主総会決議によって議長を定めれば、議長の選任手続には瑕疵はありません。ただし、特別利害関係のある者が議長になった結果、著しく不公正な議事運営がなされれば、その議長のもとでなされた株主総会決議には決議取消事由が認められます。

　また、議長が定刻に株主総会に来ないため、出席株主だけで株主総会を開き、議案を決議した場合、議長の遅刻が、社会通念上許される程度のものであるときは、決議取消事由があるとされています。

解説

　一般的な株式会社の定款では、代表取締役社長等が議長となる旨の定めがあるため、通常の場合は、当該定款の定めに従って、代表取締役社長等が議長に就任します。議長に関する定款の定めがない場合や少数株主が招集した

株主総会においては、会議体の一般原則により、株主総会において議長を選任することになります（少数株主が招集した株主総会につき、広島高岡山支決昭35.10.31下民集11巻10号2329頁）。議長に関する定款の定めがない場合には、招集権者が議場に諮って仮議長を定め、あるいは招集権者がそのまま仮議長となり、その仮議長が議場に諮って議長を定めることになります。また、少数株主が招集した株主総会の場合には、株主総会を招集した少数株主が仮議長となって、議長を定めます（東弁『ガイドライン』75頁）。

定款で議長を定めていても、株主総会でその者を不信任としたうえ別途議長を選任することも可能であり、その場合には、そのための定款変更決議は不要であり、別の者を議長に選任することが定款違反となるものでもありません（東京高判平22.11.24資料版商事322号180頁、中村『ハンドブック』387頁）。

議長に事故ある場合は定款の定めがあればそれに従い、定款の定めがなければ、株主総会において議長を選任します。「事故ある場合」には、病気、負傷、旅行等による出席不能、途中退場、特別利害関係議案についての自発的辞退、議長となることの拒否等の事実的障害（高松地判昭38.12.24下民集14巻12号2615頁）のほか、議長不信任決議の可決のような法的障害も含まれます（東弁『ガイドライン』74頁）。

議長の資格については、学説の争いがありますが、議長は株主または取締役であることを要すると考えるのが多数説となっています（東弁『ガイドライン』71頁、福岡『実務相談』226頁）。また、議長はその地位においては議事運営にあたるだけですので、株主総会の決議につき特別の利害関係を有する者も議長になることができます（東京地判平4.12.24判時1452号127頁）。ただし、特別利害関係のある者が議長になった結果、著しく不公正な議事運営がされ、決議がされた場合には、決議取消事由となります（東弁『ガイドライン』72頁）。

定款で定められている株主総会の議長が定刻に株主総会に出席しないため、出席株主だけで株主総会を開き、議案を決議した場合、議長の遅刻の程度が、社会通念上許される範囲内のものであるときは、その決議には決議方法の法令定款違反があり、取消事由があると解する説が有力です（東京地裁『類型別訴訟Ⅰ』421頁）。

他方、議長が勝手に閉会を宣言し、他の取締役とともに退場し、その他の取締役は欠席していたため、取締役が全員欠席していた場合は、取締役のみが議長たりうるとする定款の規定があったとしても、出席株主を議長に選任することは、条理上適法であり、株主総会において選任された議長のもとで株主総会を続行し、決議を行いうるとした裁判例もあります（神戸地判昭

第13章　株主総会をめぐる裁判手続　431

31．2．1下民集7巻2号185頁・判時72号20頁)。　　　　　　　　　（清野訟一）

217　従業員株主の協力

従業員株主の協力が決議取消事由となることはあるのか教えてください。

ポイント

従業員株主を他の株主よりも先に会場に入場させて株主席の前方に着席させる措置をとったり、従業員株主に議長の報告や付議に対し、「異議なし」「了解」「議事進行」などと発言させるなどして、一方的に株主総会の議事を進行させ、これにより株主の質問の機会などがまったく奪われてしまうような場合には、決議取消事由に該当することがありえます。

解説

株式会社は、同じ株主総会に出席する株主に対しては合理的な理由がない限り、同一の取扱いをすべきであり、一定の株主の動向から株主総会の議事進行の妨害等の事態が発生するおそれのあることをもって、従業員株主を他の株主よりも先に会場に入場させて株主席の前方に着席させる措置をとることの合理的な理由に当たるものと解することはできず、当該措置は適切なものではなかったといわざるをえないとされています（最三小判平8.11.12判時1598号152頁［四国電力事件］)。

この四国電力事件は、四国電力が、過去にいわゆる原発反対派の者からの抗議を受け、深夜の数時間、社内ビルの一部を占拠されるなどし、その対応に苦慮した経験があり、その後、他の電力会社の株主総会が原発反対派の株主によって反原発活動に利用されたなどの情報を得ていたうえ、四国電力の株主総会に対しても同様の動きがあるとの情報を得ており、1,000項目を超える原発関係の事前質問状が送られていたことなどから、株主総会の運営に危機感をもち、従業員株主に対して株主総会の運営に協力を求め、従業員株主を株主席前方に着席させ、従業員株主によって原発反対派株主と議長席の間に適当な間隔を確保しようとしたという事案でした。この事案では、従業員株主を株主席前方に着席させた措置は、株主総会の円滑な議事運営を目的としたものとみることもできますが、このような事案において、最高裁は、一定の株主の動向から株主総会の議事進行の妨害等の事態が発生するおそれのあることをもって、従業員株主を優先的に会場に入場させて株主席前方に着席させる措置をとることの「合理的な理由」には当たらないと判示しましたので、「合理的な理由」があるとされる場合は、きわめて例外的・限定的な場合に限られると考えられています（東弁『ガイドライン』55頁)。

そして、以上のような不適切な措置がとられた場合には、決議方法の法令違反として決議取消事由となることもありえます（末永敏和「株主総会当日の会社側の対応及び運営方法」家近正直編『現代裁判法大系(17)会社法』（新日本法規出版、1999）125頁）。

また、一般に、多数の株主が出席する大企業の株主総会において、円滑な議事進行が行われることは、株式会社ひいては株主にとって重要なことであり、特に、大企業の場合、いわゆる総会屋などによって株主総会の円滑な進行が阻害されることがあるなどの事情からすれば、株式会社が円滑な議事進行の確保のため、株主総会の開催に先立ってリハーサルを行うことは、株式会社ひいては株主の利益に合致することであり、取締役ないし取締役会に認められた業務執行権の範囲内に属する行為であるということができます。しかし、リハーサルにおいて、従業員株主ら会社側の株主を出席させ、その株主らに議長の報告や付議に対し、「異議なし」「了解」「議事進行」などと発言させることを準備させ、これを株主総会において実行して一方的に議事を進行させた場合は、株主の提案権などの規定を設けて、株主総会の活性化を図ろうとした法の趣旨を損ない、本来法が予定した株主総会とは異なるものになる危険性を有するばかりか、一般の株主から質問する機会を奪うことになりかねないところがあるなど、株主

総会を形骸化させるおそれが大きいともいえます。したがって、従業員株主らの協力を得て株主総会の議事を進行させる場合、一般の株主の利益について配慮することが不可欠であり、従業員株主らの協力を得て一方的に株主総会の議事を進行させ、これにより株主の質問の機会などがまったく奪われてしまうような場合には、決議の方法が著しく不公正であるという場合もありえます（大阪地判平10．3．18判タ977号230頁）。

（清野訟一）

218 計算書類等の備置きの欠如

計算書類等の備置きを欠いた場合、決議取消事由となりますか。

ポイント

計算書類等の備置きを欠いた場合の計算書類承認の株主総会決議の効力については、計算書類備置きの重要性にかんがみて決議取消事由に該当するとするのが多数説です。

解説

計算書類等は、定時株主総会で承認を得ることが必要であり（会社438条2項）、株式会社は、定時株主総会の日の1週間前の日（取締役会設置会社では、2週間前の日）から計算書類等を本店に、計算書類等の写しを支店に備え置く必要があります（会社442条1

項・2項)。計算書類等の備置きが要求されているのは、株主、会社債権者および裁判所の許可を得た親会社社員に対する企業内容の開示のためであり、株主との関係では、定時株主総会の招集手続の一環と評価されるものとされています(江頭憲治郎=弥永真生編『会社法コンメンタール10計算等(1)』(商事法務、2011)532頁・534頁〔弥永真生〕)。この計算書類等の備置義務とは、単に株式会社が計算書類等またはその写しを本店または支店に物理的に保存する義務ではなく、計算書類等を株主等の請求があれば容易に閲覧させまたは謄本等を交付することが可能な状態で保管する義務を意味するとされています(『新版注釈会社法(8)株式会社の計算(1)』(有斐閣、1987)71頁〔倉沢康一郎〕)。

株式会社が計算書類等の備置きを欠いた場合の計算書類承認の株主総会決議の効力については、計算書類備置きの重要性にかんがみて決議取消事由に該当するとするのが裁判例および多数説となっています(最二小判昭54.11.16民集33巻7号709頁・判タ406号86頁参照)。ただし、古い裁判例には、取締役が株主総会において計算書類の承認を得られないかもしれないという大きな危険を負担したまま株主総会に臨まなければならないだけで、このような懈怠をもって株主総会の招集または決議の方法の瑕疵ということはできないとしたものもあります(東京地判昭28.3.9下民集4巻3号368頁)。

近年の裁判例では、法定の期間前から計算書類等を本店に備え置かなかった場合、株主総会の招集手続に瑕疵があるとして、株主総会決議の取消事由に該当するとしたものもあります(福岡高宮崎支判平13.3.2判タ1093号197頁、宮崎地判平13.8.30判タ1093号192頁)。

(清野訟一)

219 その他の決議方法に関する決議取消事由

そのほか、どのような場合に株主総会の決議の方法が法令もしくは定款に違反し、または著しく不公正であるとして、決議取消事由となるのですか。

ポイント

株主総会招集通知に記載のない事項についての決議、複数の場所で株主総会を開催した場合に会議体としての一体性を欠いている状況で行われた決議、株主総会期日を変更したことにより参集した株主の議決権行使の機会を奪うような株主総会における決議、または、累積投票を回避する目的で取締役をあえて個別に選任するような決議については、決議取消事由に該当します。

また、議決権拘束契約に反する議決権行使が行われた場合にも、決議取消事由に該当する可能性があります。

解説

1 株主総会招集通知に記載のない事項についての決議

　取締役会設置会社においては、株主総会は、招集通知に記載されていない事項については、決議をすることができません（会社309条5項）。そして、株主総会において、あらかじめ株主に決議事項の通知がなされなかったにもかかわらず、当該決議事項が決議された場合には、軽微な手続上の瑕疵ということはできないため、決議方法の法令違反として決議取消事由に該当するとされています（最一小判昭31.11.15民集10巻11号1423頁・判タ67号60頁、名古屋高判昭29.5.26下民集5巻5号738頁）。ただし、取締役会非設置会社では、会社法上、招集通知に記載されていない事項を決議することが可能ですので（同項参照）、決議取消事由となることはありません。

　取締役選任議案に関していえば、取締役の員数は、取締役会および取締役が会社経営上きわめて重要な地位・立場を占めていること、代表取締役の決定にも多大な影響を及ぼすものであること、さらには日常業務の執行の面においても決して無視しえない問題であること等の事情を考えると、それは会社経営の根幹にもかかわる重要事であり、株主の権利の帰趨に与える影響が甚大であるため、選任する取締役の員数をあらかじめ株主に知らせなければ、株主の権利を害するおそれもあります。したがって、招集通知において議案が「取締役3名の選任」と記載されていたにもかかわらず、「取締役4名の選任」を議案として決議がなされた場合は、招集通知に記載のない事項についての決議であるため、決議方法の法令違反として、決議取消事由に該当するとされています（東京高判平3.3.6金法1299号24頁）。

　なお、取締役選任を議題とする株主総会の招集通知に「取締役全員任期満了につき改選の件」と記載され、ほかに選任される取締役の数に関する記載がない場合においては、特段の事情がない限り、株主総会において従前の取締役と同数の取締役を選任する旨の記載があると解することができるため、この場合、同数の取締役を選任する決議は、招集通知に記載のない事項についての決議にはならないとされています（最一小判平10.11.26金商1066号18頁）。

　また、少数株主権の行使として裁判所の許可を受けて招集された株主総会で、裁判所の許可した株主総会の目的を逸脱した事項についての決議は、決議の方法が違法となることを免れられず、決議取消事由に該当するとされています（金沢地判昭34.9.23下民集10巻9号1984頁）。

2 株主総会の日時および場所

株主総会は1つの会議体ですので、会場の都合から複数の場所で株主総会を開催する場合には、会場間で会議体としての一体性が確保されている必要があり、一体性を欠く場合には、決議方法が著しく不公正なものとして決議取消事由に該当します（会社831条1項1号、東弁『ガイドライン』2頁）。したがって、複数の場所で株主総会を開催する場合において、会議体としての一体性を確保するには、会場間の情報伝達の即時性と双方向性が不可欠であり、そのためには、各会場にテレビカメラおよびモニターテレビなどを配置して、複数の場所のすべての会場で議長の発言や各会場での株主の発言が聞き取れるような設備が必要となります（大阪地判平10.3.18判タ977号230頁・判時1658号180頁参照、相澤哲＝細川充「新会社法の解説(7)」商事1743号22頁）。

また、招集通知で通知された株主総会の日時および場所の変更については、やむをえない理由があり、かつ株主等に対する適切な周知方法がとられれば、許されるとするのが通説です（広島高松江支判昭36.3.20下民集12巻3号569頁、江頭『株式会社法』324頁、大隅＝今井『会社法論中』28頁）。もっとも、株主総会期日を変更したことにより、参集した株主の議決権行使の機会を奪う結果になる場合には、その株主総会における決議は、決議方法について法令違反があり、決議取消事由に該当するとされています（大阪高判昭54.9.27判タ399号45頁・判時945号23頁）。また、株主総会の開始時刻を3時間以上も遅らせることは、定刻に参集した株主の臨席を困難にするため、決議の方法が不公正なときに該当するとして決議取消事由になるとした裁判例もあります（水戸地下妻支判昭35.9.30下民集11巻9号2043頁）。

3 累積投票回避目的での取締役の個別選任

2人以上の取締役の選任が議題となっている株主総会において、株主は、定款に別段の定めがあるときを除き、累積投票により取締役を選任することを請求できます（会社342条各項）。累積投票は、取締役の選任において、いわば一種の比例代表制度を採用するもので、少数株主に取締役選任の機会を与えるものです。

このような累積投票を回避する目的で、取締役をあえて個別に選任するような決議方法をとる場合には、その決議は決議の方法に著しい不公正がある場合として、決議取消事由に該当するとされています（大阪高判昭38.6.20判タ152号47頁・判時351号41頁参照）。

4 議決権拘束契約に反する議決権行使

実務上、合弁会社を設立する際に典型的にみられるように、各株主が同数

の取締役を指名する権限を有することなどを合意する議決権拘束契約が締結されることがあります。

議決権拘束契約は、株主間契約の典型例であり、その内容を定款上も規定できるもの（取締役または監査役の選任に関する合意の場合には、会社108条1項9号による種類株式を利用すれば、定款上規定できます）と定款上では規定できないものがあります。また、定款上で規定できる内容でも、合意内容を当事者以外の者には内密にしたい等の理由から定款上で規定しないことも考えられます。

議決権拘束契約は、契約当事者間の債権契約としては有効ですが、契約に違反して議決権が行使されても、当該株主の意思による行使である以上その効力には影響がなく、契約違反者に損害賠償義務が発生するのみとする見解が有力です（名古屋地決平19.11.12金商1319号50頁、江頭『株式会社法』336頁、大隅＝今井『会社法論中』79頁等）。

しかしながら、株主全員が契約当事者である場合には、議決権拘束契約は対会社関係では効力を主張できないとの論理を形式的に当てはめる必要はありませんし、また、損賠賠償請求は契約中に賠償額の予定（民法420条）の定めがない限り実効性に乏しく、とりわけ定款上の処理がむずかしい事項については、議決権拘束契約に強い効力を認める必要性が高いといえます。そのような理由から、議決権拘束契約違反の議決権行使により成立した決議は定款違反と同視して取消しの対象とするとの説も有力に主張されています（江頭『株式会社法』337頁注2）。

裁判例においても、議決権拘束契約に違反する議決権行使の差止請求権の存否が争点となった議決権行使禁止仮処分申立事件において、議決権拘束契約に基づいて、議決権を行使してはならない不作為義務を負うといえる場合でも、原則として、議決権行使の差止請求は認められないが、①株主全員が当事者である議決権拘束契約であること、②契約内容が明確に議決権を行使しないことを求めるものといえることの2つの要件を満たす場合には例外的に差止請求が認められる余地があるとされています（名古屋地決平19.11.12金商1319号50頁）。

（清野訟一）

220　決議内容の定款違反

決議取消事由である、決議の内容が定款に違反する場合とは、どのような場合をいいますか。

ポイント

たとえば、定款所定の員数を超える数の取締役を選任する決議、定款で定めた任意積立金を積み立てない剰余金の配当案の承認決議は、決議内容が定款に違反する場合に該当します。

解説

　株主総会の決議内容が法令に違反する場合には、決議無効事由に該当しますが（会社830条2項）、決議内容が定款に違反する場合には、株式会社が自治的に定めた規範の違反にすぎないため、当該規範に服する株主、取締役、監査役等の関係者がその瑕疵を主張した場合に限り決議を取り消せば足りると考えられますので、決議内容の定款違反は、決議無効事由ではなく、決議取消事由とされています（会社831条1項2号）。決議内容が直接的には定款に違反する場合であっても、それが同時に法令に違反するときは、決議無効事由にもなることは当然です（大阪高判昭42.9.26判時500号14頁・判タ213号119頁、東京地判昭33.1.13下民集9巻1号1頁・判時141号12頁、今井宏『株主総会の理論』（有斐閣、1987）163頁）。

　たとえば、定款所定の員数を超過する員数の取締役の選任決議、定款で定めた任意積立金を積み立てないでする剰余金の配当案の承認決議は、決議内容が定款に違反しますので、決議取消事由が認められることになります（東京地裁『類型別訴訟Ⅰ』433頁）。

　決議内容の定款違反の場合には、株主総会の招集の手続または決議の方法が法令または定款に違反する場合（会社831条1項1号）と異なって、裁判所が裁量棄却とすることは認められていません（同条2項）。

　なお、決議の内容自体には法令または定款違反がなく、決議をなすに至った動機、目的に公序良俗違反の不法がある場合には、決議は無効ではなく、議決権行使の濫用として決議取消事由になるとした裁判例があります（宮崎地判平21.9.11判時2060号145頁・判タ1337号214頁）。

（清野訟一）

221　特別利害関係人による議決権行使

決議取消事由である、特別利害関係人の議決権行使による著しく不当な決議とは、どのような決議をいいますか。

ポイント

特別利害関係人の範囲は広く解されています。特別利害関係人の議決権行使によって著しく不当な決議がなされたか否かについては、各事例における個別具体的な事実関係をふまえたうえで、ケース・バイ・ケースの判断とならざるをえないものと考えられます。

解説

1　特別利害関係人の範囲

　株主総会の決議について特別の利害関係を有する株主の議決権行使に関する取扱いについては、昭和56年改正前商法においては、特別利害関係人の議決権行使は排除されていましたが、昭

和56年改正後商法においては、特別利害関係人が議決権を行使した場合であっても、決議取消事由とされるのは、その議決権行使によって著しく不当な決議がされたときのみとされました。したがって、会社法では、特別利害関係人の範囲は明確にされていませんが、学説は、「特別の利害関係を有する者」の意義を広く解しています（龍田節『会社法大要』（有斐閣、2007）190頁、『新注会(5)』325頁〔岩原紳作〕、前田庸『会社法入門〔第12版〕』（有斐閣、2009）385頁、弥永真生『リーガルマインド会社法〔第14版〕』（有斐閣、2015）145頁、加美和照『新訂会社法〔第9版〕』（勁草書房、2007）259頁、江頭憲治郎＝中村直人編著『論点体系会社法(6)組織再編Ⅱ、外国会社、雑則、罰則』（第一法規、2012）159頁〔品谷篤哉〕）。

具体的には、合併や事業譲渡の相手方である株主も特別利害関係人に該当し、合併の相手方会社の大株主や代表取締役が株主として合併決議に参加した場合であってもその株主は特別利害関係人に該当し、新株の第三者への有利発行の決議において、大株主が自己の個人的利益を図って不当に有利な発行価額を承認させた場合等も取消事由に該当するとされています（『新注会(5)』325頁〔岩原紳作〕）。

裁判例では、①役員退職慰労金支給決議において、役員として支給を受ける株主またはその相続人ら（東京地判昭48.2.18判タ291号232頁、浦和地判平12.8.18判時1735号133頁）、②株主が株式会社の事業の全部または重要な一部を譲り受ける決議における当該株主（最三小判昭42.3.14民集21巻2号378頁・判タ206号96頁・判時476号17頁参照）、③株主である取締役の不法行為責任を免除する決議における当該株主（前掲最三小判昭42.3.14、神戸地尼崎支判平10.8.21判タ1009号250頁、大阪高判平11.3.26金商1065号8頁）は、特別利害関係人に該当するとされています。

一方、昭和56年改正前商法下において、株主である取締役の解任に関する株主総会決議についての当該株主（前掲最三小判昭42.3.14）、有限会社の社員総会においてその社員である特定の者を取締役に選任すべき決議をする場合の当該社員（最二小判昭53.4.14民集32巻3号601頁・判タ364号189頁・判時892号100頁）は、いずれも特別利害関係人に当たらないとされていますが、この点については、会社法下においても、同様であるとの見解が示されています（弥永真生『リーガルマインド会社法〔第14版〕』145頁）。

2 著しく不当な決議

「著しく不当な決議」とは、多数決の濫用によって著しく不当な決議がなされた場合であると考えられますが（大隅健一郎ほか『新会社法概説〔第2版〕』（有斐閣、2010）183頁注125）、各事例における判断については、各事例

における個別具体的な事実関係をふまえたうえで、ケース・バイ・ケースの判断とならざるをえないものと考えられます（福岡『実務相談』317頁）。

特別利害関係人が議決権を行使したことによって、著しく不当な決議がされたとして、決議が取り消された裁判例としては、役員退職慰労金支給決議において、役員として支給を受ける者の相続人らが株主として議決権を行使し、かつ、その決議が、残余財産となるべき株式会社の財産を株主である原告らに分配することなく、自分たちで取得するための便法として行われた場合に、著しく不当な決議に該当するとして、当該決議を取り消した裁判例（浦和地判平12.8.18判時1735号133頁・金商1125号52頁）、2億円弱の損害を会社に与えたとして取締役の責任を認める旨の一審判決があり、その控訴審の審理中、控訴審での判断を取締役らに有利にする目的で取締役の責任を免除する旨の決議をした場合に、当該決議は単に当該取締役らの利益のみを図ったものであって、会社にはなんらの利益ももたらさないものであるから、著しく不当な決議に該当するとして、当該決議を取り消した裁判例（神戸地尼崎支判平10.8.21判時1662号148頁・判タ1009号250頁、大阪高判平11.3.26金商1065号8頁）があります。

（清野訟一）

222 裁量棄却

株主総会決議取消しの訴えにおいて、裁量棄却はどのような場合に認められますか。

ポイント

株主総会決議取消しの訴えにおいては、株主総会の招集の手続または決議の方法が法令または定款に違反するときであっても、裁判所は、①その違反する事実が重大でなく、かつ、②決議に影響を及ぼさないものであると認めるときは、請求を棄却することができます。これを裁量棄却といいます。

瑕疵が決議の結果に影響を及ぼさないと認められるときであっても、株主総会招集の手続またはその決議の方法に性質、程度からみて重大な瑕疵がある場合には、裁量棄却とすることはできません。

したがって、瑕疵が軽微であるか重大であるかがその基準となります。具体的な判断においては、個別具体的な事情が考慮されて、裁量棄却の可否が判断されています。

解説

株主総会決議取消しの訴えが提起された場合において、株主総会の招集の手続または決議の方法が法令または定款に違反するときであっても、裁判所は、①その違反する事実が重大でな

く、かつ、②決議に影響を及ぼさないものであると認めるときは、株主総会決議取消しの請求を棄却することができます（会社831条2項）。この規定による請求の棄却は、一般に「裁量棄却」と呼ばれていますが、裁判所の政策的裁量を認めるものではなく、上記の①および②の要件が必要です（江頭『株式会社法』371頁）。

これは、手続上の瑕疵が軽微であり、新たに株主総会をやり直して決議しても同様の結果となることが明らかな場合にまで決議を取り消す実益がないとの理由によります（東京地判昭60．3．26金商732号26頁、東京高判平3．3．6金商874号23頁、東京高判平8．12.10判夕965号235頁）。

判例は、決議に取消原因となる違法があっても、その違法が決議の結果に異動を及ぼすと推測されるような事情が認められない場合には、裁判所は原告の請求を棄却できるとして、瑕疵と決議の間の因果関係の存否を基準として裁量棄却を判断するもの（最一小判昭30.10.20民集9巻11号1657頁・判夕53号41頁、最一小判昭37．8．30判時311号27頁、最一小判昭42．9．28民集21巻7号1970頁・判夕213号103頁）、決議に関する瑕疵は軽微な手続上の瑕疵とはいえないとして、その瑕疵と決議の間の因果関係を特に検討することなく決議取消しを認めているもの（最一小判昭31.11.15民集10巻11号1423頁・判夕67号60頁）がありましたが、その後、最高裁判所は、株主総会招集の手続またはその決議の方法に性質、程度等からみて重大な瑕疵がある場合には、その瑕疵が決議の結果に影響を及ぼさないと認められるようなときでも、裁判所は、決議取消しの請求を認容すべきであって、これを棄却することは許されないものと解する（最一小判昭46．3．18民集25巻2号183頁・判夕263号213頁）と説示して、瑕疵の重大性を重視する判断を示しています（江頭『株式会社法』371頁）。

（清野訟一）

223 株主総会決議の無効事由

決議無効確認の訴えは、どのような場合に認められますか。

ポイント

決議無効確認の訴えは、決議の内容が法令に違反する場合に認められます（会社830条2項）。たとえば、株主有限責任の原則に違反する決議、株主平等原則違反の決議、欠格事由のある者を取締役・監査役に選任する決議、違法な内容の計算書類の承認決議、公序良俗に反する事項を会社の目的とする定款変更決議、株主総会の専属的決議事項を取締役会または取締役の決定に一任する決議、株主総会の決議事項に属しない事項の決議、定款所定の員数を超える数の取締役を選任する決議、発行可能株式総数を発行済株式総数の4

第13章 株主総会をめぐる裁判手続

倍を超えて増加する定款変更決議、剰余金分配額の規制に違反する剰余金処分決議、公開会社において取締役を株主に限るとする定款変更決議などは、決議の内容が法令に違反するものとして、決議が無効となります。

解　説

1　決議内容の法令違反

決議無効確認の訴えは、決議の内容が法令に違反する場合に認められます（会社830条2項）。以下では、どのような決議が法令に違反し、無効となるかを解説します。

2　決議無効の事由が認められる場合

株主有限責任の原則に違反する決議（大判明32．1．31民録5輯1巻67頁、大判明34．5．22民録7輯5巻106頁等）、株主平等の原則（会社109条1項等）に違反する決議（不利益を受ける株主が同意している場合は除きます。大判大11.10.12民集1巻581頁、大判昭2．10．7新聞2771号12頁、大判昭6．7．2民集10巻543頁、大判昭7．4．30新聞3410号12頁等）、欠格事由（会社331条1項、335条1項）のある者を取締役・監査役に選任する決議、違法な内容の計算書類の承認決議（会社438条2項。大判昭4．7．8民集8巻707頁、東京地判昭29.11．1判タ43号58頁）、公序良俗に反する事項を会社の目的とする定款変更決議、株主総会の専属的決議事項を取締役会または取締役の決定に一任する決議（大判大15．3．27民集5巻222頁、大阪高判昭42．9．26高民集20巻4号411頁）、株主総会の決議事項に属しない事項の決議（会社295条2項）、定款所定の員数を超える数の取締役を選任する決議、発行可能株式総数を発行済株式総数の4倍を超えて増加する定款変更決議（会社113条3項、最判昭40．2．2判時413号75頁）などは、その内容が法令に違反し、無効事由が認められます（東京地裁『類型別訴訟Ⅰ』433頁、江頭『株式会社法』372頁、中村『ハンドブック』691頁、大隅『株主総会』579～580頁、『新注会(5)』387～389頁、西岡『商事関係訴訟』73頁、江頭『論点6』146～147頁〔品谷篤哉〕、浜田道代ほか編『専門訴訟講座⑦会社訴訟―訴訟・非訟・仮処分―』（民事法研究会、2013）23頁）。

また、配当可能な剰余金が存在しないにもかかわらず配当をする旨の決議は、会社法461条に違反し、無効事由が認められます（東京地判昭29.11．1判タ43号58頁、中村『ハンドブック』691頁、東京地裁『類型別訴訟Ⅰ』436頁、山口『会社訴訟非訟』348～350頁、奥島孝康ほか編『新基本法コンメンタール会社法3〔第2版〕』（日本評論社、2015）376頁〔小林量〕）。

公開会社においては、定款で取締役の資格を株主に限定することができませんから（会社331条2項本文）、公開

会社において取締役の資格を株主に限定する定款変更決議も、会社法331条2項本文に違反し、無効事由が認められると解されます（東京地裁『類型別訴訟Ⅰ』437頁、西岡『商事関係訴訟』73頁）。

3 決議無効事由とならない場合
（裁判例）

(1) 取締役の選任を株主総会議長に一任する決議

取締役は株主総会の決議によって選任することとされていますが（会社329条1項）、その選任を株主総会の議長に一任するとの株主総会決議は、決議の内容ではなく決議の方法が法令に違反するとして、取消事由は認められるが無効事由は認められないとした裁判例があります（東京地判昭33.1.13下民集9巻1号1頁）。ただし、こうした決議については、決議の内容が法令に違反するとして、無効事由の存在を認めるべきとする見解もあります（鈴木竹雄＝大隅健一郎編『総合判例研究叢書（第3）商法(5)』（有斐閣、1959）6頁〔大隅健一郎＝今井宏〕）。

(2) 正当な理由のない取締役の解任決議

取締役は、いつでも、株主総会の決議によって解任することができます（会社339条1項）。取締役は、正当な理由なく解任された場合には、株式会社に対して損害の賠償を請求することができますが（同条2項）、取締役の解任自体は正当な理由がなくても行えます（同条1項）。したがって、取締役を解任する株主総会決議に正当な理由がなかったとしても、無効事由や取消事由が存在することにはなりません（東京地裁『類型別訴訟Ⅰ』435頁）。

(3) 役員の退職慰労金の金額等の決定を取締役会または取締役会長等に一任する決議

役員の退職慰労金（弔慰金）は職務執行の対価として定款または株主総会により決定することとされているため（会社361条、379条、387条）、その金額等を取締役会や取締役会長等の決定に一任する決議は法令に違反しないかが問題となります。

判例は、株主総会決議により退職慰労金を含む役員の報酬の金額等を無条件に取締役会の決定に一任することは許されないが、株主総会決議において、明示的または黙示的に、その支給に関する基準を示し、具体的な金額、支払時期および支払方法等をその基準に従って定めるものとして、その決定を取締役会の決定に一任することは許され、決議の内容は法令に違反しないとしています（最二小判昭39.12.11民集18巻10号2143頁・判タ173号131頁、最三小判昭44.10.28判時577号92頁、最二小判昭48.11.26判時722号94頁）。

また、退任取締役に支払う退職慰労金の金額等の決定を一任された取締役会が、これをさらに取締役会長や同社長等の決定に一任した場合について

も、判例は、退職慰労金の金額等に関する内規があり、委任を受けた取締役会や再委任を受けた取締役会長や同社長等にも退職慰労金の金額等の決定に裁量の余地がないような場合には、その決議は会社361条等に違反せず、無効とはならないとしています（最三小判昭58．2．22判タ495号84頁、東京地裁『類型別訴訟Ⅰ』434〜435頁）。

(4) **配当可能な剰余金を配当しないとする決議**

配当可能な剰余金を配当しないという決議を行った場合、株式会社の「経営及び財務内容の安定を図るために暫時無配当とする配当政策を選択することも一般的には不合理ということはできないのであって、いまだ無配当を決定した本件決議をして、不当というに止どまらず（ママ）、配当政策決定の合理的な限度を超えた違法があると評価することはできない」（東京地判昭62.12.25金商799号25頁）ため、無効事由は存在しないものとされています。

(5) **会社法335条2項で監査役との兼任が禁止されている者を監査役に選任する決議**

株式会社の監査役は、株式会社もしくはその子会社の取締役もしくは支配人その他の使用人または当該子会社の会計参与もしくは執行役を兼ねることができないものとされていますが（会社335条2項）、これらの兼任禁止者を監査役に選任する決議が法令に違反しないかが問題となりえます。しかし、会社法335条2項は、監査役の欠格事由を定めたものではありませんし、監査役の選任は、株主総会決議に加えて、選任された者が就任を承諾することによってその効力を生じるものですから、その選任の効力が発生する時までに兼任が禁止されている職を辞任していれば同項違反とはならないと考えられます。したがって、同項で兼任が禁止されている者を監査役に選任する決議は法令に違反せず、無効事由は認められません（最三小判平1．9.19判タ732号194頁）。

(6) **顧問弁護士を監査役に選任する決議**

株式会社の顧問弁護士は、当該株式会社の業務執行機関から指揮命令を受けるべき組織上の地位に置かれたり、当該株式会社への専属が義務づけられたりするなどの特段の事情がない限り、監査役に就任したとしても会社法335条2項には違反しないと解されます（東京地裁『類型別訴訟Ⅰ』437頁、北沢正啓『会社法〔第6版〕』（青林書院、2001）471頁）。したがって、特段の事情がない限り、株式会社の顧問弁護士を監査役に選任する株主総会決議は法令に違反せず、無効事由も認められません。これに関連して、最三小判昭61．2．18民集40巻1号32頁・判タ592号72頁は、弁護士である監査役が特定の訴訟事件について株式会社の訴訟代理人となることにつき、監査役の兼任禁止を定める同項に違反しないと

(7) **公開会社において取締役の資格を株主に限る旨の定款変更決議**

公開会社においては、取締役が株主でなければならない旨を定款で定めることはできません（会社331条2項本文）。したがって、公開会社において取締役の資格を株主に限る旨の定款変更決議は、これに違反しますので、法令違反として決議無効事由になります。

(8) **取締役を日本人に限る旨の制限を設ける定款変更決議**

取締役および監査役の選任資格を日本国籍を有する者に限定する定款変更は法令に違反するものではなく、無効事由は認められないものとされています（名古屋地判昭46.4.30判タ263号151頁、『コンメ7』447頁）。しかし、現在においてもこうした定款による資格制限が合理的といえるかには異論もありうるとの指摘があります（東京地裁『類型別訴訟Ⅰ』437頁）。　　　　（森　駿介）

224　株主総会決議の不存在事由

決議不存在確認の訴えは、どのような場合に認められますか。

ポイント

決議不存在確認の訴えは、株主総会決議がなされたという外観があるのに、実際にはそのような株主総会決議が行われていないか、決議がなされたとしても、法的に決議が存在したと評価できないような場合に認められます。たとえば、実際に株主が集まっていない場合、代表取締役以外の者が招集した場合、取締役会決議を経ずに代表取締役以外の取締役が招集した場合などにおいて、株主総会決議が不存在と認められることがあります。

解　説

1　決議の不存在

決議不存在確認の訴えは、株主総会決議がなされたという外観があるのに、実際にはそのような株主総会決議が行われていないか、決議がなされたとしても、法的に決議が存在したと評価できないような場合に認められます（江頭『株式会社法』373～374頁、東京地裁『類型別訴訟Ⅰ』352頁）。以下では、決議不存在事由が認められる具体的な場合について解説します。

2　決議不存在事由が認められる場合

(1) **事実として株主総会決議が存在しない場合**

株主総会決議が事実として行われていないのに、決議があったかのように議事録が作成され、登記がなされたような場合には、決議不存在事由が認められます（江頭『株式会社法』373頁、江頭『論点6』144頁〔品谷篤哉〕、浜田

道代ほか編『専門訴訟講座⑦会社訴訟―訴訟・非訟・仮処分―』(民事法研究会、2013) 22頁)。

(2) なんらかの決議は存在しても法的に株主総会決議と評価できない場合

 a 実際に株主が集まっていない場合

　実際に株主が集まっていない場合は株主総会の存在は認められないのが原則ですが、「株主の全員が株主総会の特定の決議事項について同意し、かつ、その同意されたところを株主総会の決議とすることに異議のない場合や、さらに、実質的にある一定の者に株主総会の決議事項について包括的に委任し、これによって株主の全員が同意されたとみなされる等の特段の事情が認められる場合」には、そこでなされた株主総会決議を有効と認める余地もあります（大阪地判昭63.3.30判時1313号151頁）。しかし、そこで株主が意図していなかった内容の決議がされたような場合には、その決議には決議取消事由または決議不存在事由があると考えられます（垣内『会社訴訟』147〜148頁、東京地裁『類型別訴訟Ⅰ』392頁)。

 b 取締役会決議を経ずに代表取締役が招集したときで特段の事情のある場合

　取締役会決議を経ずに代表取締役が株主総会を招集した場合でも、通常は、取締役会決議が実際に行われたか否かは外部からは判明しがたく、代表取締役による招集通知は、権限者によりなされたものとの外観を備えていることから、当該株主総会における決議は、不存在とはならず取消事由が認められるにとどまるのが原則です（最一小判昭46.3.18民集25巻2号183頁・判タ263号213頁、大阪高判平3.9.20判タ767号224頁、東京地裁『類型別訴訟Ⅰ』394頁、西岡『商事関係訴訟』64頁、垣内『会社訴訟』148頁)。

　しかし、取締役会決議を経ずに代表取締役が招集した株主総会における決議について、当該株主総会が、代表取締役が自己の支配権を確立し原告をその役員から排除することのみを目的として開催したもので、株主が原告と代表取締役の2名のみであり、原告が株主総会招集を決議した取締役会は無効である旨代表取締役に通知しているため、株主総会が代表取締役のその名において招集手続を行ったため同手続が適法にされたという信頼を株主その他の第三者に対して生じさせていないような場合には、取締役会決議を経ない瑕疵は決議取消事由ではなく、決議不存在事由であるとした裁判例（前掲大阪高判平3.9.20）があります。

 c 代表取締役以外の者が招集した場合

　株主総会の招集は株式会社の業務執行に属するため、招集権者は代表取締役であると解されていますが、取締役会において代表取締役以外の取締役に特定の株主総会に限定して招集権限を与えたような場合には、その取締役が

行った株主総会の招集も招集権限のある者による瑕疵のない招集といえます（大隅＝今井『会社法論中』15頁、『新注会(5)』33頁〔前田重行〕、西岡『商事関係訴訟』64頁、東京地裁『類型別訴訟Ⅰ』394頁）。

逆に、取締役会において代表取締役以外の取締役に招集権限が与えられていないにもかかわらず、その取締役が株主総会を招集した場合には、取締役会決議を経ていたとしても、この招集には、招集権限のない者が行ったという瑕疵があることになります。この場合、瑕疵は重大であるとして、取消事由ではなく不存在事由があるとする裁判例がありますが（高松高判昭40.10.2判タ184号135頁、名古屋地判昭46.12.1判タ275号346頁）、適法な取締役会決議があることを理由として、この招集により開催された株主総会における決議には取消事由があるにすぎないとする見解もあります（鈴木竹雄＝大隅健一郎編『総合判例研究叢書（第3）商法(5)』（有斐閣、1959）17頁〔大隅健一郎＝今井宏〕、西原寛一「株主總會の運営」田中耕太郎編『株式会社法講座(3)』845頁、『新注会(5)』37頁〔前田重行〕）。

d　取締役会決議を経ずに代表取締役以外の取締役が招集した場合

取締役会決議を経ずに代表取締役以外の株主総会招集権限を有しない取締役が招集した株主総会は、法律上の株主総会とはいえないことから、そこでなされた決議は不存在となります（最一小判昭45.8.20判タ253号163頁。ただし、この事案では、決議不存在確認の訴えという訴訟の類型が法定されていない当時のものであるため、決議は無効であると判断されています）。

また、先行する第一株主総会において選任された取締役らで構成される取締役会が後行の第二株主総会の開催を決定し、代表取締役が第二株主総会を招集したとしても、後に第一株主総会における取締役選任決議が不存在とされると、第二株主総会の開催を決定した取締役会決議が無効とされ、第二株主総会を招集した代表取締役にも招集権限がなかったことになるため、第二株主総会は、取締役会決議を経ずに代表取締役以外の招集権限を有しない者により招集されたことになり、全員出席総会であったなどの特段の事情がない限り、第二株主総会における決議は不存在となります（最三小判平2.4.17民集44巻3号526頁・判タ732号190頁、東京高判昭62.10.28判タ674号190頁）。

e　その他

47％の株式を保有する株主を除外する目的で、当初招集通知に記載した開催場所と異なる場所で株主総会を開催したときは、株主総会の成立手続に著しい瑕疵があったものとして、そこで行われた決議には不存在事由が認められます（大阪高判昭58.6.14判タ509号226頁）。

懇談会という名義で招集された集会での決議（神戸地判昭12.5.28新聞4149

号5頁）や株主総会の招集が有効に撤回されたにもかかわらず一部株主が集合して行った決議（東京地判昭11.12.18新聞4102号17頁）、株主総会の継続会の会場が有効に変更されたにもかかわらず一部株主が当初予定されていた会場に集合し、特定の株式会社の株主総会の名を冠して開催した会合での決議（東京地判昭30.7.8下民集6巻7号1353頁）は、いかなる意味においても当該株式会社の株主総会とはいえないため、そこで行われた決議には不存在事由が認められます。株主総会が有効に終結したにもかかわらず一部の株主が残留してした決議にも不存在事由が認められます（東京地判昭14.11.7新聞4500号11頁、大隅『株主総会』585頁、『新注会(5)』400頁〔小島孝〕）。

議長ではない者により採決された決議および取締役会設置会社において招集通知に記載されていない議題についてなされた決議にはいずれも不存在事由が認められます（東京地判平23.1.26判タ1361号218頁）。

また、先行する株主総会決議により株式の全部取得がなされた後に当該先行決議の取消しを求める訴えが提起され取消判決が下されたがこれが確定していない時点で、当該全部取得の効力発生時に株主であった者を招集して先行決議の追認等を行う株主総会決議を行った事案において、先行決議を取り消す判決が確定するまでは全部取得の効力発生時に株主であった者も株主でない者であるから、後行の株主総会決議は株主でない者によってなされたものとして不存在であるとした裁判例があります（東京高判平27.7.15（平成27年（ネ）第2048号〔D1-Law.com判例ID28232844〕）、東京地判平27.3.16判時2272号138頁。なお、上記判決は、上告棄却および上告不受理により確定しています（最二小決平28.1.15（平成27年（オ）第1532号・平成27年（受）第1913号））。

そのほかにも、【225】で述べる、招集通知もれがある場合のうち一定の場合には、決議不存在事由が認められます。

（森　駿介）

225　招集通知の欠缺

招集通知もれにより決議不存在確認の訴えが認められるのはどのような場合ですか。

ポイント

過去の裁判例からしますと、招集通知がなされず、出席しなかった株主の株式数が総株式数の2割に満たないときは、その招集手続の瑕疵は決議取消事由にとどまると考えられますが、これが4割を超えるときは、決議不存在事由に当たると考えられます。出席株主の株式数のみで決議取消事由と決議不存在事由を線引きすることがむずかしい場合には、決議内容や瑕疵ある手

続をとった株式会社側の意図、原告が決議から3カ月以内に決議取消しの訴えを提起しえたかどうか等も考慮して判断することになります。

> 解 説

1 招集通知の欠缺が決議不存在事由に当たる場合

株主総会は、株主が株式会社の重要事項を決議する場であり、株主に事前に株主総会の日時、場所および目的事項を通知し（会社299条1項・4項）、準備の期間を与えたうえで行われるべきものです。株主に対して招集通知が行われなかったことは、招集手続の法令違反として（会社831条1項1号）、株主総会決議の取消事由となりますが、一定の場合にはそれにとどまらず決議不存在事由となります。

招集通知が行われず、欠席した株主の保有株式数が総株式数の2割に満たない少数であるときは、その招集手続の瑕疵は株主総会決議の取消事由にとどまると考えられますが、招集通知がなされず、欠席株主の保有株式数が4割を超えるような場合には、瑕疵の程度が著しく、その株主総会はもはや会議体としての体をなしていないと認められることから、決議不存在事由に当たると考えられます（東京地裁『類型別訴訟Ⅰ』398頁）。

決議取消事由と決議不存在事由のいずれとなるのかを招集通知が行われなかった株主の保有株式数のみで判断することがむずかしい場合には、決議内容、瑕疵ある手続をとった株式会社側の意図、原告が決議から3カ月以内に決議取消しの訴えを提起しえたかどうか等も総合的に考慮して判断することになると考えられます（東京地裁『類型別訴訟Ⅰ』398頁）。すなわち、招集通知を受けなかった株主の保有株式数が総株式数の2～4割の間であるなど株主の保有株式数から決議取消事由と決議不存在事由の線引きがむずかしい場合に、たとえば、株式会社側が反対派を排除するためにあえて反対派株主に対して招集通知を行わず、反対派株主の異議を受けてもなおこの運用を改めないような事情があれば、決議不存在事由に当たるとする判断に傾く可能性が大きいでしょう（東京地裁『類型別訴訟Ⅰ』399～400頁）。

また、招集通知の瑕疵が決議取消事由と決議不存在事由のいずれに当たるかの判断に際しては、瑕疵があった株式数だけではなく、株主数も考慮に入れるべきとの見解もありますが（大隅健一郎「株主總会の決議が不存在と認められた事例」京都大学法学論叢65巻6号112頁）、株主総会においては、法令・定款に特別の定めがある場合を除き、決議要件は株主数ではなく株式数を基準としていることから、原則として、株式数のみにより判断すべきであると考えられます（西岡『商事関係訴訟』65頁）。ただし、招集通知を受けた株

主が1名であるなど会議体の体をなしていないような場合には、株主数も考慮に入れて決議不存在事由と判断すべきでしょう（東京地裁『類型別訴訟Ⅰ』399頁）。

2 招集通知の欠缺に関する裁判例

裁判例が、招集通知が行われなかった場合に決議不存在事由の存在を認めた事例としては、①招集通知が行われなかった株式数が9割であるとき（東京高判昭30.7.19下民集6巻7号1488頁）、②招集通知が行われなかった株式数が約47％であるとき（大阪高判昭58.6.14判タ509号226頁）、③招集通知が行われなかった株式数が5割であるとき（東京高判平2.11.29判時1374号112頁）、④招集通知が行われなかった株式数が約95％であるとき（東京高判昭63.3.23判時1281号145頁）、⑤招集通知が行われなかった株式数が4割であるとき（東京高決平4.1.17東高民43巻2～12号2頁）、⑥招集通知が行われなかった株式数が25％であるとき（名古屋地判平5.1.22判タ839号252頁）があります（垣内『会社訴訟』149頁、東京地裁『類型別訴訟Ⅰ』397頁）。

逆に、裁判例が、招集通知が行われなかった場合でも決議不存在事由の存在を認めなかった場合としては、①招集通知が行われなかった株式数が約2.5％であるとき（松山地判昭26.7.9下民集2巻7号862頁。決議取消事由の存在は認められました）、②招集通知が行われなかった株式数が1％にも満たないとき（最一小判昭37.8.30判時311号27頁。決議取消事由の存在を認めたうえで請求は裁量棄却されました）、③招集通知が行われなかった株式数が2割であるとき（大分地判昭40.1.29判タ172号227頁。決議取消事由の存否は判断されませんでした）、④招集通知が行われなかった株式数が27％であるとき（最二小判昭55.6.16判タ423号82頁。決議取消事由の存在を認めたうえで請求は裁量棄却されました）、⑤招集通知が行われなかった株式数が約85％であるとき（東京高判昭59.4.17判時1126号120頁。決議取消事由の存在が認められました）、⑥排除された株式数が約11％であるとき（千葉地判昭61.7.25判時1217号134頁。決議取消事由の存否は判断されませんでした）、⑦招集通知が行われなかった株式数が2割弱であるとき（京都地判平1.4.20判タ701号226頁。決議取消事由の存在は認められました）があります（垣内『会社訴訟』149～150頁、東京地裁『類型別訴訟Ⅰ』397～398頁）。

3 招集通知欠缺の瑕疵の治癒

招集通知が行われなかったとしても、当該株主が事前に株主総会の開催を知り、株主総会に出席し、招集手続を省略することに同意したとみることができるような場合には、招集通知が行われなかったという瑕疵は治癒されたと解すべきです（東京地裁『類型別

訟Ⅰ』398頁)。ただし、このような場合でも当該株主は招集通知の添付書類等の交付を受けておりませんので、これにより決議に支障をきたすようなときには添付書類等の交付を受けなかったこと自体が決議取消事由に当たることがありえます(東京地裁『類型別訴訟Ⅰ』398〜399頁)。　　(森　駿介)

226　株主総会開催禁止の仮処分

株主総会開催禁止の仮処分は、どのような場合に申し立てることができますか。また、その具体的な手続と効力はどのようなものですか。

ポイント

株主総会開催禁止の仮処分は、株主総会のすべての議題について瑕疵がある場合、すなわち、①株主総会の招集者が招集権限を有しない場合、②招集手続に法令・定款違反または著しい不公正がある場合、③少数株主による招集に関する場合に申し立てることができます。株主総会開催禁止の仮処分決定に違反して開催された株主総会でなされた決議については、取消事由があるとする見解や不存在事由があるとする見解、瑕疵はないとする見解などがあります。なお、株主総会のすべての議題について瑕疵があるわけではなく、その一部の議題等について決議を禁止すれば足りる場合には、株主総会決議禁止の仮処分が問題となります。

解　説

1　株主総会開催禁止の仮処分を申し立てられる場合

株主総会開催禁止の仮処分は、将来、株主総会における決議の瑕疵を理由にその効力が争われることが予想される場合に、あらかじめ株主総会の開催自体を禁止する仮処分です。株主総会のすべての議題について瑕疵がある場合には、株主総会の招集通知が株主に発せられた後、当該株主総会が開催されるまでの間に、裁判所に対し、株主総会開催禁止の仮処分を申し立てることができます(東京地裁『類型別訴訟Ⅱ』896〜897頁・899頁)。

株主総会のすべての議題に瑕疵がある場合としては、①株主総会の招集者が招集権限を有しない場合、②招集手続に法令・定款違反または著しい不公正がある場合、③少数株主による招集に関する場合があります(東京地裁『類型別訴訟Ⅱ』897〜899頁)。

①株主総会の招集者が招集権限を有しない場合としては、(ア)取締役会設置会社において、代表権を有しない取締役が、取締役会決議を経ずに株主総会を招集した場合、(イ)代表取締役を選定した株主総会決議または取締役会決議に瑕疵があるため、代表取締役として株主総会を招集した招集者が代表取締役の地位になく、単に登記簿に代表取

締役として登記されているにすぎなかった場合、(ウ)株主が少数株主による株主総会の招集手続を経ずに株主総会の招集を行った場合等があげられます（東京地裁『類型別訴訟Ⅱ』898頁）。

②招集手続に法令定款違反または著しい不公正がある場合としては、(ア)取締役会設置会社の代表取締役が取締役会決議を経ずに株主総会を招集した場合、(イ)一部の株主に対して株主総会の招集通知を行っていない場合、(ウ)株主総会の招集通知が法定の期限までに発せられなかった場合等があげられます（東京地裁『類型別訴訟Ⅱ』898頁）。

③少数株主による招集に関する場合としては、少数株主がすでに株主総会の招集に関する裁判所の許可（会社297条4項）を得ているにもかかわらず、裁判所による招集許可のあった事項と同一かまたは相抵触する事項について、代表取締役が別途株主総会を招集した場合等があげられます（東京地裁『類型別訴訟Ⅱ』898頁）。

2 株主総会開催禁止の仮処分申立ての手続

(1) 招集権限を有する者が招集手続に瑕疵のある株主総会を開催しようとしている場合

招集権限を有する者が招集手続に瑕疵のある株主総会を開催しようとしている場合には、6カ月（これを下回る期間を定款で定めた場合はその期間）前から引き続き株式を有する株主（ただし、公開会社でない株式会社の場合は株主）、監査役（会計監査に権限が限定された監査役は除く）、監査等委員、監査委員が債権者となり、違法行為差止請求権（会社360条、385条1項、399条の6第1項、407条1項の適用または類推適用）を被保全権利として、株式会社の本店所在地を管轄する地方裁判所（民事保全法12条1項、民事訴訟法5条8項ロ・4項4号準用）に対して、当該株主総会の開催禁止を求めて仮処分申立てを行うことができます（中村『ハンドブック』659頁、東京地裁『類型別訴訟Ⅱ』895～896頁）。

(2) 招集権限を有しない者が株主総会を招集しようとする場合

招集権限を有しない者が株主総会を招集しようとする場合には、このような招集は、招集手続に瑕疵のあるものであることから、取締役に対する違法行為差止請求権の類推適用により株主総会開催禁止の仮処分申立ても行うことができます。さらに、招集権限を有する代表取締役または会社法297条が定める少数株主が債権者となり、招集権者（代表取締役または会社297条の少数株主）の当該招集者に対する招集権限に基づく妨害排除請求権を被保全権利として、株主総会を招集し開催しようとしている者を債務者として、債務者の普通裁判籍所在地を管轄する裁判所（民事保全法12条1項、民事訴訟法4条）に対して、仮処分申立てを行えます（中村『ハンドブック』659～660頁、

東京地裁『類型別訴訟Ⅱ』895〜896頁)。

(3) 担　保

株主総会開催禁止の仮処分申立てが認容される場合の担保金額は、債務者があらためて株主総会を招集するのに要する費用、株主総会の延期等による損害等を考慮した金額となります（東京地裁『類型別訴訟Ⅱ』903頁、山口和男編『会社訴訟非訟の実務〔改訂版〕』(新日本法規、2004) 319頁、新堂幸司「仮処分」石井照久ほか編『経営法学全集⑲経営訴訟』（ダイヤモンド社、1966）155頁、菊井雄大ほか『現代実務法律講座仮差押・仮処分〔3訂版〕』（青林書院新社、1982) 340頁）。ただし、監査役、監査等委員または監査委員の違法行為差止請求権（会社385条1項、396条の6第1項、407条1項の適用または類推適用）を被保全権利とする仮処分申立てを認容する場合には、担保を立てさせないものとされています（会社385条2項、396条の6第2項、307条2項の適用または類推適用）。

3　株主総会開催禁止の仮処分の効力

株主総会開催禁止仮処分に違反して開催された株主総会における決議に瑕疵があるかについては、複数の見解があります。まず、株主総会の招集手続が法令に違反しまたは著しく不公正なときに当たるものとし、後の株主総会決議取消訴訟において考慮されると考えるのが最も問題が少ないとする見解があります（東京地裁『類型別訴訟Ⅰ』441頁、垣内『会社訴訟』157頁、中島弘雅「株主総会をめぐる仮処分」中野貞一郎ほか編『民事保全講座(3)仮処分の諸類型』（法律文化社、1996) 321頁）。

また、株主総会開催禁止の仮処分に違反して開催された株主総会は、招集権限のない者によって招集されたものであるなどとして、そこでなされた決議は不存在であるとする見解もあります（浦和地判平11．8．6判タ1032号238頁、西岡『商事関係訴訟』69頁、山口『会社訴訟非訟』319頁、大隅＝今井『会社法論中』33頁、門口『実務大系11』232頁、米津稜威雄「株主総会開催停止仮処分」竹下守夫＝藤田耕三編『裁判実務大系(3)会社訴訟・会社更生法〔改訂版〕』（青林書院、1994) 122頁）。ただし、この見解に対しては、仮処分に本案（株主総会の開催禁止を求める差止めまたは不作為訴訟）以上の効果を与えることになり、仮処分の付随性に反するおそれがあるとの批判があります（東京地裁『類型別訴訟Ⅰ』441頁）。

さらに、取締役に対する違法行為の差止請求権（会社360条等）を被保全権利とする株主総会開催禁止の仮処分は、当該取締役に対して不作為義務を課すものにすぎないとして、これに違反しても会社に対する義務違反の責任を生ずるだけであって、株主総会を開催した行為が無効または不存在となるものではないため、そこでなされた決議には瑕疵がないとする見解もありま

すが（東京高判昭62.12.23判タ685号253頁、竹下守夫「株主総会の停止を命じる仮処分に対し株主総会の終了後にした異議申立ての適否」ジュリ201号70頁）、これに対しては、この解釈では、仮処分の実効性を担保できないとの批判がされています（東京地裁『類型別訴訟Ⅰ』440頁）。

（森　駿介）

227　株主総会決議禁止の仮処分

株主総会決議禁止の仮処分は、どのような場合に認められますか。また、その具体的な手続と効力はどのようなものですか。

ポイント

株主総会決議禁止の仮処分は、株主総会の開催を禁止しなくても、株主総会の一部の議題または議案について決議を禁止すれば目的を達せられる場合、すなわち、①招集手続に法令・定款違反または著しい不公正がある場合、②行われようとしている決議の方法に法令・定款違反または著しい不公正がある場合、③行われようとしている決議の内容に法令・定款違反がある場合、④少数株主による招集に関する場合に申し立てることができます。株主は、株主総会の招集通知が株主に発せられた後、当該株主総会が開催されるまでの間に、裁判所に対し、その申立てをすることになります。申立てを認容する仮処分決定に違反してなされた株主総会決議の瑕疵・効力は、株主総会開催禁止の仮処分決定に違反して開催された株主総会で行われた決議の瑕疵・効力と同様に考えられます。

解説

1　株主総会決議禁止の仮処分を申し立てられる場合

株主総会決議禁止の仮処分は、将来、株主総会における決議の瑕疵を理由にその効力が争われることが予想される場合に、あらかじめ株主総会の決議自体を禁止する仮処分です。株主総会の開催自体を禁止しなくても、株主総会の一部の議題または議案について決議を禁止すれば目的を達せられる場合に、株主は、株主総会の招集通知が株主に発せられた後、当該株主総会が開催されるまでの間に、裁判所に対し、株主総会決議禁止の仮処分を申し立てることができます（東京地裁『類型別訴訟Ⅱ』896〜897頁・899頁）。

株主総会決議の一部の議題または議案について決議を禁止すれば目的を達せられる場合には、①招集手続に法令・定款違反または著しい不公正がある場合、②行われようとしている決議の方法に法令・定款違反または著しい不公正がある場合、③行われようとしている決議の内容に法令・定款違反がある場合、④少数株主による招集に関する場合があります（東京地裁『類型

別訴訟Ⅱ』898頁）。

①招集手続に法令・定款違反または著しい不公正がある場合としては、招集通知に株主総会の目的である事項（会社298条1項2号）の記載（会社299条4項）が欠けている場合や、招集通知に株主提案に関する記載（会社305条）が欠けている場合等があげられます（東京地裁『類型別訴訟Ⅱ』898頁）。

②行われようとしている決議の方法に法令・定款違反または著しい不公正がある場合としては、取締役は累積投票（会社342条）によらずに選任することが定款に定められていない会社において、取締役選任につき株主から適法な累積投票の請求があるのに、代表取締役がこれを拒否している場合等があげられます（門口『実務大系11』228～229頁、東京地裁『類型別訴訟Ⅱ』898頁）。

③行われようとしている決議の内容に法令・定款違反がある場合としては、議題が定款所定の定員を超える役員選任の件である場合や、議案が分配可能額を超えて剰余金を配当するものである場合（会社461条）等があげられます（門口『実務大系11』228～229頁、東京地裁『類型別訴訟Ⅱ』898頁）。

④少数株主による招集に関する場合としては、少数株主が、株主総会の招集に関する裁判所の許可を得ている場合（会社297条4項）に、許可の対象でない事項を決議事項とする場合等があげられます（東京地裁『類型別訴訟Ⅱ』898頁）。

2 株主総会決議禁止の仮処分申立ての手続

株主総会決議禁止の仮処分の手続は、株主総会開催禁止の仮処分の手続と同様に考えることができます（【226】参照）。

3 株主総会決議禁止の仮処分の効力

株主総会決議禁止の仮処分決定に違反した株主総会決議の効力は、株主総会開催禁止の仮処分決定に違反した株主総会決議の効力と同様に考えることができます（【226】参照）（垣内『会社訴訟』156～157頁、西岡『商事関係訴訟』69頁、東京地裁『類型別訴訟Ⅰ』441頁、大隅『株主総会』534頁、浜田道代ほか編『専門訴訟講座⑦会社訴訟―訴訟・非訟・仮処分―』（民事法研究会、2013）76頁、中村『ハンドブック』664頁）。

（森　駿介）

---

228 株主総会開催および決議禁止の仮処分の被保全権利・保全の必要性・当事者

株主総会開催および決議禁止の仮処分の被保全権利、保全の必要性および当事者（債権者・債務者）について説明してください。

ポイント

株主総会開催および決議禁止の仮処分の被保全権利は、株主、監査役、監査等委員もしくは監査委員の取締役に対する違法行為差止請求権、または本来招集権限を有する者（代表取締役、会社297条の少数株主）の当該総会を招集し開催しようとする者に対する妨害排除請求権です。

保全の必要性が認められるためには、違法もしくは著しく不公正な方法で決議がされること等の高度の蓋然性があって、その結果、会社に回復困難な重大な損害を被らせ、これを回避するために開催および決議を禁止する緊急の必要性があることが必要です。

株主総会開催および決議禁止の仮処分の債権者は、違法行為差止請求権または妨害排除請求権を行使することができる者であり、債務者は瑕疵ある株主総会を招集している者です。

解説

1 被保全権利と保全の必要性

(1) 総説

仮処分命令は、民事保全法に基づく保全命令であり、発令するためには「被保全権利」と「保全の必要性」の2つの実体要件が認められる必要があります（民事保全法13条）。被保全権利とは、民事保全手続により保全すべき権利または権利関係（民事保全法13条）のことであり、保全の必要性とは、被保全権利を保全するために暫定的な措置を講ずる必要性のことです（中野貞一郎『民事執行・保全入門〔補訂版〕』（有斐閣、2013）292頁）。

(2) 被保全権利

株主総会開催および決議禁止の仮処分申立てにおいて被保全権利となりうるのは、株主等の取締役に対する違法行為差止請求権と本来の招集権者が有する妨害排除請求権の2つです。仮処分の対象となる株主総会を招集する者が招集権限を有する者であるか否かに分けて被保全権利を整理すると以下のとおりです（中村『ハンドブック』658～661頁、東京地裁『類型別訴訟Ⅱ』899～900頁、山口『会社訴訟非訟』316～318頁、浜田道代ほか編『専門訴訟講座⑦会社訴訟―訴訟・非訟・仮処分―』（民事法研究会、2013）74～75頁、垣内『会社訴訟』157頁）。

a 招集権限を有する者による株主総会の招集手続に瑕疵がある場合

招集権限を有する者が招集することを前提として、招集手続に法令・定款違反もしくは著しい不公正がある場合、行われようとしている決議の方法に法令・定款違反もしくは著しい不公正がある場合、または行われようとしている決議の内容に法令・定款違反がある場合には、会社法360条、385条1項、399条の6第1項および407条1項による株主、監査役、監査等委員もしくは監査委員の取締役に対する違法行

為差止請求権を被保全権利として、株主総会開催または決議禁止の仮処分を申し立てることができます。

b 招集権限を有しない者が株主総会を招集しようとする場合

取締役会設置会社において、代表取締役でない取締役が取締役会決議を経ずに株主総会を招集する場合、代表取締役に選任された事実がなく単に登記簿に代表取締役として登記されているにすぎない者が株主総会を招集する場合、または少数株主がすでに株主総会の招集に関する裁判所の許可を得ている場合（会社297条4項）において、代表取締役が招集許可のあった事項と同一ないし相反する事項について別の株主総会を招集するときもしくは少数株主が裁判所の許可を受けていない事項を決議事項として株主総会を招集するときには、株主等の当該招集者に対する違法行為差止請求権、または本来招集権限を有する者（代表取締役、会社297条の少数株主）の当該株主総会を招集しようとする者に対する妨害排除請求権（会社360条、385条、407条）を被保全権利として、株主総会開催または決議禁止の仮処分を申し立てることができます。これらの場合、違法行為差止請求権と妨害排除請求権は、その要件を満たす限り、併存する関係にありますので、債権者の選択により、いずれの権利を被保全権利とすることも可能です。

c 違法行為差止請求権を被保全権利とする場合に疎明すべき事項

会社法360条またはその類推適用による違法行為差止請求権を被保全権利として仮処分申立てを行う場合、被保全権利の存在を認めてもらうためには、①監査役設置会社、監査等委員会設置会社または指名委員会等設置会社では、会社に「回復することができない損害」が、②これ以外の会社では会社に「著しい損害」がそれぞれ生じるおそれのあることを疎明しなければなりません。また、監査役、監査等委員または監査委員が、同法385条1項、399条の6第1項、407条1項またはこれらの類推適用による違法行為差止請求権を被保全権利として仮処分申立てを行う場合には、会社に「著しい損害」が生じるおそれのあることを疎明しなければなりません。

「回復することができない損害」とは、一般に、損害が賠償責任によって償いきれない場合をいいますが（鈴木竹雄＝石井照久『改正株式会社法解説』（日本評論社、1950）187頁、奥島孝康ほか編『新基本法コンメンタール会社法2〔第2版〕』（日本評論社、2016）173頁〔福原紀彦〕）、損害の回復が絶対に不可能な場合に限らず、回復が相当に困難な場合も含まれます（『新注会(6)』427頁〔北沢正啓〕）。「著しい損害」とは、損害がその質および量において著しいことをいい、損害が損害賠償その他の措置によって回復可能であるかど

うかを問わないとされています（『新注会(6)』464頁〔鴻常夫〕）。両者の関係は、「著しい損害」は、「回復することができない損害」を含み、後者のほうが前者よりも損害の程度が大きいものと解されます（前田庸『会社法入門〔第12版〕』（有斐閣、2009年）448頁、奥島ほか編『新基本法コンメンタール会社法2〔第2版〕』173頁〔福原紀彦〕）。

(3) **保全の必要性**

　株主総会開催および決議禁止の仮処分は、①株主総会が会社の意思決定を行う最高機関であること、②そのような仮処分が認められることになると、他の株主の株主権行使の機会を一方的に奪う結果をもたらすこと、③株主総会の決議取消しの訴え（会社831条1項）や決議不存在・無効確認の訴え（会社830条）を提起することにより事後的に是正することが可能であること、④そもそも、会社の意思は、株主相互の意見交換等を経て最終的には多数決で決せられるべきものであって、少数派の株主は、多数派の株主の意見を受け入れざるをえないという側面があることなどの事情にかんがみれば、満足的仮処分という性質を有する株主総会開催および決議禁止の仮処分命令を発するにあたっての保全の必要性の判断は、特に慎重に行われるべきものです。そこでその保全の必要性が肯定されるには、当該株主総会の開催および決議を許すと、決議の成否を左右しうる議決権を有する株主が決議から違法に排除されることになるなどのために、違法もしくは著しく不公正な方法で決議がされること等の高度の蓋然性があって、その結果、会社に回復困難な重大な損害を被らせ、これを回避するために開催および決議を禁止する緊急の必要性があることが要求されるものと解されます（東京地決平17.11.11金商1245号38頁、東京高決平17．6．28判タ1209号279頁、東京地裁『類型別訴訟Ⅱ』901～902頁）。

　保全の必要性の判断にあたっては、「開催されようとしている株主総会における決議事項の重要性（決議が会社又は株主に与える影響の大きさ）及び緊急性（予定された決議を行わなければ時機を失し会社が重大な損害を被るおそれがあるか否か）」、ならびに「決議の瑕疵の種類・軽重」を慎重に考慮することになります（中村『ハンドブック』661～662頁、東京地裁『類型別訴訟Ⅱ』902頁、東京地裁商事研究会『商事非訟・保全事件の実務』（判例時報社、1991）257～258頁、門口『実務大系11』230～231頁、米津稜威雄「株主総会開催停止仮処分」竹下守夫＝藤田耕三編『裁判実務大系(3)会社訴訟・会社更生法〔改訂版〕』（青林書院、1994）125頁、中島弘雅「株式をめぐる仮処分」中野貞一郎ほか編『民事保全講座(3)仮処分の諸類型』（法律文化社、1996）316頁）。

　なお、具体的に招集通知がなされていない段階で、特定の株主総会でなく、一般的に株主総会の開催を禁止す

る仮処分は、保全の必要性がないため、認められません（中村『ハンドブック』658頁、東京地裁『類型別訴訟Ⅱ』902頁）。

2 仮処分事件の当事者

妨害排除請求権に基づく仮処分申立てにおいては、当該妨害排除請求権を有する招集権者が債権者（申立人）となります。

会社法360条、385条1項、399条の6第1項、407条1項またはこれらの類推適用による違法行為差止請求権に基づく仮処分申立てにおいては、債権者は、6カ月（これを下回る期間を定款で定めた場合にあっては、その期間）前から引き続き株式を有する株主（ただし、公開会社でない株式会社の場合は保有期間の制限はありません）、監査役（権限が会計監査に限定された監査役は除かれます。会社389条7項）、監査等委員および監査委員です。

他方、債務者（被申立人）は、株主総会を招集している者です。違法行為差止請求の相手方は、招集行為を行う取締役のみであり、会社ではないと解されますので、会社は、株主総会開催および決議禁止の仮処分債務者にもならないと考えられますが（東京高決平17．6．28判タ1209号279頁、東京地裁『類型別訴訟Ⅱ』901頁、東京地裁商事研究会『商事非訟・保全事件の実務』248～249頁、中島「株式をめぐる仮処分」319頁）、会社も債務者に加えるべきとす

る見解もあります（中村『ハンドブック』662～663頁、門口『実務大系11』229～230頁）。

（森　駿介）

229 議決権行使禁止・許容の仮処分

議決権行使禁止・許容の仮処分は、どのような場合に申し立てることができますか。また、その手続と効力はどのようなものですか。

ポイント

議決権行使禁止・許容の仮処分は、株主総会を前にして、株主名簿に記載されている者の株主資格や議決権の保有の有無が後に争われることが予想される場合、具体的には、①株式の帰属に争いがある場合と、②株式の存否に争いがある場合に申し立てることができます。議決権行使禁止・許容の仮処分決定の効力については、その被保全権利やだれを債務者とする仮処分であるか等とも絡んで、個別の場面ごとに複数の見解が主張されています。

解　説

1 議決権行使禁止・許容の仮処分が申し立てられる場合

議決権行使禁止・許容の仮処分は、株主総会を前にして、株主名簿に記載されている者の株主資格や議決権の保有の有無が後に争われることが予想さ

れる場合に、株主名簿上の株主の議決権行使を禁止し、または議決権行使を許容する仮処分です。そのため、議決権行使禁止・許容の仮処分の申立ての時期は、株主総会の招集通知が株主に発せられた後、当該株主総会が開催されるまでの間ということになります。

実務上の類型としては、株式の帰属に争いがある場合と株式の存否に争いがある場合があります（東京地裁『類型別訴訟Ⅱ』887頁）。

株式の帰属に争いがある場合とは、株式の譲渡の有無やその効力について争いがある場合や、名義株主と実質上の株主との間で株式の帰属について争いがある場合等です（門口『実務大系11』232頁、東京地裁『類型別訴訟Ⅱ』887頁）。

株式の存否に争いがある場合とは、募集株式の発行の効力に争いがあるが無効判決の確定前である場合や、募集株式の引受人が払込期日に発行価額の払込みをしたかどうかに争いがある場合等です（門口『実務大系11』232頁、東京地裁『類型別訴訟Ⅱ』888頁）。

2 議決権行使禁止・許容の仮処分申立ての手続

(1) 議決権行使禁止の仮処分

a 株式の帰属に争いがある場合

株式の帰属に争いがある場合における議決権行使禁止の仮処分は、自らが真実の株主であると主張する者が債権者となり、株主名簿上の株主および当該株式会社を債務者として、債務者の普通裁判籍所在地を管轄する裁判所（民事保全法12条1項、民事訴訟法4条）に対して、申し立てることができます（中村『ハンドブック』668頁、大隅『株主総会』528頁、西岡『商事関係訴訟』70頁、東京地裁『類型別訴訟Ⅱ』885頁、山口『会社訴訟非訟』197～198頁、浜田道代ほか編『専門訴訟講座⑦会社訴訟─訴訟・非訟・仮処分─』（民事法研究会、2013）79頁）。

b 株式の存否に争いがある場合

株式の存否に争いがある場合における議決権行使禁止の仮処分は、株主、取締役、監査役（会計監査に権限が限定された監査役は除く）、執行役または清算人（会社828条2項2号・3号）、新株発行等不存在確認の訴えの利益を有する者が債権者となり、株式会社（会社834条2号・3号・13号・14号）を債務者として、当該株式会社の本店所在地を管轄する地方裁判所（民事保全法12条1項、会社835条1項）に対して、申し立てることができます（門口『実務大系11』233～234頁、東京地裁『類型別訴訟Ⅱ』885頁、浜田ほか編『専門訴訟講座⑦会社訴訟─訴訟・非訟・仮処分─』80頁）。ただし、争いの原因が募集株式引受人による払込みの有無にある場合には、その争いのある株式を引き受けた新株主も債務者とする必要があります（東京地裁商事研究会『商事非訟・保全事件の実務』（判例時報社、1991）267～268頁、東京地裁『類型別訴訟Ⅱ』

890頁、門口『実務大系11』233頁、浜田ほか編『専門訴訟講座⑦会社訴訟―訴訟・非訟・仮処分―』80頁）。

(2) 議決権行使許容の仮処分

議決権行使許容の仮処分は、自らが真実の株主であると主張する者が債権者となり、株主権に基づく妨害排除請求を被保全権利とする申立てにおいては債権者が株主であることを争っている者（会社を含みます）を、名義書換請求権を被保全権利とする申立てにおいては会社をそれぞれ債務者として（西岡『商事関係訴訟』71頁、浜田ほか編『専門訴訟講座⑦会社訴訟―訴訟・非訟・仮処分―』80頁）、債務者の普通裁判籍所在地を管轄する裁判所（民事保全法12条1項、民事訴訟法4条）に対して、申し立てることができます。

3 議決権行使禁止・許容の仮処分の効力

(1) 議決権行使禁止の仮処分決定の対象となっている議決権は定足数に含まれるか

議決権行使禁止の仮処分決定の対象となっている議決権を定足数の計算に含めるか否かについては、株式の存否が争われている場合には定足数から排除し、株式の存在を前提にその帰属が争われている場合には定足数に含めます（神戸地判昭31.2.1下民集7巻2号185頁、東京地判昭35.3.18下民集11巻3号555頁、中村『ハンドブック』668頁・670頁、東京地裁『類型別訴訟Ⅰ』442～443頁、大隅『株主総会』524～525頁、門口『実務大系11』236頁、西岡『商事関係訴訟』70頁、鈴木竹雄＝竹内昭夫『会社法〔第3版〕』（有斐閣、1994）84頁、米津稜威雄「株主総会開催停止仮処分」竹下守夫＝藤田耕三編『裁判実務大系(3)〔改訂版〕』（青林書院、1994）236頁、竹中邦夫「議決権の行使を禁止する仮処分」竹下＝藤田編『裁判実務大系(3)会社訴訟・会社更生法〔改訂版〕』229頁、浜田ほか編『専門訴訟講座⑦会社訴訟―訴訟・非訟・仮処分―』78頁）。

(2) 議決権行使禁止の仮処分決定に反して議決権が行使された場合について

株式会社が仮処分債務者とならなかった場合には、議決権行使を禁止された株主が株主総会に出席して議決権を行使したとしても、仮処分決定の当事者ではない株式会社に仮処分決定の効力を及ぼすことはできないとして、その株主総会の決議に瑕疵はないとした裁判例があります（横浜地判昭38.7.4判タ151号163頁）。

しかし、株式会社が仮処分債務者となっている場合に行使禁止の対象となっている議決権が行使されたときは、決議方法の法令違反として、決議取消事由に当たると解する見解が有力です（中村『ハンドブック』668頁、東京地裁『類型別訴訟Ⅰ』443頁、大隅『株主総会』524頁、門口『実務大系11』236頁、西岡『商事関係訴訟』70頁、垣内『会社訴訟』156頁、竹中「議決権の行使

を禁止する仮処分」140頁、浜田ほか編『専門訴訟講座⑦会社訴訟─訴訟・非訟・仮処分─』82頁、清水湛「株主議決権行使停止の仮処分の効力の及ぶ範囲」商事300号12頁）。

(3) 決議後に議決権行使禁止の仮処分決定が取り消された場合について

議決権行使禁止の仮処分決定に従い、株主総会では、仮処分決定の対象となっている議決権を行使させずに決議がなされたが、後に仮処分決定が取り消されるなどした場合でも、仮処分の取消しの効力は遡及せず、決議時には仮処分決定は有効に存在していたことから、そこでなされた決議には瑕疵はないと解されます（最一小判昭39．5．21民集18巻4号608頁・判タ163号77頁参照、中村『ハンドブック』668頁・670頁、東京地裁『類型別訴訟Ⅰ』443頁、門口『実務大系11』236頁、西岡『商事関係訴訟』71頁、大隅＝今井『会社法論中』80頁、垣内『会社訴訟』156頁）。

(4) 議決権行使禁止の仮処分決定の相手方への効果

株式の帰属に争いがある場合に、議決権行使禁止の仮処分決定がなされたとしても、株式の帰属を争っている相手方に議決権行使許容の効果が生じるわけではないとする見解が有力です（最一小判昭45．1．22民集24巻1号1頁・判タ244号161頁参照。大隅『株主総会』529頁、門口『実務大系11』236頁、米津「株主総会開催停止仮処分」140頁）。

(5) 決議後に議決権行使許容の仮処分決定が取り消された場合について

議決権行使許容の仮処分決定に従い、株主総会で、仮処分決定の対象となっている議決権が行使されて決議がなされたが、後に本案訴訟で仮処分債権者が株主でないことが確定したような場合において、その決議に瑕疵があるか否かは争いがあります。

まず、株主総会決議後に仮処分決定が取り消されても、取消しの効果が遡及するわけではなく、仮処分決定は取り消されるまでは有効であるから、決議に瑕疵はないとする見解があります（大隅『株主総会』525頁、大隅健一郎「株主権に基づく仮処分」『吉川大二郎博士還暦記念・保全処分の体系(下)』（法律文化社、1970）652頁）。

これに対し、暫定的なものにすぎない仮処分決定の効力は必要最低限度にとどめるべきであるから、仮処分決定と相反する本案判決によっても株主総会決議が影響を受けないとするのは仮処分決定に不当に強力な効力を与えるものであるとして、株主総会決議後に議決権行使許容の仮処分決定が覆った場合には、その株主総会決議には取消事由が認められることになるとする見解もあります（新谷勝『会社仮処分』（中央経済社、1992）200頁）。**（森　駿介）**

230 議決権行使禁止・許容の仮処分の被保全権利・保全の必要性・当事者

議決権行使禁止・許容の仮処分の被保全権利、保全の必要性および当事者について説明してください。

ポイント

議決権行使禁止の仮処分の被保全権利は、株主権（議決権）に基づく妨害排除請求権、募集株式発行等無効請求権または募集株式発行等不存在確認請求権です。議決権行使許容の仮処分の被保全権利は、株主権（議決権）に基づく妨害排除請求権または名義書換請求権です。

保全の必要性が肯定されるためには、本案訴訟の判決を待っていては、その間に開催された株主総会で非株主が議決権を行使し、または自らが議決権を行使できず、著しい損害が生じることの疎明が必要です。

仮処分事件の当事者は、議決権行使禁止・許容の仮処分が申し立てられる場面ごとに異なります。

解説

1 被保全権利と保全の必要性

(1) 総説

仮処分命令が発令されるためには、「被保全権利」と「保全の必要性」という2つの要件が必要です（民事保全法13条。【228】参照）。

(2) 被保全権利

実務において議決権行使禁止・許容の仮処分が申し立てられる場合としては、【229】のとおり、株式の帰属に争いがある場合と株式の存否に争いがある場合がありますが、それぞれの申立てにおける被保全権利は以下のとおり整理できます。

a 議決権行使禁止の仮処分

① 株式の帰属に争いがある場合

株式の帰属に争いがある場合の議決権行使禁止の仮処分は、株主権（議決権）に基づく妨害排除請求権を被保全権利として、申し立てることができます（中村『ハンドブック』668頁、東京地裁『類型別訴訟Ⅱ』888頁、門口『実務大系11』232～233頁、垣内『会社訴訟』156頁、浜田道代ほか編『専門訴訟講座⑦会社訴訟―訴訟・非訟・仮処分―』（民事法研究会、2013）79頁）。

ただし、この場合は、株主名簿に記載されていない者が、会社に株主権を対抗できる株主名簿上の株主を相手方として、自らの株主権を主張し、相手方の株主権の行使を阻止しようとするのですから、被保全権利として株主権（議決権）に基づく妨害排除請求権を主張するには、債権者が会社に対し株主権を対抗できる地位にあることが必要です。したがって、会社が株式取得者の名義書換請求を不当に拒絶している場合（最一小判昭42.9.28民集21巻7

号1970頁・判タ213号103頁）や不当に名義書換えを怠っている場合（最一小判昭41．7．28民集20巻6号1251頁・判タ195号83頁）、不当に株主名簿の記載を抹消した場合、株式が有効に移転していないのに名義書換えが行われた場合であって、かつ、実質的権利の帰属が疎明されることが必要となります（東京地裁『類型別訴訟Ⅱ』888～889頁、中村『ハンドブック』667頁、門口『実務大系11』234頁、山口『会社訴訟非訟』196～197頁、浜田ほか編『専門訴訟講座⑦会社訴訟─訴訟・非訟・仮処分─』80頁、竹中邦夫「議決権の行使を禁止する仮処分」竹下守夫＝藤田耕三編『裁判実務大系(3)会社訴訟・会社更生法〔改訂版〕』（青林書院、1994）137～138頁、中島弘雅「株式をめぐる仮処分」中野貞一郎ほか編『民事保全講座(3)仮処分の諸類型』（法律文化社、1996）286～287頁）。

なお、株券発行会社の場合、株式取得者は株券の占有により権利者として推定され（会社131条1項）、単独で名義書換えを請求することができますから（会社133条2項、会社則22条2項1号）、議決権行使禁止の仮処分を申し立てるには、名義書換請求をすることが不可欠です（新谷勝『会社訴訟・仮処分の理論と実務〔第2版〕』（民事法研究会、2011）181頁、東京地裁『類型別訴訟Ⅱ』889頁）。

② 株式の存否に争いがある場合

募集株式発行等の効力に争いがある場合に申し立てられる議決権行使禁止の仮処分の本案訴訟は、募集株式発行等無効の訴え（会社828条1項2号・3号）または募集株式発行等不存在確認の訴え（会社829条1号・2号）ですから、被保全権利は、募集株式発行等無効請求権または募集株式発行等不存在確認請求権であると考えられます（中村『ハンドブック』669頁、東京地裁『類型別訴訟Ⅱ』889頁、門口『実務大系11』233頁、浜田ほか編『専門訴訟講座⑦会社訴訟─訴訟・非訟・仮処分─』79頁）。

b 議決権行使許容の仮処分

議決権行使許容の仮処分の被保全権利は、株主権（議決権）に基づく妨害排除請求権または名義書換請求権であると考えられます（西岡『商事関係訴訟』71頁、浜田ほか編『専門訴訟講座⑦会社訴訟─訴訟・非訟・仮処分─』79頁）。

(3) 保全の必要性

a 議決権行使禁止の仮処分

議決権行使禁止の仮処分の保全の必要性は、本案訴訟の判決を待っていては、その間に開催された株主総会で非株主が議決権を行使し、または自らが議決権を行使できず、著しい損害が生じることが疎明された場合に認められます。この判断は、株主総会の議案の重要性に左右されると考えられ、議案が、取締役の選解任等の会社の経営権を変動させうるものや、企業結合等の会社の経営に特に重要なものである場合には、原則として保全の必要性があ

るものと考えられます。逆にいえば、その他の場合には、特段の事情のない限り、保全の必要性は否定されることになります（東京地裁『類型別訴訟Ⅱ』891頁、東京地裁商事研究会『商事非訟・保全事件の実務』（判例時報社、1991）273頁、中村『ハンドブック』668頁、門口『実務大系11』234～235頁、浜田ほか編『専門訴訟講座⑦会社訴訟―訴訟・非訟・仮処分―』80～81頁）。

b 議決権行使許容の仮処分

上記ａで述べた議決権行使禁止の仮処分によれば、債務者の議決権行使を禁止し、その意図する議案が可決されることを妨げて現状を維持することができます。他方、議決権行使許容の仮処分は、これを超えて、債権者の意図する議案を可決させて現状を変更する場合があり、会社の経営に与える影響はよりいっそう大きいことから、上記ａの場合以上に高度な保全の必要性が要求されると考えられます（門口『実務大系11』235頁、東京地裁『類型別訴訟Ⅱ』891頁、浜田ほか編『専門訴訟講座⑦会社訴訟―訴訟・非訟・仮処分―』81頁）。

2 仮処分事件の当事者

(1) 議決権行使禁止の仮処分

a 株式の帰属に争いがある場合

株式の帰属に争いがある場合の議決権行使禁止の仮処分申立てにおける債権者は自らが真実の株主であると主張する者です。株主名簿上の株主が債務者となることには争いはなく、会社が債権者の株主たる地位を争い、債務者に議決権を行使させようとしている場合には、会社も債務者になると考えられています（西岡『商事関係訴訟』70頁、東京地裁『類型別訴訟Ⅱ』890頁、山口『会社訴訟非訟』197～198頁、竹中「議決権の行使を禁止する仮処分」139頁、西迪雄「議決権行使停止の仮処分」村松裁判官還暦記念論文集刊行会編『村松俊夫裁判官還暦記念論文集・仮処分の研究(下)』（日本評論社、1966）214～215頁、菊井維大ほか『現代実務法律講座仮差押・仮処分〔3訂版〕』（青林書院新社、1982）334頁）。

b 株式の存否について争いがある場合

① 募集株式発行等の効力に争いがある場合

募集株式発行等の効力に争いがある場合は、債権者は、当該訴えの原告適格を有する者、すなわち株主、取締役、監査役（権限が会計監査に限定された監査役は除きます。会社389条7項）、執行役または清算人です（会社828条2項2号・3号）。募集株式発行等不存在確認の訴えを本案訴訟とする場合は、債権者は、本案訴訟につき訴えの利益を有する者です。他方、債務者は、本案訴訟が上記いずれの場合であっても、本案訴訟の被告適格を有する会社です（会社834条2号・3号・13号・14号、東京地裁『類型別訴訟Ⅱ』890頁、門口『実務大系11』233～234頁、浜田ほ

か編『専門訴訟講座⑦会社訴訟―訴訟・非訟・仮処分―』80頁）。

② 募集株式引受人による払込みの有無に争いがある場合

債権者は株主（旧株主と当該募集株式発行等により新たに株主となったもののうち争いのある株式以外の株主）であり、債務者はその争いのある株式を引き受けた新株主です。ここで、会社も債務者となるかが問題となりますが、上記 a と同様に考えられます（東京地裁商事研究会『商事非訟・保全事件の実務』267～268頁、門口『実務大系11』233頁、東京地裁『類型別訴訟Ⅱ』890頁、浜田ほか編『専門訴訟講座⑦会社訴訟―訴訟・非訟・仮処分―』80頁）。

(2) 議決権行使許容の仮処分

議決権行使許容の仮処分の債権者は、自らが真実の株主であると主張する者です。債務者は、株主権に基づく妨害排除請求を被保全権利とする申立てにおいては、債権者が株主であることを争っている者（会社を含みます）であり、名義書換請求権を被保全権利とする申立てにおいては、会社のみであると考えられます（西岡『商事関係訴訟』71頁、浜田ほか編『専門訴訟講座⑦会社訴訟―訴訟・非訟・仮処分―』80頁）。

（森　駿介）

231　株主総会決議効力停止の仮処分

株主総会決議効力停止の仮処分は、どのような場合に認められますか。また、その手続と効力はどのようなものですか。

ポイント

株主総会決議効力停止の仮処分は、株主総会決議に無効もしくは取消しの事由に当たる瑕疵があり、または事実上もしくは法律上不存在と評価される瑕疵がある場合に、当該決議の効力停止やこれに基づく執行行為の差止めを求める仮処分です。

解　説

株主総会決議効力停止の仮処分は、株主総会決議に無効もしくは取消しの事由に当たる瑕疵があり、または事実上もしくは法律上不存在と評価される瑕疵がある場合に、株主総会決議取消訴訟等を本案訴訟として、当該決議の効力停止やこれに基づく執行行為の差止めを求める仮処分です（中村『ハンドブック』665頁）。

株主総会決議が取締役等の選任決議である場合には、取締役等の職務執行停止・職務代行者選任の仮処分となり（中村『ハンドブック』665頁）、本案訴訟の原告適格を有する者が債権者となり、会社および選任決議の対象となった取締役の両者が債務者となります（東京地裁『類型別訴訟Ⅱ』879頁）。また、当該決議が取締役の解任決議であれば、任期満了までの解任決議の効力停止の仮処分となり（名古屋高決平

25.6.10判時2216号117頁)、本案訴訟の原告適格を有する者が債権者となり、会社が債務者となります。

合併決議等については、会社法に無効確認訴訟の制度が定められていますが(会社828条)、合併等の効力発生前であれば、決議の効力の停止を求める仮処分にも意味があると考えられます(甲府地判昭35.6.28判時237号30頁、菊井雄大ほか『現代実務法律講座仮差押・仮処分〔3訂版〕』(青林書院新社、1982)341頁、中村『ハンドブック』665頁)。

なお、上記仮処分は、いずれも会社の本店所在地を管轄する地方裁判所(民事保全法12条1項、会社835条1項)に対して、申し立てることができます。

(森　駿介)

232 株主総会をめぐるその他の仮処分

その他、株主総会をめぐる仮処分としては、どのようなものがありますか。また、その手続と効力は、どのようなものですか。

ポイント

株主総会をめぐるその他の仮処分の例としては、株主は、株主総会開催日前に自らの株主としての権利に基づく請求内容を実現するため、会社または取締役を相手方として、その実現を命ずる仮処分申立てを行うことがあります。このような仮処分には、株主が委任状勧誘を行うために申し立てる株主名簿閲覧謄写仮処分や議案の要領の招集通知記載の仮処分があります。

また、逆に、会社が、株主総会を混乱させるおそれの高い株主の出席を禁止することや、株主総会の混乱や出席者への危害を防止するために株主に対して所持品検査を実施することを求める仮処分もあります。

解説

1　その他の仮処分

株主総会をめぐっては、株主総会開催日前に株主と会社の間に対立が生じている場合で、かつ法令に基づく株主の請求に会社が応じない場合に、株主が自らの請求内容を株主総会開催日前に実現するため、会社または取締役を相手方として、その実現を命ずる仮処分申立てを行うことがあります。このような仮処分としては、たとえば、株主名簿閲覧謄写仮処分や議案の要領の招集通知記載の仮処分などが考えられます。

また、逆に、会社が、株主総会を混乱させるおそれの高い株主の出席を禁止することや、株主総会の混乱や出席者への危害を防止するために株主に対して所持品検査を実施することを求めて仮処分を申し立てることもあります。

それぞれの仮処分の内容は以下のと

第13章　株主総会をめぐる裁判手続　467

おりです。

2　株主名簿閲覧謄写仮処分

　株主は、株主総会の議題・議案について株主提案を行った場合や会社提案に反対である場合には、自らの株主提案への賛成票や会社提案への反対票を集めるため、広く株主に対し、自身へ議決権行使を委任するための委任状の提出を勧誘することがあります。株主は、委任状勧誘を行う際、勧誘相手となる株主の氏名・名称および住所等を知る必要があるため、会社に対し、これらが記載された株主名簿の閲覧謄写請求を行うのが一般的です（会社125条2項）。これに対し、会社は、反対株主による委任状勧誘活動への着手時期を遅らせ、委任状勧誘戦を有利に進めるため、株主名簿の閲覧謄写拒絶事由（同条3項）のいずれかを理由として、株主名簿を任意に閲覧謄写させず、引き延ばしを図ることがあります。そこで、委任状勧誘を行いたい株主は、会社に株主名簿の閲覧謄写を拒否された場合には、速やかに株主名簿の閲覧謄写を行うため、株主名簿の閲覧謄写を求めて仮処分申立てを行うことができます。

　株主名簿閲覧謄写の仮処分の被保全権利は、会社法125条2項による株主および債権者の会社に対する株主名簿閲覧謄写請求権です。したがって、仮処分の債権者は株主および債権者であり、債務者は会社です。申立ては、本案である株主名簿閲覧謄写請求の訴えの管轄裁判所、すなわち当該会社の本店所在地を管轄する地方裁判所（民事保全法12条1項、民事訴訟法4条1項・4項）に対して行うことになります。

　株主名簿閲覧謄写の仮処分は、会社に対し、株主に株主名簿の閲覧謄写をさせるべき義務を生じさせます。

3　議案の要領の招集通知記載の仮処分

　一定の要件を満たす株主は、株主総会の議案について提案を行う場合、取締役に対し、株主総会の8週間（これを下回る期間を定款で定めた場合にあっては、その期間）前までに、株主総会の目的である事項につき自ら提出しようとする議案の要領を招集通知に記載することを請求することができます（会社305条、会社則93条）。

　この株主提案権は、その性質に照らし、株主提案が無視された場合にその権利を本案訴訟において実現することは時間的制約にかんがみ事実上不可能であり、事後的な救済方法も限られていることから、これが無視された場合の救済方法として仮処分申立てを認める必要性は高いとして、仮処分により債務者が被る不利益または損害もふまえてより慎重に判断すべきとしつつ、仮処分申立てを可能と判断した裁判例があります（東京地決平25．5．10資料版商事352号36頁）。

　議案の要領の招集通知記載の仮処分

の被保全権利は、会社法305条による株主の取締役に対する議案の要領の招集通知記載請求権です。債権者は、本案である議案の要領の招集通知記載請求の訴えの原告適格を有する同条の要件を満たす株主であり、債務者は取締役です（会社305条）。申立ては、本案の管轄裁判所である債務者取締役の住所地を管轄する地方裁判所（民事保全法12条1項、民事訴訟法4条1項・2項）に対して行うことになります。

議案の要領の招集通知記載の仮処分は、取締役に対し、株主提案がなされた議案の要領を招集通知に記載すべき義務を生じさせます。

4　株主総会出席禁止の仮処分

会社は、株主総会を混乱させることなく、総会の議事を円滑に運営し、終了させる権限を有していますので、議事の円滑な運営を妨害するおそれのある株主を仮処分債務者として、総会出席禁止の仮処分を申し立てることができます。京都地決平12.6.28金商1106号57頁は、このような見解に立ったうえで、前年度の株主総会において、議題とは無関係に、株主としての正当な権利行使の範疇を超えた妨害行為に出た株主が、次の株主総会も前年度以上に混乱させると宣言しているなど、株主が前年度同様の妨害行為に出て、会社の株主総会の議事を円滑に運営し終了させる権限を侵害する蓋然性が高い場合においては、債務者がそれまでに裁判所の発令した仮処分決定に反する抗議行動を執拗に行っていることにもかんがみれば、株主に対して、株主総会会場内における総会の円滑な進行を妨げる行為を個別具体的に禁止するだけでは足りず、株主総会への出席自体を禁止する必要性が高いとして、株主総会出席禁止の仮処分を認めました。

株主総会出席禁止の仮処分の被保全権利は、上記のとおり、株主総会の議事を円滑に運営し、終了させる会社の権限（以下「株主総会秩序維持権」といいます）です。債権者は会社であり、債務者は議事の円滑な運営を妨害するおそれのある株主です。申立ては、債務者の住所地を管轄する地方裁判所（民事保全法12条1項、民事訴訟法4条1項・2項）に対して行うことになります。

株主総会出席禁止の仮処分は、株主に対し、株主総会へ出席しないという不作為義務を生じさせます。株主がこれに違反して株主総会会場に立ち入ろうとした場合には、建造物侵入罪（刑法130条）が成立することがあり、前掲京都地決平12.6.28の事例では、債務者とされた株主のうち1名が同罪で逮捕されています（匿名コメント（金商1106号59頁））。

5　所持品検査を認める仮処分

株主が、長期間にわたり、債権者を非難し、その頭取・役員・行員の生命・身体に対して危害を加えることを

明示または黙示に警告し、また、武器類を所持して株主総会に出席する可能性を明示または黙示に示唆している場合において、当該株主が、株主総会開催時に会社による所持品検査を受けることとし、武器類を所持しないことを証明しない限り、株主総会に出席してはならないとする仮処分を下した裁判例があります（岡山地決平20.6.10金商1296号60頁）。

　この裁判例の事案は、債権者が、株主総会出席禁止の仮処分を求めたのに対し、裁判所が、会社が行う所持品検査により武器類の不所持が証明された場合には出席を禁止するまでの必要はないとして、上記の限度で債権者の請求を認めたものです。したがって、被保全権利は、上記4で述べた株主総会出席禁止の仮処分と同様、株主総会秩序維持権です。債権者は会社であり、債務者は議事の円滑な運営を妨害するおそれのある株主です。申立ては、債務者の住所地を管轄する地方裁判所（民事保全法12条1項、民事訴訟法4条1項・2項）に対して行うことになります。

　所持品検査を認める仮処分は、会社限りの権限では所持品検査を徹底することが困難であることから、会社が行う所持品検査に根拠を与えるものといえます（新谷勝『会社訴訟・仮処分の理論と実務〔第2版〕』（民事法研究会、2011）193頁）。　　　　　（森　駿介）

第14章

株主総会と犯罪

233 株主総会の開催前の段階における犯罪

株主総会の開催前の段階における犯罪類型として、どのようなものがありますか。

ポイント

株主総会における発言や議決権の行使に関し、不正の請託を受けて、財産上の利益を収受し、またはその要求もしくは約束をした場合、株主等の権利の行使に関する贈収賄罪（会社968条）が成立します。また、株式会社の取締役やその他の使用人が、株主の権利に関し、当該株式会社またはその子会社の計算において財産上の利益を供与した場合、株主等の権利の行使に関する利益供与の罪（会社970条）が成立します。株主総会の招集懈怠に刑事罰はありませんが、行政罰（過料）の対象となります。

解説

1 株主等の権利の行使に関する贈収賄罪

株主総会における発言や議決権の行使に関し、不正の請託を受けて、財産上の利益を収受し、またはその要求もしくは約束をした者は、5年以下の懲役または500万円以下の罰金に処せられます（収賄罪。会社968条1項1号）。財産上の利益を供与し、またはその申込みもしくは約束をした者も同様です（贈賄罪。同条2項）。会社法968条は、総会屋による総会荒らしを防止することを主眼として設けられた規定ですが、会社を攻撃することにより金銭その他の利益を得ようとするタイプの総会屋だけでなく、会社に協力して一般株主による正当な質問を妨げるようないわゆる与党総会屋に対する利益供与であっても、本条の対象となりえます。この点について、東洋電機カラーテレビ事件の控訴審判決（東京高判昭42.10.17高刑集20巻5号643頁）は、「総会屋と会社経営陣が結託するとき一般株主の正当な権利が阻止され、会社経営の不法ないし不当な取引制限が隠され、経営陣がその地位の安泰を図り得ることになり、会社内に害毒が沈殿し、ひいて株式会社企業のもつ社会性、公共性に違反することになることも考えられるから、『総会荒らし』『総会ゴロ』より『総会屋』こそ、より適切な意味で商法494条（注・現会社法968条）の規制を受けるべきだとの見解も成立するのである」と判示しています。なお、会社法968条1項に該当する行為が恐喝罪（刑法249条）にも該当する場合には、恐喝罪のみの成立を認めれば足りるとするのが通説です（平野龍一ほか編「注解特別刑法第4巻経済編〔第2版〕」（青林書院、1991）101頁、伊藤栄樹ほか編「注釈特別刑法第5巻経済法編Ⅰ」（立花書房、1986）218頁）。

2 株主等の権利の行使に関する利益供与の罪

株式会社の取締役やその他の使用人が、株主の権利に関し、当該株式会社またはその子会社の計算において財産上の利益を供与したときは、3年以下の懲役または300万円以下の罰金に処せられます（会社970条1項）。情を知って、利益の供与を受け、または第三者にこれを供与させたものも同様です（同条2項）。会社法968条の贈収賄罪は、「不正の請託」を構成要件としているため、実際の適用がむずかしかったことから、総会屋抑止の規定整備の一環として、昭和56年の商法改正により、不正の請託を構成要件としない本条が追加されました。

会社法968条の贈収賄罪との大きな違いとしては、不正の請託を要件としないことのほか、同条が必要的共犯であるのに対して、同法970条は必要的共犯ではないこと、同法968条は「申込み」等のかたちで未遂犯を処罰しているのに対して、同法970条には未遂犯処罰規定がないことがあげられます。

3 株主総会の招集懈怠

定時株主総会を招集しなかったり、裁判所の命令に違反して、株主総会を招集しない場合、過料（行政罰）の対象となりますが（会社976条18号）、招集懈怠そのものに対する刑事罰はありません。

取締役が、自らの経営上の失策を隠ぺいするため、本来臨時株主総会を招集すべきであったにもかかわらず招集手続を怠り会社に損害が生じた場合、その取締役に特別背任罪（会社960条）が成立することがありえますが、これは経営上の失策を隠ぺいしたことによる刑事責任であって、招集手続を怠ったことに対する刑事責任ではありません。

〔木川和広〕

234 株主総会当日の犯罪

株主総会当日における犯罪類型として、どのようなものがありますか。

ポイント

株主総会当日の議場において暴力行為や妨害行為があった場合、暴行罪（刑法208条）、傷害罪（刑法204条）、威力業務妨害罪（刑法234条）、強要罪（刑法233条）、脅迫罪（刑法222条）が成立します。また、総会への出席資格がない者が総会に不正に出席した場合、住居侵入罪や不退去罪（刑法130条）が成立する場合があります。さらに、株主総会において、株式会社の取締役等が募集株式の発行に際しての現物出資等に関して虚偽の申述を行うなどした場合、犯罪となります（会社963条2項）。

解説

1　暴力行為・威圧行為

最近ではほとんどみられなくなりましたが、総会屋全盛の時代には、議長に対してウイスキーのポケット瓶を投げつけたり、議長の頭を殴るなどした総会屋が逮捕される事例がありました。こうした行為は暴行罪（刑法208条）に該当し、それによって人にけがをさせれば傷害罪（刑法204条）が成立します。また、有形力の行使を伴わない言動による威圧行為であっても、威力業務妨害罪（刑法234条）、強要罪（刑法223条）、脅迫罪（刑法222条）などが成立する場合があります。たとえば、1時間半にわたって株主総会の議事を妨害し、休憩中の会社側との話合いでも強圧的な態度を示して、議長に監査役選任議案を撤回させ、株主懇談会の開催を約束させた総会屋に対して、威力業務妨害罪と強要罪の成立を認めた裁判例があります（東京地判昭50.12.26判タ333号357頁）。

2　株主でない者の総会への出席

総会屋やいわゆる特殊株主は、複数で行動することが多く、株主や代理人を装って株主総会の議場に入場しようとすることがあります。このような場合には、本来、株主総会への入場を許されていないのですから、正当な理由なく人の看守する建造物に侵入したものとして、建造物侵入罪（刑法130条）に該当しえます。また、株主や代理人でないことが発覚して退去を求められたにもかかわらず退去しない場合には、不退去罪（同条）に該当しえます。

3　株主総会に対する虚偽の申述等

株式会社の取締役等が、会社法199条1項3号（募集株式の発行に際しての現物出資）または同法236条1項3号（新株予約権の行使に際しての現物出資）に掲げる事項について、株主総会または種類株主総会に対して、虚偽の申述を行い、または事実を隠ぺいした場合、5年以下の懲役もしくは500万円以下の罰金に処され、またはこれらが併科されます（会社963条2項）。

株主総会における虚偽の申述等に対して刑事罰が科されるのは、現物出資に関するきわめて限定された場面に限られますが、これ以外の虚偽の申述や事実の隠ぺいも、過料（行政罰）の対象となります（会社976条6号）。

（木川和広）

235　その他の犯罪

株主総会に関するその他の犯罪類型としてどのようなものがありますか。

ポイント

株式会社の取締役等が、法令または

定款の規定に違反して、剰余金の配当をしたときは、違法配当罪（会社963条5項2号）が成立します。また、虚偽の計算書類に基づいて有価証券届出書や有価証券報告書を作成すれば、虚偽有価証券届出書提出罪や虚偽有価証券報告書提出罪（金商197条1項1号）が成立しますし、虚偽の税務申告をすれば、法人税法違反の罪（法人税法159条1項）が成立します。さらに、虚偽の議事録に基づいて虚偽の登記をした場合、正証書原本不実記載罪（刑法157条1項）に該当します。加えて、株式会社の取締役等が、刑事訴追や刑の執行を免れさせるために、合併その他の方法により会社を消滅させた場合、不当解散罪（法人ノ役員処罰ニ関する法律）に該当します。

解説

1 違法配当罪

株式会社の取締役等が、法令または定款の規定に違反して、剰余金の配当をしたときは、5年以下の懲役もしくは500万円以下の罰金に処され、またはこれらが併科されます（会社963条5項2号）。違法配当には、①分配可能額（会社461条）を超えて配当した場合と、②会社法の定める株主総会の決議（会社454条1項）等を経ずに配当を実行した場合が考えられます。実際に違法配当が問題となる事例の多くは、売上げの架空計上による粉飾会計により分配可能額を水増しし、本来の分配可能額を超えて配当をする形態です。株主総会決議を経て本来の分配可能額を超えて配当が行われた場合（①の場合）には、超過した部分について違法配当罪が成立します。株主総会決議を経ずに配当がなされた場合には、配当全額について違法配当罪が成立します。

2 不正経理

計算書類に虚偽の記載をしたり、事実の隠ぺいをした場合であっても、それ自体が犯罪を構成することはありません。刑法は、公文書や医師の診断書などの重要な私文書に限って、虚偽の記載を犯罪としているからです。しかし、有価証券届出書や有価証券報告書の提出義務がある株式会社の場合、計算書類に記載された虚偽の内容が、有価証券届出書や有価証券報告書に転記されることにより、虚偽有価証券届出書提出罪や虚偽有価証券報告書提出罪（金商197条1項1号）が成立する場合があります。また、虚偽の内容が記載された計算書類に基づいて税務申告をし、支払うべき法人税を免れた場合には、法人税法違反の罪（法人税法159条1項）が成立します。

3 議事録の虚偽記載

株主総会の議事録に虚偽の記載をしたり、株主総会を開催した事実がないのに議事録を作成した場合であって

も、前述のように、虚偽の議事録の作成そのものが犯罪とされることはありません。しかし、そうして作成された虚偽の議事録を用いて虚偽の登記をした場合、公正証書原本不実記載罪（刑法157条1項）に該当します。

4 不当解散

　株式会社の取締役等が、刑事訴追や刑の執行を免れさせるために、合併その他の方法により会社を消滅させたときは、5年以下の懲役が科されます（法人ノ役員処罰ニ関スル法律）。

（木川和広）

事項索引

英字
GPIF ……………………………… 29
IR型総会 ………………………… 177
ISS ………………………………… 33
MBO（マネジメント・バイアウト）……………………………… 340
SR活動 …………………………… 18
TDnet ……………………………… 26

あ
悪意 ……………………………… 391

い
一事不再理の原則 ……………… 257
一時役員 ………………………… 59
著しい損害 ……………………… 457
著しく離れた場所 ……………… 48
著しく離れた日 ………………… 50
著しく不当な決議 ……………… 439
一括回答 ………………… 180,181,427
一括回答方式 …………… 176,180,181
一括上程・一括審議方式 …… 177,179
一括上程方式 …………………… 218,248
委任状 …… 108,121,175,194,196,198,
　　　 200,204,205,214,231,232,235,308
委任状合戦 …………………… 128,130
委任状勧誘 …… 126,196,198,200,468
委任状勧誘規制 …………… 127,132,144
委任状勧誘制度 ………………… 123
委任状用紙 ……………………… 134
違法行為差止請求権 …………… 456
違法配当罪 ……………………… 475
威力業務妨害罪 ………………… 473
印刷会社 ………………………… 334

う
ウェブ修正 ……………… 66,97,101
受付 …………………………… 216,228
訴えの利益 … 377,378,379,381,383,385

え
閲覧請求 ………………………… 211
閲覧・謄写請求 ………………… 214
延会・継続会 …………………… 271
延会継続会 ……………………… 284
エンゲージメント ……………… 30

お
黄金株 …………………………… 340
お土産 …………………………… 273

か
開会宣言 ……………… 179,181,216
会計監査人の出席要求動議 … 257,266
会計監査人の出席を求める決議 … 243
会計不祥事 ……………………… 282
開催時刻 ………………………… 50,51
開催場所 ………………………… 47,49
開催日 ………………………… 50,51,274
会場 ……………………………… 335
会場（の）設営 ……………… 174,219
解任議案 ………………………… 261
解任決議の効力停止の仮処分 … 466
回復することができない損害 … 457
確認書 …………………………… 311
カストディアン ……………… 13,18
合併契約 ………………………… 264
過年度決算訂正 ………………… 36
株式移転計画 …………………… 264

株式会社を代表すべき者 …………… 374	株主の質問 …………………………… 249
株式継続保有要件 …………………… 161	株主の出席状況の報告および定足
株式交換契約 ………………………… 264	数充足宣言 ………………………… 216
株式取扱規程 ………………………… 322	株主の着席権限 ……………………… 224
株主権（議決権）に基づく妨害排	株主の破産管財人に株主総会決議
除請求権 …………………………… 463	の効力を争う訴訟 ………………… 372
株主懇談会 …………………………… 309	株主判明調査 ………………………… 18
株主資格 ……………………………… 229	株主平等原則 ……………… 225, 236, 239
株主総会開催禁止の仮処分 ………… 451	株主平等原則の例外 ………………… 339
株主総会議事録 …………………… 292, 335	株主名簿閲覧謄写仮処分 …………… 467
株主総会議事録の備置き …………… 304	株主名簿管理人 ……………………… 335
株主総会決議禁止の仮処分 ………… 454	株主リスト …………………………… 314
株主総会決議効力停止の仮処分 …… 466	仮の地位を定める仮処分 …………… 350
株主総会決議取消しの訴え …… 150, 350	管轄 …………………………………… 351
株主総会決議取消しの訴えの出訴	勧告的決議 …………………………… 10
期間 ………………………………… 400	監査期間 ……………………………… 44
株主総会決議の効力を争う訴訟 …… 350	監査報告 ……………… 67, 69, 79, 216
株主総会決議不存在確認の訴え …… 350	完全無議決権 ………………………… 340
株主総会決議無効確認の訴え ……… 350	完全無議決権株式 …………………… 14
株主総会参考書類 ……………… 74, 167	
株主総会出席禁止の仮処分 ………… 469	き
株主総会招集請求書 ………………… 324	議案 ………………… 56, 61, 77, 259
株主総会招集通知期間短縮同意書 …… 82	議案提案権 …………………………… 159
株主総会当日の運営の全体像 ……… 216	議案の通知請求権 …………………… 159
株主総会の意義 ……………………… 2	議案の撤回 …………………………… 99
株主総会の受付 ……………………… 228	議案の要領の招集通知記載の仮処
株主総会の延期・続行の動議 … 257, 266	分 …………………………………… 467
株主総会の権限 ……………………… 5	機関投資家 …………………………… 28
株主総会の公開 ……………………… 238	議決権行使期限 ……………………… 105
株主総会の出席義務 ………………… 242	議決権行使許容の仮処分 ……… 461, 464
株主総会の目的事項 ………………… 322	議決権行使禁止の仮処分 ……… 460, 463
株主総会万能主義 …………………… 6	議決権行使結果 ………………… 270, 298
株主提案権 ………………… 158, 160, 169	議決権行使書 …………… 230, 233, 308
株主等の権利の行使に関する贈収	議決権行使助言会社 ……………… 31, 33
賄罪 ………………………………… 472	議決権行使助言方針（ポリシー）…… 33
株主等の権利の行使に関する利益	議決権行使書面 … 17, 104, 108, 175, 194,
供与の罪 …………………………… 472	198, 200, 201, 213, 214

議決権行使の勧誘 ················ 198
議決権行使プラットフォーム ········ 154
議決権行使方針 ····················· 32
議決権拘束契約 ················ 7, 203
議決権信託 ·························· 7
議決権信託契約 ···················· 204
議決権制限株式 ················ 14, 340
議決権電子行使プラットフォーム
································ 27, 120
議決権の代理行使 ·················· 121
議決権の代理行使の勧誘に関する
  参考書類 ························ 74
議決権の不統一行使 ················ 113
議決権普通株式 ····················· 14
議事運営 ························· 248
議事進行の留意点の説明 ············ 216
議事整理権 ·········· 179, 181, 246, 257
議事の経過の要領 ·················· 294
議事の結果 ······················· 295
基準日公告 ······················· 332
基準日公告の方法 ··················· 39
基準日後株主 ······················ 40
議題 ······················· 56, 61, 259
議題提案権 ······················· 158
議長 ························· 244, 335
議長就任宣言 ··········· 179, 181, 216
議長の資格 ······················· 244
議長の職務権限 ··················· 246
議長の選任 ······················· 245
議長の選任手続 ··················· 430
議長の着席位置の指定権限 ·········· 224
議長の途中交代 ··················· 246
議長の不信任または交替の動議
································ 257, 266
議長の要否 ······················· 244
議長不信任動議 ··················· 424
記名投票 ························· 267

吸収説 ··························· 386
共益権 ···························· 13
共同訴訟参加 ····················· 373
共有株主 ························· 423
虚偽有価証券届出書提出罪 ·········· 475
虚偽有価証券報告書提出罪 ·········· 475
拒否権付種類株式 ·················· 340
緊急事態の対応 ··················· 277
緊急停止命令 ················ 146, 148

く

グラスルイス ······················ 33
グローバルな機関投資家等の株主
  総会への出席に関するガイドラ
  イン ···························· 27

け

計算書類 ····················· 41, 261
計算書類および連結計算書類の説
  明 ····························· 216
計算書類等の備置き ················ 433
計算書類の承認 ···················· 36
形式的動議 ······················· 256
形式的動議の場合 ·················· 266
決議通知 ························· 302
決議取消事由 ····················· 446
決議内容の定款違反 ················ 437
決議内容の法令違反 ················ 442
決議の不存在 ····················· 445
決議不存在確認の訴え ········· 445, 448
決議不存在事由 ··················· 445
決議無効確認の訴え ················ 441
決議要件 ··························· 3
決議要件未充足 ··················· 428
決算公告 ························· 313
欠席 ···························· 277
欠席役員の報告 ··················· 216

事項索引　479

原告適格 …………… 354, 355, 357, 358, 364, 369, 371, 372
減資 ………………………………… 261
建造物侵入罪 ……………………… 474
原則主義 ………………………… 23, 30
権利行使者の指定・通知 ………… 359

こ

行使期限 …………………………… 46
後発事象 …………………………… 65
コーポ―レート・ガバナンス ……… 24
コーポレートガバナンス・コード …… 22
コーポレートガバナンス・コードの補充原則 …………………………… 23
コーポレート・ガバナンス報告書 ……………………………… 22, 312
個別株主通知 ………… 165, 206, 322
個別株主通知の申出 ……………… 322
個別上程・個別審議方式 …… 177, 181
個別上程方式 …………… 177, 218, 248
コンプライ・オア・エクスプレイン ……………………………… 23, 31

さ

災害 ………………………… 274, 279
採決 ………………………… 216, 267
採決の方法 ………………………… 268
採決方法の瑕疵 …………………… 429
財産権上の請求に係る訴え ……… 400
細則主義 …………………………… 30
裁量棄却 …………………………… 440
裁量的動議 ………………………… 257
裁量的判断事項 …………………… 6

し

自益権 ……………………………… 13
資格審査 …… 228, 230, 231, 232, 234, 238

事業報告 ………………………… 42, 63
資産運用者としての機関投資家 …… 32
資産管理専業の信託銀行 ………… 18
資産保有者としての機関投資家 …… 32
事前質問 …………………… 180, 181
事前質問状 ………………………… 177
事前の質問状 ……………………… 427
実質株主 ……………………… 18, 238
実質的動議 ………………… 256, 259
支店 ………………………………… 305
シナリオ ………… 176, 178, 182, 191, 192
従業員株主 ……………………… 432
集計 ………………………………… 269
集計方法 …………………………… 270
修正動議 ………………… 259, 424
重要な誤謬 ………………………… 283
取得条項付株式 …………………… 340
取得請求権付株式 ………………… 340
種類株式 …………………………… 338
種類株式発行会社 ………………… 338
種類株主総会 ………………… 338, 341
種類株主総会の議事運営 ………… 347
種類株主総会の基準日 …………… 345
種類株主総会の議事録 …………… 348
種類株主総会の招集手続 ………… 347
種類株主に損害を及ぼすおそれ …… 342
証券保管銀行 ………………… 13, 18
少数株主 …………………………… 318
招集期間 …………………………… 82
招集許可申立事件 ………………… 328
招集権者 …………………………… 46
招集事項 …………………………… 44
招集通知の英訳 …………………… 92
招集通知の欠缺 …………………… 449
招集通知の発信主義 ……………… 88
招集通知の発送時期 ……………… 79
招集通知の発送前開示 …………… 95

招集通知もれ ………………………… 448
招集手続の省略 ………………………… 90
上場審査等に関するガイドライン …… 17
少数株主による株主総会招集許可
　申立事件 ……………………………… 327
少数株主による株主総会の招集手
　続 ……………………………………… 318
譲渡制限株式 …………………………… 340
剰余金の配当 …………………………… 263
職務執行停止・代行者選任の仮処
　分 ……………………………………… 375
所持品検査 ……………………………… 467
所持品検査を認める仮処分 …………… 469
書面決議 ………………………………… 91
書面投票制度 ……………………… 104, 126, 198
書面投票の撤回 ………………………… 113
新設分割計画 …………………………… 264
信託譲渡 ………………………………… 13

す
スチュワードシップ責任 ……………… 28
ストック・オプション ………………… 261

せ
正証書原本不実記載罪 ………………… 475
説明義務 …………………………… 242, 249
説明義務違反 …………………………… 426
全員出席総会 …………………………… 91
選任議案 ………………………………… 260
全部取得条項付種類株式 ……………… 340

そ
総会検査役 ………………………… 18, 204, 207
総会検査役制度 ………………………… 205
総会屋 …………………………………… 472
総株主通知 ……………………………… 333
想定問答集 ………………………… 174, 188

続会 ……………………………………… 272
属人的定め ……………………………… 339
訴権の濫用 ……………………………… 388

た
第三者委員会 …………………………… 283
退職慰労金 ……………………………… 428
対世効 …………………………………… 395
代理人 …………………………………… 54
代理人資格 ………………………… 415, 417
単元株制度 ……………………………… 15
担保提供命令 …………………………… 391

ち
遅刻 ……………………………………… 278
秩序維持権 ……………………………… 246
調査者選任の動議 ………………… 257, 266

て
定款変更 ………………………………… 263
定時株主総会 …………………………… 36
定時株主総会の開催時期 ……………… 37
定足数不足 ……………………………… 428
定足数要件 ……………………………… 3
電磁的投票制度 ………………………… 200
電磁的方法による議決権 ……………… 233
電磁的方法による議決権行使 ………… 230
電磁的方法による招集通知の発信 …… 93
電子投票制度 ……………………… 116, 200

と
動議 ………………………………… 221, 256
謄写請求 ………………………………… 211
投票 ……………………………………… 267
謄本交付請求 …………………………… 211
東洋電機カラーテレビ事件 …………… 472
特定監査役 ……………………………… 310

事項索引　481

特別利害関係人 …………………… 438
特別利害関係人の議決権行使による著しく不当な決議 ……………… 438
途中入場 …………………………… 239
取締役等の職務執行停止・職務代行者選任の仮処分 ……………… 466
取締役の違法行為差止請求 ……… 149
取締役への招集請求 ……………… 319

な
内部統制報告書 …………………… 311

に
二重投票 …………………………… 269
日本版スチュワードシップ・コード ……………………………………… 28

は
拍手 ………………………………… 267

ひ
東日本大震災 ……………………… 275
被告適格 …………………………… 373
必要的動議 ………………………… 257
一株一議決権の原則 ………… 14, 269

ふ
不規則発言 ………………………… 179
複数議決権株式 …………………… 14
不正の請託 ………………………… 473
不退去罪 …………………………… 474
不当解散罪 ………………………… 475
プリンシプルベース・アプローチ
 …………………………………… 23, 30
粉飾決算 …………………………… 282

へ
閉会宣言 ……………………… 181, 182, 216

ほ
妨害排除請求権 ……………… 456, 463
包括委任状 ……………………… 151, 268
法人株主の議決権行使 …………… 234
傍聴 ………………………………… 238
法定決議事項 ……………………… 3
募集株式 …………………………… 263
募集株式発行等不存在確認請求権 … 463
募集株式発行等無効請求権 ……… 463
募集新株予約権 …………………… 263
保有期間要件 ……………………… 319
本店 ………………………………… 305

ま
抹消登記 …………………………… 397

み
見せ金 ……………………………… 371

む
無議決権株式 ……………………… 14
無限定適正意見 …………………… 71

め
名義書換請求権 …………………… 463
名義書換未了の株主 ……………… 423
名義株主 …………………………… 18

も
目的を持った対話 ………………… 30
持株数要件 ………………………… 319
持株要件 …………………………… 319

や
役員選任議案 ………………………… 59
役員報酬 ……………………………… 261

ゆ
有価証券報告書 ……………………… 311
有価証券報告書等の訂正 …………… 284
有価証券報告書の記載内容に係
　る確認書 …………………………… 311

り
利益供与 ………………………… 198, 274

リハーサル …………………… 175, 191
臨時報告書 …………………… 270, 298

る
累積投票 ……………………………… 75
ルールベース・アプローチ ………… 30

れ
連結計算書類 ………………………… 42

株主総会実務必携

平成29年3月30日 第1刷発行

監 修 者	柳 田 幸 三
編 著 者	西 岡 祐 介
	高 谷 裕 介
著 者	祝田法律事務所
発 行 者	小 田 　 徹
印 刷 所	株式会社太平印刷社

〒160-8520　東京都新宿区南元町19
発 行 所　一般社団法人 金融財政事情研究会
　　　　編集部　TEL 03(3355)2251　FAX 03(3357)7416
販　　　売　株式会社きんざい
　　　　販売受付　TEL 03(3358)2891　FAX 03(3358)0037
　　　　URL http://www.kinzai.jp/

・本書の内容の一部あるいは全部を無断で複写・複製・転訳載すること、および磁気または光記録媒体、コンピュータネットワーク上等へ入力することは、法律で認められた場合を除き、著作者および出版社の権利の侵害となります。
・落丁・乱丁本はお取替えいたします。定価はカバーに表示してあります。

ISBN978-4-322-13044-7